中外十大系列丛书

ZHONGGUO MINGXIANG

中国名相

正传

刘 杰◎等著

纪念
珍藏版

陕西新华出版传媒集团
三秦出版社

图书在版编目（CIP）数据

中国名相正传／刘杰等著. —西安：三秦出版社，
2012.6（2020.5重印）
（中外十大系列丛书）
ISBN 978-7-80546-916-4

Ⅰ. ①中… Ⅱ. ①刘… Ⅲ. ①宰相-列传-中国
Ⅳ. ①K827

中国版本图书馆 CIP 数据核字（2005）第 079509 号

中国名相正传

刘杰　等著

出版发行	陕西新华出版传媒集团　三秦出版社
社　　址	西安市雁塔区曲江新区登高路1388号
电　　话	（029）81205236
邮政编码	710061
印　　刷	天津奥丰特印刷有限公司
开　　本	710mm×1000mm　1/16
印　　张	19
字　　数	310千字
版　　次	2012 年 6 月第 1 版
	2020 年 5 月第 5 次印刷
标准书号	ISBN 978-7-80546-916-4
定　　价	38.00元

网　　址	http://www.sqcbs.cn

前　言

在波澜壮阔的中国历史长河中，在富饶广袤的神州大地上，数千年来，曾经涌现出了许多叱咤风云、扭转乾坤的英雄豪杰。他们如夜空中的群星，交相辉映，璀璨夺目。岁月的流逝，冲刷不掉他们的英名；朝代的兴废，也改变不了他们不朽的业绩。他们中间，有雄才大略、举贤任能的国君；有变法图强、励精图治的名相；有横刀立马、席卷千军的将帅；有运筹帷幄、料事如神的谋士；有忧国忧民、忠言直谏的贤臣……他们是我们民族的精英、祖国的脊梁。

当然，泥沙俱下，鱼龙混杂，在中国历史的长河中，也夹杂有不少的渣滓，如那些独断专行、荒淫奢侈、对人民横征暴敛的暴君、昏君；在任期间贪赃枉法、榨取民脂民膏的贪官污吏；为达其罪恶目的而阳奉阴违、结党营私的阴谋家、奸臣……他们是我们民族的败类，将永远被钉在历史的耻辱柱上。

为了激励后代，增强民族自豪感，振奋民族精神，同时也为了抑恶扬善，借鉴历史，我们组织了一批学有专长和有教学经验的中青年作者，编写了这套《中国十大系列丛书》。

本书编写过程中，在人物选择上，都经过学者专家的反复推敲，力求名副其实。在写法上,尽量做到融真实性、趣味性、可读性于一体,既尊重历史事实,又文笔流畅生动,故事情节引人入胜。

今天,我们这个具有悠久历史的民族再一次焕发青春,迎来了腾飞的一天。继往开来,重振雄风,再造辉煌,是每一个炎黄子孙义不容辞的责任。我们应抓住这千载难逢的机遇,完成历史赋予我们的伟大使命,在振兴中华的道路上贡献出自己的力量。

编 著 者

1995 年 10 月

目 录

管 仲

一、管鲍之交 …………………………… 2

二、争国射钩 …………………………… 3

三、鲍叔荐仲 …………………………… 7

四、强国亲邻 …………………………… 12

五、朝王定宋 …………………………… 18

六、灭遂盟鲁 …………………………… 21

七、讨宋荐宁 …………………………… 24

八、扶突登位 …………………………… 27

九、齐受霸号 …………………………… 28

十、平戎定鲁 …………………………… 30

十一、城邢存卫 …………………………… 35

十二、兴兵伐楚 …………………………… 37

十三、一定王室 …………………………… 41

十四、病榻论相 …………………………… 45

尾 声 …………………………… 47

中国名相正传

李　斯

一、仓中"硕鼠" ································ 49

二、驰骛咸阳 ································ 50

三、书谏逐客 ································ 52

四、同室操戈 ································ 54

五、力驳分封 ································ 56

六、定制颁法 ································ 58

七、薄冰谋身 ································ 60

八、沙丘附逆 ································ 62

九、"督责之术" ································ 64

十、腰斩咸阳 ································ 65

萧　何

一、沛县起义巧谋划 ································ 68

二、萧何月下追韩信 ································ 75

三、转漕关中定天下 ································ 82

四、制定律令整秩序 ································ 85

五、身不由己诛韩信 ································ 88

六、功高压主遭疑忌 ································ 94

陈　平

一、违俗择婚 ································ 99

二、声东击西 ································ 100

三、择主而仕 ································ 103

四、六出奇计 ································ 105

五、审时度势 ……………………………………………… 112

诸葛亮

一、隐居襄阳 ……………………………………………… 117
二、隆中答对 ……………………………………………… 122
三、联吴抗曹 ……………………………………………… 126
四、三气周瑜 ……………………………………………… 133
五、进取益州 ……………………………………………… 137
六、孔明治蜀 ……………………………………………… 140
七、托孤受命 ……………………………………………… 143
八、征抚夷越 ……………………………………………… 146
九、北伐中原 ……………………………………………… 149
十、名垂千古 ……………………………………………… 159

狄仁杰

一、步入仕途 ……………………………………………… 161
二、调任京官 ……………………………………………… 162
三、狄公断案 ……………………………………………… 163
四、宦海浮沉 ……………………………………………… 169
五、升任宰相 ……………………………………………… 170
六、含冤入狱 ……………………………………………… 171
七、率兵御敌 ……………………………………………… 174
八、拥立太子 ……………………………………………… 177
九、知人善任 ……………………………………………… 180
十、限佛抑佛 ……………………………………………… 181
十一、受誉国老 …………………………………………… 182
十二、中兴李唐 …………………………………………… 183

中国名相正传

赵 普

一、联宗滁州城 ················· 185

二、定策立新君 ················· 187

三、随主征二李 ················· 193

四、劝主集大权 ················· 195

五、先南后北策 ················· 199

六、谋私遭罢相 ················· 204

七、除卢扳廷美 ················· 205

八、上言三入相 ················· 212

九、驱魔祷上苍 ················· 215

寇 准

一、少年聪慧 ················· 217

二、挽衣留谏 ················· 218

三、初贬青州 ················· 219

四、拥立太子 ················· 220

五、安抚番民 ················· 221

六、犯颜廷辩 ················· 222

七、促驾北征 ················· 223

八、澶渊订盟 ················· 226

九、再贬陕州 ················· 227

十、誓斗"五鬼" ················· 228

十一、误进天书 ················· 230

十二、失察丁谓 ················· 231

十三、勇挫诡谋 ················· 233

十四、枯竹生笋 ················· 234

中国名相正传

耶律楚材

一、北国卧龙 …………………………………………… 237

二、从军西征 …………………………………………… 239

三、整肃燕京 …………………………………………… 241

四、定策立制 …………………………………………… 244

五、出策灭金 …………………………………………… 245

六、倡兴文教 …………………………………………… 247

七、献计理财 …………………………………………… 249

八、省事除害 …………………………………………… 252

九、决策伐宋 …………………………………………… 252

十、极诤巧谏 …………………………………………… 254

十一、名臣忧死 ………………………………………… 256

张居正

一、少年得志 …………………………………………… 258

二、初涉政坛 …………………………………………… 260

三、力挽狂澜 …………………………………………… 264

四、督导幼主 …………………………………………… 267

五、巩固边防 …………………………………………… 270

六、创考吏法 …………………………………………… 275

七、反腐倡廉 …………………………………………… 279

八、改革税制 …………………………………………… 283

九、门生发难 …………………………………………… 288

十、死后受屈 …………………………………………… 291

中国名相正传

管 仲

——成就齐桓霸业的一代名相

公元前 782 年,周宣王驾崩,他的儿子宫涅继位,是为幽王。这位幽王是一位昏庸的主子,他给本已江河日下的西周王朝雪上加霜,将它连同自己一起断送于烽火之中。幽王初立时,西周社会动荡不安,渭、泾、洛三川又连续发生强烈地震,然而幽王竟置此于不顾,整日只知寻欢作乐。他为了博取宠姬褒姒一笑,竟在骊山轻举烽火,戏弄诸侯。后来又废掉申皇后和太子宜臼,立褒姒为皇后,以褒姒子伯服为太子。申皇后是申侯的女儿,申侯联络犬戎等部,于幽王十一年(公元前 771 年)发兵围攻镐京。幽王再举烽火,诸侯怀疑有诈,不来解救,害得自身为犬戎所杀,镐京为戎所破。等到诸侯明白过来,勤王逐戎,幽王已死多时了。看那镐京,府库为戎掳掠一空,宫室焚烧殆尽,颓墙败栋,残破不堪。诸侯们只好先扶立太子宜臼即位,是为平王。

犬戎虽离镐京,却早晚入寇,镐京一日数警。加之宫室毁坏,又无力重建,周平王遂于公元前 770 年,在晋文侯、秦襄公、郑武公、卫武公率兵护送下迁往东都洛邑。东周自此开始。这时的国都,在戎狄的侵扰和诸侯的蚕食下,只剩下成周方圆一二百里的地面了。周王室由于财力不足,军力日益丧失,实际上已无力维护自己的统治秩序了。

王室衰微,诸侯各自擅权,恃强凌弱,互相攻伐。占有西周旧地的西戎继续威胁东周;北方的戎狄又向内地发展,威胁中原;被周人斥为南蛮的荆楚征服了周围的小国之后,也力图向中原争夺土地。

值此多事之秋,齐国却有一位姓管字仲名夷吾的奇才,辅佐齐桓公,做出了一番"九合诸侯,一匡天下"的大事来。

一、管鲍之交

管仲,名夷吾,齐颍上(颍水之滨)人。父亲管庄,曾为齐国大夫,因早逝,家道很快衰落。管仲在青少年时代,身体魁梧,精神俊爽。为维持他与寡母的生计,不得不砍柴打猎,拿到街市上换点粮食。他人小志大,而且射艺精良,气度非一般樵夫猎户可比。回到家中,一有空余时间,总是打开父亲留下的简书,刻苦自学,很快,博通经典,熟谙礼仪。他时时留心天下大事,筹划济世匡时策略,欲施经天纬地之才。

可叹英雄为穷所困,成家之后,生计更难维持,常有断炊之虞。

管仲有一位好友名叫鲍叔牙,家里比较宽裕,为人庄重自持,正直好义,嫉恶如仇,也是一位很有才干的人。他深知管仲之才,非常敬重他。看到朋友难以养家,便多掏一些本钱,让他来合伙做生意。分利钱时,鲍叔牙将大半分给管仲,管仲也不推辞,默默领受。鲍叔牙的随从心怀不平,说:"他的本钱小,却拿走大半利钱。真是一个贪财的小人!"鲍叔牙解释说:"管仲并不是贪图这一点钱,不过是因为家贫无以度日罢了。朋友之间要互相帮助,钱是我自愿让他的。"后来,管仲和鲍叔牙同被征去当兵。打仗冲杀时,管仲总是躲在后队;撤退时,又跑到了前面。大家都嘲笑他怯懦。鲍叔牙说:"管仲是独子一个,怕无人奉养老母。以他的气力和射艺,难道真的怕冲杀吗?"后来又多次与鲍叔牙谋划事情,往往闹得很狼狈。有人就笑鲍叔牙:"你不是说管仲很有才吗?怎么常常办不成事呢?"鲍叔牙说:"人本来就有逢时和不逢时的。俗话说:'纵有聪明,还得趁形势;纵有锄头,还得待农时。'如果让管仲遇上好时机,一定会百不失一。"管仲听到后,叹息说:"生我者父母,知我者鲍叔呀!"二人遂结为生死之交。

经鲍叔帮助,管仲家里已能维持。鲍叔便劝管仲出仕,以施大才。这时,齐襄公在位。管仲说:"襄公勇悍残忍,荒淫无道。淫其妹文姜,又派人杀其夫鲁桓公,恶声四播,众议纷纷,必有奇祸,不能久长。襄公无子,嗣位的不是他的大弟公子纠就是小弟公子小白。二人俱已长大,将要找老师,我和你各教一人,等嗣立之日,互相荐举。"鲍叔牙点头称是。

两个好朋友入宫求见襄公,愿为公子的老师。襄公做下那蔑理之事,招

人非议,心中暗愧,便想做一两篇正经文章,以堵天下之口,为弟找老师就是其一。于是他问两人所学,无非典章礼仪之类,二人应对如流。襄公笑了笑,便命管仲和一个叫召忽的人为公子纠的老师,鲍叔牙为小白的老师。

二、争国射钩

鲁桓公暴死齐国,齐国虽杀了凶手彭生来平息此事,列国依旧议论纷纷,同说齐侯无道。襄公恐列国轻视和疏远齐国,将来同鲁国一起与齐作对,便想行一二义举,一可拉拢一些国家,二可杀鸡给猴看,使诸侯畏服,以便自己为所欲为。

公元前695年,郑将高渠弥杀死郑昭公,奉公子亹为君,齐襄公当时就要兴兵诛讨,后因鲁桓公夫妇将到齐国,便暂时搁起。现在旧事重提,要拿那郑国开刀。

他先派人送信给子亹,约定在首止(今河南睢县东南)相会,盟誓修好。子亹信以为真。他以为齐国这样的大国同郑交好,郑国将会安如泰山,于是同高渠弥欣然前往。高渠弥引着子亹刚登盟坛,襄公一声令下,王子成父和管至父领百余名壮悍军士一齐向前,拿住二人,砍死子亹。子亹的随从,见齐人势大,全部逃散。为了扩大影响,将高渠弥带到齐都,车裂于南门,又将其首级悬于门上,且出榜写上"逆臣视此"四个大字。襄公又派人告知郑国,说齐已代郑诛了贼臣逆子,让其另立新君。祭足等便迎立公子子仪即位。此后,国内臣民不敢妄议襄公,那些小诸侯国,更是谨言慎行,不敢开罪于齐国。

襄公伐郑之后,更加肆无忌惮。他又想起归鲁之后居于祝邱的异母妹子文姜来。他借打猎为名,不时前往禚地(今山东长清县境),派人将文姜秘密接来,昼夜淫乐。怕鲁庄公发怒,就率重兵攻纪(今山东寿光东南)。名为收拾仇人,实为威胁庄公。庄公惧齐兵威,不敢去救向鲁求救的纪国,纪国便为齐所灭。

襄公灭纪之后,和文姜往来无忌,俨如夫妇。

公子纠将此事告知管仲,管仲说:"国君刚愎自用,以力服人,不听谏阻,不久,众必离心,招致祸乱。公子应以静制动。一旦有变,依理当立公子。"

周庄王八年(公元前 689 年),齐襄公率宋、鲁、陈、蔡四国君伐卫,杀败王师,护送卫侯朔还国,放逐了周王的女婿黔牟,因怕周王招诸侯兵来讨,派将军连称和管至父守住葵邱,阻住王师入齐之路。临行,二将问何时期满,襄公正在吃瓜,就说:"等明年瓜熟派人替你们。"第二年瓜熟时节,二将不见人来替,就派人打听,才知襄公在谷城与文姜欢乐,已有一月未回都中。于是派人向襄公献瓜,并请求替代。襄公竟大怒,说:"代不代由我决定,怎么可以自己来请? 要让代,再等瓜熟一次。"

这事传到管仲耳里,管仲对公子纠说:"国君淫乐,不恤将士,又常欺侮大臣,为祸不远了。"

连、管二将闻报恨恨不已,准备谋弑襄公。

二将秘密伏兵故棼,在故棼离宫将襄公捉住。连称历数襄公"不仁"、"不孝"、"无礼"、"无信"四大罪状,举剑将襄公挥为数段。随后,二将率军长驱国都。公孙无知召集私人甲士,接迎二将入城。连、管谎称:"曾受先君僖公遗命,奉公孙无知即位。"无知任连称为正卿,管至父为亚卿。诸大夫虽然勉强排班,心中不服。只有雍廪再三稽首,谢过去同无知车行争道之罪,极其卑顺。无知赦免了他,让仍为大夫。上卿高子和国子称病不朝,无知也不敢罢黜他俩。管至父劝无知悬榜招贤,收揽一些有声望的人。他推荐本族侄子管仲,无知让人去召他。

管仲闻国中之变,对公子纠说:"连、管二将谋逆弑主,又奉立不当立的无知,后必取祸。无知今既篡位,必忌公子,我们须离开齐国,以免加害。"正说着,家人报说无知派人来召。管仲:"此辈为逆,人心不附,是刀已在脖子上的人了,还想连累别人!"于是一面叫家人婉言打发来人,一面同召忽、子纠商议出奔之事。管仲说:"公子的母亲是鲁国人,鲁也是大国,将来有变,可借鲁国之力送公子回国。"二人同意。于是,悄悄离开齐国,一起投鲁国去了。

第二年(公元前 685 年)春的一天,忽有齐使到鲁,言说雍廪和高傒联合诸大夫,已杀死连、管和无知,现迎公子纠回国为君。鲁庄公听后大喜,便欲起兵送公子纠回国。施伯劝道:齐国强大了对我们不利。他们国中内乱无君,有利于我们。请不要动,以观其变。"庄公踌躇未决。文姜因襄公被杀,从祝邱回到鲁国国都,日夜劝儿子庄公兴兵伐齐,为兄报仇。听到无知被杀,齐使臣来迎公子纠为君,非常高兴,便来催庄公起程。庄公难违母命,不

听施伯之言,亲率三百乘兵车,以曹沫为大将,秦子、梁子为左右将,护送公子纠入齐。

管仲对庄公说:"公子小白在莒,离齐国近,如果他先回国为君,就不好办了。请您借臣良马,让我先去阻止小白。"庄公问:"需多少兵卒?"管仲说:"三十乘兵车足够了。"

公子小白得知国乱无君,与鲍叔牙计议,向莒借了一百乘兵车护送回齐。管仲引兵昼夜奔驰,行至即墨,听说莒兵已过,急忙又追了前去。行了约三十里,望见前面莒兵正停车造饭。管仲趋车向前,看见小白端坐车中正冷冷地打量自己,便上前鞠躬说道:"公子别来无恙,现在要到哪里去?"

小白不紧不慢地说:"想回去奔兄丧。"

管仲说:"公子纠年长,应当主丧。请公子稍留一会,不要太劳累了。"

鲍叔牙上前答道:"管仲,你且退回,各为其主,不必多说了。"

管仲见莒兵横眉竖眼,有争斗之色,怕寡不敌众,便假意应着向后退去,心想打蛇先打头,暗中瞅定小白的心窝,猛然弯弓搭箭,飕的射去。小白大喊一声,倒在车上。

鲍叔牙惊得脸色煞白,急忙来救,从人叫声"不好",一齐啼哭起来。管仲率着兵车,加鞭催马,扬起一路黄尘,飞跑而去。

谁知管仲这一箭,只射了小白腰间的带钩上。小白知道管仲的射技,怕他再射,急中生智,咬破舌头,喷血装死,连鲍叔牙也让瞒过了。鲍叔牙说:"夷吾虽去,怕他又来,不可再迟延了。"就让小白换了衣服,躺在有篷子的卧车里,从小路疾驰而去。

将近国都临淄,鲍叔牙单车先入城中,拜访各位大夫,极力夸赞小白的贤明。大夫们说:"公子纠将要到了,此事如何处置?"

鲍叔牙说:"齐一连被弑二君,非贤能之人不能平息变乱。况且,去迎子纠而小白却先到了,这是天意啊!鲁侯送子纠回国,希望得到的回报不会少。过去,宋公送子突回郑国即位,索要无厌,兵事连绵不断。我们国家经历了这么多的灾难,能受得了鲁国的索求吗?"

大夫们说:"如果立小白,我们如何回复鲁侯呢?"

鲍叔牙说:"我们已经有了国君,他自然会退回去的。"

大夫隰朋和东郭牙说:"叔牙说的对。"

于是,大家迎小白入城即位,是为桓公。鲍叔牙对桓公说:"鲁兵未至,应预先阻止他们。"桓公便派仲孙湫前去迎住鲁庄公,告诉他齐国已立国君。

庄公等这才知道小白未死,一时大怒,说:"子纠为长,小孺子岂能为君?我不能空将三军退回。"

仲孙湫回报。齐桓公说:"鲁兵不退,怎么办呢?"鲍叔牙说:"用兵抵抗!"

于是让王子成父将右军,宁越为副将;东郭牙将左军,仲孙湫为副将;桓公带着鲍叔牙亲将中军,雍廪为先锋。共发兵车五百,前去抗敌。分拨已定,东郭牙说:"鲁君考虑我们有所准备,一定不会长驱直入。乾时(今山东临淄西)这个地方,水、草都很方便,是屯兵扎营的好地方。如果在此伏兵以待,乘其不备掩杀过去,一定会打败鲁军。"

鲍叔牙说:"很好。"就让宁越、仲孙湫各率本部,分路埋伏;王子成父、东郭牙率兵抄出鲁兵背后;先锋雍廪挑战诱敌。

第二天早上,侦卒报道:"齐兵已到,先锋雍廪讨战。"

鲁庄公说:"破掉齐军,城中自然胆寒。"于是引秦子、梁子驾戎车向前,责备雍廪说:"是你们先除掉国贼,向我们求迎国君。今又改立他人,信义何在?"挽弓欲射雍廪。雍廪假装羞惭,抱头鼠窜。庄公命曹沫追赶。雍廪掉转车辕来战,不几回合又走。曹沫不舍,奋平生之勇,挺着画戟赶来。鲍叔牙将手一挥,大军一拥而上将曹沫围住,曹沫拼死冲突,身中两箭,破围而去。

鲁将秦子、梁子恐曹沫有失,正待接应,忽闻左右炮声齐震,宁越、仲孙湫两路伏兵齐起,鲍叔牙率着中军也冲杀过来。鲁兵三面受敌,难以抵挡,立时溃散。

鲍叔牙传令:"有能获鲁侯者,赏万家之邑。"使人在军中大声传呼。

梁子急把鲁侯车上的绣字黄旗插在自己车上,引开敌人。心中慌恐的鲁侯急忙跳下戎车,跃上一辆轻便马车,换了衣帽,往回逃去。秦子紧紧随着保护鲁侯杀出重围。梁子为齐所俘。鲍叔牙见齐军已全胜,鸣金收兵。齐侯命将梁子斩于军前。大军奏凯先回。

管仲等在后营管辖辎重。听说前营战败,让召忽同公子纠守营,自己引兵前来接应。路上遇到庄公,合兵一处。曹沫也收拾残车败卒奔回。鲁军人马车辆折去了大半。管仲说:"士气已挫,不可停留了!"于是连夜拔营而起。行了不到两天,忽见前面排着兵车,齐将王子成父、东郭牙挡住归路。

曹沫挺戟大呼："主公速行，我将战死在此！"说着去迎东郭牙。秦子也赶上接住王子成父。管仲保着庄公，召忽保着公子纠，夺路而逃。管仲教把辎重、铠甲、兵器沿路抛弃，让齐兵抢掠，才得以脱身。曹沫左臂中刀，突围而出。秦子战死军中。

庄公等脱离虎口，催马急奔。齐军一直追过汶水，将鲁国境内的汶阳之田，全部侵占。

三、鲍叔荐仲

齐军打败鲁军，又夺其汶阳之田。早朝时，百官齐向桓公称贺。

鲍叔牙出班奏道："子纠在鲁，有管仲召忽相辅，又有鲁侯相助，心腹之患未除，不可先行庆贺。"

桓公说："这事怎么对付呢？"

鲍叔牙说："乾时一战，鲁国君臣已经害怕。臣请统帅三军，进逼鲁国边境，请鲁诛杀子纠，他们一定会因惧怕而听从的。"

桓公说："寡人把举国大事交你处置。"

鲍叔牙于是率大军直至汶阳，清理疆界。派公孙隰朋致书于鲁侯，上面写道：

> 外臣鲍叔牙，百拜鲁贤侯殿下：家无二主，国无二君。寡君已奉宗庙，公子纠欲行争夺，非不二之谊也。寡君以兄弟之亲，不忍加戮，愿假手于上国。管仲召忽，寡君之仇，请受而戮于太庙。

隰朋临行，鲍叔牙嘱咐说："管夷吾是天下奇才，我将向国君推荐他，一定不能让死了。"

隰朋说："如果鲁国要杀他，怎么办呢？"

鲍叔牙说："只要提起射钩之事，鲁国一定会相信我们的话。"隰朋领命而去。

鲁庄公接到鲍叔牙的书信，立即召施伯商议，说："上次没听你的话，以致兵败。今天是杀子纠呢，还是保他？"

施伯说："小白初立，就能用人，在乾时打败我军，这不是子纠所能比的。况且齐兵压境，依臣看来，不如杀子纠，同齐讲和。"

　　鲁庄公便派公子偃领兵突然袭击子纠和管仲召忽所住的生窦,杀了子纠,抓住管仲和召忽。管仲见公子纠被杀,叹道:"子纠大概是福薄命浅吧!为了他,我箭射小白,谁知竟为所诈,坐失良机。这难道是天意吗?"公子偃准备押二人回都,将要装入槛车,召忽仰天大恸,说:"做儿子的因孝顺父母而死,做臣子的因忠于主子而死,是理所应当的!召忽将要到地下跟随公子,怎么能够身带刑具,受此大辱?"说着头撞殿柱,鲜血飞溅,倒地身亡。

　　管仲见召忽身亡,心下也很感动,既而自思:"为子纠我已尽心,自问无愧。自己负济世之才,不逢其时,难伸大志于天下。今日若循君臣小义而死,只不过落下忠臣之名,难行大仁大义于海内,实负平生志愿。齐使'太庙受戮'之说,大有蹊跷,这当是鲍叔救我之谋。我不能为小义而失大义。若小白不肯宽恕,再死不迟。"主意已定,又怕鲁国察知这种意图,于是巧言说道:"自古人君,有为他而死的臣子和为他而生的臣子。我将生入齐国,为公子纠辩冤。"鲁兵将他捆着装进槛车。

　　施伯私下对鲁庄公说:"臣从管仲的神色看,他好像有所依靠。臣料他一定不会死。这人是个奇才,如果不死,肯定为齐重用,使齐称霸天下;鲁从此将会受齐驱使了。君不如请求齐国赦免他。管仲得到赦免,就会感激我们。我们再加以重用,齐国就不足虑了。"

　　庄公说:"管仲是齐君的仇人,我却留着。虽然杀了子纠,齐君的怒气还是没有消。"

　　施伯说:"您若认为不能任用,不如杀掉他,把尸首交给齐国。"

　　庄公点头同意。

　　公孙隰朋听说鲁国将要杀管仲,急忙入宫求见庄公,说:"夷吾射寡君,箭中带钩,寡君恨之入骨,想亲手杀他,以快其心。如果将尸首送回,等于是寡君没杀他。"

　　提起此事,庄公也觉得管仲对齐君手狠,难怪齐君恨他。于是,信了隰朋之言,囚禁了夷吾,并将子纠和召忽的首级装在匣子里封好,一起交付隰朋。隰朋谢过庄公,起身回齐。

　　管仲已猜知鲍叔牙之谋,恐庄公翻悔,派人追回,心生一计,作了一篇《黄鹄》词,教役夫们唱了起来:

　　　黄鹄黄鹄,戢其翼,絷其足,不飞不鸣兮笼中伏。高天何蹐兮,厚地何踏!丁阳九兮逢百六。引颈长呼兮,继之以哭!黄鹄黄鹄,天生汝翼

兮能飞,天生汝足兮能逐,遭此网罗兮谁与赎?一朝破樊而出兮,吾不知其升衢而渐陆。

嗟彼弋人兮,徒旁观而踯躅!

役夫们边走边唱,精神快乐,不知疲倦,渐渐地行步如飞,车驰马奔,一日竟走了两日的路程,很快就脱离了鲁境。那庄公果然追悔,让公子偃来追,已是望尘莫及了。夷吾逃出虎口,仰天叹道:"我今天是再生啊!"

车行至堂阜,鲍叔牙已在那里等候。见了管仲,既激动又高兴,急忙迎进馆舍,说:"仲侥幸无事!"立即命人打开槛车,放出管仲。管仲说:"未接君命,不可擅自放出我。"

鲍叔牙说:"无妨,我将要荐举你。"

管仲说:"我和召忽一起侍奉子纠,既不能为他谋得君位,又不能为他死难,有损于一个做臣子的节义。何况又反回来侍奉仇人?召忽死而有知,将会在地下耻笑我!"

鲍叔牙说:"'干大事的人不在乎小的耻辱;立大功的人,不拘泥于小的信义。'你有治理天下之才,没有遇到好的时机。主公志向远大,见识不凡,若得到你的辅佐,治理齐国,使齐称霸天下是不足道的。功盖天下,名扬诸侯,这同那些只知守匹夫之节,干无益之事的人相比,怎么样呢?"

管仲默然无语。鲍叔牙解了他的缚绳,让先留在堂阜,自己回临淄去了。

鲍叔牙入宫见桓公,先向他表示慰问,后向他庆贺。

桓公问:"为了什么事向我慰问呢?"

鲍叔牙说:"子纠是你的哥哥。您为国而灭亲,实在是不得已,臣怎么敢不来慰问?"

桓公又问:"那么,你要向我庆贺什么呢?"

鲍叔牙说:"管仲是天下的奇才,不是召忽这样的人可以比的。臣已经把他带回来了。您得到一位贤相,臣怎么敢不庆贺呢?"

提起管仲,桓公咬牙切齿,早已按捺不住,鲍叔牙刚一说完,他便气汹汹地说:"夷吾射中我的带钩,差点要我性命,他的箭我还留着,此事耿耿于怀,食其肉、寝其皮也不解我心头之恨,难道还可以用他吗?"

鲍叔牙说:"做人臣的各为其主。夷吾射带钩的时候,知道有子纠不知道有您。您如果任用他,他可以为您射得天下,岂能只是一人的带钩呢?"

桓公怒气仍然未消，说："看在你的面子上，赦免他的罪，不杀他。我不想用他，你不要再说了。"

鲍叔牙只好退了出来。他将管仲接到家里，朝夕谈论，伺机再荐。

齐桓公论立君之功，高国世卿都加封了采邑。他想授鲍叔牙上卿之职，任用他来处理国政大事。鲍叔牙说："您对我施加恩惠，使我不受冻挨饿，我知道这都是您赐予的。至于说治理国家这样的大事，就不是臣所能胜任的了。"

桓公说："寡人了解你，你不要推辞。"

鲍叔牙说："您所说的'了解'，只是知臣做事小心慎重，循礼守法而已。这些只是一个平庸臣子的德性，不是治理国家的大才。那些治理国家的大才，能内安百姓，外抚四夷，有大功于王室，布恩泽于诸侯，国有泰山之安，君享无穷之福，功垂金石，名播千秋。这是有王佐之才的人才能担当的大任，臣怎么够得上呢？"

桓公听后，兴趣大增，促膝向前，问道："像你说的那种人，当今还有没有？"

鲍叔牙说："您如果不需要这样的人，就不说了；一定要用的话，难道不是管夷吾吗？"桓公默然不语。鲍叔牙又说："臣有五点不如夷吾"。桓公抬起头看着鲍叔牙。叔牙接着说："对民宽缓，施恩于民，使其安定，臣不如他，这是其一；治理国家不丧失根本，臣不如他，这是其二；用忠和信使百姓凝聚，臣不如他，这是其三；制定礼仪制度，使四方之人效法，臣不如他，这是其四；拿起鼓槌，站在军门擂鼓，使百姓增加斗志，奋勇向前，臣不如他，这是其五。"

桓公听后，停了一会，说："卿可与他一起来，寡人要考察一下他的才学。"

鲍叔牙说："对于非常之人，一定要用非常的礼节来对待。您应当选择个吉日，亲自到郊外去迎接他。天下的人听说您能尊敬并礼遇有才能的人，不计私仇，谁不愿意到齐国为您效力呢？"

桓公点了点头说："寡人听你的。"于是让太卜择好吉日，准备去郊外迎接管仲。

鲍叔牙先将管仲送到郊外的公馆里。到了日期，三次洗浴，三次用香水涂身。所用衣帽袍笏，和上大夫一样。桓公亲自去迎。

百姓们听说国君去迎一位贤人，都出来观看。远远地见仪仗中间拥着几辆车子，马头两边红绸飘舞。乐声、串铃声和马蹄声，越来越响。中间一辆车上，有一人同桓公并排而坐，身躯伟岸，气度不凡。近前一看，却认得是射桓公的管仲，个个惊讶得半晌合不拢嘴。

管仲同桓公入朝后，稽首谢罪。桓公上前扶起，赐坐。管仲说："我是一个被俘要杀的人，能赦免大罪，实在是万幸了！怎么敢受您这样的礼遇？"

桓公说："寡人有问题向您请教，您一定要坐下，我才敢问。"管仲于是拜了两拜，坐了下来。

桓公以国事相问，管仲为其陈霸业之策，字字投机。二人连语三日三夜，全不知倦。桓公大喜，决定重用管仲。

鲍叔牙对桓公说："我听说'地位卑贱的人不能够和高贵的人共事，贫穷的人不能役使富有的人，和国君关系疏远的人不能管制和国君关系亲近的人。'您要用管仲，必须委以相位，给他优厚的俸禄，并待以父兄之礼。"

于是桓公准备任管仲为相。管仲推辞不受。桓公说："我采纳您的霸业之策，想实现我的志愿，所以拜您为相。您为什么不接受呢？"

管仲回答说："我听说建成一座大厦，不是靠一根木材；茫茫大海，也不是只有一条流向它的河流。您一定要实现自己的志愿，请用五杰。"

桓公问："五杰是谁呢？"

管仲说："进退有礼，动静有仪，善于辞令，臣不如隰朋，请任命为大司行。开荒辟地，充分地利用地力，多打粮食，臣不如宁越，请任命为大司田。于旷野之中，能使车马整齐，士卒听令，擂起战鼓，三军将士能视死如归，臣不如王子成父，请任命为大司马。能公正地判决官司，不错杀无辜，不诬陷好人，臣不如宾须无，请任命为大司理。犯颜直谏，不顾自身利害，不为富贵所屈，臣不如东郭牙，请任命为大谏之官。您如果想治理国家，加强军队，那么，用这五人就可以了。如果想成就霸业，臣虽不才，勉强可以完成您的使命，以效微劳。"

桓公让人准备好牛、羊、猪三牲大礼，贡于太庙，然后同管仲一起来到这里。他让管仲面东站着，自己面西站着，对着祖先神位郑重地说："自从我听到先生的教诲，更加耳聪目明，不敢独占，愿把先生荐举给祖先。"举行过这样一个庄严的仪式之后，桓公才任命管仲为相国，并把国都一年的市租赐给管仲。隰朋等五人，根据管仲所荐，一一任命，各司其职。

桓公虽有大志,却不愿过分约束自己,失去生活乐趣。他试探地问管仲:"我不幸染上游猎和好色的毛病,这是不是有害于霸业呢?"

"这没有什么妨害!"管仲肯定地说。

桓公心里一喜,又疑惑地问:"那么怎样才妨害霸业呢?"

管仲说:"不知道谁是贤能之人,会妨害霸业;知道了,却不能任用他们,会妨害霸业;任用了,又不能给予相当的职务,会妨害霸业;给了相当的职务,又不信任他们,会妨害霸业;信任了,又让小人参与其中,会妨害霸业。"

"说得好!说得好!"桓公连连点头。于是,一心一意任用管仲,并尊他为仲父,给予最高的恩惠。他又对大臣们说:"国家大事,先告诉仲父,再告诉我。有要办的事,全部让仲父决断。"又禁止国人,不论他地位高低,不许触犯"夷吾"之名,一律都称他的字——"仲"。古人以称呼别人的字来表示尊敬。

四、强国亲邻

桓公任用管仲,次第实行其所陈霸业之策。这第一策便是强国亲邻之策。

当时,桓公向管仲请教治国之策,说:"齐是千乘兵车的国家,先君僖公的威名使诸侯畏服,号称小霸。自从先君襄公政令无常,轻贤侮士,才酿成大乱。我登上君位,人心还未安定,国家的力量还不强大。现在准备治理国政,修明法纪,先应该怎么办呢?"

管仲说:"礼、义、廉、耻是维护国家的根本原则,这些原则被破坏了,国家就要灭亡。现在您要建立国家的法纪制度,必须弘扬这些基本原则,来使用百姓。这样的话,法纪制度就能够建立起来,国家的力量就会渐渐强大。"

桓公问:"具体怎样做才能使百姓为我所用呢?"

管仲说:"想让百姓为我所用,一定先要爱惜百姓,然后安置好他们,成就他们的事业。"

桓公问:"怎样爱惜百姓呢?"

管仲说:"国君治理好自己的宗族,卿大夫也治理好自己的家,用事业和俸禄将他们连在一起,那么百姓就会亲近他们。赦免过去的罪行,整理从前

的宗族,给无后的人立嗣,让男子二十岁成家,女子十五岁出嫁,那么百姓就会很快繁衍起来。减轻刑罚,薄征敛税,不误农时,不掠取牲畜,百姓就会富足。将百姓中有贤德和道艺的人树立为榜样,让人效法,百姓就会有礼。政令稳定,处置合理,百姓就会行为端正起来。这些就是爱惜百姓的办法。"

桓公又问:"施行这些爱民的措施之后,又怎样安置他们,成就他们的事业呢?"

管仲说:"士农工商,称为四民。不能让他们混杂地住在一起,否则,他们的言行就混杂了,他们所从事的职业就会改变。以前,圣王安顿士到清静的地方;安顿工匠到靠近官府的地方;安顿商人靠近市井;安顿农人靠近田野。这样,那些士人们就会做父亲的在一起谈论义,做儿子的在一起谈论孝,为君主服务的人谈论恭敬,年轻人谈论友爱兄弟。年少的时候学习这些,他们的心便安于这些,不会看到别的行业而转行。因此,他们的父兄不急切教育他们却能成功;他们的子弟不用费多大力就能学成。这样,士的儿子总是士。同样,工匠集中在一起,他们就会审视四时,辨别材料,做工制器。用这些教他们的子弟,交谈的是手艺,相互看到的是技艺,各自陈列出来给对方看的都是制成品。子弟们不特别费力就能学成。年少的时候就学习这些,心安于此而不转行。这样,工匠的儿子总是工匠。那些商人们居住在一起,考察四时所需,根据乡里财物的有无,来预测市价,把货物运往四方,以其所有,换其所无,贱买贵卖,早晚都做这种事。用这些教育他们的子弟,谈的是利,相互看到的是赚钱,显示自己的本领是知道物价。子弟们同样会心安于此而不转行,不特别费力就能学成。这样,商人的儿子总是商人。那些农人们住在一起,考察四时适宜种植的作物,改进农具,打草治田,耕种收获,早晚在田野里做事。少年的时候就习惯这样,心安于此而不转行。农民的儿子也就总是农民。他们中有优秀的人,能做士人的,可以让主管官员推荐出来加以利用。这样做了以后,百姓就会安定下来,把自己的事情做好。"

桓公说:"百姓安定后,我想在诸侯之间做一番事业,可以吗?"

管仲说:"不可以。军事方面的政策还未制定和施行。"

桓公说:"那么军事方面的政策如何制定和施行呢?"

管仲说:"我们如果整顿军队,修治盔甲兵器,大国也将这样,那就难以迅速达到目的。我们有进攻的武器,小国有防守的准备,也难迅速达到目的。您如果要在诸侯之间做一番大事，就应先整治内政，把军事活动隐藏起来，即把军令寄寓在平时的政令上面。"

桓公问："怎么样整治内政呢？"

管仲说："把国都划分为六个工商乡和十五个士乡。您管理五个乡，上卿国子和高子各管五个乡。把国家大体上分为三部分，划定界域，作为农、工、商的地区，为群臣设立三卿，为工匠设置三族，为商贾设置三乡，为泽设立三虞，为山设立三衡。郊野可观察土地的好坏，定出赋税等级，百姓就不会迁徙。然后，以三十家为一邑，每邑设一司官。十邑为一卒，每卒设一卒师。十卒为一乡，每乡设一乡师。三乡为一县，每县设一县师。十县为一属，每属设大夫。全国共有五属，设五大夫来负责管理。每年初，由五大夫将属内情况向君汇报，督察其功过。这样，全国就形成统一的整体。"

桓公说："怎样把军令寄寓在政令上面呢？"

管仲说："以五家为一轨，轨设轨长，十轨为一里，里设司里；四里为连，连设连长；十连为乡，乡设乡良人。用这种制度保证军事命令的执行。战时把他们组成军队：每户出一人，一轨五人，五人为一伍，由轨长率领；十轨为里，五十人为一乘兵车，由司里率领；四里为连，二百人为卒，由连长率领；十连为乡，二千人为一旅，由乡良人率领；五乡设一帅，万人为一军，由五乡的帅统领。十五乡出三万人，便成为三军。君主您统率中军，国子和高子各统率一军，作为他们的元帅。每年春秋时节，以狩猎的名义来进行军事训练。卒伍在里整训，军旅在郊外整训。教练成功后，命令民众不要迁徙。同伍的人一起祭祀求福，死丧同忧，灾祸同当。人与人相伴，家与家相邻，世代同居，从小就在一起游乐，所以夜战能听清自己人的声音，白天也能看清自己人，他们友好的情谊足以使他们冒死相救。他们平时同欢乐，死了同哀悼，防守能共保坚固，战斗能团结坚强。您有这样的战士三万人，横行天下，诛讨无道的国家，为周王室的屏藩，天下大国的君主没有谁能抵挡。"

"我们的铠甲兵器不足，怎么办呢？"桓公问。

管仲说："规定那些犯重罪的人用犀牛铠甲和一支车戟赎罪，犯轻罪的用带有花纹的皮盾和一支车戟赎罪，小罪处以罚金，宽宥嫌疑罪。要求诉讼的再三禁阻，如不改变，造成讼案，双方各出一束箭。收集起来的金属，好的用来铸造剑戟，在狗马身上试用；差一点的，用来铸造锄、夷、斤、劚，在土壤上使用。这样，铠甲兵器就会充足。"

"铠甲兵器充足后,没有充足的财源怎么办?"桓公问。

管仲说:"开发山林,开发盐业、铁业,发展渔业,以此增加财源。再振兴商业,鼓励贸易,从中收税,财力自然又增多了。这样,军队的开支不就解决了吗?"

桓公听后,急切地问:"国富兵强,可以争霸天下了吧?"

管仲说:"不要急,还不可以。还应当与邻国亲近。"

桓公问:"怎样亲近邻国呢?"

管仲说:"审察我国边境,归还那些侵占来的土地。整顿边界,不接受邻国的钱财,准备大量的毛皮布帛作为厚礼,常常聘问看望诸侯,使四邻安定,他们就亲近我国了。派遣八十个外访人士,给他们提供车马衣裘,让多带资财布帛,使他们周游四方各国,号召天下贤能的人来齐做官。毛皮布帛,是人们所喜爱的东西,使人民卖给四方各地,观察一个国家上层人士和下层百姓的爱好,选择那些有过失的小国来攻打它,可以增加我们的土地,选择那些荒淫的乱国来讨伐它,可以树立我们的威望。这样以来,天下诸侯就会一起来齐国朝见了。然后,率诸侯来侍奉周王,使诸侯完成各自应向王室贡献的东西,那么,王室就会尊贵起来。霸主之名,您虽想推辞不受,也不可能了。不过称霸天下是件大事,切不可轻举妄动。当前的任务应当是让百姓休养生息,使国家富强,社会安定,同四邻搞好关系。不然很难实现称霸目的。"

桓公大喜,任管仲为相,主持政事,位在鲍叔牙之上。

鲁庄公听说齐国已任管仲为相,大怒说:"悔当初没听施伯的话,反被小子欺骗!"于是挑选兵车,准备攻打齐国,报乾时兵败之仇。齐桓公听说,更是气愤。想那庄公前次拥兵送子纠入齐,已是与我为敌;自不量力,为我所败;今又想兴兵前来,是以为齐国好欺负吗?不好好教训一下,诸侯将会轻视我,动辄引兵来攻了。主意一定,他对管仲说:"我刚刚继承君位,不愿以后多次被人攻打。请先讨伐鲁国,怎么样?"

管仲说:"军事方面的政策还未施行,不可用兵。"

桓公不语,心想:"乾时大战,难道你的军事政策就施行了吗?我们不照样打败鲁军。"他没有采纳管仲的意见,任命鲍叔牙为大将。鲍叔牙因有乾时之胜,有点轻视鲁军,于是欣然领命,率军进犯鲁国长勺(今山东莱芜东北)。

　　鲁庄公急忙找来施伯商议。施伯向他推荐隐居东平、从未出来做官的曹刿。庄公同曹刿共坐一车，领兵赶往长勺。两军相遇，列阵相对。庄公采纳曹刿之谋，先以静制动，待齐军擂第三通战鼓，勇气衰竭之际，鲁军忽然擂响第一通战鼓，以迅雷不及掩耳之势冲杀前去，刀砍箭射，杀得齐军七零八落，大败奔逃。鲁军追击三十余里，满载敌兵抛弃的大量辎重、铠甲和兵器，凯旋而回。时间是周庄王十三年（公元前684年）的春天。

　　齐军兵败而回，桓公很生气，说："出讨而无功，凭什么让诸侯信服齐军强大？"

　　鲍叔牙说："齐、鲁都是千乘兵车的国家，实力不相上下，兵势的强弱因主客的不同而改变。在乾时打，我们是主人，因此战胜鲁军；在长勺打，鲁军是主人，因此打败我们。我希望能奉您之命向宋国借兵。齐宋联合起来，就可以打败鲁军，报长勺之仇。"桓公同意，便派使节问候宋国，并请宋国派兵相助。

　　宋闵公从齐襄公时，就与齐国时常共事。现在听说小白继位，正想派使节前去致友好之意；今见齐使到来求兵，当即答应，定了出兵日期，约定两军六月上旬在鲁国郎城相会。

　　宋国任南宫长万为大将，猛获为副将；齐国仍任鲍叔牙为大将，任仲孙湫为副将；各统大军，如期集于郎城。齐军在城东北，宋军在城东南。

　　鲁庄公采纳大夫公子偃的建议，夜里以百余虎皮蒙于马上，乘月色朦胧，偃旗息鼓，悄悄出城，先偷袭恃勇无备的南宫长万所领的宋军。将近敌营，鲁军一齐举火，鼓声震天，火光中，一队猛虎冲突而来。宋营人马一时胆落，争相奔窜，南宫长万禁阻不住，只得驱车后退。鲁国挥兵追击，在乘邱俘获南宫长万，大获全胜，鸣金收兵。鲍叔牙得知，全军撤回。

　　这一年（公元前684年），齐桓公曾派大行隰朋向周王通报自己已即君位，并向王室求婚。第二年，周庄王让鲁庄公主婚，将女儿下嫁给齐桓公。徐、蔡、卫三国国君各把女儿送来陪嫁。因鲁国有主婚的功劳，所以，齐鲁又交往起来，各捐弃兵败之耻，相约为友好之国。这年秋，宋遭水灾，鲁庄公派人慰问，宋国感动，也派人来谢，并请放南宫长万回国。鲁庄公答应，放南宫长万回国。从此，三国和好，各释前嫌。

　　南宫长万回国，因兵败被俘，宋闵公多次当众侮辱他。南宫长万忍无可忍，一怒之下打死闵公，奉闵公之弟公子游为君。不久，宋国贵族又杀子游

和南宫父子,立公子御说为君,是为宋桓公。

　　齐桓公自两次用兵失利之后,非常后悔。于是把国家托付给管仲,每天同妇人们饮酒作乐。有前来以国事相告的人,桓公就说:"为什么不去告诉仲父?"当时有一个叫竖貂的人,是桓公宠幸的男童。他想到内宫里同桓公亲近,因不便往来,便自行阉割,净身以进。桓公怜惜他,更加宠信,时常不离左右。又有一个人叫雍巫,字易牙,有应变的机智,擅长射箭和驾车,并精通烹调之技。一天,卫姬病了,易牙调和五味进献,她吃了以后,病就好了,因此喜欢接近易牙。易牙又用美味来讨好竖貂,竖貂便向桓公推荐他。桓公把易牙召来问道:"你擅长调味吗?"

　　易牙说:"是这样。"

　　桓公开玩笑说:"我几乎把虫、鱼、鸟、兽的味道尝遍了,就是不知道人肉是什么味?"

　　易牙默默地退了出来。到中午吃饭的时候,向桓公献上一盘蒸肉,鲜嫩如羔羊,但比羔羊味更美。桓公把它吃得净光,问易牙:"这是什么肉,味道这么鲜美?"

　　易牙跪下不紧不慢地回答说:"这是人肉。"

　　桓公大吃一惊,忙问:"从哪里得到的?"

　　易牙说:"我的大儿子三岁了。我听说'忠于国君的人没有自己的家。'国君您没有尝过人肉,所以,我杀了自己的儿子来进献。"

　　桓公感动地说:"你先退下吧!"他以为易牙深爱自己,也大加宠信。卫姬又常在桓公旁替易牙美言。

　　有一次,桓公问管仲:"国家最可怕的是什么?"

　　管仲说:"最可怕的是那些社鼠。"

　　桓公问:"什么意思呢?"

　　管仲说:"土地庙是用很多树木扎起来并在外边涂以烂泥,老鼠因此寄生在里面。如果用烟火去熏它,又恐怕把木头烧掉,如果用水灌,又恐怕把涂在外面的泥巴冲坏,这样就没法把老鼠灭掉,这是因为土地庙的缘故。国家也有社鼠,君王左右的人就是的,他们对内遮蔽君王的耳目,使君王分不清善恶,对外向百姓卖弄自己的权力,不杀他们就会作乱,杀他们君王又来庇护。有个卖酒的人,酒器洗得很干净,挂的酒幌子也很长很长,但是酒卖不掉,都放酸了。他问左右邻居卖不掉的原因,邻居说:'你家的狗太凶猛,人家拿着酒器来买你的酒,狗却迎过来咬人。这就是酒放酸了卖不掉的缘故。'国家也有凶猛的狗,那些当权的就是的。有才能的人要告诉君王关于治国的道理,当权的人就走上去破坏。君王左右的人像社鼠,当权的人像猛狗,那么有才能的人就不能被君王任用,这是治理国家最可怕的事。"

齐桓公点头称是。

竖貂、易牙受桓公宠信,内外勾结,只是心中忌怕管仲,不敢放手胡为。二人商议,想排挤管仲。一次,他们一起对桓公说:"听说'国君发布命令,臣子执行命令'。现在,君王这也叫仲父,那也叫仲父,动不动就是仲父,都怀疑齐国没有君王了!"

桓公笑着说:"仲父对我来说,就像腿和胳膊。有腿和胳膊,才能形成身体;有仲父才能使我的事业得以成功。你们这些小人知道些什么?"二人才不敢再说管仲的坏话。

管仲为桓公的诚恳和信任深深感动,尽心于国事,执政三年,国富民强,齐国大治。他又对桓公说:"我们将来向南征伐,需要鲁国提供粮草,请把侵占的棠、潜两地归还给鲁国;向西征伐,需要卫国提供粮草,请把侵占的台、原、姑和漆里归还给卫国;向北征伐,需燕国提供粮草,请把侵占的柴夫、吠狗归还给燕国。"桓公同意,命照此办理。这样做了以后,四邻都非常亲近齐国。

至此,管仲强国亲邻之策得到实现。

五、朝王定宋

周僖王元年(公元前681年)春正月,齐桓公设朝,群臣拜贺完毕,问管仲道:"寡人承蒙仲父的教诲,改革治理国政。现在军队精良,钱粮充足,百姓都懂得礼义,我想和诸侯会盟,定立霸主,怎么样?"

管仲说:"当今诸侯,比齐国强的也不少。南方有荆楚,西方有秦晋。然而都各自炫耀其强,不知道尊奉周王,所以不能成霸业。周王室虽然衰微,仍是统治天下的主人。平王东迁以来,诸侯不去朝拜,不进献应贡的物品,所以郑伯敢射桓公之肩,五国敢抗庄王之命,使得各国臣子不知道有君父。熊通僭号称王,宋郑弑其君主,习以为常,没有人敢去征讨。现在周庄王刚

刚驾崩,新王继位,宋国近来遭受南宫长万之乱,贼臣虽然被杀,宋国君主还未得到确认,国君您可派使臣朝见周王,请得天子的旨意,会集诸侯,确定宋国君主。宋国君主一定,然后以天子的名义来号令天下诸侯,对内尊奉王室,对外排斥四夷。诸国之中,扶助衰弱的,抑制强横的,惑乱不听王命的,率诸侯去讨伐它。天下诸侯都知道我们齐国没有私心,一定会一起来齐国朝见。不用动兵车,就可以成就霸业。"

桓公听后大喜。于是派使臣带上贡品到洛阳朝贺僖王,并请求能够奉周王之命召开一次诸侯大会,来确定宋国国君之位。

诸侯纷争,早已不把衰弱的周王室放在心上,僖王听说齐使来贺,反倒有受宠若惊之感。见齐使恭请王命,非常感动,再说自个连自个都顾不过来,哪里还有精力和能力顾及把王室不当回事的诸侯,于是说:"伯舅能不忘周王室,是朕的幸运。泗水一带的诸侯,听任伯舅去管理,朕难道有什么吝惜的?"

使者回报桓公。桓公便以周王之命宣告于宋、鲁、陈、蔡、卫、郑、曹、邾诸国,约定三月初一,在齐国北杏(今山东聊城东)相会。桓公想:首次相会,应该让诸侯见识见识齐军的威容,来震慑他们,使其畏服。因此他问管仲:"这次赴会,以多少兵车相随?"

管仲说:"您是奉周王之命去会见诸侯,怎么以兵车相随? 请把它当作修好的集会。"

桓公同意。于是让军士先在北杏筑起高三丈的三层大坛,左悬大钟,右置大鼓。在台上设置周天子的虚位,旁放反坫,玉帛器具陈设得非常整齐。又预备好多处高敞合式的馆舍。

将近相会之日,宋桓公御说先到,与齐桓公相见,感谢其确定君位的好意。第二天,陈宣公杵臼、邾子克二位国君相继到来。蔡哀侯献舞也来赴会。

献舞与息侯同娶陈侯的女儿为夫人。息侯夫人妫氏有绝世之貌,因到陈归宁,路过蔡国。献舞用言语调戏她,息妫大怒而去,告知息侯。息侯便联合楚文王熊赀,设计打败蔡兵。楚兵将献舞活捉回国,准备烹煮,后经大夫鬻拳劝谏,才将其放归。献舞为报息侯陷害之仇,临走将息妫美貌告知好色的楚王。楚王慕色,引兵灭了息国,掳走息妫,立为夫人。息侯不久愤郁而死。献舞虽向息侯报了仇,对楚国仍怀恨在心,所以当听到齐侯的约请,便如期前来。

四国国君见齐君没有兵车相随，就互相说："齐侯以诚待人，竟到了这种地步。"于是将各自所带兵车后退二十里以外。当时快到二月底，桓公对管仲说："诸侯没有到齐，后推一些日子等一等，怎么样？"

管仲说："俗话说：'三人成众。'现在来了四个国家，不能不称为'众'了。如果改变日期，这是没有信用。再等，却没有来的国家，这是辱没王命。初次会合诸侯，却以不守信用闻于天下，而且辱没王命，凭什么来谋图霸业？"

桓公问："这次是结盟呢，还是聚会呢？"

管仲说："人心不统一，等聚会后人心齐了，才可以结盟。"

桓公说："好。"

三月初一黎明时分，五国诸侯，全部聚集在大坛下面。相互见面礼毕，齐桓公拱手对诸侯们说："王室政事长久被废弃，叛乱的事情接连不断。孤谨奉天子之命，会合诸公来辅助王室。今日聚会，一定要推选一人为会主，然后才可以使权力有所归属，政令可推行于天下。"

诸侯私下里纷纷商议：想推选齐侯，又见宋为公爵，齐只是侯爵，尊卑次序有定；想推选宋公，又见宋公新近继位，靠齐侯会合诸侯来确定，不敢妄自尊大，正处在两难之中。齐侯的心思是明摆的，只是因为怕得罪宋公才没人站出来挑破。陈宣公见齐爵位虽低，却比宋强大，为了讨好齐侯，便离席起身说道："天子把纠合诸侯的命令托付给齐侯，谁敢代替他？应推齐侯为盟主。"

有陈宣公出头，诸侯便附和道："除过齐侯谁也不能担当此任，陈侯的话说得对。"

齐桓公假意推让了几次，然后引领诸侯登坛。齐侯为首，下来是宋公、陈侯、蔡侯、邾子。依次排列已定，鸣钟击鼓，先在周天子位前行礼，然后交拜，叙论兄弟之情。仲孙湫手捧一个匣子，内放写有盟约的简书，跪下来读道：

周僖王元年三月初一，齐国小白、宋国御说、陈国杵臼、蔡国献舞、邾国克，奉天子之命，会于北杏，共辅王室，救济弱小之国，扶立将亡之邦。有败约者，列国共征之！

诸侯拱手领命，以表遵从。这是齐桓公第一次会合诸侯。

诸侯互相敬酒之后,管仲从坛下沿台阶走了上来说:"鲁、卫、郑、曹四国,故意违抗王命,不来赴会,不可不讨。"

齐桓公举手向四国国君说:"敝邑兵车不足,希望各位一起去讨伐。"

陈、蔡、邾三国国君齐声应道:"怎敢不率兵车相从?"只有宋桓公默然无语。

晚上,宋公回到馆舍,心中不平,对大夫戴叔皮说:"齐侯妄自尊大,不顾尊卑之礼主持合会,便想调遣各国之兵。将来我国也要受其驱使呢!"

叔皮说:"诸侯从命的和违命的相对半,齐国的势力还未树立起来。如果征服了鲁国和郑国,齐国的霸业就要成了。齐国称霸,对宋没有好处。参加合会的四国,只有宋大,宋国不发兵相从,其他三国也将解体。况且,我们来这里只是想得到王命,确定君位而已。已经参加了合会,还等什么呢?不如先回国。"

宋公听了叔皮之言,决定拆齐侯的台,于五更时分,登车离去。

六、灭遂盟鲁

齐桓公听说宋公不辞而别,逃了回去,大为生气,想派仲孙湫去追。管仲说:"追赶他们是不义的行为,可请来王师一同征讨,才名正言顺。不过,还有比这更紧急的事情。"

桓公问:"有什么事比这还紧急?"

管仲说:"宋国离我们远而鲁国离我们近,并且鲁是王室宗族之国,不先征服鲁国,凭什么让宋国服从我们?"

桓公问:"讨伐鲁国应当走哪条路?"

管仲说:"济水边上的遂国(今山东肥城南)是鲁国的附庸,国家弱小,只有四姓。如果用重兵去攻,用不了一个早晨就会拿下。攻下遂国,鲁国一定会恐惧不安。然后派一介使臣前去责问他们不来赴会的原因。再让人将此事告知鲁夫人,鲁夫人想叫他的儿子和娘家把关系搞亲密,定会极力怂恿。鲁侯内迫于母命,外惧齐兵威,必将修盟求好。等他前来请求,就答应他。安定鲁国之后,再奉王命兵临宋国,这是破竹之势啊!"

齐桓公于是亲率军队进至遂都,擂过第一通战鼓,即破城而入灭掉遂国。随后在济水边安营。

鲁庄公听到齐灭遂国，知道齐来问罪，果然害怕，忙召集群臣询问对策。公子庆父说："齐国两次对我们用兵，都不曾占什么便宜，臣愿领兵拒敌。"

朝班中有一人站出来说："不可，不可！"

庄公一看，原来是施伯，就问："你有什么计策呢？"

施伯说："我曾经说过，管仲是天下奇才，现在管理齐国政务、军队有一定的法度，这是不应出兵的第一个原因；北杏合会，是奉天子之命以尊重王室为名，现在齐来责备我们违抗王命，我们理亏，这是第二个原因；杀掉子纠，您对齐是有功的，王姬下嫁齐国，您也是有劳的，抛弃过去的功劳，却去同齐国结仇，这是不该出兵的第三个原因。为现在打算，不如盟誓修好，齐国就可以不战而退了。"

曹刿说："臣的意思也是这样。"

正在议论的时候，忽传齐侯有书信到来。庄公接了，见上面写道：

> 寡人与君同事周室，两国友好，且有姻亲关系。北杏之会，君不参加，寡人敢问是什么缘故？如果是对王室有二心，我只好听从王命。

齐侯另外又有书信给文姜，文姜接信后把庄公叫来对他说："齐鲁两国是甥舅关系，就使齐国讨厌我们，还应请求和好，何况是一同盟誓？"

庄公点头应是。便让写了回信，大略道：

> 孤贱躯不适，未能赴天子之命。君以大义责备，孤知罪了！然而在城下修盟和好，孤实感耻辱！如果退兵驻于君之国境上，孤怎敢不捧玉帛前来。

齐侯接信大喜，传令退兵到柯地（今山东东阿西南）。

鲁庄公将去同齐侯相会，问谁能随往。将军曹沫请求前去。庄公不高兴地说："你多次败给齐军，不怕齐国人笑话吗？"

曹沫说："正因为多次败给齐军，所以愿意前往，要雪掉这个耻辱。"

庄公说："怎么样雪耻？"

曹沫说："君王做君王应当做的，臣子做臣子应当做的。"

庄公叹了口气说："寡人过境求盟修好，等于又败给齐军。如果能雪此耻辱，寡人听任你去做！"鲁侯先派使节谢罪，并请修盟。

齐侯同他订了日期，预先筑起土坛来等鲁侯相会。

至期，齐国雄兵按东、南、西、北方向，分别执青、红、黑、白旗，由将官统

领,分四队排列于坛下,仲孙湫统一掌管他们。坛级有七层,每层都有壮士手执黄旗把守。坛上树大黄旗一面,上绣"方伯"二字。旁边有一面大鼓,王子成父掌管着。坛中间设有香案,排列着盛有牛、羊、豕三牲礼的朱盘和歃盟要用的玉盂,隰朋在旁掌管着。两旁的反坫上,放着金尊玉斚,由竖貂掌管着。坛西立起两根石柱,拴着黑牛白马,屠夫准备宰杀,司庖易牙在此掌管。东郭牙为傧,站在阶下迎宾。管仲为相,主持修盟仪式。整个气氛严整庄重。

齐侯传令道:"鲁君到来,只许一君一臣登坛,其余人挡在坛下。"

鲁庄公到来,望见大黄旗上的"方伯"二字,心里有些别扭,又见齐军如此布置,不免又紧张起来,双腿发软,一步一颤。曹沫内裹铠甲,身拵利剑,毫无惧色,紧随庄公。将要登坛,东郭牙上前说道:"今天两位国君为修好而相会,辅助行礼之人,怎么能带凶器?请把剑放下!"曹沫圆睁怒目,凶狠逼人,东郭牙不觉倒退几步。庄公君臣沿阶而上。

两位国君相见,各表结盟修好之意。三通鼓毕,对着香案行礼。隰朋用玉盂盛了血酒,跪着请饮。曹沫趁桓公不备,左手握剑,右手揽住桓公的袖子,怒容满面。管仲急忙插上用身子挡住桓公,问:"大夫为什么这样?"

曹沫说:"鲁多次被人攻打,国家将要灭亡了。您是报着救济弱国扶立将亡之国的目的来会合诸侯的,惟独不为敝国打算吗?"

管仲说:"既然这样,大夫有什么要求?"

曹沫说:"齐国恃强凌弱,夺走我汶阳之地,今日请归还,我们的国君才饮此盂!"

管仲回头对桓公说:"君可答应他。"

桓公惊魂稍定,说:"大夫放手吧,寡人答应你!"

曹沫放下剑,从隰朋手里捧过玉盂,跪着进到二位国君面前。两位国君对天盟誓后,双手执盂,一饮而尽。二人又互相祝酒,面上各有欢颜。庄公的欢颜倒有些是真的,只不过心里未免还有些担忧:齐侯为曹沫所屈,能轻易放过他们君臣二人吗?

仪式完毕之后,王子成父等人愤愤不平,请求劫持鲁侯,以报曹沫之辱。桓公为曹沫所劫,不得已答应所求,觉得丢脸,也有悔约之意。管仲劝道:"鲁君臣为我们所掌握,悔约是容易的事,然而从此以后,诸侯就会不相信我们,怎么能够使他们服从我们而成就我们的霸业呢?今天正可以借此向诸侯来表示君王您的宽容和信义。这有什么丢脸的呢?"桓公这才高兴起来。

第二天,桓公又在公馆安排酒宴,与庄公欢饮而别。随即命令南部边境官员,将原来侵占的汶阳之地,全部交割归还鲁国。庄公君臣这回确实有些佩服齐侯了。

七、讨宋荐宁

诸侯听说齐鲁在柯修盟的事后,都为齐桓公的信义所折服。卫、曹两国都派使节到齐国谢不会之罪,并请修盟,桓公约他们等讨宋之后再订期相会。

于是,齐再次派遣使臣入周,告诉周王,说宋公不遵从王命,合会时中途逃走,请王师下临,一同兴兵问罪。周僖王让大夫单蔑率兵会同齐国一起征讨宋国。又有侦卒报称陈、曹两国引兵出发,愿随齐征讨,作为先头部队。齐桓公让管仲率领一军,先去会合陈、曹两军,自己领着隰朋、王子成父、东郭牙等统率大军随后进兵,约定在商丘集结。这时已是周僖王二年(公元前680年)的春天。

管仲领军出了南门,车上有个叫婧的爱妾相随。婧是钟离人,温柔秀丽,聪明晓文。原来桓公好色,每次出行都带着宠姬爱嫔,怕招人议论,总是遮遮掩掩,心中不甚畅快。管仲见此,觉得不必因此小节而使国君烦恼,应该使他有更多一些自由和生活乐趣;如果使他觉得做国君拘束无味,他便会懈怠起来,从而不愿再干什么大事。于是,出行时也以婧相随。桓公见仲父如此,才大大方方地带着宠姬爱嫔出行。他深深地感到,和仲父相处,默契自在,如鱼得水。

管仲领兵行了三十多里,到了猛山,看见一个汉子穿着短小的粗布单衣,头戴破斗笠,赤着双脚在山下放牛。这汉子敲着牛角唱起歌来。管仲在车上细察其人,知非凡人,让人拿着酒和吃的去慰劳他。汉子吃毕,说:"我想见一下相国仲父。"

使者说:"相国的车子已经过去了。"

汉子说:"我有一句话,请传给相国:'浩浩乎白水!'"

使者追上管仲的车子,把这话告诉他。管仲有点茫然,不知道汉子所说

的是什么，就问姜婧。婧说："妾记得有首叫《白水》的诗写道：'浩浩白水，鲦鲦之鱼，君来召我，我将安居？'这个人大概是想做官吧！"

管仲停下车，让人去召。汉子将牛寄放在村里，随使者来见管仲，深深地作了一揖，没有跪拜。管仲问其姓名，汉子答道："我是卫国的一个农夫，姓宁名戚，仰慕相国好贤礼士，所以不顾跋涉之苦来到这里。没有办法见到你，才给村中人放牛。"

管仲考察他的学问，应对如流。于是感叹道："豪杰埋没在泥泞的田野，如果没有人引荐，怎么能够显露出来呢？我们国君的大军在后面，不几天就要经过这里。我写封信，您拿着去拜见他，一定会得到重用。"管仲马上写好信，交给宁戚，就此分别。宁戚仍在狃山下放牛。

三日后，齐桓公大军到来。宁戚衣着如前，立于路旁，也不回避，见桓公的乘车将近，便敲起牛角唱道：

南山灿，白石烂，中有鲤鱼长尺半。生不逢尧与舜禅，短褐单衣才至骭。从昏饭牛才夜半，长夜漫漫何时旦？

桓公听后很不高兴，命左右将其拥到车前，问了姓名，喝问他怎么敢讥讽时政？宁戚出言不逊，直指齐政和桓公之弊，说什么今日确非舜日尧天；又说桓公用兵不息，劳民伤财，百姓难以乐业；还说他杀兄得国，假天子以令诸侯，不知道揖让。桓公大怒，喝令斩掉。宁戚叹道："夏桀杀龙逢，商纣杀比干，今天宁戚和他们在一起就是三个人了！"

隰朋奏道："此人不趋势，不惧威，不是个寻常的牧夫。君王还是赦免了他吧！"

桓公念头一转，怒气顿消，对宁戚说："寡人只是试试你，你确实是一个难得的人才。"

宁戚这才从怀中拿出管仲的书信。桓公接过一看，见上面写道：

臣奉命出师，行至狃山，得卫人宁戚。此人非牧竖者流，乃当世有用之才，君宜留以自辅。若弃之使见用于邻国，则齐悔无及矣！

桓公说："您既然有仲父的书信，为什么不早点呈给寡人？"

宁戚说："臣听说'贤明的君主选择贤能的人为辅佐，贤能的臣子也选择贤明的君主来辅佐。'君王如果憎恶直言，喜好谀语，对我气愤难平，臣宁肯死掉，也不拿出相国的书信。"

桓公大喜。当晚寻得衣帽等物，在灯光之下拜宁戚为大夫，使他与管仲一同管理国政。

桓公大军来到宋国国界，陈宣公杵臼、曹庄公射姑已经先到。随后周单蔑带兵也到了。相见毕，即商议攻宋之策。宁戚进前说道："明公奉天子之命纠集诸侯，以威势取胜，不如以德行取胜。依臣愚见，先不要进兵。臣虽不才，愿凭三寸之舌去劝说宋公前来和解。"桓公大喜，传令在边界扎营，命宁戚入宋。

宁戚乘坐一辆小马车，带几个随从到商丘见宋公，说："天子失权，诸侯星散，君臣之间没有了次序，谋逆弑君的事情每天都可以听到。齐侯不忍心看到天下大乱下去，恭敬地接受天子之命，来主持中原诸侯的盟会。明公参加大会是为了确定君位，如果又背着诸侯而逃离，等于没有确定。现在天子大怒，特派王室大臣率诸侯来讨宋。明公先是背叛王命，现在又要抗拒王师，不用等交战，臣已料谁胜谁负了。"

宋公说："先生的意思是什么呢？"

宁戚说："在臣看来，不要吝惜一束礼物，和齐国盟誓修好。这样，上可不失臣事周室之礼，下可结交盟主之欢心，不用动兵器铠甲，宋就可以安如泰山。"

宋公说："孤一时错了打算，没能参加完修好之会，现在齐正来攻打，怎么肯接受我们的礼物？"

宁戚说："齐侯仁厚大度，不记人的过错，不念以前的罪行。比如鲁国不去赴会，柯地一结盟好，便将所侵占的鲁国土地全部归还。何况明公是与会之人，怎能有不接受的道理？"

宋公问："用什么作为礼物呢？"

宁戚说："齐侯是以礼同邻国交好，厚送礼物而薄受礼物。即使是一条脯肉也可以当作礼物，难道一定要把府库所藏都用尽吗？"宋公听后大喜，就派使节随宁戚入齐军中请求和解。

宋国使节见了齐侯，谢罪后，请求结盟。献上十珏和千镒黄金。齐桓公说："命令由天子发布，寡人怎敢自作主张？一定须请王室大臣转奏给天子才可以。"桓公便把所献的金玉，转送给单蔑，并转达宋公和解的愿望。单蔑说："如果君侯赦免宋国，入情合理，以此来回报天子，怎会不符合王命呢？"桓公就让宋国先去聘问周室，然后再订会盟之期。单蔑辞别齐侯领兵回去。齐侯和陈、曹两国国君各领兵回本国。

八、扶突登位

齐桓公领兵从宋国回来,管仲奏道:"周室东迁以来,诸侯没有比郑国强大的。郑灭掉东虢,在此建都,前有嵩山,后有黄河,左边洛水相隔,右手济水为阻,虎牢城险要的形势闻名于天下。所以,在过去,郑庄公据此攻打宋国、兼并许国,抗拒王师。今天又同楚联合。楚是僭号称王之国,地广而兵强,吞并了汉水北面的诸侯国,同周王室作对。您如果想做周王室的屏藩而称霸诸侯,非得排斥楚国不可;想排斥楚国,一定先要征服郑国。"

桓公说:"我知道郑国是我们征服中原各国的关键所在,早就想收服它,只恨没有办法而已!"

宁戚说道:"郑公子突做了两年国君,祭足就驱逐了他而立了子忽;高渠弥又杀了子忽而立了子亹;我们的先君襄公诱杀了子亹,祭足又立了子仪。祭足是臣子驱逐国君,子仪是弟篡兄位,逆伦犯上,都应声讨。现在子突住在郑的栎城,每天都想着要袭击郑都,况且祭足已经死了,郑国可以说已没有了谋臣。主公任命一位将军领兵去栎,送子突入都重登君位,那么,子突一定会感激主公的恩德,面北来朝见齐国了。"

桓公采纳宁戚之策,随即命令宾须无带二百乘兵车前往栎城。离城二十里,宾须无扎住军队,先派人转达齐侯的心意。郑厉公子突听说齐侯派兵送自己重登君位,心中大喜,远远地出城迎接,大排宴席。宾须无和子突商定计策,准备先夜袭大陵守军,扫清进军国都新郑之路。

宋将傅瑕领兵出战,两下交锋,不料宾须无绕到背后,破门入城,城墙上全插上了齐国旗号。傅瑕无奈,下车投降,并愿潜身入都,劝说继祭足之后新任的上大夫、自己的好友叔詹为内应,杀子仪而迎子突。郑厉公将傅瑕妻儿押往栎城以为人质,然后放他前去。

傅瑕果然说动叔詹,他让人给子突送信,告知里应外合之计,让其速速进兵。随后入宫参见子仪,说齐国出兵帮助子突,已攻陷大陵。子仪大惊,让向楚求救。叔詹故意延缓,两天过去还没有派出使节。这时,护送子突的军队已至城下。叔詹说:"臣应当领兵出战。您与傅瑕登城坚守。"子仪信以为真。

郑厉公子突领兵在前，叔詹略略同他战了几合，宾须无率齐兵赶到，叔詹掉转兵车就逃。傅瑕在城上大声叫道："郑军败了！"子仪本来胆小，便想下城，傅瑕从身后用剑将子仪刺死。叔詹叫开城门，子突、宾须无一同入城。

傅瑕先去清理宫室，遇见子仪的两个儿子，全部将其杀死，然后迎子突重登君位。国都的人本来就依附厉公，今见厉公复位，欢声雷动。

厉公送了宾须无很多财物，约定冬十月亲自到齐国请求结盟。厉公复位没有几天，人心便安定下来。他认为傅瑕心不可测，称说为子仪报仇，将其斩首。又追究那些曾参与驱逐自己的人，将公子阏杀死，砍掉强钼的双脚。又派人责备首先赞成立子仪的原繁，原繁上吊自杀。祭足已死，不再追究。仍任叔詹为正卿，又任堵叔、师叔二人为大夫。

九、齐受霸号

齐桓公知子突已复君位，卫、曹两国去年冬天也曾请求结盟，便想大会诸侯，宰杀三牲来盟誓定约。管仲说："君王初行霸主之事，一定要简便一些。"

桓公问："怎么样个简便法？"

管仲说："陈、蔡、邾三国自北杏之会后，对我们齐国没有二心。曹伯虽未来会，但却随同我们一起讨伐宋国。这四国不必再烦劳他们。只有宋、郑、卫三国未曾相会，应当会见一下。等各国都心齐以后，才可以举行大会，盟誓定约。"正说着，忽然传报："周王派单蔑酬答宋国的聘问，现已到了卫国。"管仲说："宋国可以和解了。卫国离我们和这几国的路差不多，您应当亲自到卫国召开合会，来亲近诸侯。"

桓公便约宋、郑、卫三国在卫国鄄城（今山东鄄城县北旧城）相会。连单蔑、齐侯在内，共是五位，不用饮血，拱手礼让了一番就散了。诸侯们非常高兴。齐侯知道大家乐于听从自己，就在宋国的幽城，大会宋、鲁、陈、卫、郑、许等国，饮血盟誓，开始确定了盟主的称号。时间是周僖王三年（公元前679年）的冬天。

去年，楚文王为给夫人息妫报仇，起兵攻打蔡国，蔡侯献舞肉袒请罪，把府库所藏珍宝玉器全部送给楚国，楚军才退。后，郑伯突派使臣到楚来告知

复国之事,楚王生气地说:"子突复位两年了才来告诉孤,太怠慢孤了。"于是又兴兵攻郑。郑赶忙谢罪,请求和解,楚王答应了他们。

周僖王四年(公元前 678 年),郑伯突害怕楚国,不敢去朝见齐国。齐桓公派人责问他。郑伯让上卿叔詹到齐国,对桓公说:"敝国为楚兵所困,日夜忙于守城,没有歇息的时候,因此未来朝见。君王如果能威慑楚国,我们的国君怎敢不早晚站立于齐国的宫廷呢?"桓公反感他出言不逊,将其囚禁于军府之中。叔詹脱身逃回郑国。从此,郑国背叛齐国奉事楚国。

周王在位五年去世,他的儿子阆继位,是为惠王。周惠王二年(公元前 675 年),楚文王同巴人交战,被射中面颊,大败而回。又移兵败打黄国,箭疮迸裂,急令收兵回国,半道而亡。他的儿子熊囏继位。

周惠王四年(公元前 673 年),郑厉公死,世子捷继位,是为文公。周惠王七年秋八月,鲁庄公到齐国迎娶齐襄公之女姜氏,立为夫人,是为哀姜。齐、鲁两国的关系更加密切。齐桓公同鲁庄公联合攻打徐国和戎,徐、戎俱臣服于齐。郑文公见齐国势力越来越大,害怕前来讨伐自己,就派使者去请求修盟和好。于是,在周惠王十年(公元前 667 年),齐桓公又在幽城合会宋、鲁、陈、郑四国国君,设盟定约。天下诸侯,莫不心向齐国。

有一天,忽然报说:"周王派召伯廖到了。"齐桓公将召伯迎入公馆。召伯宣读周王的命令,授予齐侯方伯的头衔,让他担当起先祖姜太公曾有的职责,专门负责征讨那些不从王命、逆伦犯理的国家。从此,齐桓公便成了名副其实的霸主。

卫惠公曾支持周室芳国、边伯、詹父、子禽、祝跪五大夫作乱,准备拥立王叔子颓为王,后来,郑国和西虢合兵攻王城,杀了子颓和五大夫,惠王才得以恢复王位。召伯这次便请齐侯为王室讨伐卫国。

周惠王十一年,齐桓公亲自率军伐卫。这时卫惠公已死三年了,他的儿子懿公在位。齐军打败卫军,直抵卫都之下。齐桓公宣布天子的命令,列举其罪状。懿公说:"那都是先君的过错,和寡人没有牵连。"就让长子开方载金帛五车,送往齐军,请齐侯讲和,赦免其罪。桓公说:"先王的法令规定罪行不连累子孙。我只是苟且遵从王命,对卫国会有什么特别的要求呢?"

公子开方见齐国如此强盛,表示愿意去齐国做官。齐侯说:"你是卫侯的长子,将来可继承君位。为什么舍弃尊贵的君位而侍奉寡人呢?"

开方说:"明公是天下的贤侯,如果能随侍左右效劳,已是荣幸之至,难道不比为国君强吗?"桓公以为开方敬爱自己,授予大夫之职,宠爱同于竖貂、易牙二人。齐国人称之为"三贵"。开方又对桓公称赞卫侯的小女儿、自己姑姑的美貌,桓公即向卫侯请其为妾,卫侯不敢推辞,送卫姬到齐。因为卫惠公曾让一女儿到齐国陪嫁,所以,这姊妹俩分别以长卫姬和少卫姬相称;二人均得桓公宠爱。

十、平戎定鲁

周惠王五年(公元前672年),熊恽杀了他哥哥熊艰夺了王位,是为成王。任其叔子元为令尹。为了将楚国的势力向中原扩展,周惠王十一年(公元前666年),子元领兵攻郑。齐侯得知,约了宋、鲁两君,亲率大军前来相救。子元大惊,将兵撤回。三国国君听说楚兵退了,便各回本国。郑国派使臣到齐国致谢,从此感激齐国,不敢怀有二心。

楚成王八年(公元前664年),令尹子元竟搬进王宫居住,申公斗班杀了子元。成王任用斗谷於菟为令尹。斗谷於菟削减百官采邑,增加国家财力,又训兵练武,选贤任能,楚国国力大大增强。

齐桓公见楚王任贤治国,怕他们来中原争霸,威胁自己的地位,便想大起诸侯之兵去攻打楚国,降服对手。他去问管仲。一直在为齐桓公的霸业出谋划策的管仲,早已考虑着这个问题,他说:"楚国在南方称王,地广兵强,周天子也不能控制他们。现在又任用子文(斗谷於菟,表字子文)治理国政,国泰民安,不是可以用武力来征服得了的。况且您才刚刚得到诸侯们的信任,如果没有拯救将亡之国这样的大恩德深入人心,恐怕诸侯的军队是不大会为我们效劳的。现在应进一步树立威望、广施恩德;等待一个有利时机,再兴兵伐楚,才是万全之策。"

桓公说:"自从我们的先君为报九世之仇,灭掉纪国,占有其地,纪的附庸国郭至今未服从我们,寡人想吞灭它,如何?"

管仲说:"郭虽为小国,他的先祖是太公的支孙,所以,它是齐国的同姓之国。消灭同姓是不义的行为。您可以命令王子成父率大军去巡视纪城,做出要攻打他们的样子,郭国一定会害怕而来求降。这样,就会没有灭亲的名声,却有得地的实惠了。"

桓公采纳管仲之策,郭国国君果然畏惧求降。桓公赞叹地说:"仲父的计谋真是百不失一!"

齐国君臣正在商议国事,忽然来报:"燕国被山戎侵略,派人前来求救。"

管仲对桓公说:"当今的祸患,一是南方的楚,二是北方的戎,三是西方的狄。这些都是中原诸侯所忧虑的,消除这些祸患是盟主的责任。即使戎兵不来侵略燕国,还应当考虑去抗击他们,更何况燕国受到侵略,又向我们求救呢?况且,您想要讨伐楚国,一定先要平定戎。戎兵南侵的祸患得以消除,就可以专心去对付南方了。"桓公于是率兵同管仲等前去救燕。

山戎是北戎的一种,在令支(或叫离支)(约在今河北省滦县、迁安县间)建都,国君名叫密卢。其国西邻燕国,东南同齐鲁相接。令支介于三国之间,恃其地势险要、兵马强壮,不称臣不纳贡,屡次侵犯中原。这次,又来侵犯燕国。

齐国援军路过济水,鲁庄公前去相迎。桓公把伐戎的事告诉了他。鲁侯说:"您剪除豺狼之国以平定北方,敝国等均得到您所赐予的恩惠,难道只是燕国吗?寡人愿搜寻所有的兵车相随。"

桓公说:"到北方险要而又遥远的地方,寡人不敢烦劳您。如果能够成功是托您的福,不顺利的话,再向您借兵不迟。"

鲁侯说:"遵命。"

桓公别了鲁侯向西北进发。

戎兵得知齐国大兵到了,解围而去。桓公率兵行至蓟门关,燕庄公出来迎接,感谢齐侯相救。管仲说:"山戎掳掠而去,未曾受挫,我们的军队一退,戎兵一定会又来。不如趁此机会去讨伐他们,除掉一方祸患。"桓公称是。燕庄公请求率领本国军队为先头部队。桓公说:"燕国刚刚经受了敌兵的围困,怎么忍心再让在前冲锋?您姑且率兵为后队,为寡人壮其声势就行了。"燕庄公又劝桓公去招致不附山戎的无终国。齐侯让隰朋带上大量的金帛去召。无终国派大将虎儿斑率两千骑兵前来助战。桓公赏赐了他很多财物,让作先头部队。

虎儿斑驰马而进,遇敌埋伏,多亏王子成父赶到,杀散令支兵,救回了他。虎儿斑见了桓公面有愧色。桓公说:"胜负乃兵家常事,将军不必在心。"又将一匹名马赐给虎儿斑,虎儿斑感动不已。

大军东行至伏龙山,桓公和燕庄公在山上扎寨,王子成父和宾须无各在山下安营,都用大车联结成城,警戒甚严。

第二天,令支国万余骑兵前来挑战,冲突数次,都被车城隔住,不能闯入。中午时分,管仲在山上望见敌兵渐渐稀少,都下马躺在地上,口中谩骂不休。管仲让虎儿斑出城冲杀。隰朋说:"恐怕戎兵有计。"

管仲说:"我早已料到。戎兵惯用埋伏之计,我们就将计就计。"随即命令王子成父和宾须无各率一军从左右两路接应,专杀伏兵。

虎儿斑马头所至,戎兵纷纷弃马而逃。虎儿斑正要追赶,大寨鸣金收兵,便勒马返回。忽然,响起一声胡哨,谷中人马大起,来攻虎儿斑,不料王子成父和宾须无两路兵到,杀得七零八落。戎兵大败而回,折了许多马匹,不得已,用重兵守住黄台山谷口。管仲让齐兵正面诱敌,然后派奇兵绕出其后,两面夹击,戎兵大败,逃往孤竹国去了。

齐侯攻破令支,缴获了大量马匹器仗和牛羊帐幕之类,救出了被掳的燕国子女。齐侯吩咐不许杀戮投降的戎人,戎人非常高兴,告知齐兵戎地的路径和令支兵去向。

齐侯挥兵追击,路途艰险,兵车行进非常费力。管仲说:"戎骑驰骋方便,只有兵车可以对付。"为了提高行军速度,活跃气氛,他创作了上山下山之歌,让军人们来唱。上山时唱:

> 山巍巍兮路盘盘,木濯濯兮顽石如栏。云薄薄兮日生寒,我驱车兮上巉岩。风伯为驭兮俞儿操竿,如飞鸟兮生羽翰,跋彼山巅兮不为难。

下山时唱:

> 上山难兮下山易,轮如环兮蹄如坠。声辚辚兮人吐气,历几盘兮顷刻而平地。捣彼戎庐兮消烽燧,勒勋孤竹兮亿万世。

大家你唱我和,山鸣谷应,此起彼伏,一时精神大振,车轮如飞。

桓公和管仲、隰朋等登上山顶,观望兵士上山下山的情形。桓公感叹地说:"寡人今天才知道,人力是可以用歌来取得的。"

管仲说:"我过去在槛车中时,怕鲁人追赶,也作过一首歌教军士来唱,军士乐而忘倦,收到了兼程赶路的效果。"

桓公问:"这是什么原因呢?"

管仲说:"大凡人们身体劳累就会精神疲惫,但精神快乐,就会忘记身体的劳累。"

桓公赞叹地说:"仲父通晓人情到了这种程度!"

于是率大军翻山越岭,直逼团子山。孤竹国国君答里呵派黄花元帅率

兵五千在此拒敌。齐军打败戎兵,黄花弃了马匹,扮作樵夫,从小路爬山逃回都城。齐桓公大军向东越过马鞭山和双子山,再行二十五里,就可到达孤竹国都无棣城。孤竹君臣商议对策,宰相兀律古说:"我国北边有个地方名叫旱海,又称为迷谷,是砂碛国地界。其地多沙石,无水草。时有大风,飞沙走石,咫尺难辨,人马不能生存。若误入其中,谷路迂回曲折,难以辨认,急切不能出来,又有毒蛇猛兽为害。如果使一人诈降,将其诱入,不用厮杀,管叫他人马折去八九。我们整顿兵马,待其困敝再收拾他们,岂不是一条好计?"

答里呵说:"齐兵怎么肯去那里呢?"

兀律古说:"主公同宫眷暂时躲在阳山,命令城中百姓一起到山谷中逃避敌兵,留下一座空城,然后,叫诈降的人告诉齐侯,只说:'我们的国君逃往砂碛借兵去了。他们一定会来追赶,那时就中我们的计了。'"

黄花元帅愿率一千骑兵前去诈降。为了取得齐侯信任,他将驻扎在马鞭山的密卢首级斩下,直奔齐军,将其献上,说:"国主倾国逃向砂碛,到外国借兵报仇。臣劝其投降,不听。今天亲手斩密卢首级,前来相投,请收为小卒。情愿率本部人马为向导,追赶国主,以效微劳。"

桓公信以为然,即让其作为先头部队,率军直抵无棣,果然是个空城,更加相信黄花所言。于是,留燕庄公兵马守城,其余全部追击孤竹兵。黄花请求先行探路,桓公让高黑同去,大军随后。已进入砂碛,桓公催促兵马速行。行了很久,却不见黄花的消息。此时,天色已晚,眼前黑雾千重,平沙无际,寒气逼人。忽然,狂风大起,沙石乱飞,人马俱惊,许多人被沙石击中而亡。管仲对桓公说:"臣早就听说过北方有旱海,是非常厉害的地方,恐怕这就是了。"桓公急令收军,前后两队已经失散。管仲保着桓公,调转马头急走,并使随行军士敲金击鼓,使各队听到声音前来相会。只见天昏地暗,东西南北,茫然不辨。不知走了多少路,才风息雾散。众将听得金鼓之声,便追寻而来,屯扎一处。计点兵马,损折无数。幸好隆冬时节,毒蛇蛰而不出;金鼓震天,军声喧闹,猛兽闻之潜藏。不然的话,不死即伤,所剩无几了。管仲见山路险恶,无有人迹,急忙叫寻路出去。怎奈东冲西撞,盘盘曲曲,一点也找不到出路。桓公心里早已着忙。管仲想了一会,上前说道:"我听说老马识途。无终国与山戎地界相接,他们的马匹多是从沙漠以北来的,可让虎儿斑选几匹老马,放开让其自行,我们跟在后面,当可以找到出路。"桓公依言而行。大军跟着老马曲曲折折地出了谷口。

原来黄花元帅引着高黑先行,径直走了阳山一路,将高黑捉住来见答里呵。高黑不屈被杀。答里呵整顿兵马将燕庄公赶走夺回无棣城。

齐桓大军出了迷谷,径奔无棣城。一路上,看见百姓扶老携幼,纷纷行走。管仲让人去问,他们说孤竹主赶走了燕兵,已回城中,避兵的百姓也要回去了。管仲便让虎儿斑选了些心腹军士,假扮成城中百姓,随着众人混进城去,吩咐他们到夜半时分,举火为应。虎儿斑依计去后,管仲又分派竖貂、连挚、公子开方三人分别攻打南、西、东三门,只留北门叫他出逃。却教王子成父和隰朋在北门外分两路埋伏,等答里呵出城,截住擒杀。

黄昏时候,忽听城外炮声四起,齐兵喊声连天,将城围住。黄花没有料到齐兵这么快就到,大吃一惊,即驱军民登城防守。夜半,城中忽然烧起四五路大火,黄花使人搜索放火之人。虎儿斑率十余人,直扑南门,将城门砍开,放入竖貂军马。黄花见势不妙,急扶答里呵上马,寻路奔走,听说北门无兵,便开北门出逃。行不到二里地,前面鼓声震天,火把纵横,杀来两路军马。开方、竖貂、虎儿斑得了城池,也各统兵来追。黄花元帅死战,力尽被杀。答里呵为王子成父俘获。兀律古死于乱兵之中。

天明,桓公入城,宣布答里呵助恶之罪,亲自将其斩首,将首级悬于北门,然后安抚百姓。又知高黑被杀,十分叹息,想等回国再商议封赏之事。

燕庄公听说齐侯兵胜入城,也从退守的团子山来会。管仲劝桓公将所占两国之地全部给予燕国,桓公采纳了他的意见。燕庄公称贺完毕,桓公对他说道:"寡人千里来救君之急,侥幸取得成功。令支和孤竹两国已被消灭,其地方圆五百多里,寡人不能隔国来拥有它,请用它来增加您的封地。"燕庄公推辞不受。桓公说:"北方边地偏僻而遥远,如果再扶立夷人来守护,必然会再次背叛,您不要再推辞了。现在,东来的路已经畅通,努力整治你们先祖召公的事业,向周王室朝贡,永为北边的屏藩,寡人就会感到光荣了。"燕庄公才不敢再推辞。

桓公在无棣城大赏三军,因为无终国有助战之功,将小泉山下面的土地给予了他们。虎儿斑拜谢而回。桓公休兵五日,便开始撤离。燕伯对桓公非常感激,送到国界也没有停下,一直送入齐国境内五十多里。桓公说:"自古以来诸侯相送,不出本国境内。寡人也不可以对燕君无礼。"就割地到燕君所至之处,送给燕国,来表示自己对燕君的道歉。燕君苦苦推辞,桓公坚决不答应,最后只得接受了这些土地回去。燕国这次增加了方圆五百五十

里的土地,开始成为北方的大国。诸侯们知道齐侯援燕,又不贪求土地,没有不畏惧齐国的威势、感服齐侯的德行的。

桓公大兵回来又过济水,鲁庄公在水边设宴庆贺。桓公将所获二戎之物的一半赠送给鲁国。鲁庄非常感动。他知道管仲有个叫小谷的采邑紧靠鲁国,便组织人力给管仲在此筑了一座城,来取悦管仲。这一年是周惠王十四年(公元前663年)。

周惠王十五年秋八月,鲁庄公去世,鲁国发生内乱。庄公庶兄庆父使国人莽杀了新立的子般,立庄公庶子启方为君,是为闵公。周惠王十七年,庆父又杀了闵公,谋图篡位。庆父同母弟季友和闵公的弟弟申投奔邾国。国人痛恨庆父,聚众攻打,庆父逃奔莒国,鲁国一时无君。季友一面同公子申回鲁,一面向齐国告变。齐侯让上卿高侯率南阳甲士三千,协助季友拥立公子申为君,是为僖公。季友使公子奚斯随高侯到齐感谢齐侯。随后,让人到莒国索取庆父,庆父自杀。

齐桓公救燕、平戎、定鲁之后,威名益振,诸侯心悦诚服。

十一、城邢存卫

北狄主瞍瞒,拥兵数万,常有扫荡中原之心。听说齐国攻伐山戎,瞍瞒生气地说:"齐兵远征,一定有轻我之心,应当先发制人。"于是在周惠王十五年(公元前662年)率骑兵两万攻邢(今河北邢台),将其国都弄得残破不堪。听说齐国准备救邢,又移兵攻卫。卫懿公派人向齐告急。齐侯因伐戎之后,齐兵未曾休整,约以来年春天集合诸侯前来相救。谁知这年冬天,狄兵已攻破卫都朝歌(今河南淇县),杀了懿公,将卫国府库及民间钱物洗劫一空,又毁掉城郭,满载而归。

卫大夫宁速到齐言说其事,准备迎住在齐国的卫公子毁回国为君。桓公非常后悔自己没能及早救卫。见宁速来接公子毁,便从齐国带了嗣位所用的一切物品,命公子无亏率兵车三百护送公子毁至漕邑(今河南滑县旧县城东),即国君位,是为文公。

这时,卫国兵车残破,物力匮乏,无城可居,景象甚是荒凉。公子无亏只好留下三千甲士,协同卫侯守卫漕邑,以防狄兵。

管仲见此，便对桓公说：“现在让兵士留守是劳民之举，不如选择好地方，筑城让卫国君臣居住，可收一劳永逸之效。”

桓公同意，正想纠集诸侯同去修筑，忽然，邢国派人告急，说狄兵又到，邢国支持不住，求齐救援。桓公问管仲：“邢国可以去救吗？”

管仲说：“诸侯之所以能够服事齐国，是因为他们认为齐国能够拯救他们的灾难。没有能救卫，又不去救邢，霸业就会衰败啊！”

桓公又问：“那么是先救邢呢，还是先给卫筑城？”

管仲说：“等救邢之后，再给卫筑城，这是百世的功业。”

桓公于是向宋、鲁、曹、邾发去檄文，让在邢国的聂北（今山东茌平西）会集，合兵救邢。宋、曹两国军队先到。管仲又说：“狄兵锐气正盛，邢国兵力未竭。对付锐气正盛的敌人，费力大；帮助兵力未竭之国，功劳少。不如再等一阵。邢国对付不了狄兵，必然溃散；狄兵战胜邢兵，必然疲劳。驱逐疲劳的敌兵而援救溃散的邢兵，便可以收到用力少而功劳大的效果。”桓公采纳了管仲之谋，托辞说等鲁、邾兵马，就驻扎在聂北，派遣侦卒打探邢和狄的攻守情况。三国驻兵将近两月。

狄兵日夜攻打邢都，邢人坚守不住，破围出城，男女蜂拥至齐营求救。内中一人哭倒在地，原来是邢侯叔颜。桓公将他扶起，安慰说：“寡人援救不早，以致如此，寡人有罪。当请宋公和曹伯商议，驱逐狄兵。”当日拔寨都起。狄兵已掳掠得心满意足，无心恋战，听说三国大兵将到，在都城中放起一把火，往北飞驰而去。三国兵到，已只有一派火光了。桓公传令将火扑灭，问叔颜：“这个城还能居住吗？”

叔颜说：“逃难的百姓大多在夷仪（今山东聊城西南），愿把都城迁到夷仪，顺从民望。”

桓公于是命令三国在夷仪筑城，让叔颜居住。并为他们建了朝庙，添造了庐舍，又从齐国运来许多牛羊粮食和丝绸，放置其中。邢国君臣如同回到故都一般，欢呼和祝贺之声不绝于耳。

事情完毕，宋、曹想辞别齐侯回国。桓公说：“卫国还未安定，给邢国筑城而不给卫国筑，卫国将怎样看我们呢？”

宋、曹两国君说：“一切听霸君安排。”

桓公传令，移兵向卫，所有筑城工具随身携带。卫文公毁远远迎接。桓公对他说：“寡君借诸君之力，想为您定都，不知道什么地方好呢？”

卫文公说:"孤已经卜得吉地,其地为楚邱(今河南滑县),只是筑城费用,亡国难以筹办。"

桓公说:"此事寡人全力承担。"即日便传令三国之兵一起到楚邱动工。又运来建造大门的材料,重立了朝庙,称之为"封卫"。

卫文公感激齐侯的再造之恩,作了一首《木瓜》诗。其诗道:

> 投我以木瓜兮,报之以琼琚。
>
> 投我以木桃兮,报之以琼瑶。
>
> 投我以木李兮,报之以琼玖。

十二、兴兵伐楚

楚成王熊恽有称霸之心,听到齐侯存立邢、卫两亡国,诸侯一片颂扬之声,心里很不高兴。他对令尹子文说:"齐侯布施恩德,沽名钓誉,人心归附。寡人身处汉水以东,德行不足以让人称颂,威势不足以使人畏服。当今天下,楚国不能同齐国争胜,寡人感到耻辱。"

子文说:"齐侯经营霸业,至今已三十年了,他以尊王室为名,诸侯乐意归附,不可同他作对。郑国居于南方和北方之间,是中原的屏障,王如果想图霸中原,非征服郑国不可。"

于是,成王便命大夫斗章率兵车二百乘攻郑,俘获郑大夫聃伯。郑派人星夜赴齐国告急。

管仲对桓公说:"君王数年来,救燕定鲁,又为邢、卫筑城,存立其国,可谓恩德施于百姓,大义布于诸侯。如果要用诸侯的兵马,现在正是时候。您如果救郑,倒不如讨伐楚国。讨伐楚必须大会诸侯。"

桓公说:"大会诸侯,楚国定会防备,有取胜的把握吗?"

管仲说:"蔡侯得罪了您,您想讨伐他已经很久了。楚蔡两国接壤,以讨蔡为名,实则攻楚,这就是《兵法》上所说的'出其不意'。"原来蔡穆公曾将妹妹嫁给齐桓公;蔡姬得罪了桓公,桓公派竖貂把她送回蔡国;蔡侯很生气,便将蔡姬再嫁给楚成王。桓公由此痛恨蔡侯。

君臣二人商议已定,桓公让郑使回去扬言齐国救兵马上要到,来缓解楚兵攻城;并约定日期,让郑国或君或臣率一军经过虎牢到上蔡(今河南上蔡西南)

相会,协同攻打楚国。桓公随即又约宋、鲁、陈、卫、曹、许之君,如期起兵。

第二年,即周惠王二十一年(公元前656年),正月元旦,齐桓公朝贺一毕,便商议讨蔡一事。任命管仲为大将,同隰朋、宾须无、鲍叔牙、公子开方、竖貂等率兵车三百和一万甲士分队进发。竖貂请先率一军偷袭蔡国,并会集各国车马。桓公同意。蔡国因为有楚国作靠山,一点也未防备,等齐兵到时,才聚兵守城。蔡侯在城上看见领兵的是竖貂,知道此人是贪财爱利的小人,便让人悄悄给他送上一车金帛。竖貂受了,密将齐侯会合七路诸侯先打蔡后攻楚的军事机密,泄露给蔡侯,让其早点逃走。蔡侯大惊,当晚领着宫眷逃奔楚国,百姓也尽皆跑散。竖貂以此为功,飞报齐侯。

蔡侯到了楚国,将齐侯之谋告诉成王,成王方才省悟,立即传令检阅兵车,做好战斗准备,一面撤回攻郑之兵。

数日后,齐侯大军来到上蔡,竖貂前去晋见。七路诸侯也陆续赶来,个个亲率人马,前来助战,军威十分雄壮。这七路分别是:宋桓公御说、鲁僖公申、陈宣公杵臼、卫文公毁、郑文公捷、曹昭公班、许穆公新臣,连霸主齐桓公小白在内,共是八位。诸侯之师往南进发,直至楚国边界。

边界上早有一人衣冠整齐,将车停在路的左边,拱手问道:"来的可是齐侯吗? 可以传话给齐侯,说楚国的使臣奉侯很久了。"这人名叫屈完,是楚的宗族,官拜大夫之职。今天奉楚王的命令以行人的身份来出使齐军。

桓公对管仲说:"楚国人怎么预先知道我们会到呢?"

管仲说:"这一定是有人泄露消息。既然他们派了使臣,肯定有所陈述。我当用大义来责备他们,使其自感理亏而心愧,可以不战而降服了。"管仲乘车而出,向屈完拱了拱手。

屈完说:"寡君听说敝国使贵国的车马受到了屈辱,让下臣完前来传达他的话。寡君命令我传达的话是:'齐楚各自管理自己的国家,齐住在北边,楚住在南边,两国相距很远,是风马牛不相及的。不知您怎么来到我们楚国的地面?'敢问这是什么缘故?"

管仲说:"过去周成王将我们先君太公分封到齐地,使召康公前来赐了一道命令,说:'诸侯如犯有罪过,可以去征讨他们,以辅佐周室。在东到海边、西到黄河、南到穆陵、北到无棣的地方,凡有不对王室尽其职责的,你不要赦免他们。'自周室东迁以来,诸侯放纵恣肆,寡君奉王命主持盟会,并恢复先祖的职责。你们楚国应当年年进贡包茅,来供王室祭祀之用。自从你

们不来进贡,没有渗酒用的东西,寡君因此征讨。昭王南下巡狩,未能返回,也是因为你们的缘故。你们还有什么说的?"

屈完回答说:"周室纲纪废弛,不去朝贡的国家,天下到处都是,难道只是楚国? 虽然这样,没有进贡包茅,寡君知道罪过了。怎敢不供给以遵从王命! 至于昭王没有返回,是因为胶舟的原因,您到水边去问这事,寡君不敢承担这个责任。屈完我将要回复寡君。"说毕挥车而退。

管仲对桓公说:"楚人性格倔强,只凭言语不能使他们屈服,应该进兵威逼。"于是传命八路军马齐发,直至陉山(在今河南漯河市东)。离汉水不远,管仲下令:"就此屯扎,不得前行!"

诸侯们都说:"大军已经深入,为什么不渡过汉水,同楚军决一死战,却在这里逗留?"

管仲说:"楚国既然派出使臣,必然有所防备,一旦交战,就难和解了。现在,我们在此驻兵,大张声势,楚国惧怕我们人多,将会再派使臣,我们就可以和解。为讨伐楚国而出兵,以降服楚国而返回,不也是可以的吗?"诸侯半信半疑,议论不一。

面对八国兵马,楚国虽任子文为大将,在汉水南边扎营,做好迎战准备,却也畏惧敌兵之盛,只是防守,不敢出击。看到敌兵逗留不前,楚便想再派使臣前往,以探其虚实,察其意向,再决定是战是和。楚王又让屈完出使。屈完奏道:"没有进贡包茅,臣已承认了这个过错。您如果请求盟好,臣当努力前去,来排解两国的纠纷。如果请战,希望另派贤能的人。"

成王说:"或战或盟由卿自己决定,寡人不限制你。"

屈完于是再次来到齐军,请求面见齐侯。管仲对桓公说:"楚使又来,一定是请求修盟。君王应当以礼相待。"屈完见了齐侯拜了两拜。桓公回了礼,问其来意。屈完说:"寡君因为不贡包茅的缘故,受到您的讨伐,寡君已知罪了。您如果肯将军队退后一舍之地,寡君怎敢不听从您的命令呢?"

桓公说:"大夫能辅佐您们的国君来履行朝贡之职,使寡人在天子那里有所交代,还有什么要求的呢?"

屈完拜谢而去。对楚王报告说:"齐侯已答应臣退兵,臣也答应朝贡周室,您不可失信。"不久,有人来报:"八路军马,一起拔寨,退三十里,在召陵(今河南郾城东)驻扎。"

楚王说:"敌军后退,一定是害怕我们。"想不答应进贡之事。

子文说:"那些八国之君尚且不失信于匹夫,您难道可以使匹夫对八国之君食言吗?"

楚王默然不语。于是让屈完带金帛八车,再一次去召陵慰劳八路之兵;又备好一车菁茅,在齐军那里呈了样,然后写了表章,准备去周室进贡。桓公听说屈完又到了,吩咐诸侯:"将各国车马分为七队,分列七方。齐军驻扎在南方,首当楚冲。等齐军中鼓声响起,七路兵马一齐击鼓,兵械盔甲,一定要十分整齐,以壮中原军队的威势。"

屈完见了齐侯,摆上慰劳的礼物。桓公让分送八国军队。菁茅验过之后,仍让屈完收管,自行进贡。桓公说:"大夫也曾观赏过我们中原的军队吗?"

屈完说:"屈完我居于偏僻的南方,未曾目睹中原军队的强盛,愿借此机会观赏一下。"

桓公与屈完同登兵车,望见八国军马各据一方,相连有数十里。齐军中一声鼓起,七路鼓声相应,犹如雷霆,惊天动地。桓公得意地对屈完说:"寡人有这样的军队,用它来战,何愁不胜? 用它攻城,何愁不破?"

屈完说:"您之所以能够在中原主持盟会,是因为您能替天子播德施惠,抚恤百姓。您如果以恩惠来安抚诸侯,谁敢不服? 如果恃兵马之众而逞强力,楚国地虽狭小,有方城这样的长城和汉水这样的城池,城池阔深城墙高峻,即使有百万之众,也不知有何用处!"

桓公面有愧色,对屈完说:"大夫确实是楚国优秀的人才! 寡人愿同你们国家继承先君们的友好关系,如何?"

屈完回答说:"您的恩惠使我们国家获得幸福,您又不嫌屈辱收纳寡君为同盟,寡君怎敢不接受呢? 请与您盟誓,可以吗?"

桓公说:"可以。"

当晚留屈完在军营,设宴款待。第二天,在召陵筑起土坛,桓公手执牛耳作为主盟。管仲为司盟。屈完代楚军,同他们立下盟书:"自今以后,世代友好。"桓公先饮血酒,七国国君和屈完依次而饮。礼毕,屈完拜了两拜表示感谢。管仲私下同屈完商量,请把郑大夫聃伯放回。屈完也代蔡侯陪罪。双方均已答应。管仲下令撤军。在路上,鲍叔牙问管仲:"楚国的罪行,只有僭号称王为最大。您却以不贡包茅来责问他们,我实在不明白。"

管仲说:"楚国僭称王号已经三世了,我这样责问他们,是将其看作蛮夷之国。倘若要求他们革除王号,楚国肯低头听从我们吗? 如果不听,势必交

战,一旦交战,互相报复,祸患非得,几年不能解除,南方和北方从此将会骚动不安了。我以包茅之事责问,他们容易接受。如果能落个使楚服罪的名声,也就足以向诸侯夸耀,向天子交代,难道不比兵连祸结没有尽头好吗?"鲍叔牙听后,叹赏不已。

这样,南北军事对峙就体面地结束了。

桓公因管仲功大,把大夫伯氏骈邑三百户收回,来增加管仲的封地。

十三、一定王室

屈完带上十车菁茅,外加金帛等礼物,向周天子贡献。周惠王大喜,说:"楚国好久没有尽职了。今天这样效顺,大概是先王之灵在庇佑吧!"于是在文王和武王庙里报告了这件事,并给楚国赐了祭肉。他对屈完说:"好好镇守你们南方,不要侵犯中原!"屈完拜了两拜,稽首行礼后退出。

屈完刚走,齐桓公派隰朋随后便到。他把顺服楚国的事告诉周王。周王对隰朋格外礼待。隰朋请求见一见世子,周王脸露不乐之色,让次子带和世子郑一同出见,看神色似有仓皇无主之意。隰朋回齐,对桓公说:"周室将要乱了!"

"什么原因呢?"桓公问。

隰朋说:"周王的长子名郑,是先皇后姜氏所生,已正位东宫。姜后薨,次妃陈妫受到宠幸,立为继后,生子名带。带善于逢迎,周王喜欢他,把他叫作太叔。于是想废世子而立带。臣观其神色仓皇,必然是此事在心的缘故。恐怕《小弁》中所言之事,又要发生在今天了!您为盟主,不可不想办法。"

桓公叫来管仲商量这件事。管仲说:"臣有一计,可以安定周室。"

桓公问:"仲父想出了什么计策?"

管仲说:"世子不被周王喜欢,处境危急,同党之人必然很少。您现在表奏周王,说:'诸侯愿见见世子,请世子出来会见诸侯。'世子一出,君臣之分就确定了,周王虽然想废立,也难办了。"

桓公便向诸侯发去檄文,约定明年夏天在卫国首止(今河南睢县东南)相会。又让隰朋到周,说:"诸侯愿见世子,以表尊王之情。"周惠王本不想让世子郑出会,因齐国势力强大,且名正言顺,难以拒绝,只得答应。隰朋回报齐侯。

第二年(公元前665年)春,桓公派人先到首止修筑行宫,以待世子驾临。夏五月,齐、宋、鲁、陈、卫、郑、许、曹八国诸侯,齐集首止。世子郑也到,停驾于行宫。桓公率领诸侯问候,世子郑再三谦让,要用宾主之礼相见。桓公说:"小白等愧在封国,见世子如同见王,怎敢不行稽首礼!"

世子郑推辞说:"诸君且不要这样了。"

当天晚上,世子郑让人把齐桓公邀到行宫,向他诉说了带谋图夺位的事。桓公说:"小白当会同诸臣订立盟约,共同拥戴世子,世子不要担忧!"世子郑非常感谢,留住行宫。诸侯也不敢回国,分别住进馆舍,轮番向世子进献酒食,并且慰劳其随从之人。

世子郑恐久扰诸侯,便想告辞返京。桓公说:"我们愿和世子留连于此,是想让天王知道我等爱戴世子,不忍相舍,来杜绝他们的阴谋。现在正是天热的时候,稍等秋凉,便护送车驾还朝。"

于是,预先选好订立盟约的日子,时间是秋八月的吉日。

周惠王见世子久不回来,知道是齐侯推戴,心中不快,便想联络郑、楚两国作为自己的势力,同齐对抗。于是,写好密信让太宰周公孔派人送给郑伯,让其同楚联合,辅佐少子带。

郑伯接信后大喜,托词说国中有事,不辞而别。桓公听说郑伯逃走,大怒,便想奉着世子讨伐郑国。管仲说:"郑国与周接壤,这一定是周室有人引诱他。一人去留,不足以阻碍大事。再说盟期已到,等盟誓完毕,再对付他们。"桓公同意。

到盟誓之日,齐、宋、鲁、陈、卫、许、曹七国诸侯,齐集首止旧坛,饮血酒盟誓。世子郑亲临,但不同饮,以表示诸侯不敢与世子平起平坐。盟词说:

> 凡我同盟,共翼王储,匡靖王室。有背盟者,神明殛之!

事毕,世子郑感谢诸侯,诸侯也以礼相答。

第二天,世子郑准备回京师,各国皆派车马护送。齐桓公同卫侯亲自送出卫境,世子郑垂泪而别。

郑文公听说诸侯会盟缔约,且将要讨伐郑国,便不敢与楚联合。后来却为曾在楚国做过官的申侯之言所惑,背齐事楚。齐桓公两次率诸侯讨伐,郑伯害怕,杀了申侯,派孔叔将首级献给齐国,请求赦免郑的罪过。齐侯答应和解。于是让诸侯在鲁国宁母(今山东金乡东南)相会。

郑文公因曾受王命,不敢公然赴会,使世子华代行,到宁母听命。

子华和弟弟子臧，都是嫡夫人所生。夫人起初受到宠幸，所以立华为世子。后来嫡夫人宠衰，不久病死。文公又宠幸燕姞，生有一子，名兰。子华害怕他日有废立之事，私下分别同叔詹、孔叔、师叔商量，三人皆劝他好好尽孝道。子华很不高兴，心中在想着保全自己的办法。见了桓公，他请屏退左右之人，然后说："郑国之政，全由泄氏、孔氏、子人氏三族掌握。盟会逃走的事，三族实际上是主谋。如果凭借君侯的神威，除此三臣，我愿把郑国归附齐国，等同于附庸之国。"

"可以。"桓公说。随后把子华的计谋告诉管仲。

管仲连声说道："不可，不可！诸侯之所以服从齐国，是因为齐国有礼而讲信用。儿子不忠于父命，不可以说有礼。别人报着和好的愿望而来，我们却打算扰乱他们的国家，不可以说有信用。况且臣听说这三人都是贤能的大夫，郑国人称之为'三良'。盟主所贵的是能顺应人心。违背人们的意愿而自逞其心志，灾祸必然会降临。以臣看来，子华将难免祸，您千万不要答应他。"

桓公这才对子华说："世子所说的，是国家大事。等你们的国君到了，寡人定当同他商议。"

子华听后，面红耳赤，汗流浃背，辞别回郑。管仲憎恶子华的奸邪，故意将他的话泄露给郑国人。早已有人报知郑伯。子华前来复命，诡诈地说："齐侯对您不亲自前往非常怪罪，不肯答应讲和，不如同楚联合。"话音刚落，郑伯大声喝道："逆子几乎出卖我国，尚敢胡说吗？"叫左右将其囚禁于幽室。子华想在墙上打洞逃跑，郑伯杀了他。公子臧去投奔宋国，郑伯派人将其追杀。齐国不听子华之言，使郑伯很受感动，于是再次派孔叔到齐致谢，并表示愿意接受盟约。这是周惠王二十四年（公元前653年）的事。

这一年冬天，周惠王病重。王世子郑恐怕继后陈妫发动政变，先派下士王子虎告难于齐。不久，惠王驾崩。世子郑同周公孔、召伯廖商议，暂不发丧，星夜派人密报王子虎。王子虎告诉齐桓公，桓公于是在曹国的洮（今山东鄄城西）大会诸侯。郑文公也亲自到会。同饮血酒而盟誓的有齐、宋、鲁、卫、陈、郑、曹、许八国诸侯，他们各自写了表章，派自己的大夫到周。这八位大夫分别是：齐大夫隰朋，宋大夫华秀老，鲁大夫公孙敖，卫大夫宁速，陈大夫辕选，郑大夫子人师，曹大夫公子戊，许大夫百佗。八国大夫车马相连而至，仪仗非常盛大，以问安为名，聚集于王城之外。

王子虎先去报信，王世子郑让召伯廖前去慰劳，然后发丧。

诸大夫坚决要求拜见新王,周、召二公陪世子郑做主丧之人,大夫们便口称君命悼念惠王并慰问世子。于是,同请王世子继位,百官朝贺,是为襄王。

继后陈妫与叔带暗暗叫苦,不敢再生妄想。襄王便在第二年改元,告知各国。

周襄王元年(公元前651年)春祭完毕,王命太宰周公孔给齐侯赐祭肉,以表彰其拥戴之功。

齐桓公早已听说,便在葵丘(今山东淄博市境)大会诸侯。

相会之日,衣冠济济,环佩铿铿。诸侯先让天子使者登坛,然后依次而登。坛上设置了天子的虚位,诸侯面北拜稽,如同朝见天子,然后又依次就位。

太宰周公孔捧着祭肉面东而立,传达新王的命令,说:"天子祭祀了文王和武王之庙,让孔赐给伯舅些祭肉。"

齐桓公将要下阶拜谢并领受,太宰周公孔制止说:"天子又有命:因伯舅年老,多加慰劳,不要下拜。"

桓公想要这样做,管仲在旁悄声言道:"王虽谦让,臣不可以不敬王。"

桓公于是说:"天子的威严近在颜面之前,我小白岂敢接受天子'不要下拜'的命令,而忘掉一个臣子应有的礼节?"急忙小步走下台阶,再拜稽首,然后登堂接受祭肉。

诸侯们皆佩服齐侯有礼。桓公又同诸侯重申盟好,一起诵读周《五禁》:

> 不准堵塞泉水;不准囤粮不卖;不准废嫡立庶;不准立妾为妻;不准妇人参政。

并盟誓说:"凡我同盟,言归于好。"只把誓书放在牛羊豕身上。使人宣读,不再杀牲歃血,诸侯们无不信服齐侯。

周王又赏桓公乘大路车,用龙旗九旒、渠门赤。

桓公回都后,自以为功高无比,大建宫室,务求壮丽。凡乘舆服饰及一应用器等,皆如王者,国人多议其僭越。管仲于是在府中筑台三层,号为"三归之台"。即言民人归,诸侯归,四夷归。又立塞门,以隔内外;设置反坫,以待列国使臣。

鲍叔牙对此事很疑惑,就问管仲:"君王奢侈你也奢侈,君王僭越你也僭越,大概不可以吧?"

管仲说:"人主不惜勤劳,建功立业,也图一日的快意以为乐。如果总用

礼法去约束他,他就会嫌苦而生懈怠之心。我之所以这样做,也只是暂为我们的国君分谤罢了。"鲍叔牙不以为然。

这次葵丘大会,是齐桓公霸业中的壮举。

在管仲的辅佐下,桓公先后主持过多次会盟,安定过一次王室,建立了被后人称之为"九合诸侯,一匡天下"的赫赫功业。桓公和管仲两相无猜的君臣关系,也被奉为后世君臣关系的楷模。

十四、病榻论相

周襄王三年(公元前 649 年),王弟叔带和戎勾结,让戎攻打京师,自己在城内接应。于是戎兵南下,围住王城。周公孔和召伯廖全力坚守,叔带不敢出城同戎兵相会。襄王向诸侯告急,秦穆公、晋惠公各率兵来救。戎兵听说诸侯兵到,即撤兵北还。

当时,齐桓公也派管仲领兵去救。听说戎兵已撤,管仲就派人谴责戎主。戎主害怕齐国,派人来谢罪,说:"我们怎敢侵犯京师? 是你们的叔带叫我们来的。"襄王于是将叔带赶走,叔带跑到了齐国。戎主又派人到京师,请罪求和,襄王答应了他们。

襄王追念起管仲昔日定位之功和今日和戎之功,便设宴,想用上卿之礼来待他。管仲说:"臣是一位陪臣,怎敢受此大礼!"再三推让,最后接受了下卿之礼。随后回齐。

这一年冬天,年老的管仲病倒了。

桓公亲自去看望他,见他已瘦得皮包骨头,既伤心又忧虑,握着管仲的手说:"仲父怎么病成这样了? 如果不幸,一病不起,寡人将把政务委托给谁呢?"

宁戚、宾须无这时已先后去世。管仲叹息道:"多么可惜啊,宁戚!"

桓公说:"宁戚以外,难道没有人了吗? 我想任用鲍叔牙,怎么样?"

管仲说:"鲍叔牙确实是一位君子。尽管如此,却不可以为相。他这个人善恶过于分明。喜欢人们正直善良的一面是可以的,如果对人们的错误和缺点特别难以容忍,谁能受得了呢? 鲍叔牙见到人的一点错处和缺点,会终身不忘,这是他的短处。水至清则无鱼啊!"

桓公问:"隰朋怎么样?"

管仲说:"大概还可以。隰朋能不耻下问,公而忘私。"说完,又叹道:"天生隰朋来做我夷吾的舌头。我身死以后,舌头怎么能独自存在呢?恐怕您任用隰朋不会有多长时间!"

桓公说:"既然这样,那么易牙如何呢?"

管仲说:"您即使不问,臣也要说到他。易牙、竖貂、开方三人,您一定不要接近他们!"

桓公说:"易牙烹了他的儿子,来满足寡人的口味,这是爱寡人胜过爱儿子,难道还可以怀疑他吗?"

管仲说:"喜爱自己的儿子是人之常情。他连自己的儿子都忍心烹掉,哪里还能对您忠诚呢?"

桓公说:"竖貂不惜阉割自身来侍奉寡人,这是爱寡人胜于爱自己,还可以怀疑吗?"

管仲说:"人没有不爱惜自己身体的,像他这样不惜自残身体来换取亲近您的机会,这样的人,心里有什么打算,还不值得警惕和深思吗?"

桓公又说:"卫公子开方,放着千乘之国的太子不当,而臣事寡人,是寡人所宠信之人。他的父母死了也没有回去奔丧,是爱寡人胜过爱自己的父母,没有可以怀疑的了。"

管仲说:"人间情感的亲密莫过于父母和儿女了。他连父母都忍心不顾,这种无情无义之人,怎么会真心爱戴您呢?况且千乘之国,是人人希望得到的。抛弃千乘之国而投靠您,大概是他所期望的比千乘之国还多呢!您一定要疏远他们,不要亲近,亲近了一定会使国家大乱!"

桓公有点不解,问:"这三人奉事我很久了。怎么平日没见仲父说过呢?"

管仲说:"臣不说,是为了让他们充实一下您生活的乐趣。这三人就像水,臣象一道堤坝阻挡着他们,没有使其泛滥。现在堤坝就要没有了,将会有横流的祸患,您一定要疏远他们!"

桓公默然无语,辞别管仲而回。

桓公的随从将管仲之言告诉了易牙。易牙见了鲍叔牙说:"仲父为相是您推荐的。现在管仲病了,主公去看望他,他说您不可以为相,而推荐了隰朋,我为您感到不平。"

鲍叔牙笑着说:"这正是我推荐管仲的原因。仲为了国家,不因私情而

顾及朋友。如果使叔牙我做司寇,驱逐那些谗佞之人,则绰绰有余。若使为相而管理国政,像您这样的人在哪里容身呢?"

易牙满面羞惭而退。

不久,桓公又去看管仲,管仲已不能说话了。鲍叔牙、隰朋在旁都落了泪。这天晚上,管仲去世。桓公哭得非常伤心,说:"痛惜啊,仲父! 这是老天折了我的臂膀呀!"他让上卿高虎主持丧事,从厚予以殡葬。将管仲生前的采邑全部赐给他的儿子,且让世袭大夫之职。

易牙对大夫伯氏说:"过去主公将您骈邑三百户收取,赏了仲父的功劳。现在仲父已死。您为什么不对主公说一说,要回您的封邑? 我当从旁助您一臂之力。"

伯氏哭着说:"我是因为没有功劳,所以失掉封邑。仲父虽然死了,仲父的功劳还在。我有何面目向君王去请求呢?"

易牙感叹道:"管仲死了还能使伯氏心服,我们这些人真是小人了!"

尾　声

管仲死后,桓公记起他的遗言,就任隰朋为相。未过一月,隰朋病逝。桓公说:"仲父难道是圣人吗? 怎么知道我任用隰朋不会多久呢?"

于是,让鲍叔牙来代隰朋为相,鲍叔牙坚决推辞。桓公说:"现在整个朝堂没有一个胜过卿的人,卿想要让给何人呢?"

鲍叔牙说:"臣喜欢正直善良之人而憎恶邪恶之人,这一点主公是知道的。主公一定要任用我,请先疏远易牙、竖貂、开方,臣才敢遵命。"

桓公说:"仲父已说过此事,寡人怎敢不答应您!"当日将三人斥退,不许入朝相见。鲍叔牙才接受了相国之职。

管仲虽已去世,但由于鲍叔牙能继续执行管仲的一套政令,所以诸侯们还能服从齐国。

桓公自将三人从身边逐开,吃饭不香,睡眠不稳,口无玩笑之语,面无喜悦之色。长卫姬见此,在旁说道:"您赶走了竖貂等人,国家并没有比以前治理得好。您的脸色一天憔悴一天,我想是左右使唤之人,不能体察您的心情。为什么不把他们召回呢?"

桓公说:"寡人也想念这三人,但已经赶出,却又召回,恐怕鲍叔牙会不高兴的。"

长卫姬说:"鲍叔牙身边难道没有使唤的人?您已经年老了,怎么能这样苦自己!您只说是需要调味,先召回易牙,那么开方、竖貂就容易回来了。"

桓公听从了她的话,就召易牙回来烹调菜肴。鲍叔牙入宫谏道:"主公难道忘了仲父的遗言吗?怎么召回了他?"

桓公说:"这些人对我有好处,并且无害于国家。仲父的话,大概过分了吧!"于是不听鲍叔牙的话,并且召回开方和竖貂。三人同时复职,随侍左右。

鲍叔牙愤郁而死。

三人更加肆无忌惮,欺桓公老迈无能,遂专权行事,顺我者昌,逆我者亡。他们同长卫姬勾结,想拥立她所生的儿子公子无亏。

周襄王九年(公元前643年),桓公患病,躺在寝室。易牙估计病难治好,便同竖貂、开方商议出一条计策,在宫门外悬挂一牌,假传桓公之语。牌上写道:

寡人有怔忡之疾,恶闻人声,不论群臣百姓,一概不许入宫,著竖貂紧守宫门,雍巫率领宫甲巡逻。一应国政,俱俟寡人病痊日奏闻。

三人把住宫门,只让公子无亏住在长卫姬宫中,其他公子问安,概不许进。

过了三天,桓公还未死,易牙将其左右之人,不论男女,全部赶出,把宫门堵上。又在桓公寝室周围筑起高墙,将内外隔绝,只在墙下打一小洞,早晚派一小内侍钻入,打探生死消息。一面又整顿守宫军士,以防群公子生变。

桓公躺在床上,起身不得,呼唤左右,又无一人答应。渴不能饮,饥不能食。他大骂三人,随后对空长叹:"仲父不也是圣人吗?圣人所看到的,难道不远吗?寡人昏暗不明,应该有今天的下场。老天,老天!小白就这样死去吗?我死了以后,如果没有灵魂还倒罢了;如果有,我有什么脸面到地下见仲父呢?"说毕,以衣袖遮面,连叹数声而气绝。

桓公死后,其他公子得知消息,为争君位互相攻打,无人顾到死在宫中的桓公。等易牙、竖貂、开方赶走世子昭,拥立公子无亏,才安排殡葬。这时,桓公的尸首在床上已停了六十七日,尸虫一直爬到了门外。

随着管仲、桓公的死去,齐国的霸业也就结束了。

(刘杰)

李　斯

——功过昭著的一代名相

李斯的一生,是荣辱交织,功过并著的一生。他那传奇般的人生历程向后人提供了建功立业的积极经验,也为后人留下了趋炎附势的可怖教训。

一、仓中"硕鼠"

生于七雄并争战国末期的李斯(？—前208年),本是楚国上蔡(今河南上蔡县西南)的一介布衣,年轻时曾做过郡中小吏。小吏地位低下,侍奉长官,小心翼翼,惟恐有了闪失,这与李斯的鸿鹄之志格格不入。

做小吏期间,他偶见官舍厕所中的老鼠偷食污秽之物,一遇人来狗撵,立刻惊恐万状,仓皇逃窜;又见粮仓中的硕鼠,仰食积粟,无所顾忌,公然出入,坦然自若。于是触景生情,感慨万端:"人有君子小人之分,就像老鼠一样,全看自己处在什么样的环境了。"

在那英雄辈出的战国年代,李斯更不甘寂寞。在他的胸中,雄心与野心相混合,化为追求功名富贵的欲望之火熊熊燃烧。他不满布衣的处境,决计抛开贫贱,成为粮仓中的"硕鼠"。

于是,他改变了生命的航向,辞去小吏职务,择地而处,来到了千里迢迢的齐国兰陵(今山东省苍山县兰陵镇),拜师于荀况,同韩非一起学习"帝王之术"。

荀况,史称荀卿或孙卿,人尊之为荀子,是当时赫赫有名的儒学大师。但是,他不像孟子那样死抱窠臼,墨守成规。他打着孔子的旗号,在批判先秦诸子的同时,兼收并蓄,并对孔子的儒学进行了发挥和改造,创立了法家思想浓厚的"帝王之术"。而韩非和李斯这两个学生,则完全摒弃了老师的儒家仁义道德,而醉心于符合法家理论的"帝王之术"。后来,韩非终于成为法家理论的集大成者;而李斯则化理论为实践,成为真正实现法家统治的政治谋略家。

李斯学成之后,即苦思冥想,寻觅能使自己施展才华,攫取荣华富贵的广阔天地。他纵观七国,反复斟酌,认为楚王胸无大志,不足与为谋;六国相继日渐衰弱,无从建立号令天下之奇功;只有秦国,经历了秦孝公以来的六世,特别是秦昭公以后,已经奠定了雄踞于七国之首、可对诸侯国颐指气使、发号施令的政治、军事、经济基础,可望代替已名存实亡的周室而一统天下。于是,他决定西入强秦。

临行之际,李斯面对荀况的诘问,毫不掩饰自己的心迹,慨然陈辞:

"我听说,得到了时机不可怠惰,而应及时把握住。当今各诸侯倾力相争,游说者参与政事。而秦王想吞并诸侯,一统天下,成就帝王大业,这是智谋之士奔走效力、建功成名的大好时机。处于卑贱的地位而不思有所作为,改变自己的境遇,这与只知咀嚼送到嘴边的肉的禽兽何异?人的耻辱莫大于卑贱,悲哀莫甚于穷困。永久地处于卑贱的地位、困苦的境地,却还表示愤世疾俗,憎恶荣名利禄,自托于无为,不过是掩饰自己的无能而已,决不是士人的真实思想。所以,我将西行入秦,去为秦王出谋划策,建功立业。"

纵观世上士子,多有功名之忿。只是有的偏偏扯出"仁义"的旗号,犹抱琵琶半遮面;有的则以退为进,曲线谋身;而公然摒弃礼义,追名逐利,这正是李斯独树一帜的人生品性。同时,他这种择强而仕的深谋远虑,也正是其精明过人的政治谋略的有力见证。

公元前247年,李斯踌躇满志,离楚背齐,踏上了西入强秦之路。

二、驰骛咸阳

五月,李斯只身来到咸阳,适逢秦庄襄王寿终正寝,13岁的嬴政即位。秦王年幼,丞相吕不韦称仲父,总揽朝政,权势十分显赫,群臣望风依附。

李斯不过一异国平民,想钻进统治阶级核心去参政谋事,谈何容易。于是他充分利用自己的才智,审时度势,权衡利弊,最后决定以投吕不韦门下作为仕途的第一步阶梯。

吕不韦是个智慧过人、巧于投机的人。他原是卫国商人,一次到邯郸做生意,碰到了被送来作人质的秦公子异人。异人是秦昭王的孙子,秦太子安

国君的儿子。安国君为太子时，宠爱夏姬，与夏姬生子异人，后华阳夫人进宫夺夏姬之宠，异人便作为人质被送到赵国。

秦、赵未发生大战时，异人在赵国过得还不错。待秦、赵之战愈演愈烈，异人的日子就十分难过了。吕不韦就是在这时遇到了异人，并在他身上动开了脑筋。

吕不韦经过悉心琢磨，认为扶持一个国君，比之贩卖珍珠宝玉之类，可谓一本万利，于是就想方设法结交异人。他拿出一千两黄金赠给异人，并帮他打通关节，结交名士。异人身处逆境，从未有人这样热情相待、慷慨解囊，因此感激涕零，对吕不韦说："我继承王位后，把半个秦国封给你。"

后来吕不韦又用重金和花言巧语疏通了华阳夫人，华阳夫人自己不能生育，就认异人为亲子，让安国君立异人为太子。公元前251年，秦昭王去世，安国君即位，这就是秦孝文王，吕不韦又把自己的爱妾赵姬送给异人。据说，其时赵姬已怀有身孕，送异人后的次年正月即生一子，取名政。

公元前250年，秦孝文王去世，太子子楚（异人被立为太子时改名子楚）继位，是为秦庄襄王。吕不韦当上了丞相，并被封为文信侯。赵姬之子政立为太子。

公元前246年，也就是李斯入咸阳那一年，庄襄王病死，吕不韦拥立13岁的太子继位，即秦王政，他就是后来的秦始皇。秦王政继位时年龄小，大权握在太后赵姬与丞相吕不韦手中。吕仗恃自己与太后及秦王政的特殊关系，以秦王的"仲父"自居，横行朝中、宫中。

李斯投到吕不韦门下，实在是明智之举，他一直勤勉谨慎，惮心竭虑，终于受到吕的青睐，被任为郎，从此参与政事。涉足于政治核心的大门开始为他敞开了。

此时的李斯眼观四路，耳听八方，洞察到天下格局的重大变化：韩王向秦俯首称臣，魏国则举国听命于秦（此间，虽有魏国信陵君率五国联军偶败秦将蒙骜，实为回光返照，垂死挣扎），——秦对六国已占压倒之势。李斯瞅准时机，立即上书秦王，提出蚕灭诸侯，并吞六国，创建帝业的谋略：

"秦王不能静坐等候诸侯的衰败！一个成就大业的人，必须在有机可乘的时候，当机立断去攻取它。过去为什么以秦穆公之霸业，却始终不能兼并六国呢？因为那时诸侯尚众，周德未衰，因此能五霸迭兴，更尊周室。自以孝公以来，周室卑微，诸侯相兼并，关东成为六国，秦以自己的胜利役使诸侯已历六世了。现在,诸侯好像郡县那样臣服于秦。以秦国之强大,秦王之贤达,翦灭诸侯,成就帝业,一统天下,犹如扫除灶下的灰尘那样容易,这是万载逢一的好时机啊!现在如有怠慢而不急速果断行动,待到诸侯复强、相互联合约众之时,纵使有黄帝之贤能,也无法吞并他们了。"

秦王政是个有远大政治抱负的国君,当时,他正在吕不韦的辅佐下,怀着满腔热忱,悄悄地酝酿统一中国的大计,李斯的上书一语破的,令秦王大喜,立刻擢升李斯为长吏,参与基本国策的讨论。

在李斯等人的策划下,秦王派遣口舌如簧、巧于谋略的官员,携金银珠宝游说诸侯。对各诸侯国贪财的权臣贵要行贿收买,对不为金钱名位所动者,则采取反间之计,或竟遣刺客暗杀。战略上采取远交近攻,一方面,对近邦韩、魏强攻猛打,使其彻底臣服(据史书记载:从秦王赢政元年至九年,仅对魏国的毁灭性军事行动就达六次);另一方面,离间远邦君臣(如赵国将军李牧善于用兵,曾屡次打败秦军,秦国就派人收买权臣郭开,向赵王进谗,结果赵王就下令杀了李牧,自毁长城,使赵国这支劲敌沦为西山落日)。

秦国基本上按照李斯的战略安排,吹响了统一中国千秋大业的历史号角,而李斯便在烽火硝烟中跻身客卿,驰骛咸阳,得以与国王、丞相共谋国事。

就在李斯的仕途一帆风顺之时,秦国却同时孕育着一场严重的政治危机,它几乎使秦国的统一大业半路夭折,也几乎使李斯建功立业的理想化为烟云。但李斯仗其过人的才智和胆略,既拯救了秦国功亏一篑的危机,又为自己的富贵尊荣赢得了新的机会。

三、书谏逐客

公元前 238 年,秦王政 22 岁,按秦国规定到雍城举行加冕礼。与吕不韦狼狈为奸的掌权宦官长信侯嫪毐乘机反叛,秦王政果断处决了嫪毐。次年,又查明吕不韦与嫪毐叛乱有牵连,秦王政早已对吕的专权深感不满,乘此机会罢了吕的丞相官职,遣送其回封地。吕回封地后,又暗中与其他国家相勾结,图谋不轨。秦王政就削去吕的封地,把他发配到蜀郡,吕知大势已去,遂饮鸩自杀。

秦王政一亲政就除掉了觊觎王位、时时掣肘的两大心腹之患,政治上得

到了空前巩固，这使秦王政更加踌躇满志，决心大力发展生产，以图霸业。首先要兴修水利，由蜀郡太守李冰父子二人设计、领导建设的当时第一大水利工程都江堰就是这一时期建成的。

韩国为减轻秦国的军事压力，派遣著名水工郑国充当奸细，入秦建水利工程，以消耗秦国国力。秦王政听说郑国来帮助兴修水利，十分高兴，派人随郑国到全国考察。在此基础上，郑国设计了一条引水渠，自仲山（今陕西泾阳县西北）引泾水向西到瓠口（即焦获泽）作为渠口，沿北山南麓引水向东伸展，经今三原、富平等县，在今大荔县东南注入洛水。渠长 300 多里，渠修成后，400 万亩土地可得到灌溉。但此项工程极为浩大，耗时长，费财物人力多。工程进行到一半时，秦王查明郑国是韩国派来的奸细，一时舆论哗然，秦王也非常生气。秦国那些一向守旧、排他的宗室大臣乘机向秦王进言说："所有外国客卿大抵是为其主充当说客、奸细的，应一律逐出！"秦王想到吕不韦和郑国的教训，对此也有同感，一怒之下颁布了"逐客令"，规定凡在秦国的客卿，一律驱逐出境，李斯也在被逐之列。

李斯本欲在秦大展宏图，未料遇此变故，决心求见秦王，陈明利害。但秦王却不肯接见。李斯步行离开咸阳，但仍不死心，苦思冥想，终于在途中写就一篇《谏逐客书》，转呈秦王。书中说：

"臣闻吏议逐客，臣以为过矣，昔日秦穆公渴求天下贤士，从不问国籍。从西方犬戎之地得到由余，从东方楚国买来百里奚，从宋国迎来蹇叔，从晋国得到丕豹、公孙之。这五人都不是秦国人，而穆公重用他们，吞并了 20 国，从此称霸于西戎。秦孝公重用商鞅实行变法，移风易俗，人民得到殷实富足，国家得以繁荣昌盛。老百姓愿为国家效力，诸侯甘心对秦亲善服从，战胜楚、魏之军，扩地千里，致使秦国日益强大。惠王用张仪的计谋，拢三川之地，西并巴蜀，北收上郡，南取汉中，包九夷，制鄢、郢，东据成皋之险，割膏腴之壤，破坏了六国合纵，使他们都西向事秦。功劳阴泽至今。昭王得到范雎，对内实行废穰侯、逐华阳、强公室、杜私门等一系列整肃政务的措施，对外蚕食诸侯，使秦国成就了帝业。这四位君王都是任用客卿使国家得到很大功益。由此观之，客卿有什么对不起秦国之处呢！假使四君王都将客卿拒之门外，疏远了贤士而不用，就不会使秦国有今天的强大和富足啊！

"如今陛下您得到昆山之玉，据有隋珠与卞和璧，装饰着明月之珠，佩带着太阿之剑，乘坐纤离名马，建翠凤之旗，树灵鼍之鼓，凡此种种宝物，无一是秦国自产的,而陛下您十分喜爱它们,这是怎么回事呢?假如必须是秦国的物产才能用,那么夜光璧之不饰朝廷,犀象之器不为王好,郑、卫之女不充后宫,骏马駃騠不实外厩,江南金锡不为用,西蜀丹青不为采……对物如此,那么对人则不是这样,不问可否,不问是非曲直,只要不是秦国人,就作为客卿一律驱逐,这就是重色乐珠玉、而轻视人才啊!这决不是谋取天下诸侯的好办法。

"我听说地广者粮多,国大者人众,兵强则士勇。所以泰山不让土壤,因此成其大;河海不择细流,故而就其深。所以,地无四方,民无异国,……这是五帝、三王之所以无敌的缘故。如今逐客这种作法乃是抛弃百姓以资助敌国,驱逐宾客以振兴诸侯,使天下之士都不再西向秦国而来,这正是'充实敌寇之兵,资助盗贼以粮'啊!

"物品不产于秦,可珍贵的却很多;贤士不生于秦,而愿意尽忠者却大有人在。现在逐客以资敌,损民以益仇,致使国内空虚,国外树仇怨于诸侯,这样要想求得国家没有危险是不可能的。"

这样一篇引古喻今,高瞻远瞩,翔实雄辩,字句铿锵的《谏逐客书》使秦王政幡然悔悟,立即下诏撤销逐客令,并派人追至骊山,召回李斯,官复原职。对郑国也继续重用,让他接着领导修渠,终于修了当时仅次于都江堰的第二大水利工程——郑国渠,虽耗费了秦国十年功力,却使秦关中四万亩土地变成沃野,秦国也因之更加殷实富足。

当初,李斯心知秦王思贤若渴,料想秦王在冷静思考之后定会有新的决断,遂逗留在离咸阳不远的骊邑(今陕西临潼县东北),恭候福音。这充分显示出李斯性格的机敏和洞察一切的政治远见。他的《谏逐客书》又及时帮助秦王纠正了这一巨大失误,这不仅使韩国耗秦国力的计谋如以肉投虎,得到"为韩延数岁之命,为秦建万世之功"的结果,同时也为统一中国,打破保守贵族闭关锁国的宗法统治,实行开放政策,广收人才,提供了重要的理论保证,预示了秦国将要改变历史航向而统一天下的辉煌前景。

四、同室操戈

逐客风波之后,秦王对客卿更加重视了。他不仅继续重用郑国,而且对刚从魏国入秦游说的尉缭也十分宠信,封为国尉,并且让他享用同自己一样

的衣服饮食,李斯亦被恢复官职爵禄,得以为秦王统一大业出谋划策。

在新的形势下,李斯献计道:"先翦灭邻邦韩国,借以震慑其他国家,再逐步消灭六国。"这与此前谋略的不同在于:以前的远交近攻,近只对近邻韩、魏采用打击、削弱的方针,而对远邦赵、燕、楚诸国采用绥靖政策,使之不能合纵抗秦,援救韩、魏。

秦王采纳了李斯的建议,从此,统一中国的中心从削弱六国转入灭亡六国的轨道。

秦国要先灭韩国的消息一传出,韩王如惊弓之鸟,遂与韩非商讨救亡图存之策。

韩非系韩国贵族,早年与李斯一同学于荀况,他口齿木讷,不善言辞,但擅长著述,令同窗的李斯自惭形秽。可是,由于两人在人生道路的抉择上大相径庭,致使结局亦迥然相异。李斯能择地而处,择主而仕,涉足于日升月恒的秦国,归附于雄才大略的秦王,得以大展其才,创下了不朽的业绩。而韩非情系贵族世家,念念不忘故土,结果明珠暗投,身归于江河日下的韩国,他目睹韩国日暮途穷,屡屡以书进谏,昏聩无能的韩王却又每每不予采纳,对此,韩非痛心疾首,悲愤莫名。他只是闭门谢客,委身于笔墨春秋,撰写《孤愤》、《五蠹》、《内储》、《外储》、《说林》、《说难》……凡50余篇,计10余万言。

韩王起初不重用韩非,到了亡国亡身之时临近,才想到韩非的用场,并于公元前233年(秦王政十四年)派韩非出使秦国,劝秦保存韩国。

且说秦王为谋取帝王之术,正如饥似渴寻求理论武器。他曾熟读韩非的《孤愤》、《五蠹》,对韩非的才华大为赞赏,不禁发出感叹道:"如果我有幸与韩非交游,死而无憾!"其实,秦王之所以同意李斯先灭韩国,一个秘而不宣的原因就是仰慕韩非之才,想以武力虏取韩非。现在韩国派韩非来秦求和,秦王自然大喜过望。韩非至秦,眼见万象更新,知是到了英雄用武之地。他完全忘记了出使秦国的重任,反而上书秦王:"现在秦国地方数千里,雄师百万,号令赏罚,天下无双,所以臣昧死上书,希望一见大王,献上击破六国合纵的计谋。如果按我计划行事,一举而六国联盟不破,赵、韩不亡,楚、魏不臣服,齐、燕不依附,可杀我以戒不忠。"韩非说得斩钉截铁,使秦王陡增敬慕。

就在秦王想把韩非留在身边,委以重任之时,李斯等人却在炮制置韩非于死地的阴谋。

想当初，李斯上奏《谏逐客书》时慷慨陈辞，似乎一心为秦网络人才。但时过境迁，一旦他大权在握，他想网络的人才便只是惟命是从的奴才，而不是比自己高明的盖世奇才。李斯深知，韩非的才华，远在自己之上，如果他也成了秦国客卿，就会威胁到自己的地位。往上爬的野心使李斯摒弃了同窗手足之情，内心升起一股不可遏止的嫉妒之火。

大臣姚贾与韩非亦有旧怨。当初，秦王封姚贾千户、拜为上卿时，韩非不无揶揄地说道："姚贾乃魏国大盗，赵国逐臣。秦用此人主持国政，何以勉励群臣？"姚贾因之耿耿于怀。

李斯、姚贾二人谋害韩非不谋而合，且心照不宣。他们交互在秦王面前百般离间："韩非是韩国公子，韩王使臣，终究是心向韩国，必不肯为秦国效力，这是人之常情。日后若放他归国，定然贻害不浅；不如寻他个过错，依法诛杀了事。"

李斯诽谤韩非的工具，是被他的《谏逐客书》早已驳得体无完肤的客籍间谍论，是昔日保守的秦国宗室大臣的老调重弹！遗憾的是秦王竟被李、姚花言巧语所蒙蔽，遂下令把韩非逮捕入狱。

身为廷尉的李斯既怕韩非上书自辩，又怕秦王反悔，就预先将牢狱各关节都堵住，并急忙派人用毒药逼死韩非。韩非沦落异乡，欲哭无门，怨恨不已。一代才人，竟含着奇冤草草结束了自己的生命，时为公元前 233 年。

韩非服药自杀不久，秦王果然醒悟，即刻下令赦免韩非，可惜为时已晚。

李斯害死了韩非，却在自己的政治生涯中贯彻了韩非的基本思想，并取得了巨大成功。韩、李二人倘能联珠合璧，无疑将能更好地辅佐秦王成就帝业。但是，历史是无法随意假设的，在它的发展过程中，既包含着合理的内核，又充满了谬误和悲剧。

五、力驳分封

秦王加冕亲政之后，在李斯等人的筹划下，就"奋六世（自秦孝公经惠文帝、武王、昭王、孝文王、庄襄王共六君）之余烈，振长策而御宇内"，拉开了统一中国的帷幕。从公元前 236 年（秦王政十一年）到公元前 221 年的十五年中，秦国军队如秋风扫落叶，消灭了韩、赵、魏、燕、楚、齐六个国家，顺应历史

的发展要求,结束了中国自春秋战国以来几百年的割据局面。李斯因功业卓著,累官至廷尉,位列九卿。

秦王政由一方诸侯变成一统天下之王,地位和形势发生了重大变化,他觉得应重议帝号、定制度,为此,召集群臣计议。李斯等人建议:"古时有三皇五帝,可他们管辖的地方不过千里,如今陛下兴兵诛罚暴乱,荡平六国,统一天下,这是自上古以来未曾有过的壮举,三皇五帝岂能相比!"为此,合"三皇"、"五帝"之尊,秦王政改称"皇帝",又因他是亘古至今的第一位皇帝,即称为"始皇帝",以后,继位子孙则依次称为二世皇帝、三世皇帝,……一直传到万世。

从此,秦王政成为秦始皇,为表示他至尊无上的权威和荣耀,将以前平民百姓亦可用于自称的"朕"定为皇帝自称的专用词,并宣布,今后凡重大制度之命称为"制",通常之令称为"诏"。

李斯作为秦代不可多得的政治谋略家,其历史功绩,莫过于他在分封制与郡县制的论争中所起的决定性作用。

秦始皇刚刚统一六国,在强化中央集权机构之后,对于辽阔的国土如何管理,已是摆在秦王朝面前的中心议题。

以丞相王绾为代表的一批大臣认为:全国统一后,幅员广阔,诸侯初灭,原来属于燕、齐、楚的地区,距离都城太远,不搞分封恐怕难以控制。主张承袭周制,分封诸子为王。

王绾的主张实质上是沿袭西周"封亲建戚"的理论,商鞅变法已将它摒弃了。秦始皇一听"请立诸子",便对分封可能导致的结局忧虑起来。

廷尉李斯力排众议。他认为,周文王、周武王曾经大封子弟同姓,后来封国之间日渐疏远,以至相互攻伐如同寇仇,结果周天子也难以禁止。如今海内统一,并已普遍设置郡县。对皇帝诸子及功臣,只要让他们坐食赋税并加重赏赐就足够了。这样,天下无异心,才是长治久安之本。倘若重新分封诸侯,就会削弱皇帝的权力,使国家陷于四分五裂的局面。

秦始皇不愧为"千古一帝",他听了李斯的分析,觉得很有道理,就毅然表示赞同,说道:"朕曾深思此事,长久以来,天下苦于兵戈,都是因为列侯对峙。如今依靠祖宗之德,初定天下,若沿袭旧制,重新封王许国,这其实是在树立兵患,要想再求得安宁、平息,岂不难哉!廷尉之意正合朕意,可照此施行!"当即命李斯负责规划疆土,定明法制,以颁天下。

中国名相正传

李斯遵照秦始皇的旨意,召集臣属,绘制了大秦帝国疆域图;依据山川走势、地理方位把全国划分为36郡,直属中央管辖,一郡下设数县,从而实现了从地方到中央一体化的国家制度。与此相适应,他还在参考六国官制的基础上,提出了一整套机构的设置方案。他这一套完善的区域划分和机构设置方案令秦始皇赞叹不已,说道:"李廷尉不愧是通古知今、学识渊博、学过帝王之术的人,所做诸事,样样都合朕意!"

李斯所制定的郡县与分封制有明显的优劣之分。生产力、社会经济的水平决定着国家的生产关系和上层建筑。脱胎于奴隶制社会的封建社会初期,国家制度处在初级形态时,国家的显著特征表现为王权与神权、政权与族权、君与父、贵与亲的统一。因此国王采用宗法分封制度,按血缘的亲疏,将国土和百姓像自己的家产一样分给子孙后代。分封初期,由于中央王权的强大和血缘关系的密切,还具有较强的维系力量。随着亲属关系的逐代疏远,各分封国渐渐划地自治、拥县自守,诸侯之间就不再是兄弟、亲属,而是仇家敌国,"相攻击如仇雠"。而中央集权由于分封,已削弱了其实力,渐渐沦为与诸侯等同的地位,从而失去对诸侯的控制权威和能力,因此,对诸侯的相残,"天子不能禁止"。春秋以来的历史就是实证。到战国时,随着生产力的发展,国家制度也相应地演变,从这个意义上讲,秦的统一六国,是历史的必然。建立中央集权制国家就是顺应历史发展的主流,因而具有强大的生命力。李斯在这一点上能站在历史发展的前沿,力驳分封,主张郡县制,确属远见卓识。这一变革,对我国社会经济、文化的发展,产生了不可低估的深远影响。

六、定制颁法

秦统一六国后,为永久地维护自己的统治,秦始皇开始专心探讨治国安邦之道。他问李斯:"朕观前代史籍,见数百年间,常常是战乱迭起,兵戈不息,那一朝的帝王权臣,都难免成为百姓攻击的目标;而每一次动乱中,一些豪门大富又总是争权夺利,趁机发迹。这到底是什么原因呢?"

李斯进言道:"依臣看来,其主要原因是历朝历代或不能明法,或执法不严,所以使得豪杰兼并,百姓造反,祸乱不息。陛下圣明,只要严执秦律,使天下人都做到令行禁止,哪个还敢作乱呢?!"这些想法得到秦始皇的赞同。

李斯进一步辅佐始皇酝酿、制定了一系列诏命和法令。

为防止百姓反叛,令民间原有的和缴获六国的大量武器全部上缴,不准私留。当时的兵器多为铜质铸成,地方的郡守县令把从民间收缴上来的兵器都运到咸阳。始皇命人熔毁兵器,铸成十二个大铜人,每个重达24万斤,摆列在咸阳宫门外,用以象征自己统一天下的丰功伟绩。

为防止豪富大户聚众起事,令各地12万户以上的豪门大户迅速迁居国都咸阳(早在征服六国过程中,就曾把各国的富贾豪绅迁移到巴蜀),这样,既使他们背井离乡,失去原来植根于其中的土地,失去世代居住和统治所奠定的威望的基础,又便于朝廷就近监督他们的言行,使其不能相互勾结、反叛。

为防止六国旧部死灰复燃、东山再起,令全国险要地方,凡城堡、关塞及原来六国构筑的堤防等,统统拆毁,使欲反叛者无险可据,无塞可依,难于作乱。

秦始皇与李斯商议,拟定了"书同文"的诏令。李斯既有学问,又擅书法,他找了胡毋敬等人一起认真调查研究了流行的各种文字、字体,最后确定以小篆文字作为标准文字,逐步加以推广。为此,李斯作《苍颉篇》,胡毋敬作《博学篇》,赵高作《爱历篇》,作为识字课本,以加速推广统一文字的进程。这一作法,使官府推行行政法令、民间传播文化、交流思想,都比以前大大方便了。

统一前通行的货币多以黄金和铜等制成,各国的货币不仅形状不同,就是轻重、大小也不一致。铜币中,秦国使用圆形钱币,齐国的钱币像小刀,赵国的像小铲。黄金的重量单位不同,有的以斤为单位,重十六两;有的以镒为单位,重二十两。如此等等,给各地的交换、通商、经济、生活带来许多不便。始皇颁诏令:全国通用两种货币,黄金为上币,镒为单位,重20两;铜钱为下币,以半两为单位。且把铜钱全制成圆形方孔币,便于携带和交换。统一货币更加促进了秦经济上的繁荣。

当时各国的度量衡也不统一,大小、长短、轻重,单位不同,进制也不同。如重量,秦以斗、升、斛为单位,齐以锺、釜、钟为单位,魏以半斗、斗、钟为单位,互相换算十分麻烦、复杂。于是,李斯建议秦始皇废除了六国度量衡制度,全国一律改用当年商鞅为秦制定的度量衡制度,并颁发了标准量器,在全国统一使用。

中国名相正传

修驰道、定车轨也是秦始皇和李斯的一大贡献。一次，少府卿给秦始皇造了一辆冷可防寒、热可避暑、新颖华美、精巧别致的车子，众臣围车赞不绝口，说皇帝乘此车巡游可眼观六路、耳听八方，等等。独李斯不以为然，他说："这车子造得倒是精美，只是陛下不能乘坐它巡游四方！"众皆愕然，李斯慢慢说道："臣刚仔细量过，这车两轮间距是6尺，需要6尺车轨之路才能行驶。而如今天下道路都是原来各国所开，有宽有窄，很不一致，乘这车子怎么能远行呢？"秦始皇恍然大悟，遂颁发诏令，规定天下车轨一律为6尺宽。接着又开始修筑"驰道"，宽50步，土高石厚，每隔30丈植一青松，如有什么地方发生变乱便于迅速调集兵马。这样的驰道有两条：一条由咸阳向东直达燕、齐；另一条由咸阳往南直通吴、楚。后来又接着修了"直道"、"新道"、"五尺道"等等，分别从咸阳通往北方、西南和岭南等广大地区，使咸阳作为全国政治、经济、军事、交通的核心地位更加巩固。

七、薄冰谋身

分封制、郡县制论争后，秦始皇对李斯宠幸有加，并擢至右丞相，李斯遂成为一人之下、万人之上的权贵。

李斯功成名就，踌躇满志，八面威风，在爬到了人生的顶点之后，他苦苦思索的只是如何保住高官厚禄。

他把秦始皇的内心研究得非常透彻。秦始皇完成统一大业后，愈加好大喜功，穷奢极欲，大兴土木，严刑重赋，以至民不聊生，国无宁日。作为丞相，李斯心中有数。但他为什么不直言极谏？因为他这个政治谋略家，本质上是极端的个人主义者，一旦国家利益有损于私，那他会毫不犹豫地使前者服从后者。为了永保富贵，李斯一心逢迎圣意。在秦始皇面前，他唯唯诺诺，诚惶诚恐，真可谓如临深渊，如履薄冰。

秦始皇三十四年（前213年），为庆祝攻匈奴、征百越的成功，始皇置酒咸阳宫大宴群臣，招待70个博士。博士仆射（领导博士的官）周青臣歌功颂德，面谀始皇："从前秦国的领土不过千里，如今仰仗陛下的神明，日月所照之处，都已称臣顺服。当年诸侯王的土地被改置成郡县，每个人安居乐业，不必为战乱忧愁，这伟大的功业可以流芳百世。"始皇听罢，眉飞色舞，心花怒放。

然而博士淳于越很不知趣，他反驳道："殷周之所以存在千年，是因为他把天下分给子弟和功臣。现在天下如此之大，宗室子弟没有封地，跟普通老百姓一样，如此，王室没有树立屏藩，一旦国内出现了像篡乱齐国的田常，或是瓜分晋国的六卿这类危险分子，拿什么去拯救危亡呢？治理国家不取法古代是不能长久的。"

淳于越从儒家的立场看待秦朝统治，同秦始皇的思想和立场格格不入，这使秦始皇大为不快。

周青臣与淳于越的观点虽针锋相对，但却是思想领域内极正常的争议，且为陈词滥调，老调重谈而已，但李斯却没有等闲视之，他明白皇帝的心思——坚持郡县，反对分封，这是无可非议的；但真理向前跨越一步就是谬误，李斯因此进一步附和始皇的独裁心理，不仅要统一行动，而且严格要求一统思想。因此他变本加厉，肆意发挥，并上书皇帝：

"现在皇帝已经统一天下，建立了一套是非善恶的标准，可是学术上的诸子百家却任意批评朝廷颁布的法律和制度，并认为只有以自己的意见来同朝廷的政令对立才算高明。这种情况如果不设法加以禁止，在上层社会里，君主的权威就会衰落，在下层社会里，私下的党派也将要形成。所以把这些私人的著作都加以焚毁，对朝廷是有好处的。"

李斯的意见，正中秦始皇下怀。于是，李斯宣布："凡民间有收藏《诗经》《尚书》、诸子百家等书籍的，一律烧毁；不必加以烧毁的，只限于有关医书、占卜和园艺之类的书籍；若是想学习法令的，应以在职的官吏为师，不得私相授受。"

这样，从商鞅提出"燔诗书以明法令"的理论以来，直到秦始皇、李斯掌权，终于化为具体行动。这事一开头，就不可收拾，愈演愈烈。

焚书令发布的第二年，一向怂恿秦始皇求长生不老药的方士侯生、卢生等人，诈术漏了馅以后，便在经常交往的儒生面前诽谤秦始皇一通，逃之夭夭。秦始皇忍受不了如此戏弄，遂下令将咸阳的儒生全部捉来，审问追查那些诽谤过自己的人。那些儒生经不起严刑审问，便互相告发，开脱自己。秦始皇便在这些儒生中亲笔圈定了460余人，以"妖言"、"诽谤"罪名下令活埋。

秦始皇坑杀儒生的独裁统治，李斯视而不见，充耳不闻，自以为这样便可保全自己，永享太平。但事实上，纵使李斯放弃了丞相对国家的责任而一味向始皇阿谀逢迎,终不能完全免除秦始皇对扶摇直上、功高德重的李斯的提防、疑忌。这确实令位极人臣的李斯防不胜防,如坐针毡。

大概是怕遭暗算,始皇行踪不定,鲜有人知。有一天,始皇到梁山宫去,从山头望见丞相的车马随从甚盛,心中一阵不快。有一侍从宦官把这事偷偷告诉李斯,从此李斯出门便减少了车马随从。秦始皇知道后大发雷霆,认为是内侍把他的话泄露了出去,于是严刑逼供,在毫无结果的情况下,把当时身边的内侍尽行诛杀。这时的李斯虽身在朝廷,却如临深渊,惶惶不可终日。

有一次,李斯的大儿子三川郡守李由告假回家,李斯设宴为他接风洗尘,满朝文武大臣闻讯亦纷纷赶来。李斯见车水马龙,络绎不绝,大发感慨:"我原是上蔡的一介布衣,皇帝擢我为相,当朝文武百官的地位没有在我之上的。但天下事盛极而衰,我今后的前途吉凶未卜啊!"至此,不乏机敏的李斯似乎感到了生命中弥漫着悲剧气氛,但在秦始皇年代,他的悲剧命运仅仅是微露端倪而已。

八、沙丘附逆

秦始皇在统一天下后的十余年间,先后作了多次远途巡行,其目的是炫耀皇帝的威严功业,加强对全国的控制。

秦王政三十七年(前210年),秦始皇决定第五次巡行。

十月,始皇命右丞相冯去疾留守,左丞相李斯与掌管符玺及颁发诏令的宦官首领赵高随从。十八子胡亥,年龄最小,深得始皇宠爱,请求随侍左右,为始皇认可。长子扶苏对焚书坑儒持有异议,几次直谏,此时正被始皇派往上郡(治所在今陕西榆林)作监军,以蒙恬为将。

李斯陪同始皇,发车咸阳,出武关,沿丹水、汉水流域到云梦,再沿长江东下直至会稽。登会稽山,祭大禹,并刻石留念。北归至平原津(今德州平原县西南)时,一病不起,急忙草就遗诏,召扶苏速回咸阳主持丧事。赵高别有用心,竟将遗诏扣押。

秦始皇勉强支撑到沙丘(今河北广宗西北),便一命呜呼了。

李斯忖度:开国帝王的暴死,往往会引起举国的慌乱,何况始皇死在巡游途中,生前又未确立太子。他惟恐诸子争位,天下生变,决计将始皇驾崩

一事隐而不宣,秘不发丧。为掩人耳目,李斯将始皇尸体装入可以调节冷热的辒辌车中,仍用始皇的旧驭手驾车,照常谨呈始皇饮食,百官奏事也一如既往,只是以躲在辒辌车内的亲信宦官为替身,代为应答,这也算是忧心国事,匠心独运。

就在这种相安无事的假象背后,正酝酿着一场巨大的政变阴谋。主谋就是扣押诏书的赵高。

李斯万万没有想到,他处心积虑推迟发丧,却给宦官赵高以可乘之机。

赵高原系赵国王室的疏族,兄弟数人,皆生而自隐其宫(割除生殖器),以求进身于秦王。入秦宫,深得始皇信赖,使之辅佐少子胡亥,又得胡亥宠幸。赵高曾犯大罪,蒙毅(蒙恬之兄)依法判其死刑。秦王因赵高临事机敏,赦免其罪,并恢复其官爵。由此,赵高怀恨蒙氏。始皇驾崩,赵高一心立胡亥为帝,以保富贵,以报私仇。

胡亥年少,乃六尺之孤,当赵高策动他谋取帝业时,胡亥倒也不以为然,但终于经不住赵高的蛊惑,很快萌发了夺取帝位的野心。

始皇驾崩,秦王朝面临着一次权力的再分配,并形成了两大对立营垒:一方以长子扶苏、武将蒙恬、蒙毅为核心;一方以少子胡亥、宦官首领赵高为代表。在双方的争斗中,丞相李斯举足轻重,倚扶苏则扶苏胜,附胡亥则胡亥立。而就在这关键时刻,他经不住赵高的威逼利诱,在利害的权衡中,背弃了始皇的遗诏,附逆于赵高、胡亥,共同谋划了沙丘政变。此乃后事。

赵高深知,没有丞相李斯的首肯,政变便无法实现,但伪善奸诈的赵高,对李斯的弱点了如指掌,他知道怎样拖他下水。

赵高找到李斯,先是投石问路:"先帝给长子的诏书符玺,都在胡亥那里。如今,立谁为帝,全凭你一句话,你以为如何?"李斯一心想的是封锁先帝驾崩的消息,以防天下大乱,对立帝后的生死荣辱尚不及思忖,听到赵高要背叛先帝的遗诏,遂厉声斥责赵高大逆不道。

赵高自讨没趣,但他并不死心。他拿出"绝招"——用保住荣华富贵拨动李斯的心弦,遂施展口才,连连发问:"丞相的才能是否可比蒙恬?功劳是否可比蒙恬?深谋远虑是否可比蒙恬?无怨于天下是否可比蒙恬?与扶苏的交情、信用是否可比蒙恬?"李斯蔫蔫地答道:"此五者皆不及蒙恬。"

其实,就前三者看,才能、功劳、谋略,李斯绝不在蒙恬之下。后两者,李斯又委实不如蒙恬;蒙恬为扶苏的心腹故旧,特受信任;蒙恬在秦统一后的两次重大内部政治斗争(即分封与郡县,尊儒与坑儒)中,不像李斯那么锋芒毕露,自然未尝结怨于天下,——而直接决定李斯余生安危荣辱的却恰恰是后两者,这就不能不使李斯权衡利弊、深思熟虑了。

赵高观言察色,一言击中了李斯的要害,便进一步煽动道:"如丞相立胡亥为帝,即可长保封侯,永享荣华富贵;反之,必将祸及子孙,身败名裂!"

李斯明知兄弟争斗,必将天下大乱,但赵高一席话,却使他无言以对。他终于动摇了,像一条断脊折骨的可怜虫,一边"仰天长叹,垂泪太息",一边赞同赵高的阴谋,成为事变的主谋。

李斯听命篡改了始皇遗诏,立胡亥为太子。又伪造诏书,命使者送与长子扶苏,诏书云:"……扶苏为子不孝,特赐剑令其自裁!蒙恬为人臣不忠,故赐死!"

扶苏接读玺书,不辨真伪,依诏伏剑自杀。蒙恬不肯不明不白地死去,被押入狱中。

李斯闻讯,不禁一阵暗喜,以为从此天下太平,自己可奔阳关大道,永享富贵,遂命车队冒暑而行。路上,李斯、赵高见辒辌车散发的气味臭不可闻,怕泄露天机,命随从官员的车上满载鲍鱼,以乱其臭。然后走直道,直抵咸阳发丧。

九、"督责之术"

历史虽充满了偶然事件,但受着必然规律的制约。

秦二世胡亥乘始皇的偶然暴死,侥幸窃取了皇位,却不能靠侥幸来支配历史进程。他本是一个雄才不及父亲于万一,而暴戾却有过之而无不及的人物。登上帝位之后,面对纷至沓来的各种问题,他一筹莫展,听之任之。为巩固自己的统治,他用高官厚禄收买笼络一批地位低下、容易操纵的遗老遗少,同时用严刑苛法打击、残害难以驾驭的皇族和功臣宿将。

据史书记载,在戮杀大臣蒙毅之后,又将十二公子诛杀于咸阳,再将十公主磔死于杜县。此外,他还继续大兴土木,横征暴敛,把社会的各阶级、阶层统统推向自己的对立面,至此,秦王朝的土崩瓦解已是势在必至了。

对于上述暴行,李斯或退让默许,或随声附和,或公然赞助,完全丧失了一位政治谋略家应有的胆识。以至秦二世元年七月,陈胜、吴广揭竿起义,

关东豪杰并起,李斯才从京华春梦中惊醒,他企图上谏胡亥,改弦更张,可是为时已晚。想当初,沙丘政变,胡亥少不更事,赵高官小身微,二人羽翼未丰,倘若李斯抛却私欲,巧运机关,定能把这次政变消灭在萌芽状态。到如今,始皇积弊未除,二世早已不可救药,赵高亦已羽毛丰满,因此,李斯的一切作为再难有回天之力。

然而,当此之时,李斯尚未到山穷水尽之时。退一步,可效仿叔孙通,弃官而逃另谋高就;进一步,可依仗他在朝廷中的声威,联结右丞相冯去疾,将军冯劫等同谋,扯出反奸党赵高的旗帜,也是会有所作为的。遗憾的是,李斯贪念爵位,利令智昏,只是屈意逢迎,最终为虎作伥,助纣为虐。

有一天,胡亥突然问他:"我想随心所欲,又要永远统治天下,你有什么办法吗?"为讨胡亥的信任、欢心,李斯挖空心思向胡亥抛出了臭名昭著的"督责之术"。

李斯在上书中说:"贤王若能行督责之术,群臣不敢不全心全意为君王服务。不能行督责之术的君王,如尧、舜等一生比百姓辛苦,简直如行尸走肉。"

所谓"督责之术",实际上是严刑酷法和独断专行的代名词,即对臣下百姓实行"轻罪重罚",使之不敢轻举妄动;君主要驾驭群臣,不受臣下的影响……李斯认为,只有这样的君主才能随心所欲,为所欲为,永远统治天下。

独断专行的胡亥采用了他的督责之术,举国上下刑者相伴于道,死者日积于市,弄得天下鸡犬不宁,百姓怨声载道。

聪明半世,糊涂一时的李斯,企图通过对二世胡亥的阿谀取容,对宦官赵高步步退让来保全自己。他万万没有想到,在他抛出误国误民的"督责之术"的同时,也把他自己槁木死灰般的躯体抛向了暗无天日的人生末路。

十、腰斩咸阳

秦二世二年(前208年),秦王朝已到了风雨飘摇的时候,随着外部斗争愈演愈烈,最高统治集团的内部矛盾也越发不可调和。

郎中令赵高,身居要职,把持着朝政大权,常因私怨,擅杀无辜。他惟恐大臣入朝奏事,揭他老底,便生一计,使大臣有苦无处诉,有冤无处伸。他对二世说:"陛下年轻,又初即位,未必尽通诸声,不宜在朝廷上与公卿议决大事。"劝他深居简出,使臣下闻其声,而不见其面。于是,胡亥深居禁中,每日怀抱姬妾,在歌舞声中打发时光。朝中政事,由赵高一人裁决。

赵高恃宠专权,惟觉丞相李斯阻碍自己,遂起谋害之心。遥想当年,李斯处心积虑搬开了绊脚石韩非,没想到有朝一日反成他人的俎上之肉,此可谓螳螂捕蝉,黄雀在后,天道循环,因果报应。

为了置李斯于死地,赵高绞尽脑汁,设下"请君入瓮"的圈套。他摆出一副忧国忧民的架势诱使李斯:"关东群盗作乱,二世却急于遣调役夫扩建阿房宫,还积聚狗马等无用之物。我想劝阻,无奈人微言轻,起不到应有的作用。这倒是您应当做的事,你为何不劝阻呢?"李斯无可奈何地表示,二世不坐朝廷,常在深宫,没有上奏的机会。赵高见李斯已经动心,便说:"只要二世有空闲,我就通知您上奏。"

此后,每当二世与宫女纵情嬉戏时,赵高就派人通知李斯:"皇帝刚得闲,可奏事。"

李斯毫无防范,接二连三叩宫求见,每每不是时候,惹得胡亥大怒:"平时我多有空闲,不见丞相上奏,偏偏在我欢娱时,却来请事,岂不是见我年幼可欺,故意察探我的隐私吗?!"赵高趁机添油加醋,进行离间:"这可太危险了!沙丘之谋,丞相自觉功高,现在陛下做了皇帝,他的所作所为就是要裂土受封以为王啊!"赵高又说李斯的长子李由为三川郡守,有谋叛行为。胡亥信以为真,遂派人立案查证三川郡守勾结楚盗的情况。

李斯遭到赵高的暗算,忍无可忍,立即上书二世,揭露赵高居心叵测,请胡亥尽早惩治,但此时胡亥、赵高正狼狈为奸,沆瀣一气,胡不仅不怀疑赵高,反而为其辩解说:"朕年少之时就已失去先人,无知无识,不懂得如何治国,您又年老,朕不依靠赵君又靠谁呢?"李斯欲借胡亥铲除赵高,无异于与虎谋皮。

赵高见二世对自己深信不疑,便对二世哭诉道:"丞相所恨,惟独赵高。我一死,他就可以为所欲为,杀君造反了!"赵高一席话,犹如火上浇油,二世下令把李斯及其宗室宾客统统逮捕入狱,交由赵高审讯处理。李斯一套上枷锁,就仰天长叹:"昏君无道,不足与谋!二世的罪责已经超过了夏桀、殷纣和夫差。现在楚盗已有半壁江山,二世尚执迷不悟,仍以赵高为辅足,咸阳早晚要被夷为麋鹿出没的荒泽野薮啊!"

且说李斯被捕时,右丞相冯去疾、将军冯劫亦受牵连。二冯坚持士大夫

气节，"将相不辱"，遂自杀身亡，死得倒是慷慨。而李斯贪生怕死，自认为对二世忠心不贰，又自负辩才，幻想二世能赦其出狱重享富贵。但赵高心狠手辣，严刑拷打，不肯罢休。李斯不胜痛楚，走投无路，遂在狱中上书二世：

"臣作为丞相治理国家30多年，原秦地狭隘，不过千里，兵数十万，臣竭尽薄才，谨献谋略，并派遣谋士游说诸侯，又发展军队，整饬朝廷，赏功罚过，国力大盛，终于扫灭六国，俘其国王，一统天下，尊秦为天子，一罪也。开拓疆土，北伐匈奴，南征百越，以张秦强，二罪也。重重赏赐功臣，使他们亲善朝廷，三罪也。立社稷，修宗庙，以示皇帝英明，四罪也。书同文，统一度量衡，公布天下，以明秦的建树，五罪也。车同轨，治交通，巡游全国，以见我主之得意，六罪也。缓刑薄赋，收笼民心，拥戴君王，死而不忘，七罪也。像我这样，早够死罪了。先皇不弃，所以还能活到今天。愿陛下明鉴！"

赵高见到奏章，嗤之以鼻，说："囚犯安得上书！"马上叫狱吏烧毁，然后分派门客十余批，假扮御史、谒者、侍中，轮番审讯。如此反复，李斯被折磨得死去活来，气息奄奄。最后，只得违心"招罪"，李斯招罪后，二世派人复查。面对审讯，李斯如惊弓之鸟，怕再受皮肉之苦，遂自诬谋反。供词呈至二世，二世大喜说："如果没有赵君。差点被李斯出卖了！"

此时，三川郡守李由已被项梁率领的楚军所杀，死无对证。赵高就愈加肆无忌惮地编织李斯父子谋反的罪状。二世下诏，把李斯"具五刑"、"夷三族"，腰斩咸阳。

公元前208年7月，李斯出狱受刑。此时他才意识到生命的旅程已走到了尽头。想到一生追求建功立业，却不料得而复失，到手的富贵又转眼化为烟云，不禁老泪纵横、悲恨交加。他回头对二儿子说："我现在想当个普通百姓，再和你一起回上蔡老家去猎兔取乐，但已经不可能了。"死到临头，李斯方悟出猎取功名的沧桑，领受蟒袍玉带后的凄凉，这真是："人之将死，其言也善；鸟之将死，其鸣也哀！"

（张新平）

萧 何

——辅佐刘邦定天下的开国丞相

一、沛县起义巧谋划

公元前221年,雄才大略的秦始皇一举完成了统一六国的大业,从此结束了春秋战国以来诸侯割据混战的局面,建立了第一个统一的多民族的中央集权的封建国家。

秦统一后,人民可以有一个比较安定的环境从事生产,秦王朝推行了许多消除分裂因素的措施,加强了各地区的经济、文化联系,为我国长期的统一奠定了基础。这对我国历史的发展,有着巨大而深远的影响。但是,秦王朝的残暴统治和对人民的无限制的搜刮,则给广大劳动人民带来新的痛苦。

公元前210年秋,秦始皇病死后,秦二世胡亥即位。为了巩固自己的统治地位,他不仅杀蒙恬、蒙毅等大臣,而且杀害了他的兄弟姐妹20多人,以致"自君卿以下至于众庶,人怀自危之心"。人心浮动,在秦始皇时已经尖锐的阶级矛盾,此时更达到极点,酝酿已久的全国规模的农民大起义,终于爆发了。

公元前209年,陈胜、吴广发动戍卒起义,斩木为兵,揭竿为旗,举起了中国历史上第一次大规模的农民战争的旗帜。

陈胜、吴广起义的消息传到江苏吴县,项梁、项羽叔侄二人杀死会稽郡守,响应起义。

就在农民起义风起云涌之时,江苏沛县的反秦运动已在默默地酝酿之中,其中主要的策划者便是后来赫赫有名的西汉开国丞相萧何。

萧何,江苏沛丰人,与汉高祖刘邦是同乡和好朋友。

刘邦少年时，不喜耕稼，专好浪荡游玩，其父屡次劝戒他，要他学一技之长，不可空度时光，但他就是听不进去，勤吃懒做，坐耗家产。刘邦到了弱冠之年后，他也想找点事业干，由于他交游甚广，尤其是与官场上的人也时常来往，其中就有萧何、曹参等人，这些人便替他谋划，教他学习吏事。刘邦对官场上的事情一学便会，不久便当上了泗水亭长。所谓亭长，就是判断里人狱讼，遇有大事，乃详报县中，因此与一班县吏互相来往，天长日久，刘邦和他们的关系日渐亲密起来，其中和他关系最要好的就要算萧何了。萧何因为文章写得好，这时在沛县城中已经是掌有实权的主吏掾了。刘邦每次到县里办事，都要和萧何、曹参、夏侯婴等人一起饮酒，畅谈肺腑。萧何为人忠厚，心地善良，他作为刘邦的上级，处处照顾刘邦。即使刘邦有了什么过失，他也往往利用职权为其开脱补救，俨然刘邦的兄长一样。因此，萧何和刘邦可以称得上是患难之交、贫贱之交，他们二人的关系在日后的共同相处中得到了各种考验。

刘邦虽然当上了亭长，可是他那游手好闲的毛病却没有得到改变，整日只是借着办公事四处转悠，吃喝玩乐。正因为这样，刘邦已是二十八九岁的人了，却还没有娶上媳妇，这件事令他的父亲刘太公非常着急，时常托人为刘邦提亲，但迟迟未有结果。乡里不是没有好姑娘，只因为刘邦向来懒散，人们都不愿将女儿嫁与他。刘邦也并不急着成亲，还是混迹平康，随我所欲。

常言说一个好汉三个帮。刘邦的婚姻大事他自己不着急，而他的朋友们却时时为他谋划着。

有一次，县城里来了一位吕公，名父字叔平，他与县令是老朋友。这位吕公原是都城中一位破落官宦人家，因遭仇人陷害才举家避祸来到此地。他膝下有两男两女，大女儿吕雉长得颇有几分姿色。年方 17 岁，尚未许人，吕公很想在沛县择一佳婿，日后在当地也好有个依靠照应。萧何得知这一情况后，马上和曹参商量了一番，决定让刘邦去见见这位吕公，说不定这件美满的婚事会成功的。

正好县令顾全友谊，令在城中居住，凡为县吏，应出资相贺吕公。于是萧何和曹参连忙去找刘邦，将这一情况告诉了他。

刘邦虽不急于成亲，但却素贪酒色，听到萧何说吕雉长得如花似玉颇有姿色，顿时喜形于色，急忙上前深施一礼："多谢二位兄弟关照，不知何时前去吕公家相贺？"

"立即就走。"萧何起身说道。

刘邦一摸怀中不好意思地说："我囊中羞涩，这将如何是好？"

萧何忙说："我们已经为你备好重礼，你和我们一同前往就是！"

刘邦高兴地说："谢谢二位弟兄！日后我刘邦一定重重还这份厚礼！"

吕公家门口这时已是门庭若市，热闹非凡，县吏们个个提着重礼络绎不绝，吕公及夫人、女儿相迎致谢。此时，刘邦在萧何、曹参、夏侯婴陪同下提着重礼，衣冠楚楚地走进厅堂。萧何在吕公耳旁轻声耳语几句，吕公急忙上下打量刘邦几眼，然后又转到刘邦身后端详片刻满意地一笑："四位里边请！"

酒阑席散，宾客纷纷起身告辞，刘邦已有几分醉意，他刚想起身告辞，被吕公喊住了："刘邦小弟暂且留步，老夫有话相告。"

"老伯有何要事？"刘邦假意问道。

吕公挥手示意："小弟请到内室一叙！"

萧何起身对刘邦道："贤弟快进去吧！我等先告辞了！"说完向刘邦挤挤眼转身离去。

吕公望望刘邦微笑道："老夫少时即喜相术，老夫所观今日众人无一能与你比，你日角斗胸，龟背龙股，状貌奇异，与常人大不相同，日后你必有大福大贵。请问你娶妻没有？"

刘邦摇摇头说还未娶妻。

吕公点点头微微一笑："老夫有一小女年方17岁，尚未许配人家，老夫愿将小女许配于你，愿奉箕帚，不知你意下如何？"

刘邦听了此言，真是喜从天降，乐得应诺，当即翻身下拜，给岳父大人请安。

转瞬间吉期已届，刘邦着了礼服前来迎娶吕雉，花轿后紧跟迎亲的萧何、曹参、夏侯婴等人。吕公即命女儿吕雉装束齐整，送上彩舆，随刘邦而去。

洞房花烛之夜，刘邦与吕雉龙凤谐欢之余，心里暗暗感激萧何，心想要不是萧何，自己怎能娶上如此仪容秀丽、丰采逼人的美妇？的确，刘邦的婚事多亏了萧何前后张罗，才使其如愿以偿。

萧何在刘邦的婚姻大事上功不可没，同时，他在日常的交往中也时时处

处关心着刘邦。有一次刘邦奉命西赴咸阳，县吏都送钱给刘邦，一般都给他百钱3枚，只有萧何给了百钱5枚。因此萧何对刘邦的好处，使刘邦终生难忘，他总是说等他日后发迹了，一定要重重地回报萧何。后来刘邦当了皇帝，果然不食前言，给萧何屡次加官晋爵，封地赐田，以报当年之恩。

刘邦娶了吕雉，虽然相亲相爱，但他是登徒子一流人物，怎能不在外拈花惹草？他任泗水小亭长，经常在外，平生贪杯，因此常常喝得酩酊大醉。由于喝酒常去酒楼，刘邦很快和曹家酒楼的曹女打得火热，于是这里也便成了他和萧何等人说天谈地的固定场所，每有闲暇，他们便聚在这里高谈阔论畅所欲言，大吃大喝。正因为这样，曾引起过吕雉的嫉妒。一次刘邦踉踉跄跄推门而回，吕雉一见生气道："你又死到哪去了？"

刘邦醉眼朦胧，坐在榻上哈哈大笑："天要变了！天要变了！……"

吕雉没好气地说："你这该死的小声点，你就不怕掉头，连累全家。"

刘邦拉着吕雉的手："贤妻，我日后要起事干一番大事，有朝一日我坐上了王位，就封你为王后。"

吕雉生气地将刘邦的手打落："去你的！又在说疯话，像你这样能干出什么大事？整日只知寻花问柳，日后不连累全家，就算万幸了。"

一日，刘邦与萧何、曹参、夏侯婴四人又聚在曹家酒楼。

刘邦干完一杯酒，微微一笑："三位好友可知始皇驾崩，二世胡亥继位？"

夏侯婴说："这全国上下谁人不知。"

刘邦又低声说："那三位可知陈胜、吴广在大泽乡揭竿而起，率众起事首先反秦，现已夺取十几座城池？"

曹参点点头："吾等略知一二。"

刘邦顿了顿，扫视众人："如今二世暴政，烽火四起，民怨沸腾，吾等何不趁此时机干番大事！"

萧何立刻响应："对！贤弟所言有理，我看这秦王朝气数已尽，普天愁怨，遍地哀鸿，我等不能再为这秦王朝卖命了。"

曹参也赞同道："这个无道的昏君，只知鱼肉百姓，哪有治国之术。我看就依刘邦兄之言，我等何不干番轰轰烈烈的大事？"

萧何见大家意见一致，就转向刘邦问道："依刘贤弟之意……

刘邦马上说："顺从民心，奋举义旗，推翻暴秦，重建太平。"

三人赞同道："此言有理！就这么办。"

刘邦望着萧何,恳切地说:"萧何兄,你是县衙中的刀笔吏,你看怎样才能率众起事?"

萧何起身离桌案在屋内踱步深思,他来到窗前向街道望去,见一队队一行行被秦军官兵抓来的青年壮士,脚戴铁链一步步向西而行,官兵不时扬鞭抽打壮士,催促壮士快行,壮士们个个伤痕累累,愤怒地望着扬鞭的官兵艰难地前行,萧何离窗来到桌前,对刘邦说:"贤弟要想率众起事,可以这样行事。"他想了一个好办法,那就是最近朝廷降旨下来,要各郡县再速遣青年壮士去咸阳扩建阿房宫,沛县马上也要送100多名壮士去咸阳。因此他想和曹参极力向县令推荐刘邦,让刘邦押送壮士到咸阳城,途中向壮士们施以恩惠,好聚众起事,然后再想办法里应外合,先拿下沛城。

萧何说出这一计策,立刻得到众人赞许,刘邦连连竖拇指,对萧何钦佩不已。

在萧何的努力下,沛县县令终于同意让刘邦押送100多名壮丁去咸阳。

沛县丰乡西面的大泽道上,刘邦押着壮丁艰难地行走着。太阳西下,人人都口干舌燥疲惫不堪。刘邦抬头瞧见路旁有一小亭,亭内有人卖酒,刘邦上前喊道:"小二,买几坛酒来。"

小二连忙搬出几坛酒来,刘邦又让他拿来碗。

刘邦对众壮士说:"大伙行路一天,天已傍晚,在此歇息片刻,饮点水酒,解解饥渴。"

众壮士闻声倒地,争抢着酒碗喝,刘邦搬了一坛酒自斟自饮。

直喝到夜暮降临多时,刘邦假装喝醉,大声说道:"众位弟兄,你们到了咸阳,必充苦役,不被打死也得累死;况且现在看来我们半月里难到咸阳了,这秦法规定,若误日期到达统统要被砍头。你等去是死,回去也是死,不如我将你们放了,给大家一条生路,各自去逃生吧!"

众人巴不得这样,听了刘邦的话,真是感激涕零,感谢不已。刘邦替他们一一解去绑绳,挥手让他们去。大家恐怕刘邦因此获罪,便问刘邦:"公不忍我等送死,慨然释放,此恩此德,誓不忘怀,可是公将如何回去交差?这会祸连九族的呀!"

刘邦苦笑道:"唉!你们都去了,我也只好远离此地去逃生,难道还能回去寻死不成?"

其中有一叫周勃的壮汉说道:"我等全是良民百姓,只因交不起朝廷苛

税,才被抓来服役。既然刘公如此仗义,我等怎么弃你不管,而且我等走后,万一被官兵擒拿,也难免一死,不如我等跟随刘公,听刘公号令,反了朝廷,占山为王!"

众人齐声道:"对!我们愿意随刘公反了朝廷。"

刘邦看到萧何教给他的计谋成功了。他非常激动:"好!既然大伙如此看得起我刘邦,那咱们就反了朝廷,从此在一起同甘苦,共患难!"

众壮士振臂高呼:"愿听刘公号令!"

沛县令得知刘邦率众造反,气得吹胡子瞪眼,立刻派人把刘邦的妻子吕雉抓进县衙,本要严刑拷打,多亏萧何用计,说可以用吕雉作诱饵,引刘邦上钩,方保吕雉平安无事。

这时,陈胜、吴广领导的义军势如破竹,连克县城,据报已破沛之邻县蕲县,沛县令吓得如热锅上的蚂蚁,不知所措,连忙派人叫来了萧何、曹参问计。

萧何和曹参心照不宣地互相一笑,萧何上前一步:"大人若依在下两件事,我保证沛城无事!"

县令夫人只怕义军攻进沛城,全家大小性命难保,于是着急地说:"哎呀!还不快讲!不要说两件,就是百件,老爷也会依你!"

萧何微微一笑:"此话当真?"

县令忙说:"本大人决不食言!"

萧何这才不慌不忙地说:"第一快把刘邦的妻子从牢中放出,第二赦罪召还刘邦。"县令非常惊讶:"萧何,你这是什么用意?"

萧何笑着说:"在下听说刘邦已聚集数千人盘踞芒砀山,此人虽然也已起义,但只是占山为王,并不曾攻州克县,且他非常有豪气,如果赦免他的罪过,他必感激图报。因此老爷派人赦罪召回刘邦帮助我们守城,这沛城岂能失守!"

县令夫人高兴地拍手称赞:"对!对!老爷你还犹豫什么,还不快派人放了刘邦妻儿,赦罪速召刘邦等人守城!"

县令如梦初醒,火速派人放了吕雉。他发愁派谁去才能召还刘邦,只见曹参沉思片刻说:"在下认识一人,他妻乃吕雉之妹,他和刘邦乃连襟,此人素有膂力,专靠屠狗为业,姓樊名哙,让他前往定无一失!"

县令大喜,点点头答应了。

萧何、曹参二人相视一笑,计谋再次成功了。

刘邦见到樊哙带去的萧何的亲笔书信,得知萧何又定下妙计,时机已到,可以攻占沛城了,他持剑率众直奔沛城。行至中途,忽见萧何、曹参慌慌张张狼狈不堪而来,刘邦惊愕地迎上前去:"萧何兄你们怎么来了?"

萧何气喘吁吁:"贤弟,大事不好了。前请县令召公,原本想依计占领沛城,没想到那狗官经他人点化,已识破我二人之计,于是下令闭守城门,将要诛杀我二人,亏得夏侯贤弟告知,我二人才逃出城来。"

刘邦听后很是着急:"这……岂不是前功尽弃?"

萧何说:"城中百姓对县令也非常不满,我们可以先投书函给众百姓,让他们杀死县令,免受秦毒。只是该如何投书呢?"

刘邦说:"这有何难?请君立刻写一书函,我自有办法投入。"

萧何听后,急忙提笔在手,草就一书,上写:"天下苦秦久矣,今沛县父老,虽为沛令守城,然诸侯并起,必且屠沛。为诸父老计,不若共诛沛令,改择子弟可立者以应诸侯,则家室可以保全!不然,父子俱屠无益也。"

刘邦看后,连声说好,便将书加封,自带弓箭,至城下喊守卒道:"尔等不要徒劳自苦,请速看我书,便可保住全城生命。"说罢,用箭将书信射入城上。城上守卒,见箭上有书信,取过一阅,却是语语有理,便下城同诸父老商量。众父老一齐赞成,竟率子弟们攻入县署,把县令杀死,然后大开城门,欢迎刘邦、萧何及众义军入城。

刘邦召集人们开会,讨论今后将如何办。萧何对众人说:"狗官已被杀,这沛城不能一日无主,刘公有才有德,可为沛令,不知众人意下如何?"

众人齐声称赞,称刘邦为沛公。

刘邦推辞一番,见众人意已决,便激动地望着众人说:"既然大家如此信任我刘邦,我就担起此任。从今日起正式举旗反秦,除暴虐,平民怨,将士同心,推翻暴秦,共建太平!"

众人振臂高呼:"将士同心,推翻暴秦,共建太平!"

接着,刘邦又授萧何为丞,曹参为中涓,樊哙为舍人,夏侯婴为太仆,并商议联合诸侯,准备迎击秦兵。从此,刘邦才正式开始了反秦起义的斗争。

上述刘邦起兵的过程中,很明显可以看出,萧何是主要的策划者,而且也是这次义军的主要组织者之一。所以刘邦沛县起义,萧何实为首谋。"沛中之变"及多次险情,均是由于萧何的果断决策才转危为安的,没有萧何的

鼎力相助,刘邦起兵是不可能获得成功的。

二、萧何月下追韩信

刘邦沛县起义成功后,在萧何、张良等人的辅佐下,势力不断发展壮大,成为当时名扬天下的一支强大的反秦队伍。

不久,刘邦率军攻入秦都咸阳。按照当初和项羽的约定,谁先入咸阳即为王,这样刘邦理应称王。然而自恃兵多将广的项羽根本不把先前的约定当回事,他屡次以武力威胁刘邦让出咸阳,由他称王,并设鸿门宴欲杀害刘邦,除掉这一心头大患。在这种危急的形势下,张良、萧何认真地分析了当时两军的实力,认为不可与项羽发生正面冲突,以免发生不测。当务之急是先保存实力,日后待时机成熟后再与项羽争一高下。

刘邦表面上对项羽言听计从,使项羽去掉了杀害刘邦的念头,他只想封刘邦到外地去,离开关中。项羽的丞相范增得知后对项羽说:"你不杀刘邦,实在是一大失误。今天又要加封他,这样更是留下遗患了。"

项羽说:"他未尝有罪,无故杀他,必致人心不服。"

范增见无法说服项羽,只好说:"既然如此,不如封他为蜀王,蜀地甚险,易入难出。再封秦之降将章邯、司马欣、董翳三人分王关中,阻住蜀道,堵截刘邦。"

项羽非常满意,于是便封刘邦为蜀王。

刘邦得知后非常气愤:"项羽无礼,竟敢背约,我愿与他决一死战。"樊哙、周勃等人也都磨掌擦拳,想去厮杀。惟独萧何进谏道:"不可,不可!蜀地虽险,总可求生,不至速死。"

刘邦说:"难道去攻项羽,便至速死吗?"

萧何说:"敌众我寡,百战百败,怎能不死?汤武臣服于纣,无非因时机未至,不得不委屈求全。今诚能先据蜀地,爱民礼贤,养精蓄锐,然后还定三秦,进图天下,也未为迟。"

刘邦听了,怒气稍平,转而问张良。张良也同意萧何的说法,只是建议贿赂项伯,使他转达项羽,求其分封汉中地,因为汉中离关中较近,日后好作打算。

项羽毫不犹豫就改封刘邦为汉王,令其火速离开关中,赴汉中为王。

正在这时,张良却因家中有事要暂时离开。临别前,刘邦、萧何、张良等人眼含热泪,恋恋不舍。

张良拉着刘邦和萧何的手说:"你们没感到日后要想统一天下,军营中还缺少什么?"

刘邦沉思片刻摇摇头:"军营之中不缺什么,文有你及萧何,武有曹参、樊哙和周勃,粮草马匹兵器样样都有。"

张良诚恳地向刘邦建议要招一位文武全才的大将军:"我虽能出谋划策,可手无缚鸡之力不会带兵,萧何兄有政务之才,也不会带兵,曹参、樊哙虽勇猛过人,但只是一介武夫,很难统领百万兵将,况且也无人能敌过项羽,大王日后如何与项羽争夺天下?大王要想夺取天下,身旁非得有一名文武全才之人辅佐,方能统兵与楚争雄,以至日后统一天下。"

"言之有理!"萧何听罢点头称是。

张良紧握住萧何的手:"望萧兄好好辅佐大王,日后军中急需广纳贤士,如能觅得一二栋梁之才,便兴汉灭楚有望了。"

萧何说:"贤弟放心!我一定尽自己全力,为大王招贤纳士,振兴汉军。"

张良走后,出谋划策的重任落到萧何一人身上,他再次向刘邦分析形势,劝刘邦火速奔赴汉中:"臣已查明,汉中乃是块盆地,北瞰关中,南蔽巴蜀,东达襄邓,西控秦陇,此地正好屯兵养马,积草囤粮,养精蓄锐,日后好重返关中,以成大业。"

刘邦听从了萧何的建议,率兵从褒斜道进入汉中,并烧了栈道。这样既可防备诸侯出其不意的袭击,又可表示绝无东归之意,使项羽更加对刘邦放心。

刘邦兵抵南郑,休兵养士,操练部队。萧何向刘邦建议可以一边操练人马,一边开仓放粮,赈救饥民。于是小小的南郑城顿时热闹起来,车水马龙,人来人往,一派繁华景象。与此同时,萧何又派人在城墙四周贴上《招贤榜》,广招天下奇贤异士。

这天,大将夏侯婴的战马突然受惊,在南郑大街上狂奔乱撞,这时只见一壮汉飞身上前奋不顾身截住烈马,烈马昂头一声长嘶,停蹄而止。夏侯婴赶来连忙施礼:"多谢壮士,末将这里有礼了。"

只见那壮汉回礼道:"不必客气!"

夏侯婴拱手施礼："今日烈马受惊，多亏壮士阻拦，要不然可要闯下大祸了，不知壮士尊姓大名？"

"在下姓韩名信，前来投奔汉王。"

"原来是韩壮士，我早有耳闻。快随我先到营中，待我上报汉王及萧丞相，再按壮士才识封职。"夏侯婴带上韩信回到营中去。

这位韩信，本是淮阴人氏，少年丧父，家庭贫穷，被人很瞧不起。但他从小热爱兵法，且练就了一身武功，可以成为一位胸怀奇略的大将之才。后来参加了项梁领导的义军，一心想干一番大事业，但一直不为项梁、项羽叔侄所重用，因此他才背叛楚军投奔刘邦而来。

韩信投汉后，因未有寸功，刘邦只封他为很小的连敖之职，管理军中粮草。韩信虽然觉得委屈，但也知道自己未建功绩，只得先干好自己的本职工作。他在管理粮草中坚持原则，一视同仁，连樊哙等大将想随便去领些粮食水酒，他都会因其手续不全而坚决拒绝。

夏侯婴获知韩信秉公办事，很有胆识后，连忙去向丞相萧何报告，说韩信虽然官职卑小，但办事井井有条，不畏权贵，是位难得的人才。萧何听后乐得哈哈大笑，认为韩信确有胆识。夏侯婴又说："我与韩信相处月余，此人绝非等闲之辈，他对兵法也很熟，好像曾经受过高人指点。"

萧何一听，非常感兴趣，他立刻让夏侯婴带他去找韩信。

这时韩信正在草坪上带着他管辖的几十名士卒在操练，随后又给他们讲了用兵作战的方法。

萧何、夏侯婴互相望了望满意地笑了。

萧何激动地说："今日一见，韩信果有奇才！看来，此人正是老夫要觅之人，真乃天助我也！老夫定要在大王驾前保举此人。"

就在萧何准备向刘邦举荐韩信之际，却突然发生了一件料想不到的事情。樊哙带人将韩信等人拿下，向刘邦报告说韩信结党营私，藐视大王，密谋反叛。刘邦问也不问一声，毫不思虑将手一摆，下令杀了韩信。正在这关键时刻，萧何与夏侯婴赶来，萧何汗流浃背气喘吁吁跪拜施礼："参见大王！不知韩信等人身犯何罪？"

"图谋不轨，聚众反叛！"

"大王，据为臣所知，并非韩信等人谋反，实是有人借机报复。"

"哦？"刘邦吃惊不小。

萧何见刘邦态度有些转变,趁机说:"汉室刚立,不可乱杀无辜,天下人耳闻大王礼贤下士,求贤若渴,韩信才千里迢迢弃楚投汉,今日斩了韩信等人,岂不叫天下有志投汉之士寒心吗!大王日后靠谁完成一统大业?"

刘邦沉思片刻,决定免去韩信等人死刑,韩信仍复连敖之职。

萧何又摇摇头:"大王,据臣所察韩信有胆有识,熟习兵法,连敖之职实在屈才。臣以为此人日后必有大用,应委以重任。"

刘邦背手踱步沉思片刻才说:"他既然管粮草有功,那就加封他个治粟都尉吧!"

萧何还想争取,刘邦制止了他,萧何只好离去。

韩信虽然免却一死,又升为都尉,可他终日情绪低落,大有怀才不遇之感。萧何请韩信到自己的府中,和他纵论天下大事,想亲自领教韩信的才能。韩信高谈阔论,从十七路诸侯各据一方讲到楚汉争斗,从汉王烧栈道乃掩人耳目讲到楚汉两军的优势和劣势,从如何偷袭关中讲到统一全国大业,直听得萧何连连称赞,不住点头,此后两人双手紧握在一起,互为得遇知音而高兴。

随后,萧何再次向刘邦推荐韩信,并恳切建议封韩信为三军主帅。

刘邦说:"韩信少年时受辱胯下,如此懦夫如何能任大将?"

萧何说:"自古寒门出英豪,从来纨绔少伟男。据臣所察,韩信熟读兵书,满腹经纶,明察时局,又足智多谋,武勇冠三军,确有安邦定国之将帅才。故为明君者,延揽贤才乃第一要事,大王万不可凭一时一事观人,误汉大业。秦二世不明治国大策,不用贤才,专用小人,方成为孤家寡人,乃至众叛亲离,家破人亡。大王若胸无大志,置招贤纳士于不顾,苟安一隅,只恐汉要重蹈秦亡之辙!"

刘邦还是连连摇头:"丰沛将士随我多年,身经百战,立下汗马功劳,一个受胯下之辱的懦夫,岂能封他为帅,众功臣宿将岂能服顺,三军将士岂不说我赏罚不明吗?"

萧何激昂地说道:"三军将士,功臣宿将,虽有战功,但无一人能比韩信之才能,韩信乃人中之杰,臣知遇韩信才屡劝大王重用。大王如您长居汉中称王,那就无须用韩信,如愿东向一统天下,非用韩信不可,切望大王三思!"

谁知刘邦非但听不进去,反而有点生气了:"我今晚身体欠佳,心情烦闷,丞相就不必多言了,此事日后再议吧。"说完回宫去了。

萧何闷闷不乐地回到府中,茶饭不思,他深感自己身为汉室丞相,不能辅佐大王一统天下为民谋福,心感惭愧。他在心里说:明日早朝我再尽力举荐韩信,大王若再固执己见,我就交出相印。

夫人见他连日来为韩信之事忧虑万分,便相劝道:"你多次犯颜直谏,如有小人进谗,恐怕你会引起祸端!"

萧何微微一笑:"为人臣者,当为君主尽忠,不能心怀私意,误国误民。"

夫人被感动得热泪盈眶,再未多说。

深夜,萧何刚入睡,忽听家僮慌慌张张跑来在窗外喊道:"相爷,守城军校来报二更时分韩都尉骑马出了北门,至今未归。"

"啊!"萧何吃惊地急忙更衣起床连声问道:"为何此时才报?"

"军校言讲,二更时分韩都尉要出北门,说去城外粮仓巡哨,但至今不见回城,恐怕他也离营逃走……"

萧何慌忙起身令家僮备马,家僮迟疑地问:"相爷,如此深夜要上哪去?"

"去追韩信,追韩信!"萧何心急如焚地说着。随后和家僮扬鞭打马向北门飞奔而去。

萧何与家僮骑马在月光下的褒斜道上紧紧向前追赶韩信。

一轮明月悬挂中天,月光给整个山麓披上一层银辉。韩信骑马来到褒河畔,见河水猛涨,水深浪急,他只好下马,坐在一块大石上歇息片刻。忽然听见远处一阵马蹄声由远而近,只听马上之人高声喊道:"前面之人请留步!"韩信吃惊地回头一望,只见两匹快马飞奔而来,来人渐渐清楚,为首的竟是萧何!

萧何在马上看见韩信,顿时喜出望外,放声喊道:"都尉留步!"

看见风尘仆仆的丞相,韩信一阵心酸,他不禁热泪盈眶:"丞相,让您受累了!"

萧何爱抚地说:"你我一见如故。要走,也得告诉我一声嘛!"

韩信扑通跪下痛哭道:"丞相,请恕罪!"

萧何含笑道:"都尉请起!男儿有泪不轻弹嘛!横枪跃马洒热血,方才是英雄本色。"

韩信抹去眼泪起身说道:"我本想在汉军中干一番事业,辅佐汉王统一天下,可是大王偏信谗言,视我韩信如草芥,虽丞相几次犯颜推荐,但大王充耳不闻。我堂堂七尺男儿,空读圣书,又习武艺,徒有雄心壮志,却报国无门。且恐再连累丞相,故决心离汉,弃甲归田,永不从戎。"

萧何说:"都尉所言差矣! 都尉满腹经纶,武艺超群,何不建功立业,做番大事留芳百世,怎能出此下策。当今天下,能成大器者,汉王刘邦也。凡事总有个前后,大王十分器重人才,只是尚未知你,故而未予重用。一旦知你雄才大略,必当重用,老夫可做担保!"

韩信长叹一声:"唉! 丞相多次为我……可结果大王他……"

萧何含笑道:"伍子胥七荐孙武,孙武方被吴王所用,我也不过才三荐都尉啊! 都尉不必犹豫,跟我速回军营,这次大王若再固执己见,一意孤行,不重用都尉,我愿与你一道弃甲归田!"

韩信见萧何如此恳切,不由流下热泪。"丞相如此厚爱,我还有何话可说。就是跟着汉王及丞相赴汤蹈火,战死疆场,也在所不辞!"说着单腿跪地双手抱拳,以表达心中感激之情。

萧何微笑道:"快快请起,随我回营。"

韩信心情激动,拔剑向天盟誓:"生我者父母,知我者丞相,我韩信如不能全力辅佐汉王统一天下,誓不为人!"

这时天色已亮,雄鸡唱晓,萧何与韩信掉转马头,策马向汉营而去。

与此同时,刘邦早已得到报告说萧何深夜出城至今未归。刘邦向来多疑,他以为自己没有采纳萧何的建议,封韩信为三军主帅,萧何可能因此而一气离去,他如坐针毡,心急如焚。他在心里说:连跟随我多年的萧何丞相也逃走了,真让人痛心哪。张良探母未归,萧何又悄然离去,刘邦顿时感到如失左右两手,不知如何是好。

正在刘邦焦躁、烦闷、忧愁、气恼之时,一内侍急步进殿禀报:"萧丞相求见!"

刘邦一惊,怀疑自己听错了,又问内侍道:"什么? 你再说一遍!"

内侍:"萧丞相求见!"

刘邦一听,顿时把悬着的心放下了,长长地舒了口气。突然他把脸一沉,怒不可遏地说:"宣他上殿!"

这时,只见萧何进殿跪拜施礼:"臣萧何参见大王!"

刘邦怒斥道:"萧何! 你可知罪!"

"臣何罪之有?"

"你竟敢弃汉叛逃,还敢否认?"

"为臣不敢！臣只是去追赶一人。"

"追赶何人？"

"治粟都尉韩信。"

刘邦冷冷一笑："你岂能瞒过我！三军自秦地出发沿途将士逃离甚多，你并未追赶，惟独一个韩信，你却去追赶。这分明是你与韩信贼串通一起，想弃汉投楚，因没走脱才返回又用假话来欺骗我，我岂能信你？"

"大王息怒，听臣细言。"萧何不慌不忙道："虽前一阵逃离者甚多，但无关轻重，惟独韩信乃当今英杰，岂能让他离去。大王若要与楚争雄，一统天下，除用韩信之外，无人可用，故臣不能不去追还！"

刘邦听罢怒气渐平："那韩信果有这般天才？"

"韩信如无雄才大略，臣也不会三番五次向大王推荐。"萧何话语里柔中带硬说道。

刘邦沉思片刻："既然如此，可宣韩信上殿一试，看他到底有何才能？"

英姿勃勃、衣帽齐整的韩信潇洒自如地走上殿来行君臣之礼，刘邦一看果然是位气度不凡之人，顿时对韩信有了几分好感。他让韩信对当今天下之事，楚汉之争发表看法，韩信纵论天下，分析敌我，指出楚虽强大，但丧失民心，缺乏谋略之人，因此并未比汉强出许多。他口若悬河，胸有成竹地说："大王若任天下谋臣勇将，何敌不催？何地不克？何人不服？大王起兵东征，虽有章邯诸王扼汉要塞设防，但彼皆秦朝旧将，且不得民心，秦地民怨日甚。因此大王若起兵东征，关中即可为汉，关中既下，汉便依秦为根据地，然后再图天下，王业可成！"

刘邦说："话虽在理，可通往关中的栈道已被烧毁，如何能起兵夺取三秦？"

韩信微微一笑，胸有成竹地说："我早有一计，定能夺取关中。"

刘邦惊喜万分，起身离座，走到韩信身边握着韩信的手急切地问："都尉有何良策？"

韩信附在刘邦耳边："如此如此……这叫明修栈道，暗渡陈仓。"

"妙！妙！妙！"刘邦赞不绝口："都尉果然是奇才，只恨我以前糊涂，让你受委屈了！"

韩信此时也激动得热泪盈眶，说不出话来。

刘邦又走到萧何身旁愧疚地说："萧丞相，我错怪你了，也委屈你了！"

随后刘邦又采取了萧何的建议，加封韩信为东征大将军，并选择吉日，沐浴斋戒，筑下拜将坛，用隆重的礼节为韩信举行了加封仪式。

萧何不避嫌疑，力荐韩信，表现了一代国相应有的气魄和见识。这与那些一居要职便追逐私利、堵障贤路的官吏相比，其境界自有天壤之别。这说明：荐贤也并非易事，它直接涉及当权者的利害得失；惟有急公后己、为官廉政者，才有为国荐贤的慧眼和热心。萧何身处相位，并不以"贤"自居，嫉贤妒能，而是一位见贤若渴，不计私利的好丞相。当此楚汉相争、天下未定之际，萧何所焦急的，恰恰是如何为汉王罗致贤臣的大事。韩信拜将后，果然不负萧何的愿望，在楚汉相争中屡建巨勋，并最终决定了项羽垓下之败的命运。

三、转漕关中定天下

公元前202年，刘邦在楚汉相争中挫败项羽，夺取天下，即皇帝位。在他分封功臣时，居然将居守关中，并无攻城野战之功的萧何列为第一，封以食邑8000户的酂侯，当即引起了他手下诸将的喧然大哗。有人说："我等披坚执锐、身经百战，而萧何未有汗马之劳，只靠舞文弄墨、空发议论，为何反而功居我等之上？"

刘邦对此说了一番既粗莽又形象且发人深省的话。

他问诸位文官武将："你们知道打猎吗？"

他们回答说："知道。"

"你们知道猎狗吗？"

他们说："知道。"

刘邦说："夫猎，追杀兽兔者狗也，而发踪指示兽处者人也。今诸君徒能得走兽耳，功狗也。至如萧何，发踪指示，功人也。且诸君独以身随我，多者两三人，今萧何举宗数十人皆随我，功不可忘也！"

一番话驳得诸将面面相觑，无言以对。

人们常说刘邦多诈，但他对萧何的这一评价，倒大多是出自内心的肺腑之言。萧何在辅佐刘邦定天下的事业中，确实建立了非同一般的功绩。

韩信被封为大将军后不久即率军明修栈道，暗渡陈仓，给三秦守军章邯

等来了个突然袭击，很快占据关中。随后，刘邦、张良、韩信等统帅大军东进与楚军作战，把关中留给萧何总管。萧何克勤克俭，竭尽全力治理关中，把关中地区建成为楚汉战争中刘邦的稳固的后方和人力物力的供应基地。不断地为前方输送士卒，粮饷。倘从建功立业，光宗耀祖的个人前程考虑，这样默默无闻地当个"为他人作嫁衣裳"的后勤官，实在不是一件令人羡慕的事，萧何却不然，他身居关中，心系天下，把治理关中看作是辅佐刘邦创建帝业的大事，倾注了自己的全部心血。

萧何留守关中后，为了能保证三军将士的粮草，他决定从基本建设抓起。据《三辅黄图》书载，他在长安的未央宫立武库以藏兵器，造太仓以藏军粮，这都是建设稳固的后方所必需的。另外，萧何还忠实执行刘邦对人民采取的减轻剥削的发展生产的缓和政策，几次颁布有利于经济生产的法令，如关中地区家有从军者免租税一年。由于刘邦将关中全权委托给萧何，使得萧何在关中有最大的权力，一切法令、宗庙、社稷、宫室、县邑等大小杂务，均可由萧何作主"便宜施行"。这样，萧何在关中施政，便能发挥其最大的能量，也在尽可能的范围内，全面支援了刘邦在前方的战争。《史记·萧相国世家》指出："关中事计口转漕给军，汉王数失军遁去，何常兴关中卒，辄补缺"，意思是萧何管理关中的事，包括统计户口、运送公粮，汉王几次战败，弃军逃跑，皆是萧何征发关中兵，补足汉军缺额。

汉高祖二年(前205年)四月，刘邦率军东征后，萧何留守在栎阳城中兢兢业业地工作着，以随时满足前方对粮草人马的需求。在他的辛勤努力下，使汉都栎阳城里，到处都呈现出一片欣欣向荣的景象。在四城门的墙壁上贴着招兵告示，众多的青壮年积极勇跃地要求报名参军。

得知前方战事吃紧，急需人马，萧何这几天寝食不安，他亲自来到街上巡视招募新兵的情况，得知已招募了一万多兵员时，萧何鼓励大家说："前方争战，急需人员补充，愿报名者，年龄可以不限，你们多多辛苦点到其他各地招募，这一万多人，实在太少，前方急需用人啊！"

招募新兵的军校情绪饱满："请丞相放心，我们马上到四处去招募。"

为了筹集粮草，招募兵员支援前方，萧何连日来四处奔波忙碌，十分辛苦，常常是忘了吃饭误了睡觉，在他的亲自努力下，很快凑足了粮草和10万人马，只待派人送往前方。正在萧何为送粮草人马的人选发愁时，他的儿子萧平自告奋勇，主动要求担此重任。萧何虽不放心儿子出门在外，但为了早日支援前方作战,也为了让儿子在战火中经受考验,遂决定派萧平押送粮草人马奔赴战场。

与此同时,刘邦率56万余众与项羽决战彭城。项羽以精锐之卒,大破汉军于睢水之上,汉军十几万人被杀,十几万人被逼入睢水,致使"睢水为之不流"。刘邦大败,只"与数十骑遁去",收残兵败卒困守荥阳。在此危急关头,萧何派遣萧平押送的十万人马粮草及时赶到,刘邦顿时转忧为喜:"真是喜从天降,萧卿雪中送炭啊!"

萧平送上账簿请刘邦过目。刘邦接过账簿展开一看喜出望外:"我们添这10万人马粮草,何惧项羽!萧卿劳苦功高,赏赐白银十两,绸缎五匹,带回栎阳交与萧卿。"

萧平连忙施礼:"孩儿代父亲谢过大王!"

第二年荥阳之战,项羽以重兵围城,刘邦被迫诈降,仅以数十骑从城西门出,走成皋。战局之危系于一发。当时萧何独掌关中,稍有二心,便可置刘邦于死地。刘邦生性多疑,他对萧何很不放心,于是屡次派人以慰劳之名,窥探萧何的举动。足智多谋的萧何立刻识破了刘邦的用心,知道刘邦对自己起了疑心,但他一时又不知如何做才能使刘邦免除疑心。

这时,萧府中门客鲍生给他出主意说:"大王亲临前方征战,还屡遣人赐赏物品,看来是对丞相不放心啊!恐丞相有变,自据关中称王,故屡屡慰问,收丞相之心,探关中之实,丞相若解大王疑心,只有差遣子侄亲族从军,跟随大王征战,方能解大王之疑!"

萧何心中豁然开朗:"汝言使老夫茅塞顿开。"

于是,萧何采纳了鲍生的建议,不仅没有计较刘邦对他的猜忌,反而动员自己的儿子萧平及十几位子孙昆弟全部上前线,跟随刘邦南征北战。

刘邦见到萧氏子侄从军,心中疑团散去,对萧何更加信任更加钦佩了。

萧何送子侄从军征战,不仅解除了刘邦的疑心,同时也安定和鼓舞了全军士气。而且也为老百姓树立了榜样,随后,除了关中之外,凡属汉辖地区,不论男女老幼,纷纷动员起来,一个心思为了前线抗楚。这样一来使得汉军粮草充足,兵源不断,从而从根本上保证了战争的胜利。

公元前203年,楚汉相争进入最后阶段,双方无论在人力、物力方面都有很大损伤,就连实力雄厚的项羽,此刻也陷入了"兵罢食绝"的困境。但是刘邦的部队,却由于萧何"转漕关中,给食不乏"而"兵盛食多"。后来,终于越

战越强,逼得项羽兵败东城,自刎而死。萧何在关中默默无闻的工作,正是这样牵动了刘邦定立天下的全局。

所以,刘邦手下有一位大臣鄂千秋,在评论萧何与大将曹参的功劳高下时,曾公正地指出:"上与楚相拒五岁,常失军亡众,逃身遁者数矣。然萧何常从关中遣军补其处,非上所诏令召而数万众会……汉与楚相守荥阳数年,军无见粮,萧何转漕关中,给食不乏,陛下虽数亡山东,萧何常全关中待陛下。此万世之功也!"

四、制定律令整秩序

作为一个政治家,尤其是一个丞相,萧何无疑是具备着超人的志向和抱负。自沛县起义开始,他就准备着为刘邦的军队制订一系列律令制度。可以说没有萧何的这些工作,刘邦建汉会遇到许多障碍,甚至关系到整个刘汉的兴衰存亡。

公元前206年,刘邦攻入咸阳,将士皆去打开府库,携出金银宝贝,大家分用。惟独萧何直接到了秦丞相府、御史府,把秦朝法律制度及地图户籍一一收集起来保存好,这为后来刘邦平定天下和统治天下准备了良好的基础,使汉朝统治者能"具知天下厄塞户口多少,强弱处,民所疾苦。"然后依据这些来制定新的律令和减轻剥削的措施,为以后刘邦的统一战争以及封建国家的重建工作,准备了条件。

刘邦率军进入咸阳后,采纳了樊哙、张良的建议,退军灞上,封闭秦朝的珍宝府库,宣布废除秦的苛法,与关中父老"约法三章":"杀人者死,伤人及盗抵罪",让秦的一些地方官留任原职,以维持社会秩序。刘邦的"约法三章",一方面是重建封建法制的开始,是保护地主阶级生命财产不受侵犯的政治宣言;另一方面,它具有稳定社会秩序的积极作用,因此得到了关中各阶层人民的支持:"秦人大喜,争持牛羊酒食",慰劳刘邦的军队,惟恐沛公不为秦王。

《汉书·刑法志》记载,刘邦入关后虽然与老百姓"约法三章",尽削秦法之苛,使得"兆民大悦"。但三章之法毕竟太疏简,要使社会安定,还需要具体的条文。因此在"约法三章"的基础上,萧何重新整顿了秦朝的旧法条文,在秦律的基础上，又增加了《兴律》、《户律》、《厩律》三章，合为九章，故称《九章律》。萧何制订的新律，起到了很好的效果。据历史记载，当时人民新免严刑苛法，皆能长幼养老。他的宽刑措施，使社会很快安定下来，衣食滋殖，吏安其官，民乐其业，蓄积岁增。

萧何为相，基本上沿袭了秦朝的政治制度，只是将不适合时代要求的制度取消，代之以新制。皇帝是全国最高的统治者，下设丞相、太尉、御史大夫，分别掌管政务、军事和监察，称为"三公"。"三公"之下，设有掌管国家军政和宫廷事务的"九卿"。地方行政机构，除沿袭秦朝的郡县制外，还分封诸侯王，形成郡国交错的局面。郡县官制承袭秦代，封国官职仿照中央。县以下的基层组织仍为乡、里。这样，就恢复了从中央到地方的一套统治机构。

为了巩固封建统治，萧何建议刘邦加强武装力量。在中央设立南、北军，分别由卫尉、中尉统领，作为守卫皇宫和京师的常备军。在地方，有经过训练的预备军，根据地区的具体条件，分别设步兵和骑兵，这些预备队皆由郡守和都尉掌管。常备军和预备军的官员，都由郡国征调来的"正卒"充任。这就加强了对付农民的军事镇压力量。

公元前202年，当楚汉战争结束、刘邦称帝的时候，到处是一片荒凉残破的景象。由于秦王朝的残暴统治，加上连年战争中地主武装的杀掠，社会生产遭受严重破坏，经济凋敝，人民大量逃亡。汉初的人口，较之秦代大大减少，大城市人口剩下十分之二三。在这种情况下，统治阶级也无法搜刮更多的财富。"自天子不能具钧驷，而将相或乘牛车，齐民无盖藏。"可见当时社会经济残破到何等地步。

在这种情况下，如何恢复封建统治秩序，发展封建经济，这是关系到西汉地主政权能不能维持并巩固下去的首要问题。对于萧何来说，这便成了他的当务之急。由于他出身下层吏掾，又亲身经历过秦末的苛政。对于秦王朝修宫室、建阿房、筑皇陵、奢侈无度、耗疲民力的腐败景象，他当然有着深刻的印象。而对反秦风暴中，被逼造反的百姓，怀着怎样怒不可遏的仇恨，杀秦吏、烧宫室，最终使这个貌似强大的腐朽王朝一旦覆灭的历史教训，萧何当然也不会视若不见。秦王朝虽然被推翻了，但饱受暴政和战争苦难的人民，面对的依然是田园荒废、经济萧条的艰难状况，他们所盼望的当然是清明廉洁的治理秩序。对此，萧何不得不采取一些比较现实的措施来迅速改变当时的状况。

从刘邦咸阳称帝开始,萧何制订了一系列行之有效的措施,并请汉高祖刘邦颁发诏令。其主要内容有:

(一)组织军队复员。军队官兵复员为民,根据他们的功绩大小,按照军功爵位的高低,赐给数量不等的土地。同时还规定,这些复员的官兵愿留在关中者,免除12年的徭役;回归原籍的,免除6年徭役。这样,就使爵高位显的军官变成大地主,一般士兵也得到土地,成为自耕农,从事生产劳动。

(二)赐军吏卒以爵位。凡军吏卒爵在大夫以下或无爵者,皆赐爵为大夫;位在大夫以上者,晋爵一级;爵在七大夫以下者,免除全家赋役,七大夫以上者,分给食邑,是为高爵,其地位与县公、丞相等,应先给予田宅。这一条诏令的作用,就从政治上、经济上扶持一批因军功而获得土地的地主。

(三)招抚流亡。令战争期间流亡山泽不著户籍的人口,各归原籍,"复故爵田宅"。这使许多因秦末农民战争而丧失土地与爵位的地主和自耕农,重新获得土地和爵位;这对安定人民生活、恢复和发展生产,具有一定的积极意义。

(四)释放奴婢。诏令规定:因饥饿而自卖为人奴婢者,皆免为平民。

这些措施是萧何根据当时的特殊情况,是为了使地主阶级适应农民战争后阶级关系发生变化而采取的。它一方面扶植了一大批军功地主,扩大了汉王朝的统治基础,使封建统治秩序重新稳定下来,另一方面也在一定程度上承认了农民战争的胜利果实,使脱离生产的农民回到了土地上,占有了少量土地,有了生产条件。这样,客观上缓和了阶级矛盾,安定了社会秩序,对生产的恢复起了促进作用。

萧何总结了秦朝灭亡的教训,主张实行黄老无为政治,采取"与民休息"的政策,改弦更张,积极革除秦的积弊,指导以农为本,进一步推行轻徭薄赋、约法省禁的政策,使生产逐渐得到恢复和发展,大得民心。这一套颇受人民欢迎的措施在当时成为统治者为政的基本措施,直到萧何之后,还有人在积极地推行这一系列治国之策。

公元前193年,萧何去世,汉惠帝调曹参继任相国之位。曹参继任丞相后,积极奉行行之有效的无为之政,"举事无所变更,一遵萧何约束"。

曹参的这种"无为而治"的政策,不免引起惠帝的怀疑,示意曹参的儿子向他父亲劝谏,结果反而遭到痛斥。曹参责备儿子说:"好好干你自己的份内事,天下大事不是你所应管的。"惠帝迫不得已,只好亲自质问曹参说:"你当丞相,为何没有什么新政策出台呢?"

曹参谢罪答道:"陛下自思您的才德与高帝相比如何?"

惠帝说:"朕安敢与高帝比!"

曹参说:"陛下观察我的才能比得上萧相国吗?"

惠帝说:"似乎也不如。"

曹参因此表示:"陛下说得对,高帝与萧何治理天下,法令规章都很明确,陛下垂拱而治,参等严守职责,遵照执行不走样,不就很好吗?"

惠帝听后,颇觉有理,于是十分赏识这个看法。

当时人以"萧何为法,讲若画一;曹参代之,守而勿失。载其清静,民以宁壹"的赞词歌颂萧何与曹参的治国。这便是被称道的"萧规曹随"。

正是由于萧何所制定的一系列宽简政策,人民获得休养生息的机会,为社会经济的恢复和发展创造了有利的环境。

五、身不由己诛韩信

西汉王朝建立后,为了加强封建专制主义中央集权的统治,对封建割据势力进行了一系列斗争,巩固了统一的局面。

早在楚汉战争中,刘邦为了打败项羽,曾分封了韩信、英布、彭越等一些重要将领为王。汉初,被封的异姓王多达7个,此外,还封了功臣萧何等140多人为列侯。

这些异姓王的存在,对中央政权是个严重威胁。有一批楚汉战争中的功臣,凭着自己手中的武装和战争中所得的既有地盘,企图保留战时的割据局面,反对国家的统一和中央的集权。其中势力最大,足以对汉王朝统一构成威胁的是割据着山东淮北一带的齐王韩信,割据着今淮南一带的淮南王英布,割据着今山东、河南、江苏交界处的梁王彭越。此外还有燕王卢绾、韩王信、赵王张敖和割据今山西河北一带的陈豨等。刘邦对这些割据势力采取了坚决消灭的政策,这在历史上叫做消灭异姓王的斗争。刘邦的这一行动,是有利于历史向前发展的,使汉王朝形成为一个统一的中央集权的国家,这对组织全国恢复和发展生产,以及对北方匈奴的斗争,都是有好处的。在这场斗争中,萧何积极地站在刘邦一边,协助他剪除异己,统一全国。刘

邦平定鲸布的谋反,萧何也是参与谋划的,他曾帮助刘邦验证了鲸布的反状,然后慎重采取行动。

但是,在韩信的被杀事件中,萧何却是违心的,甚至是落入别人设计的圈套中而无能为力,并不是他主动和吕后设计,诱捕韩信的。从月下追韩信、筑坛拜将开始,萧何与韩信就成为莫逆之交,他二人一文一武决心力辅刘邦,建立汉朝。韩信的死,可以说并不是萧何的过错,而是刘邦的猜忌和韩信自己居功自傲的结果,当然与吕后的歹毒也分不开。

刘邦生性多疑,他常常怀疑自己的手下,生怕他们对自己不忠。当年,萧何留守关中鞠躬尽瘁、呕心沥血,一心为前方抗楚的刘邦着想,刘邦居然对他产生怀疑,屡次派人以慰劳之名打探情况。对于韩信这位出生入死的三军统帅,他也是常常疑心重重,对他很不放心,总是怀着戒备之心。因此,刘邦常常口中说的与实际做的很不一致,他为了笼络人心,常常甜言蜜语,但又不断地从你手中削弱权力。

刘邦刚当上皇上,不免心中高兴,坐在金殿之上笑问众大臣:"朕何故得天下? 项羽何故失天下?"

群臣互相对视,无人敢回答,惟有樊哙冲破沉默,挺身出班道:"陛下,为臣以为陛下所以能得天下,主要是使人攻城略地,能论功封赏,人人效命。项羽妒贤忌能,多疑好猜,罚赏不明,因此失天下。"

刘邦微微一笑:"你只知其一,不知其二,得失原因须从用人说起。运筹帷幄,决胜千里,朕不如张良。镇国家抚百姓,运饷至军,朕不如萧何。统率百万将士,战必胜,攻必取,朕不如韩信。这三人系当今三杰,朕能委以重任,善以调用,故得天下,而项羽只一范增,尚不能用,怪不得为朕所灭。"

群臣听罢心中豁然开朗,十分敬佩齐声欢呼:"陛下圣明! 祝陛下万寿无疆!"

刘邦扫视韩信微笑道:"韩爱卿听封!"

韩信急忙出班下跪。

"韩卿为汉室立下十大功劳,朕赐你有特赦大权,见天、见地、见兵器三不死。"

"谢陛下隆恩!"韩信感激得热泪盈眶。

可是,韩信沉浸在喜悦之中还未回过神来,又听刘邦说道:"如今天下已定,四方太平,不再劳师征战,应该休兵息民,故请韩卿交还军符、帅印。"

韩信心中一沉，没想到刘邦要剥夺他的兵权了。还未等韩信回答，刘邦又说道："韩卿生长楚地，习楚风俗民情。因此改封楚王，镇守淮北，荣归故里，衣锦还乡，定都下邳，择日起程上任。"

韩信心中十分不快，但是他又无法力争，只好领旨谢恩。

从这时起，刘邦对韩信的权力之大就很是不放心了，他先是削夺其军权，后还嫌不够，又把他由齐地贬到楚地为王，远离京城，减少威胁。

张良曾向韩信进言："自古帝王家，只能共患难，不能同富贵，金钱、功名地位乃是虚有之物，不可贪也。"

韩信很感激张良的教导，决心返归楚地，不再为名利而伤神了。

此时的萧何已是高官厚禄，一人之下万人之上的相国了，尽管他对韩信的事也非常关心，但又不好得罪刘邦，好在韩信还仍然被封为王，所以他也就得过且过，并未去为韩信的事向刘邦争取一二，只是加紧汉室建都的准备工作。

这天，刘邦召来萧何："朕已决定移都关中，你速去栎阳城准备吧，择日迁都。"

萧何忙说："启禀陛下，秦关雄固，建都最佳，不过自项羽入关，秦宫统被烧毁只剩残缺。栎阳城虽好，但城池太小不利长期定都，臣已见咸阳东有一兴乐宫尚且完好，臣召天下工匠扩建一新。此地建都最佳。陛下先移居栎阳城中，待臣修好此宫，再从栎阳迁居此宫，不知陛下意下如何？"

刘邦闻听大喜："还是萧卿想的周全，就依卿言，兴乐宫乃秦宫名，我看就改名长乐宫吧。另外在长乐宫旁添修一座未央宫，供皇后及其他娘娘居住，两宫添筑城墙才像一座皇城！"

萧何连忙领旨照办。

就在萧何忙于建造宫殿之机，有人密告刘邦，说韩信自恃功高，目无陛下，并且私藏朝廷重犯钟离昧，蓄谋反叛。刘邦一听，非常生气，他听从了陈平之计，借巡狩之机将韩信诱捕。

韩信在狱中念念不忘萧何，时刻关心着萧何的身体健康。得知萧何连续几月都不在府中，日夜操劳建造长乐宫，他不忍心再牵连他老人家，宁愿一死了之。

幸亏张良、夏侯婴等人说情，晓以利害，韩信才得以生还，但是被革去王位，降封淮阴侯。

尽管刘邦放了韩信,但文武双全的韩信终究是刘邦的一块心病,他最不放心的人就是韩信。后来陈豨反叛,刘邦亲自,领兵出征,坚决不用韩信,并将朝中之事委托给萧何和吕后。临走之前,刘邦再三嘱咐吕后:"我走之后你要多多留心韩信,此人文武全才,朝中无人能比,三军上下多他的属下,他若有变,这京城恐难保住。因此望你多加提防,万不可掉以轻心。"

吕后本不是平常妇人,她正想乘机揽权,做些惊天动地的事业,使人畏服。于是他对刘邦说:"陛下只管放心,谁若存有异心,妾只要抓到一点蛛丝马迹,定严惩不贷!"

刘邦走后不久,吕后收买的韩信府中的舍人就来报告说:"韩信与叛贼陈豨在渭水河岸密谋多时,已有密约,他们想里应外合,韩信趁机破狱释囚,进袭太子和娘娘……"

吕后听后决定要立刻消灭韩信。于是她召集其兄妹及情夫审食其密谋,最后订下一条妙计:谎称刘邦已诛灭陈豨,令朝臣前来祝贺。并让萧何去请韩信前来,因为萧何曾对韩信有知遇之恩,所以韩信肯定会听萧何的话,等韩信踏进宫门便将其拿下处死。

于是吕后亲自去萧何府上,假惺惺地关心萧何的身体健康,言谈中慢慢地流露出她的本意来:"明日庆贺大捷,满朝大臣都去,这淮阴侯怕有数月没来上朝吧? 我还真有些惦念于他。"

萧何:"淮阴侯是有数月没去上朝了,不过他身体欠佳,有病在身不去上朝乃是陛下恩准的。"

吕后微微一笑:"是吗? 不过病虽有点,主要怕是心情不畅吧!"

萧何叹了口气:"唉! 都是钟离昧一事,他被牵连降封为侯,因此心里有点……"

吕后淡淡一笑:"实际上陛下对韩信还是很信任器重的。陛下离京之时,曾对我讲韩信乃文武全才,是汉室一栋梁也! 我想他们君臣互相解除猜忌,消除隔阂,君臣和睦,百姓安乐,日后定会出现太平盛世。"

萧何听罢这一席话,顿时精神焕发,高兴地说:"对! 娘娘不愧为贤明皇后,所言使萧何也茅塞顿开。君臣齐心,天下太平。微臣一定去淮阴侯府好好劝劝,让韩信等陛下凯旋回京后,当面向陛下致歉赔礼! 使他们君臣和睦团结。"

吕后点点头:"明日宫中庆贺平叛告捷,他若能来那该多好,将相同来宣读贺词,让天下百姓、文武百官都知道这件事,他们肯定会拍手称赞。"

萧何兴奋地说:"请娘娘放心,明日庆贺,臣一定让韩信随我一同前往。"

吕后见计策已成,心里暗暗高兴。

吕后走后,萧夫人不无担忧地说:"娘娘一贯心胸狭窄,心狠手辣,做事专横,她让你请韩信进宫一同参加庆贺,这会不会另有文章?"

萧何感动得眼含热泪:"我何曾不知娘娘此人,可这圣命难违呀!"

夫人望着萧何,心疼地说:"我看明日就不要去请淮阴侯,我怕娘娘想借相爷之手,图奸邪之谋。"

"唉!"萧何长叹一声:"夫人!娘娘专权你不是不知,陛下平叛又没在京,我若抗命不遵,萧府将有灭门之灾。这吕娘娘可比陛下心狠手毒,抗旨将会殃及全家性命,我哪敢违命!做臣的只能宁可君负臣,不能臣负君。"

夫人:"依相爷之意,那明日还得非请韩信一同前往去宫中庆贺不可?"

萧何点点头:"如果吕娘娘并无歹意,是真为陛下平叛告捷,宴请众臣进宫庆贺,而韩信没去庆贺,一来老夫有负圣命,二来使娘娘与韩信之间又加深一层怨恨猜忌,日后陛下回京知道此事,势必更加忌恨韩信,使君臣积怨更深,日后对韩信不利呀。我身为相国,怎能不为君臣和睦着想。依我之见,臣不能负君,明日还得相约韩信进宫,即便娘娘另有图谋治罪韩信,韩信为汉室立下十大功劳,当年陛下曾亲口赐赏韩信三不死,有陛下金口玉言许诺,娘娘她又敢怎样?我看她也奈何不了韩信。况且满朝大臣在场,量她也不敢违抗陛下诺言。"

韩信得知吕后要自己进宫,怕有不测,但见萧何亲自来请,便有所放心,他沉思了片刻说道:"去也无妨,我一没做愧对陛下之事,二没背叛朝廷之意,三没做损害天下黎民百姓的事情,何惧她吕娘娘?"

萧何也说:"有我萧何陪同前往,不会有啥闪失。即便将军被吕娘娘所诈,我萧何会拼死辩解。"

于是韩信随同萧何并肩而行,谈笑风生地奔向未央宫。萧何满面春风地说:"贤弟可曾记得登坛拜将时的情景?"

韩信忙说:"何止记得,至今仍历历在目。我韩信能有今日,多亏丞相举荐。想起往事感到时光真快,汉已立国十年有余,你我都显老了。"

萧何忙一摆手:"贤弟正年富力强,怎么说老了?这汉室繁荣昌盛今后还靠你们!我已年迈体衰该退休了。"

韩信敬仰道："这汉室江山,少我韩信可以,没有丞相可不行!"

萧何乐呵呵地："贤弟一席勉励之言,好似萧何年轻许多。"

二人乐得哈哈大笑,携手走入大殿。

大殿内,15岁的太子刘盈与吕后高坐在龙椅上,见萧何、韩信二人走进来,吕后突然一拍龙椅厉声呵道："来人!将叛贼韩信拿下!"

埋伏在两旁的侍卫蜂拥而上,韩信猝不及防,被绳捆索绑。此时韩信才如梦方醒怒声问道："娘娘,臣身犯何罪?"

吕后冷笑一声："狂徒韩信,自诩天下英雄,竟敢与陈豨合谋反叛,今被人告,汝有何话可说?"

萧何也大吃一惊,莫名其妙地："娘娘!不是让韩将军与本相前来贺喜的吗?怎么……"

吕后一摆手："萧丞相你先站立一旁。"萧何只好退在一旁。

吕后一拍龙椅："你这反贼,陛下已将陈豨捉拿,陈豨已供认不讳,你还不将你密谋反叛的事从实招来?"

韩信仰天哈哈大笑,这笑声在大殿震荡、回旋……他怒吼道："这全是阴谋、阴谋……"

萧何觉得自己果然被吕后利用了,深感对不起韩信,忙跪下向吕后求情。可是未等他开口,只见吕后已下令将韩信推出宫外斩首。

韩信怒斥吕后："你这歹毒的恶妇!我韩信为汉立下十大功劳,陛下赐我三不死,见天不死,见地不死,见兵器不死,看你有何办法杀我?"

吕后冷笑一声："好!今日就不违背圣上许诺,来人!将韩信推入殿旁钟室,门窗遮掩,不让他见到天日,地上铺上地毯,不让他踏着地,不要拿兵器,用菜刀将他斩首。"

萧何没想到吕后竟想这如此狠毒之招,料知韩信大祸将至,不顾一切地伏在地上声泪俱下："娘娘手下留情,不可错杀大将,待陛下回来后再作定夺不迟。"

这时的吕后哪管这些,她根本不理睬萧何,将手一挥,只见刽子手将韩信推进钟室,用菜刀将韩信活活砍死。

萧何见韩信顷刻间被害死,大叫一声,气昏在地。

心狠手辣的吕后,不但害死了韩信,而且还下令围剿侯府,诛灭韩信三族,一个活口也未留下,真是惨不忍睹。

韩信死后,萧何非常伤心,他曾亲自到韩信坟头祭奠哀悼,两行老泪顺颊而下。他深感内疚和自责,虽然他没有如后人所说的那样与吕后设计害死韩信,可是他明知韩信入宫会凶多吉少,还是抱着侥幸的心理劝说韩信入宫。当然这也与他的私欲有关,他怕得罪吕后和刘邦,给自己招来灾祸,于是不敢违背吕后的旨意,而去让韩信铤而走险。因此萧何觉得是自己害了韩信,他不该领韩信进宫。这正是成也萧何,败也萧何! 当初月下追韩信、推荐韩信登坛拜将的是萧何,今日带韩信去未央宫被问斩的也是萧何!

如果说萧何月下追韩信成为天下美谈的话,那么韩信被杀事件,萧何却背上了骂名,并一代一代地流传下去,成为千古遗恨。但愿人们能还他一个清白! 让他九泉之下能够心安理得。他毕竟只是封建社会的一名丞相,我们不必太苛求他。

六、功高压主遭疑忌

韩信被除去之后,功高压主的萧何便成了刘邦疑忌的对象。刘邦当时正在征讨陈豨,他一面派人传令拜萧何为相国,加封萧何五千户食邑;一面又派出五百士卒,名为充当萧何的护卫,实际上是监视萧何的举动以防有变。萧何忠心为国,胸中本无异心,当然也猜想不到刘邦的用意。后来在东陵布衣召平的提醒下,才发觉自己的处境危险。

召平向萧何进言:"公将从此惹祸了!"

萧何惊问原因,召平答道:"陛下连年出征,亲冒矢石,惟公安守都中,不被兵革。今反得加封食邑,名为重公,实是疑公。试想淮阴侯百战功劳,尚且诛夷,公难道能及淮阴吗?"

萧何听后,很是惶恐,问召平有何良策,召平答:"公不如让封勿受,尽将私财取出,移作军需,方可免祸。"

萧何点头称好,于是他坚决辞让了五千户封邑,还拿出自己的家产捐作军费。

这一行动果然讨得刘邦欢心,消除了他对萧何的怀疑。

萧何一再谦让,仍未能消释刘邦的忌意。当年秋天,黥布被逼反汉,刘邦亲自率军征讨。他身在前方,却又屡次派人探问,"萧何在长安干什么?"

探问的人回去报告说萧何派人运输军粮,安抚百姓,刘邦听后,沉默不语,他又在猜疑了。

有人警告萧何说:"相国您不久就要有灭族之祸了!您位居相国,功称第一,此外已不能再加了。主上屡次问您所为,恐怕您久居关中,深得民心,若乘虚号召,据地称尊,岂不是驾出难归吗?现在您没有意识到主上的用意,还这样孜孜不倦地为民办事,这样就会更加大了主上对您的疑心了。忌日益深,祸日益迫。您为什么不多买点田地,胁民贱售,在百姓中留些坏名声,好让主上放心呢?"

萧何治家素以节俭闻名,平时置田宅,只挑些穷僻之处,从不占民良田。就是盖房,也不修高大的墙屋。他常对家人说:"我的后人倘若贤仁,就让他们效法我的节俭吧;倘若不贤,豪门势家也不会看上这穷田陋房以施欺夺。"而今,人们竟劝他贱价强买民田,这实在有违萧何廉洁持家的本心。但是,名声太高,刘邦就会疑忌他有野心,招致杀身之祸。在如此猜忌的雄主身边,他只好装一回"贪官污吏"了。于是,萧何采纳了宾客所进的"自污"之计。

刘邦在前方听说萧何强赊民田,不得人心,心中大喜。当他回师长安的时候,又有不少人上书告萧何的状。刘邦不去追究,安然入宫。至萧何一再问疾,才笑着把人们的上书交给萧何,意味深长地说:"你身为相国,原来就是这样利民的啊!现在你自己去向百姓谢罪吧!"

萧何无奈,只得补给田价,或将田宅仍还原主,才使人们的谤议渐渐平息了。

一位勤于民事的国相,在生性多疑的皇帝身边,只能以这样的"自污"举动,免遭杀身之祸,这实在是莫大的悲剧。

但是,萧何毕竟装不成污吏。此后不久,他那关注民生疾苦的廉正本性,终又促使他冒着风险为民请命了。

萧何见长安城居民日益增多,耕地越来越少,百姓缺衣少食,而皇家的上林苑中却弃置了大片空地供养禽兽。于是萧何便劝刘邦说:

"请皇上让百姓随意到上林苑开垦种地吧。这样一来,一可栽植菽粟,赡养穷苦百姓;二可收取槁草,供给禽兽食用。"

这本来是一条上下交济的办法,谁知刘邦却怀疑他讨好百姓,勃然大怒道:"你自己多受贾人财物,却为百姓算计我的上林苑来了!"当即下令给萧何戴上刑具，交付廷尉关押起来。可怜萧何时时留心，防有它变，不料却大祸临头，被囚狱中，亲尝苦味去了。

萧何被囚禁了好几天，大臣们都不知是什么原因，也没人敢为之求情。后来，当大臣们知道了萧何被捕的原因后，都觉得萧何真是太冤枉了，于是都准备上书皇上，释放萧何。

有一王卫尉，很替萧何不平，时刻想着要找机会为萧何求情。一天，他进宫面见刘邦，见刘邦心情很好，便乘机问道："相国有何大罪，竟被关押狱中呢？"

刘邦悻悻地答道："我听说当年李斯作秦丞相时，凡有善行，都归皇上；有恶行就自己承担。而今萧何，自己接受商贾小人的钱货贿赂，还为百姓请命，想用我的上林苑收买人心，所以我把他关押起来治罪，并不冤枉他。"

王卫尉说："办事忠于职守，只要对百姓有利的事，就舍身为之请命，这真是丞相该做的事啊！陛下怎么能疑心相国收受别人的贿赂呢？皇上您也不想一想：当年皇上与项羽相争数年，后来陈豨、黥布谋反，陛下亲自上前方征讨，当时都是相国镇守关中。相国若有异图，不费吹灰之力即可坐据关中，这函谷关以西就不是陛下您的天下了。萧相国效忠陛下，使子弟从军，出私财助饷，毫无利己思想。萧相国对这样的大利尚且不图，难道还会贪图商贾小人的小恩小惠吗？况且前秦导致灭亡，便是君上不愿闻过，大臣也不敢批评皇上的过失，致使秦皇一意孤行，才亡了天下。丞相李斯就是能为主上分担过失，又何足效法？陛下您这样怀疑相国，真是小看了相国！"

刘邦听后，虽不是滋味，但又自觉说不过去，心中想来，王卫尉的话毕竟有道理，他踌躇了好多时，才派人去把萧何放了。

萧何当时已是60多岁的老人了，他被刘邦赦罪释放后，还恭恭敬敬赤着双脚前来向刘邦谢恩。

刘邦酸溜溜地对萧何说："相国快去休息吧！相国为民请求上林苑，我不肯许，我不过是夏桀、商纣那样的天子罢了，相国却成为贤相。我之所以关押相国，就是要让百姓知道我的过失呀！"

刘邦的这番辩解，虽然言不由衷，但对萧何的廉正为民，终于还是默认了。

萧何在处理和刘邦的关系上，历来十分机警且顾全大局，每次当刘邦对他有疑忌的时候，他都能十分得体地消除刘邦对他的疑虑，使自己始终能和

刘邦同心同德,共同把西汉国家治理好,这一点实在是难能可贵的。这说明萧何不仅能顺应潮流,不断跟随时代前进,而且他始终兢兢业业,不跋扈矜功,不凭势向主上讨价还价,而是以国家和人民利益为重,急流勇进,为巩固新王朝的事业效力。

公元前195年,汉高祖刘邦病逝。萧何不顾身体衰老,毅然辅佐太子刘盈登上帝位,是为汉惠帝。惠帝二年(公元前193年),年迈的萧何,由于长期操劳过度,终于卧病不起。病危之际,惠帝亲临病榻前探视萧何,趁机询问即将辞世的相国以后事:"您百年之后,有谁可以代您为相?"

萧何回答说:"知臣莫若君。"

惠帝猛忆起高祖遗嘱,便接口道:"曹参可好吗?"

萧何在病床上,挣扎着向惠帝叩首道:"陛下所见甚是,陛下得以曹参为相,我萧何虽死,也无遗恨了!"

这番话表明,萧何对曹参的代己为相,抱有多么诚挚的赞许和期望。

萧何与曹参虽曾同为沛吏,有过很好的交情。后来在创建汉业中,又是功业卓著的辅弼之臣。但在建汉后封赏之时,两人却相处得不太和谐。据《史记·曹相国世家》记载,曹参攻城野战之功甚多,而封赏每居萧何之下,因此与萧何未免有了隔阂,大概还发生过不小的冲突吧。但萧何素知曹参贤能,于病体垂危之际,还举荐这位与己"有隙"的同僚为相,甚至为此而向惠帝顿首,称之为"死无遗恨"。从中可以看出萧何的胸怀是何等地宽广啊!表现了一代名相宽宏大度、一切以大局为重的风度。

萧何生年不详,死于汉惠帝二年,大约活了60多岁。纵观萧何辅佐刘邦平治天下的经历,我们可以发现萧何是一位非凡的名相。他廉洁自律,持身治国,一丝不苟。他头脑清醒,能预见天下变化之机兆;慧眼识人,有奋身荐举世间奇才之热忱;甘于寂寞,以兢兢业业的工作支撑大局;忍辱负命,敢为百姓之利舍身请命。

唐朝史评家司马贞在《史记索隐》中,曾称赞西汉名相萧何说:"萧何为吏,文而无害,及佐兴王,举宗从沛。关中既守,转输是赖,汉军屡疲,秦兵必会。约法可久,收图可大,指兽发踪,其功实最。"这几句话,可以说概括地叙述了萧何的一生。

(穆平潮)

陈　平

——六出奇计的汉代名相

汉高祖刘邦在与臣下讨论他之所以能战胜项羽而得天下时,言及谋士张良、宰相萧何、大将韩信时,奖掖之辞溢于言表:"此三人皆人杰也,吾能用之,此吾所以取天下也。"(《史记·高祖本纪》)

不知是高祖的偏爱,还是司马迁的疏忽,与张良形影相随于高祖帐中的谋士陈平被遗漏了。也许正因为如此,后代虽有"世称良(张良)、平(陈平)"的说法,但陈平的名声,总赶不上"三杰"。

历史上的陈平,不仅在张良恪守"无为"而隐退之后的灭诸吕安刘氏的宫廷政变中起了举足轻重的作用,就是在灭楚兴汉的大业中也立下了震古烁今的殊勋。

司马迁在《史记·陈丞相世家》中夸赞陈平"用其奇计谋,卒灭楚。"并闪烁其辞,说:"凡六出奇计,奇计或颇秘,世莫能闻也。"在楚、汉逐鹿之中,陈平所献奇计之多,远远不止六件,但仅此六件,每件都关联着刘邦和汉军的生死存亡。

陈平曾自我表白说:"我多用阴谋,为道家所禁忌。"有趣的是,他又曾说:"在我活着的时候即使被废,也就算了。如果我的后代终至不能再被起用,也是因为我多用阴谋。"陈平死后,儿子陈恢、孙子陈向相继承袭侯爵。遗憾的是,孙子承袭侯爵 23 年后,不知被什么鬼神差使,因夺人之妻而坐法处斩,丧失了光宗耀祖的机会。

陈平"活着的时候",并未"被废"——他不仅终生被用,而且青云直上。汉文帝时,擢升为右丞相,蟒袍玉带,八面威风,成了一人之下、万人之上的权贵(汉以右为尊)。这使他的一生平添了诱人的色彩。与历史上诸多只会谋国、不会谋身、大名鼎鼎的谋臣如伍子胥、李斯、范增相比,他的确不仅胸存绝世谋国才华,而且又有审时度势的谋身策略。

一、违俗择婚

陈平(？—178年)是河南阳武县人,祖居护佑乡。少时家贫,与兄嫂共同生活。哥哥陈百给富家当佣工养家糊口,嫂子在家纺纱织布。陈平不事产业,却醉心于黄老学说、治世之术。他长得奇伟壮美,"眉似刷漆、目若朗星",富家小姐以书为媒,趋之若鹜。陈平读书,从早到晚,手不释卷,割草拾柴全都置之脑后。久而久之,嫂子便在哥哥面前埋怨起来:"你给人家干活,汗珠子掉在地上摔成八瓣,你老弟什么都不干,就知道读书!"

"咱父母没留下什么产业,就留下这么一个懂事的兄弟。——他知道用功读书是咱家的造化。你这牢骚就许发这一回,以后再说丧气话,可别怨我跟你过不去。"哥哥支持陈平读书,一点也不含糊。

有了哥哥的支持,陈平读书无牵无挂。日子一天天过去了,陈平读的书多了,人也长得更漂亮了,大耳垂轮,鼻直口方,一个十足的美男子。邻里议论道:"他家里穷,不知吃什么长得这么肥泽?"

"他也是吃糠粑粑而已,不过有这么一位只吃不做的小叔,倒不如没有的好。"嫂子因为嫉恨陈平只管读书,不事生产,但又不敢在丈夫面前明说,就向邻里表示自己的委曲。

陈百听了这话,就把妻子赶出了家门。

陈平到了可以娶妻的年龄,有钱人都不敢把女儿许配给他,陈平也耻于和他们攀龙附凤。

护佑乡有一户显富人家,主人叫张负。他的孙女18岁,年轻貌美又知书达理,偏偏嫁不出去,为什么呢？没人敢要,都说张负的孙女"妨"人——"嫁"了三次,都没"嫁"出去,次次都在洞房花烛时男人莫名其妙地死去。没有人再敢娶她。而陈平自有其打算,且又不信阴阳生克的妄说,独对张家之女神驰已久。

有一次地方上办丧事,陈平知道可以见到张负。于是,早早来到丧家,装出一副能干的样子,里里外外,事无巨细,忙个不停,果然引起了张负的注意。陈平自是在心中暗喜,丧事办完已至深夜,陈平借故最后一个离开丧家。张负尾随陈平,追至陈家,见陈家破席当门,而门前又有很多显贵尊长的车轨痕迹。张负是有心之人，沉思良久，遂决定将孙女许给陈平。他对儿子张仲说："像陈平这样一个有才貌的人，怎么会永远贫贱？"

张负偷偷给了陈平一大笔钱，让他添置聘礼，操办酒席。娶亲那天，没有花轿接新娘，陈平用牛车做轿，张负也不嫌弃。张负训诫孙女说："不要因为他家里穷，而待人不恭敬。侍奉长兄陈伯要像侍奉父亲一样。侍奉嫂嫂要像侍奉母亲一样。"

陈平娶了富家女儿，没有被这个女人所迷惑，反倒愈发精神，邻里认为陈平命大有福，于是推举他作社庙里的社宰，想以此来"刮"点福气。陈平每次分配肉食非常恰当公平，地方上的父老都说："好极了！陈孺子当社宰真不错"。

陈平感慨地说："假使我陈平能有机会治理天下，也能像宰割这些肉食一样恰当称职！"

陈平娶了张负孙女，资用富饶，读书更方便了，交游范围更广泛了。

等到陈平把乡里富家的书看完了，天下也大乱了。陈平的心也从张负孙女身边飞到九霄云外去了。

公元前209年，陈涉起义而称王于河南陈州。并立魏咎为魏王，在河南临济与秦军会战。陈平辞别兄长陈伯，抛下新婚妻子，前往临济投奔魏王，魏王任命他当太仆。陈平用书中获取的计谋劝说魏王，但与魏王相左，陈平只得偷偷离开，另谋高就。

过了一段时间，项羽攻城掠地到了黄河之滨，陈平前去投奔他，并且追随项羽入关灭秦，而获得一些爵赏。入关之后，项羽妄自尊大，谋士的意见也很难被采用，陈平顿感英雄无用武之地，但项羽一身霸气，威风凛凛，陈平只得委屈求全。

二、声东击西

当初，刘邦和项羽接受楚怀王的命令，分路进攻咸阳，并当众约定"先入关者为王"。刘邦最先入关，但项羽依仗50万大军，自封为"西楚霸王"，并改封刘邦为汉王，统管巴、蜀两地。巴蜀乃秦国罪乡，秦国把犯了罪的人都发配到那里去，那儿山川险阻，地方艰苦。为进一步控制刘邦，项羽封章邯、

董翳、司马欣为三秦王,欲使刘邦南无所进,东无所归,老死汉中了事。

项羽谋臣范增,深忌刘邦,屡次想把他杀掉,于是干脆劝谏项羽,不使刘邦到巴蜀上任,留在咸阳,名曰辅助,其实是将刘邦软禁起来。

刘邦暗自叫苦,问计于张良,张良身陷敌营,此时也是一筹莫展。但他想,解铃还需系铃人,只有项羽或项羽身边的人才能有回天之力。

张良想到了一个人。求助于他,定能逃离虎口。

此人正是陈平。鸿门宴上,张良与陈平有一面之交。张良察觉,陈平坐在项羽身边愁眉不展,却屡屡向刘邦投出钦羡的目光。张良认定,才华横溢的陈平正处于"身在楚营心在汉"的矛盾之中,决定孤注一掷,暗访陈平。

不速之客张良的到来,使陈平激动而不安。他们一见如故,抵掌而谈,相见恨晚。临别,张良直言夜访意图,陈平思考片刻,附身说了几句,喜得张良拊掌大笑,连称妙计。

项羽封臣时,封范增为丞相,称亚父。范增16岁时曾拜人为师,读书30年,已是满腹经纶。后随项羽,久经沙场,更是老谋深算,深得项羽信任。陈平认为,从项羽身边救出刘邦,首要的是"调虎离山",让范增离开项羽几天,不然,有范增在,一切都不好办。

张良拜会陈平的第二天,陈平依计启奏项羽:

"天无二日,民无二王,今陛下已为西楚霸王,彭城那儿还有个楚怀王。俗话说,名不正,则言不顺,臣以为当给楚怀王上个尊号,称他为大帝,给他往上提一提,让他到郴州去养老,您就可以号召天下了。"

陈平的话,正中项羽的下怀。

不日,范增上朝见项羽,项羽说:"亚父,寡人想起一件事儿。天无二日,民无二王……"项羽把陈平的话原原本本复述出来,但没说是陈平的意见,而说是自己想起来的一件事,范增一点儿也不怀疑,为什么呢?因为这是霸王应该想到的事。

"大王,这事儿还真得解决,而且宜快不宜迟。"范增附和道。

"那好,我看给楚怀王上尊号这事儿,就劳你辛苦一趟,如何?"

"大王,这事儿还就得我去,"

范增毕竟是范增,他临行时,向项羽提出三个问题:一是不可离开咸阳;二是重用韩信,若不用则杀之,免得被他人所用;三是不可使刘邦归汉中。项羽应允后,范增方起程。

陈平估计范增可能走出千八百里地了,趁霸王早朝,便奏上一本道:

"国家以理财为先,圣人以俭用为本。财不理,则出入无度,费用无径,财力尽而民心去矣;用不俭,则奢侈日靡,仓库日虚,民不聊生,而国必亡。陛下初登大宝,若不节用,何以为治? 现今诸侯聚集咸阳,每路诸侯人马不下 4 万,要以 20 路诸侯算,总数几近百万,杂豆一万担,草料 200 万……臣实寒心,若不急令诸侯还国,恐百姓难以支持矣。"

霸王一听,着实大吃一惊,遂传旨:天下众诸侯,远路的给 10 天期限,近路的给 5 天期限,在期限内做好还国准备;惟有刘邦,留在咸阳,陪王伴驾。

霸王扣住刘邦,乃在陈平预料之中。陈平趁各路诸侯返国之际,授意张良,行声东击西之计。于是,刘邦依张良之计上表,向项羽请假回故乡沛县省亲。

项羽看了刘邦的表章,沉思了好一会,对刘邦说:"你要回乡省亲,怕不是出自本心,是不是我要你留在咸阳,才有这个打算呢?"

刘邦装出感激而悲戚的样子回答:"圣王以孝治天下,而天下莫不归于孝。我刘邦乃丰沛小民,跟着您西灭强秦,仰托您的洪猷,才受封为王。我虽荣耀了,父母妻子,却在故土,未能享受您给的天禄。要派人去接吧,又不得亲扫坟墓。且如今,我受封汉王,想回去叫乡亲们看看,我刘邦也有今天。"

刘邦话音刚落,张良故意装出一副奴才相,巴结项羽道:"陛下,不可放他回乡取家眷! 你想啊,沛县离彭城还不到 200 里,他是借着回家,好上彭城向楚怀王诉苦。楚怀王心软,他准会对刘邦说:'既然项羽在关中为西楚霸王了,我也要上郴州去了,这彭城就给你吧,你为东楚霸王吧。'这一来,你的老家不叫刘邦得了? 你怎么中他的计呢? 我看,宁可遣他带着残兵败将回汉中去,使人去沛县取他的家眷作人质,好教他规规矩矩做人,休存妄想!"

张良言未落音,陈平又乘机启奏道:"陛下既封刘邦为汉王,已布告天下,臣民告知,不使他上任,恐不足取信天下;人家会说,陛下一登位便说假话,那对以后的法令,也会阳奉阴违了。不如听张良的话,以刘邦的眷属为人质,留在咸阳,遣他回汉中去,既可以保全信用,又可以约束刘邦,这不是两全其美吗?"

项羽想了很久,对刘邦说:"良、平二人的意见合情合理。只准你去汉中上任,不能回沛县,明天就起程吧!"

刘邦心里欢喜无限,却装出一副可怜相,拜伏不起,良久,才勉强站起,感谢项羽大恩大德,然后离去。

刘邦回营,立即下令大小将士,拔寨起程。10万人马,如猛虎归山,浩浩荡荡朝汉中开去。

刘邦软禁咸阳,如虎落平阳,龙游浅水,一筹莫展。陈平出计救出刘邦,不仅保住了刘邦的性命,更为刘邦日后东山再起赢得了良机。

三、择主而仕

项羽定都彭城后,刘邦在汉中休整了四个月,便回师平定关中,然后再向东进军。这时,殷王司马卬反叛楚国,项羽封陈平为信武君,前往讨伐。陈平用计,打败降服了殷王凯旋回来,项羽拜陈平为都尉,并赏赐黄金20镒。

陈平回师不久,刘邦便攻下了殷地,俘虏了司马卬。项羽大怒,恼恨司马卬反复无常,以致迁怒于陈平。陈平料想大难临头,又知项羽失道寡助,终难辅其共建大业,于是,携着一柄短剑走小路逃亡,准备归依刘邦。

陈平两次出逃,三次择主而仕,是其大智使然。只要与范增相较,便可见出他的高明。范增情知项羽不可为,却疏于变通,结果落得身死名裂。陈平见可仕则仕,不可仕则去,终于能显身扬名。

且说陈平逃至黄河边上,可巧一只船划过来。陈平上了船,船夫把陈平上下打量一番,但见陈平衣冠楚楚,一副富家子弟模样,居心叵测地嘀咕着什么,而后,一个站在船头,一个站在船尾,把陈平夹于船中央。

陈平一想,"糟了,原来他们是黄河上的水盗。见我这模样,一定以为我身上带着什么珠宝玉器。谋财害命怕是难免的了。但我不习武事,远不是他人对手呀!"陈平灵机一动,三下五除二剥掉衣服,扔至船夫脚边,光着身子站着说:"老大,我也会摇船,助你一臂之力帮你俩快点过河吧。"两个水盗见陈平毫不介意地脱下了衣服,料想遇上了个穷光蛋,只好自认晦气。

陈平终于逃到了河南修武。在旧友魏无知部将的引荐下拜谒汉王刘邦。陈平昔日救过刘邦一命,今日又前来归顺,刘邦自然高兴,即赏赐陈平酒食。刘邦说:"你一路风尘,吃过饭后,就去休息吧!"

陈平说:"我是专为一事而来的,要说的话很紧急,不能超过今天。"

刘邦邀了陈平入房,问:"你有什么急事呢?"

陈平恭恭敬敬地说:"汉王要打败霸王,大王可赶快发兵去攻彭城。彭城是霸王的老窝,抄了他的老窝,堵住他的后路,楚军一定着慌。军心一乱,霸王就容易打败了。"

汉王觉得陈平的见解的确不错,与张良的主意不谋而合。便问:"你在楚营里作什么官?"陈平说:"做过都尉。"汉王说:"我也拜你为都尉,好不好?"陈平磕头谢恩。汉王一高兴,又加了一句:"我还要你监护军队,当个参乘。"古人乘车,御车人居中,尊者居左,另一人居右以备倾侧,谓之参乘,只有最亲信的人方能获此美差。陈平归汉,即受此重任,足见刘邦对陈平的信任。

那些平时最接近刘邦的将军们见陈平一下子得到了这样的重任,都纷纷议论起来。说他光身来到这儿,来历不明,谁知道他是好人还是坏人?于是,故意试探陈平,向他送礼、送钱,陈平来者不拒。这下,他们便抓住了陈平受贿的小辫,共推荐绛侯周勃和灌婴去向刘邦告发。

周勃和灌婴对刘邦说:"陈平外表漂亮,可是品格很差。听说他在家里与嫂子关系暧昧,一到这儿就仗着管理军队的职权,贪污了不少金钱。大伙认为这种品行不端、贪图贿赂的人不配受到大王的信任。"

刘邦把魏无知叫进来,责问道:"你推荐陈平,说他有才,可是他在家里与嫂子私通,在这里又收受贿赂。你为什么把这种品行不端的人引荐给我?"

魏无知说:"我推荐的是陈平的才能。大王责备的是他的品行。现在,楚、汉相争,要想胜过敌人,就得有人为您献出奇妙的计策来。品行端正当然也很重要,可是就算找到一个讲信义的君子,或者讲道德的孝子,这对我们又有什么用呢?君子和孝子能辅佐您把霸王打败吗?大王只要看陈平的计策好不好,不必去管他是否偷过嫂子。如果陈平没有才能,不能辅佐您夺取江山,那我便甘愿受罚。"

刘邦觉得魏无知的话也有道理,但心里仍不踏实,便把陈平叫进来:"你原来帮助魏王,后来离开魏王去帮助霸王,现在你又跟随我,这是什么原因呢?"

陈平不紧不慢地回答道:"同样一件有用的东西,在不同的人手里就不同了。我侍奉魏王,魏王不能用我,我离开他去帮助霸王,霸王也不信任我,

我才来归附大王。我虽然还是我,但用我的人却不一样。我久慕大王善于用人,招致天下豪杰于麾下,所以不远千里而来。我光身来到这儿,因为什么都没有,才接受了人家的礼物。没有钱,我就生活不了,也就办不了事。要是大王听信谗言,不起用我,那么,我收下的礼物还没动用,我可以全部交出来;请大王给我一条生路,让我带着一把骨头回去,这就是大王的恩典了。"

陈平坦然对答,话中有话。刘邦疑虑顿消,对陈平倍增好感,遂安慰陈平一番,又给了他重重的赏赐,拜官为中尉,监护所有的将军。诸将默然,无话可说。

有了刘邦的信任,陈平从此百无禁忌。他在治理军队时大刀阔斧,游刃有余,渐渐获得将士的好感;在运筹战事时,他深谋远虑,奇计迭出,成为刘邦不可或缺的谋臣。

四、六出奇计

司马迁《史记·陈丞相世家》中,说刘邦"用其奇计谋,卒反楚"。但又说:"凡六出奇计,奇计或颇秘,世莫能闻也。"

那么,所谓"六出奇计"究竟是指哪六件奇计呢?

捐金行反间,废功臣钟离昧,一也;

嫁祸于人,逼死谋臣范增,二也;

瞒天过海,解荥阳之围,三也;

封韩信,借刀杀人,四也;

请君入瓮,韩信云梦就擒,五也;

献美女图像,解白登之围,六也。

捐金行反间,废谋士钟离昧——

楚汉彭城战后,刘邦败逃荥阳。项羽乘胜追击,紧逼城下,并断了汉军的外援和粮道。刘邦十分忧虑,郦食其献计分封六国,以求天下拥戴,被张良否定了,刘邦将郦食其大骂了一顿而告终。

汉王销毁了分封六国的王印,虽然是明智之举,可是,无法使霸王退兵。且随着时日的推移,项羽围城愈急,刘邦忧心如焚。便召集张良、陈平诸谋士商议说:"项羽乘我兵力分散,城内空虚,率兵围攻,有何办法退敌?"

陈平说:"项羽的骨干部下不外乎范增、钟离昧、龙且、周殷这几个人。如果能够离间他们,就可以解散项羽的核心组织,削弱他的进攻力量了。"

"何以离间诸将?"刘邦急问。

陈平答:"霸王为人猜忌,易信谣言,只要大王肯捐弃大量黄金,我就有办法去收拾他们。"

"黄金有什么稀罕的。你就拿4万斤去吧。"刘邦知道陈平喜欢黄金,又加了一句:"你爱怎么花,就怎么花。"

陈平受金4万,提出数成,交与心腹小校,使他扮成楚兵模样,怀金出城,混入楚营,贿赂霸王左右,散布谣言。

钱能通神,不过两三日功夫,楚军内已是传说纷纷,无非是说钟离昧等功多赏少,不得分封,将要联汉灭楚云云。项羽有勇无谋,素好猜疑,一闻讹传,便信以为真,竟把钟离昧等视等贰臣,不加信任。只对范增信任如故。

霸王疏远了钟离昧等,却对荥阳的攻势一点也没有放松,仍然挥军把荥阳城围得水泄不通。但汉军坚壁固垒,楚军终不能越雷池一步,因此项羽心下十分躁急。

陈平抓住时机,又向刘邦献计道:"项羽攻城不下,正好派人去向他诈降。他必然应允,遣人来讨论条件,到时我们便以恶作剧戏弄来使,借此来离间范增,等到项羽军心浮动时再行突围。"

"他要是不接受和谈呢?"

张良插话道:"项羽断然不会亲临汉营和谈,但我们只要能吸引他的臣下来到这里,事情就好办了,我们可先差使数人去楚营求和,项羽刚而不韧,连日攻城不下,正在焦急,见有汉使前来求和,一定会派人前来汉营协商。"

刘邦心领神会,遂命陈平、张良依计而行。

无中生有,嫁祸于人,逼死谋臣范增——

却说良、平派使者往楚营游说,无非是厚礼甘言,说刘邦不敢与楚王分庭抗礼,愿各守封疆,共保富贵,划荥阳以东为楚界,荥阳以西为汉界。

项羽想到刘邦势力日大,韩信又善于用兵,继续打下去,亦不知鹿死谁手,不如趁早讲和,休养生息,等待机会,卷土重来,便招范增前来商量。范增分析道:

"这是刘邦的缓兵之计。和谈不是本意。把战局拖住,坐等韩信的救兵。今日正可猛攻快打,把刘邦消灭在这里,再去对付韩信。"

项羽犹豫起来。汉使料定是范增从中作梗,乃对项羽说:

"陛下自应圣裁。左右的话,怕有私弊。因为战胜也好,战败也好,别人一样可以不当楚官当汉官,但陛下将怎样处理自己?况且汉王尚未势穷力尽,韩信的几十万大军很快就会到来,内外夹攻,陛下师疲粮尽,那时欲退不得,欲进不能,不是后悔莫及吗?依臣鄙见,倒不如及时讲和,化干戈为玉帛,这样,不独汉王感恩戴德,老百姓也会讴歌陛下的仁义呢!臣虽身在汉营,仍是天下一介贱民,望陛下三思,为天下着想,不要被左右暗中出卖了!"

汉使的话掷地有声。项羽一时难以回复,便道:"你先回营,我即派人入城讲和。"

陈平心花怒放,暗想,贼亚父,你也死到临头了!

项羽不听范增的劝谏,派虞子期等人为和谈大使进入荥阳城。刘邦谎称夜饮大醉,命陈平前来接待。陈平把楚使引至客房,楚使见客房布置得非常阔气,招待的人又都那么殷勤、周到,心里已有几分得意。陈平设了丰盛筵席,请虞子期上坐,顺便问起范增的起居近况,大赞范增,并附耳问:"亚父范增有什么吩咐?"虞子期道:"我们是楚王差使,不是亚父差来的。"陈平一听,故作吃惊,说:"我以为你是亚父差来的!"便叫几名小卒撤去上等酒席,随后把楚使领至另一间简陋客房,改用粗茶淡饭、残羹冷汁招待。陈平满脸愠色,拂袖而去。

众楚使如坠五里雾中,乃整衣求见刘邦。刘邦传话说还未梳妆。侍从领着楚使在密室休息,奉陪一会,托辞起身,说:"虞大使请稍候,小臣去帮汉王梳洗。"遂离开密室而去。

虞子期受此怠慢,大为不快,在密室里走来走去,见桌上有几份秘密文件,随即走过去翻阅,找出一纸首尾不写名的信。内云:

"霸王提兵远来,人心不附,天下离叛,兵不过20万,势渐孤弱。大王切不可出降,急唤韩信回荥阳。老臣与钟离眛等为内应,指日破楚必矣。黄金不敢拜领,破楚后愿裂土封于故国,子孙绵延百世,臣之愿也……"

虞子期大惊,暗思这信必是范增的了。近闻亚父与刘邦私通,尚不相信,今见此信,相信真的假不了,假的也真不了;于是,将信揣入怀中,准备回去向楚王邀功。

虞子期回营后,不胜其愤,把自己所受的冷遇,在项王面前渲染了一通,然后将从密室里偷出来的匿名信呈给项羽。

项羽看罢密信,怒发冲冠,招来范增大骂:"老匹夫居然起心要出卖我,今天绝不饶你!"

范增丈二和尚摸不着头脑。他深知霸王一向尊敬他,但今天却这么待他,分明早已不信任自己了,便对项羽说:"天下大局已经定了,愿大王好自为之。"

项王一向薄情寡恩,一气之下,炒了范增的"鱿鱼"。

范增解甲归田,一路上怨愤不已,叹气道:"刘邦是个假仁假义、刁钻刻薄的小人,一个亭长怎么能作君王?霸王可是个既能干又豪爽的英雄,将门之子,确实有君王气魄,只可惜……"

范增边走边想,边想边叹气。一路上,吃不下,睡不好,犹如风前残烛,气息奄奄。将至彭城,忽然背上生了一个毒瘤,凄凄惨惨、冷冷清清地合上了眼。这一年,范增七十又五。

范增死后,项羽醒悟过来,大喊上当,但悔之晚矣。他一面派人到彭城,用厚礼安葬范增,一面命各部将拼死进攻荥阳。

韩信援兵迟迟不到,荥阳朝不保夕。张良、陈平决定:先救刘邦出城,入关收集散兵,留御使大夫周苛、魏豹、枞公死守荥阳,再会同韩信部队三路围攻项羽。

瞒天过海,解荥阳之围——

陈平与张良密谋后,对汉王说:"请大王速写一封投降信给霸王,约霸王在东门相见。霸王定会把他的大军布置在东门,我再想办法把西、北、南各门卫士引到东门口来,大王就可以从西门冲出去了。"

汉王说:"请你安排吧!"

不一会儿,陈平领着一位貌似汉王的将军来见汉王。这就是不惜性命来保汉王的纪信。纪将军说:"现在敌人四面围城,大王无法坚持下去了,我愿打扮成大王的样子出去投降,吸引敌人把兵力集中围住东门,大王就可趁机从西门突围。"

汉王说:"不可,不可!纵令我逃出去了,将军岂不是要遭毒手吗?"

纪信说:"父亲有难,做儿子的应当替父亲死;大王有难,做臣下的应当替大王死!"

汉王道:"我刘邦大业未成,将军还没有得过什么好处,你替我慷慨而

死,我倒偷偷地溜了,怎么对得起你呢?还是请陈平再想办法吧!"

陈平说:"这已是没有办法的办法了!"

纪信抢着说:"现在火已烧到眉毛上了,要是大王不让我去,荥阳城攻破后,大家也是同归于尽;还不如舍了我一个人,既保全了大王,将士们也有了生路。"

汉王皱起了眉头,下不了决心。纪信忽地拔出宝剑,说:"大王如果不同意,就让我先死在您的面前!"说着就要自刎。

汉王急忙拦住,说:"将军的心可以感天地、泣鬼神。我知道将军还有母亲和夫人、儿女。将军的母亲就是我刘邦的母亲,将军的夫人就是我刘邦的嫂子,将军的儿女就是我刘邦的儿女,请将军放心吧。"纪信磕头谢恩,刘邦泪流满面……

翌日,天还没亮,汉军便开了东门。陈平差遣 2000 妇女,一批一批地从东门出去。楚军闻讯围了上来,可是一看这些手无寸铁的妇女,谁也不好意思刁难,只好闪开一条道来。南、西、北门的楚兵听说东门外全是美人儿,争先恐后地涌向东门。忽然,有人大喊:"汉王来了!"果然"汉王"坐着车,由仪仗队开道,慢慢地走出东门。"汉王"走进楚营,霸王才发现坐车出来的不是汉王,气得暴跳如雷,吩咐将士们把这个假汉王连车一块烧了。

汉王乘着东门乱,冲出西门,带着陈平、张良、樊哙杀开一条血路,逃之夭夭……

分封韩信,借刀杀人——

汉王四年(前 203 年),刘邦被项羽暗箭射中胸部,困守广武。这时,韩信在齐地却节节胜利,俘虏了齐王田广,击杀了楚大将龙且,军威大振,遣使向汉王刘邦请封他为假齐王(代理齐王)。刘邦听了脱口大骂:"吾困于此,日夜盼你来相助,你却想在齐地为王!"

陈平见状,立即踩了踩刘邦的脚趾,附耳低语说:"汉方不利,怎能禁止韩信自立为王?不如顺水推舟,使他感恩报德,否则恐有后患。"

刘邦彻悟,便改口佯骂道:"大丈夫能平定诸侯,即为真王,何为假王?"随即遣张良操印赴齐,立韩信为齐王。张良办了封王仪式,项羽亦接连派使者来劝韩信背汉归楚,或者三分天下,鼎足而居。当时韩信确有举足轻重之势,佐汉则汉胜,归楚则楚胜,如果背汉自立,汉势孤单,也会为楚所灭。亏得当时有陈平临机蹑足,示意刘邦封韩信为王,使韩信感恩,无论谁来劝说,也不忍背汉,并最终引大军击楚,与刘邦合力围困项羽于垓下,使叱咤风云的西楚霸王演出"霸王别姬"之后自刎于乌江。

请君入瓮,韩信云梦就擒——

项羽死后,刘邦为帝,史称汉高祖,封韩信为楚王。

大将钟离昧当初与韩信一起在霸王帐下共事。霸王曾想杀掉韩信,经过钟离昧的营救,保了韩信一命。项羽死后,钟离昧有家难归,只得投奔韩信(韩信背楚后即归汉),此事被高祖听说了,颇感不快。

汉高祖六年,又有人上书,言韩信为母亲迁坟,大兴土木,实际是向高祖示威。高祖征求诸将的意见。诸将都说:"赶紧发兵,活埋这个忘恩负义的小子!"

汉帝默默无语。便问陈平,陈平一再推辞。

高祖说:"韩信自觉功劳大,早就盘踞齐地,自立为王;我加封他为楚王,他仍然不知满足;现在,竟然敢窝藏钟离昧,这不是要造反吗?我打算前去讨伐他,你看怎样?"

陈平说:"不可。韩信不比别的将军。一旦激成兵变,恐怕很难平定。"

高祖一听气急败坏,却又无计可施。

陈平问高祖:"有人上书告韩信造反,别的人知道这件事吗?"

"不知道。"

"韩信自己知道吗?"

"也不知道。"

"那就好办了,"陈平说:"古时有天子巡行天下,会合诸侯的事。南方有云梦泽,陛下装作出游云梦泽,要在陈州会合诸侯。陈州在楚地西界,韩信听到天子正常出游,当然会来谒见。当他进谒时,陛下便可将他拘留起来,这样,只需一个力士就行了。"

韩信果然郊迎于道中,高帝便命埋伏下的武士将韩信捆得结结实实,投入囚车,贬之为淮阴侯,留居京都,不使外任,韩信再也不能有所作为了。

献美女图像,解白登之围——

长城北面的匈奴,曾被秦将蒙恬驱走,远徙朔方,秦朝覆灭之后,楚汉相争,海内大乱,无暇顾及塞外,匈奴乘机南下。

汉七年冬,警报雪片似的飞入关中,高祖遂下诏亲征,冒寒出师。军至

平城(今大同市)，匈奴单于冒顿集精兵 40 万围高祖于白登(今大同市东)，且派大兵，分扎要路，截住汉兵的援应。高祖登山了望，只见四面八方，都有胡骑驻扎。

时值天气严寒，雨雪连宵。高祖和将士们冻得瑟瑟缩缩，手脚俱僵。

被围 3 日后，粮食几尽。饥寒交迫，汉军危在旦夕。

到第七日，陈平忽生妙计，高祖忙令照办。

司马迁在《史记·陈丞相世家》里写到此处，只说："帝用陈平奇计，使单于阏氏，围以得开。"到底是什么奇计？司马迁只道："其计秘，世莫能闻。"桓谭在《新论》中透露了下面的消息：

原来，冒顿新得阏氏(单于皇后)，十分宠爱，朝夕不离。此次驻营山下，屡与阏氏并马出入，浅笑低语，情意甚笃。陈平想到冒顿虽能出奇制胜，也不免为妇人女子所愚，百炼钢化作绕指柔，不妨从阏氏身上打主意。于是派遣使臣，乘雾下山。

阏氏见汉使来，悄悄走出帐外，挥退左右，召见汉使。汉使献上汉地金珠，并说是汉帝送给阏氏的，并取出图画一幅，说是汉帝请阏氏转给单于。阏氏毕竟是女流之辈，见到光闪闪的黄金、亮晃晃的珍珠，目眩心迷，便收下了。展开图画，只见绘着一个美人儿，不仅起了妒意，便问："这幅美人图，有何用处？"

汉使装出一副虔诚的样子，答道："汉帝被单于所围，极愿罢兵言好。故把金珠奉送阏氏，求阏氏代为乞情。又恐单于不允，愿将国中第一美人，献给单于。因美人不在军中，故先把画像呈上。"

阏氏微怒道："这却不必，拿回去吧。"

汉使道："汉帝也觉得把美人献给单于，怕夺了阏氏之爱，但事出无奈，只好如此了。若阏氏能解白登之围，自然不献美人，情愿给阏氏多送金珠。"

阏氏道："请返报汉帝，尽请放心好了。"说毕，将图画交还汉使。汉使称谢而去。

阏氏暗想，若汉帝不能突围，就要献上美人，我就要受到冷落。便对单于道："军中得到消息，汉军几十万大军，前来救援，明日便可赶到。"单于问："有这等事吗？"

阏氏道："两主不应相困。今汉帝被困于山上，汉人怎肯甘休？自然会拼命相救的。纵使你杀败汉人，取得汉地，也恐水土不服，不能久居。倘若灭不了汉帝,救兵一到,内外夹攻,我们便不能共享安乐了。"说到这里,阏氏便泪如雨下,呜咽不能成声。

单于道:"那该怎么办呢?"

阏氏道:"汉帝被困7日,军中并不惊扰,想是神灵相助,虽危以安。你何必违天行事?不如放他出围,免生后患。"

单于将信将疑,但恐惹得阏氏不高兴,只好作罢,便于次日,传令将围兵撤走。

也许因为陈平此计,使阏氏害怕汉朝美女夺己之宠,力劝冒顿单于解围,放走高帝,用的是美人计,不太光彩,有失中国的体面,故而司马迁作《史记》时才秘而不传。

五、审时度势

汉初三杰,都曾不安于位:韩信受谤,被擒于云梦;萧何遭谗,被械于狱中;张良惧祸,托言辟谷从赤松子(传说中仙人)游。然而陈平一生始终受到信任,并且平步青云,位居丞相,令后人钦羡不已。

陈平出计擒韩信后,被封为护佑乡侯。但他居安思危,推辞着说:"这不是我的功劳。"高帝说:"我用你的计谋,才能克敌制胜,这不是你的功劳是谁的?"陈平说:"若不是魏无知的引荐,我哪里能为陛下所用呢?"高祖说:"像你这样的人,可说是不忘本啊!"于是厚赏魏无知。

白登解围后,高祖回师,路过曲逆(今河北省顺平县东南)。登上城楼,四面一望,见城里有好多高大的房屋,赞叹道:"这个县真不错。我走遍天下,要数这儿和洛阳最好。"他回头问当地长官:"曲逆县有多少户口?"长官答道:"秦朝时有3万多户,以后连年打仗,死的死,逃的逃,现只剩下5000户了。"高帝念陈平白登救命之恩,就把5000户的曲逆县封给陈平,改护佑侯为曲逆侯。汉初被封县侯的功臣,所食户数多少不同,但多到食户一县的,只有陈平一人,可见刘邦对陈平宠爱之至。

后来陈平周旋于吕后当政的时期,最后又联络丞相周勃族灭诸吕,安定天下,位极人臣,独相(作丞相)朝庭,从未因功高而遭到皇帝及左右的猜疑。究其原因,当系陈平不仅善于为国出谋,也很善于审时度势,保护自己。

我们可以从下面叙述的四个故事中,悟出陈平的谋身之道。

处置樊哙——

公元前 195 年,高帝击败叛军英布归来,创伤发作,缓步走到长安,又闻燕王卢绾叛变,遂派樊哙以相国的身份率军讨伐。樊哙走后,又有人对高祖说:"樊哙跟吕后串通一气,想等皇上百年之后,杀害戚夫人和赵王如意,皇上不能不早加提防!"

高祖早已察觉吕后自作主张,干预朝政,心里有些不高兴,可又想,一个妇道人家能干出什么来呢? 但现在听说跟他妹夫大将军樊哙串通起来,情况就严重了,他立即在床上下诏说:"陈平急速以驿传马车,载着绛侯周勃代替樊哙将兵,到了军中立即砍下樊哙的头!"高帝怕陈平不敢去杀樊哙,又吩咐陈平尽快把樊哙的头取来,让他亲自检验,并催促陈平:"快去快回,不得有误!"

陈平、周勃立即动身。路上,陈平对周勃说:"樊哙功劳大,又是吕后妹妹吕媭的丈夫,我们可不能自己动手处斩皇亲国戚。眼下,皇上正在气头上,万一他后悔了,怎么办? 再说皇上病得这么厉害,咱们斩了吕后妹夫,将来吕后当权能放过咱们吗?"

周勃听罢,一时没了主张,便问:"难道把樊哙放了不成?"

陈平说:"放是不能放的,咱们不如把他绑上囚车,送到长安,让皇上自己去斩。"周勃认为这是个好主意。

陈平还没回来,高祖的病就加重了,高祖想,光杀了樊哙,还不能削弱吕后的势力,因此,他吩咐手下的人宰了一匹白马,叫大臣们饮血为盟:"非刘氏不得封王,非功臣不得封侯,违背盟约,天下共伐之!"

且说陈平来到军中,建筑高坛,以符节召见樊哙,将樊哙两手反缚载入囚车,送往长安。

陈平在路上听到高帝驾崩,立太子刘盈为皇帝(汉惠帝),尊吕后为皇太后时,更加恐惧,又怕吕媭进谗,于是坐驿传马车急速回朝。路上遇到使者传命,令陈平屯驻荥阳;陈平接受诏命,旋即改变主意,回到关中,跑进长乐宫。

吕太后见陈平回来,马上问及樊哙。陈平讨好地说:"我奉先帝之命处斩樊将军,可我始终认为樊将军功大于过,怎忍下手? 再说那时先帝病重,昏迷之中所说的话不一定对,因此,我只派人把樊将军送回来,听候太后的发落。"

吕太后松了口气,宽慰陈平。陈平畏惧谗言,惟恐地位不稳,就流着泪说:"我受了先帝的大恩,应该赤胆忠心地报答一番。现在太子刚即位,宫里正需要人,请让我在宫里做个卫士,伺候皇上,一来可以报答先帝大恩,二来可以替太后和皇上效力。"吕太后听了这些话,心里挺舒坦,夸奖陈平一番,拜他为郎中令,又叫他在宫里辅助皇帝。

汉惠帝六年,相国曹参逝世,任命安国侯王陵为右丞相,陈平为左丞相,周勃为太尉。第二年,惠帝崩逝。

违心地拥诸吕为王——

汉惠帝死后,其子刘恭立为皇帝,称为"少帝"。因为少帝还是个婴儿,不能统治天下,吕太后名正言顺地替少帝临朝,主持朝政。

吕太后为了巩固自己的政权,欲封娘家的兄弟子侄为王,故意问大臣们可不可以。右丞相王陵是个直性子,愣头愣脑地说:"高帝宰了白马,大臣们都宣过誓,非刘氏不得封王。"问陈平,陈平违心地说:"可以。高祖平定天下,分封自己的子弟为王,是对的;现在太后临朝,分封自己的子弟为王,也是对的。"

散朝后,王陵批评陈平背弃高祖的盟约。陈平意味深长地说:"现在在朝廷上抵制吕太后,我比不上你;将来除吕保刘,你可比不上我啊。"

王陵只是冷笑。可冷笑有什么用?吕太后不再让王陵做丞相,而表面上升迁王陵为汉少帝太傅,实际上是架空他。王陵肚里没有撑船的海量,索性谢病辞职,闭门不出,七年后病逝,非刘氏不得封王的盟约并没有成为现实。

王陵免相后,升陈平为右丞相,命辟阳侯审食其为左丞相,吕太后的内侄和内侄孙先后被封为王,出现了诸吕当权,一统天下的格局。

审食其是沛县人。当初汉王刘邦在彭城战败向西转进时,楚霸王到沛县掳取汉王父亲和妻子为人质,审食其则以舍人身份侍候刘妻,相处日久,两人关系暧昧。现在审食其得幸于刘妻(吕太后),才当上左丞相。陈平深知审食其底细,亦深知太后欲让审食其掌权,就故意不管朝事,国家大事全由审食其决定。

吕媭因为以前陈平替高帝出谋拘捕樊哙,曾多次向太后进谗,说:"陈平当了右丞相,却天天酗酒、玩女人。"陈平知道后,更加纵情于酒色之中,这正中太后下怀。太后曾当着吕媭的面对陈平说:"常言道:'小孩和女人的话不

能听'。你不用畏惧吕媭进谗。"

联合周勃灭诸吕安刘氏——

陈平为了保全禄位,凡事都禀承吕后的意旨,不敢专擅,照样吃喝玩乐。看样子,有些麻木不仁;其实,他心如刀绞。无奈诸吕专权,日盛一日,不敢轻举妄动。

陈平的忧思独被大中大夫陆贾看出。并对他说:"天下安,注意相;天下危,注意将。将相和睦,众情归附。"又说:"今日社稷大计,在两个人的掌握之中,一是足下,一是太尉周勃……"

陈平本来与周勃不和。当年他归汉时,周勃曾说过他受金盗嫂,当然心存芥蒂。但诸吕日盛,势必危及国家和自身安全,陈平决定"捐弃前嫌",以五百金厚礼向周勃上寿,博取将相交好。周勃亦隐恨诸吕,自然与陈平情投意合,两人常在一起议事,决计合力对付诸吕。

公元前180年,吕太后病重,临终前立吕产为相国,吕禄为上将军,分别统管南军、北军。吕太后死后,诸吕果然谋乱,弄得天下乌烟瘴气。

诸吕认为时机已到,遂密谋反叛。

陈平得知曲周侯郦商之子郦寄与吕产、吕禄有交谊,遂托称议事,把郦商邀了过来。软禁郦商后,再召郦商之子郦寄,胁迫他诱劝吕禄,交出将印,回朝就职。吕禄本来没有什么才识,又因与郦寄是好友,乃信以为真取出将印,匆匆出营,直奔长安。

郦寄把将印交给太尉周勃。周勃手持将印,召集北军,下令道:"为吕氏右袒,为刘氏左袒!"北军纷纷袒露左臂,表示要忠于刘氏。

这时,陈平已与朱虚侯刘章(刘邦次孙)取得联系,与周勃联手,以势不可挡之势冲进未央宫。刘章杀了吕产,周勃杀了吕禄,然后鞭杀吕媭,斩绝诸吕的男女老幼。

对答如流,巧除周勃——

陈平、周勃为安定社稷,挽救刘氏,拥代王刘恒为帝,史称汉孝文帝。

文帝即位,大夸太尉周勃亲自率兵诛杀吕氏,劳苦功高。陈平虽与周勃联手杀了诸吕,但内心深处仍忌恨周勃,于是托病引退,让出高位,等候时机再来排挤周勃。汉文帝刚刚即位,对陈平称病感到奇怪。陈平谦虚地说:

"在高祖时周勃的功劳不如我,到了灭杀诸吕,我的功劳不如周勃。"一席话,使文帝对陈顿生好感,但一时又难改变初衷,于是,封周勃为右丞相,陈平为左丞相。

有一次,大臣们上朝。文帝问右丞相:"天下一年判决的讼案有多少?"周勃谢罪说:"不知道。"又问:"天下一年的金钱和谷物的收支有多少?"周勃急得汗流浃背,谢罪说不知道。

皇上又问左丞相陈平。陈平虽心中无数,但比周勃机灵。他说:"这些事都有主管的人。皇上要知道监狱的情况,可以问廷尉,要知道钱粮收支的情况,可以问治粟内史。"

皇上又问:"既然一切事情都有主管的人,那么,丞相管什么呢?"

陈平感到排挤周勃的时机到了,便讨好道:"丞相主要的职责是:上面,帮助天子调理阴阳,顺从四时;下面,妥善地化育万物;外,安抚四方;内,爱护百姓,使文武百官各司其职。"

文帝听了点头称赞。周勃则满脸羞愧,无地自容。不久,周勃托病请求免去右丞相职位,告老还乡。文帝趁机废除了左右丞相制度,让陈平一人做了丞相。

从陈平处置樊哙和违心地拥护诸吕为王,以及联合周勃诛诸吕、安刘氏和对答如流、巧除周勃四事,可以看出陈平确实有些滑头,这也可能就是刘邦临终时交待"陈平智有余,然难独任"的原因。刘邦认为,陈平机智聪明过人,这在争夺天下时是少不了的,但在治理国家时,却需要厚道些为好。然而在刘姓天下被吕家夺去,生杀予夺大权全在吕后一人之手时,像王陵那样硬顶是无济于事的。相反,陈平采用的"谋身"之术,虽有些滑头,而目的是为保全实力以图后计,未尝不是一种明智之举。

司马迁在《史记·陈丞相世家》中情不自禁地赞叹道:"吕太后时,国事多故,然而陈平竟能够使自己脱身于其中,并能安定宗庙,以荣名终其一身,被称为贤相,岂不是一个能善始善终的人!假使不是智谋过人,谁能做到这样呢?"

(张新平)

诸葛亮

——鞠躬尽瘁,死而后已

诸葛亮(181—234年)字孔明,琅琊阳都人(今山东省沂南县南),三国时期著名的政治家和军事家。公元207年,诸葛亮被刘备三顾茅庐请出隆中,此后27年的政治生涯中,他出将入相辅佐刘备、刘禅父子,开国建业。为兴复汉室,成就霸业,他立法施度,选贤任能,务农殖谷,发展生产,联吴抗魏,南征和夷,五伐中原,直到54岁病逝于伐魏前线五丈原,一生鞠躬尽瘁,死而后已。他运筹帷幄的风采,宁静澹泊的气度,谦虚务实的作风,矢志不悔的献身精神和折而不挠的意志,体现了中华民族优秀的传统精神和品格,是中华民族智慧的化身。

一、隐居襄阳

东汉末年,社会矛盾日益激化,各地豪杰并起,拥地称雄,彼此连年征战不已,其中董卓、袁术、袁绍、吕布等封建军阀割据势力先后覆亡,曹操、刘备、孙权等地方势力日渐壮大,刘表、刘焉、马腾等也乘机拥兵割据。诸葛亮就是在这样一个社会剧烈动荡分化的时代,接触社会,认识社会,开始了自己的政治生涯。

刘备出身西汉宗室,自起兵征战二十多年来,屡遭挫败,但他复兴汉室的志向仍很坚定。公元201年,刘备被曹操打败,投奔荆州刘表,驻军新野县。为了成就霸业,他到处访贤求士,寻求良辅。当刘备去向襄阳隐士司马徽请教时,后者深思后坦然地说:"识时务者在乎俊杰。此间自有卧龙、凤雏。"刘备高兴地问是谁?"诸葛孔明、庞士元也"。为了使刘备对这两位年轻的山林隐士引起足够的重视,司马徽点到为止,尽管刘备一再追问,他还是请刘备自己多方打听打听。不久，徐庶到新野来投归刘备，刘备对徐庶的学识见地十分佩服，因此很器重他。徐庶深感刘备所要开创的事业非同寻常，非得有比自己更高明的人来辅佐不可，于是决心向刘备推荐诸葛亮。当徐庶向刘备提到诸葛亮时，刘备喜不自禁地说："卧龙大名如雷贯耳，早就听水镜先生(司马徽号)讲过，那就有劳先生快快把他请来吧！"看到刘备求贤若渴的样子，徐庶心里十分欢欣，仍不动声色地说："诸葛孔明这个人，将军您还不太了解吧？他常常自比管仲、乐毅。依我看来他的才学不在管仲、乐毅之下！恕我直言，像他这样一位身藏大器的人，愿不愿意出来还得看您的诚意如何？所以我建议：最好还是将军您亲自屈尊去请，或许他亲身感受到您的一片诚意，还说不定会乐意出山。"刘备想起成汤请伊尹、文王载太公的故事，不等徐庶把话说完，就连连应道："承教，承教，我一定去，拿出我最大的诚意去！"

那么，诸葛孔明何许人也？

公元181年(东汉灵帝光和四年)7月23日，在徐州琅琊郡阳都一户门第不高的家庭里，第二个男孩诞生了，他就是后来的诸葛亮。诸葛亮祖上原本姓葛，是秦末跟从陈涉起义的将军葛婴的后代，汉文帝时追录其功，封他的孙子为诸县(属琅琊郡)侯。后来其家族由诸县迁至阳都，因阳都先有姓葛的，人们便称其为"诸葛"以示区别，久而久之就习用为复姓了。

诸葛亮的远祖诸葛丰在西汉元帝时候做过司隶校尉，为官清正，"刺举无所避"，在当时名声很高。诸葛家族到了诸葛亮父亲时，家世虽不显达，但多少还有点名望。诸葛亮父亲诸葛珪做过泰山郡郡丞，叔父诸葛玄和当时名门世族中的高官显宦袁术，以及荆州牧刘表等都有往来。

在诸葛亮幼小时，生母章氏就不幸病故了，上有比他大五岁的哥哥诸葛瑾和两个姐姐，下面有一个弟弟诸葛均。为了抚育孤息，父亲又娶了一个妻子。大约诸葛亮八岁时，父亲诸葛珪又去世了，一家子的生活也就只有依靠叔父诸葛玄来安排料理了。大约在诸葛亮十四岁那年，叔父诸葛玄就任豫章(今江西南昌)太守，诸葛亮和弟弟诸葛均也随同到了那里。不久，东汉朝廷派朱皓来接替诸葛玄，诸葛玄丢了官职，就带着诸葛亮兄弟前往荆州去投靠刘表。

诸葛亮随叔父到荆州，在襄阳住下之后，就听说曹操在兖州打败了吕布，并把吕布赶到徐州。吕布到徐州去会不会和刘备争徐州呢？曹操又会

不会再打到徐州去呢？15岁的诸葛亮深为留在家乡的兄长和继母的安全担心。后来又听说李榷、郭汜大乱关中，连与他同岁的汉献帝也不知去向了。再后来才听说小皇帝逃难到了安邑(今山西省夏县北)。从亲身经历和耳闻目睹中，诸葛亮深深地感受到国家分裂给人民带来的苦难，连贵为天子的皇帝也不能幸免。诸葛亮尽量以他从书中得到的知识，以及从父辈们口中听到的有关国家兴亡的历史故事来看待和思考眼前的社会变化。

荆州首府襄阳，地控南北，水陆交通极为便利。相对而言，荆州地区在当时还算是一个较为安全的区域。诸葛亮随叔父来到襄阳，生活虽然安定下来，但他的思想却起了较大的变化，他的心情随着见识的增长愈来愈不平静。诸葛亮从小是一个喜欢动脑筋的人，遇事总要问个究竟。由于襄阳交通便利，南来北往流动的人很多，几乎每天都会遇到一些新鲜的事，听到一些难得听见的见闻，这进一步启迪着他对社会的认识。

诸葛亮居住襄阳期间，因他叔父的关系，先后结识了不少当地以及外地流寓而来的知名人士。其中，有南郡襄阳县的大名士庞德公，从颍川迁居襄阳，号称"水镜先生"的司马徽，河南名士黄承彦，庞德公侄儿青年俊士庞统，颍川的徐庶、石广元，汝南的孟公威等，他们都是对当时的时局和大地主豪强割据混战十分不满的知识分子，诸葛亮常常和他们读书吟诗，谈古论今，评论天下大事，抒发自己的政治抱负。有一天，诸葛亮对朋友们讲："如果你们去作官，凭你们的才能是可以当上刺史和郡守的"。当朋友们问他时，他笑而不答。其实诸葛亮是有着更为远大的政治抱负的，他常常把自己和春秋战国时期的管仲、乐毅相比。

公元197年，诸葛亮17岁时，叔父诸葛玄去世了。诸葛亮本想带着弟弟回老家去，但想起徐州地区还在战乱之中，一时又拿不定主意。庞德公、崔州平、徐庶、孟公威、石广元等诸多朋友，都希望他不要走，留下来继续和大家一起切磋学问。诸葛亮敬为师长的庞德公和水镜先生，还劝勉他不要虚度年华，要致力于学，多读些书，尤其要多探讨些经邦济世的学问。现在一时用不着，来日方长，将来会用得上的。经过一番深思熟虑后，诸葛亮决定留下来。于是，他带着弟弟诸葛均，搬迁到襄阳城西20里的隆中山村，在那里盖起了几间草屋，定居下来。自此，诸葛亮开始了长达十年的"躬耕于南阳，苟全性命于乱世，不求闻达于诸侯"的隐居生活。

隆中是一依山傍水、风景秀丽的小山村。诸葛亮在这山明水秀、"万树桑柘美"的隆中小山村居住下来后,心境也顿然安静了下来。平日除参加田间的耕作外,多半是在草堂内掩门攻读。有时也应学友相邀外出游历,或自个儿出去寻师访友。

诸葛亮每天清晨读书之后,常纵情开怀于山岗之下;而夜间读书之余,则盘足抚琴于草庐之中。他从小就喜好流传在山东老家的一首《梁父吟》古曲,时常弹起,不仅仅是寄托对故乡的怀念之情,而且由于这首古曲讲的是春秋时齐晏子"二桃杀三士"的故事,因而更激起他对国家命运的关注。历史上哪一代的衰亡不是小人进谗贤士遭害所导致的结果呢? 远的不说,本朝前后两代盛衰兴亡的经验教训,岂不是充分说明了这一点。国家的衰落又总是导致无休止的战争,从而祸国殃民。

公元 200 年(汉献帝建安五年),诸葛亮居住隆中的第四年,北方上空战云密布,袁绍和曹操屯兵相持于官渡,眼看逐鹿中原、一决雌雄的大战已箭在弦上了。诸葛亮与黄承彦老先生论及时事,黄老先生认为:曹操尽管力量不如袁绍大,论智谋袁绍却远逊于曹操,恐怕不是曹操的对手。后来战事的发展果如黄承彦所料。就在这一年,庞统从江东带回了诸葛瑾和继母避难离开山东老家,到江东投了孙权的消息。诸葛亮和庞统论及北方的战事,这位与诸葛亮齐名的"凤雏"告诉他:"从现在的情况看,曹操虽已打败袁绍,北方的大局已定,但还得乱上好一阵子,至少也要好几年才能摆得平。不过,从长远看曹操一旦巩固北方,必定南下荆州,饮马长江,这是我在江东常和周瑜、鲁肃等人谈起的话题。周瑜、鲁肃再三挽留我,我一时还拿不定主意,打算过些时候再说。"庞统说到这里,突然把话顿住,用目光审视了一下诸葛亮然后低声对他说:"从家叔、水镜先生和黄老先生处得知,你这几年发奋攻读,学识倍增,将来必定大有一番作为。不过,拨乱反正,谈何容易。曹操虽是一个治世的能臣,但又是一个乱世的奸雄,汝南许子对他早有定论,愿你我共勉之。"

同庞统一番交谈后,一连好多天,诸葛亮览书之余,总在草堂内踱来踱去,心潮起伏,思绪万千。曹操雄踞中原,挟天子以令诸侯,大有一统宇内之势,孙权占据江东,国险而人民归附,贤能为其用,已成定局;荆州刘表只是一个务虚名、尚空谈,不足与谋大事的人。自己将何去何从? 每每想到国家战乱不休,群雄割据的现状时,诸葛亮深深感到内愧和苦闷。

为了实现自己的政治抱负,诸葛亮潜心阅读了大量书籍,用心研究了历

史上各个时期的政治、经济情况以及各家学派的思想观点和政治主张。他读书很注意学习方法，不是泛泛死读，而是"观其大略"，抓住书中的要点，从中吸取有益的思想和教训，作为观察分析当时社会情况的借鉴。这在他写的《论诸子》一文中就可见一斑，文中说："老子长于养性，不可以临危难。商鞅长于理法，不可以从教化。苏、张长于驰辞，不可以结盟誓。尾生长于守信，不可以应变。王嘉长于遇明君，不可以事暗主。许子将长于明臧否，不可以养人物。此任长之术也。"诸葛亮指出这些人的所长所短，作为他后来治国、治军以及治家、治身的借鉴。

生当乱世，诸葛亮很注意研究先秦法家的著作，特别是管仲、申不害和韩非等人的著作。他所处的政治地位，以及他要求变革现状的抱负，使他比较容易接受先秦法家的思想和政治主张，同时富有革新精神的先秦法家思想，也大大地开阔了诸葛亮的视野，丰富了他的思想。经过不断努力，诸葛亮的政治见解越来越敏锐，在荆州名流中树立了威信，成了当时一名很有影响的人物。

为了学习韬略智谋，经司马徽引荐，诸葛亮拜居住在汝南灵山的隐士郦玖为师，用了一年多时间，专习兵法阵图和治国安邦之道。郦公对诸葛亮测试时，发现诸葛亮对所学的内容一般都能掌握，而且还能"致其奥妙"，有比较精辟独到的见解。于是，对诸葛亮赞许、勉励了一番后，就叫他下山去了。

诸葛亮学成回到隆中，前去拜谢司马徽。聚谈之后，司马徽改容称道："真第一流也。"过了不久，庞德公也深感诸葛亮学识不凡，把他看成是隐藏在隆中山林中的一条龙。这条龙一旦飞腾，必将响震宇内，干出一番惊天动地的事业。因此，庞德公美称诸葛亮是"卧龙"，诸葛亮的名气在荆州地区的知识分子中越来越大。

随着诸葛亮的名气愈来愈大，年龄也年复一年的增加，因他把全部精力都用在学业上，丝毫不考虑个人的婚姻问题。当时世人都认为：以诸葛亮之年轻英俊，才学不凡，必定要选择一位人才出众的绝色女子。对这种"郎才女貌"的世俗观念，诸葛亮一笑置之。经过一段时间考察，诸葛亮选上了黄承彦先生的女儿阿丑为妻，这大出人们的意料，不少人为此替诸葛亮感到惋惜。因这阿丑姑娘虽然自小天性聪慧，才学为一般名士所不及，但却长得矮小，肤色又黑，再配一头黄发，实在是不好看。岂知诸葛亮得此贤内助，不仅在当时对他的学业甚有补益，而且对他一生的事业也有相当大的帮助。据说后来诸葛亮在北伐中用的木牛流马,就是从其妻那里讨教而"变其制"做成的。诸葛亮对自己的这桩婚事十分满意。

在宁静的隆中山村,诸葛亮因志成学,而被司马徽称为"识时务"的"俊杰"。这表明他对当时天下形势已经洞若观火,了如指掌,而卓有见识。诸葛亮后来的《诫子书》中所说的"学须静也,才须学也,非学无以广才,非志无以成学",这正是他身处隆中时立志向学、因志成学的经验之谈。

随着诸葛亮在隆中读的书越来越多,学识的增长,使他对现实社会的认识更加深刻;而以他亲身经历的东汉统治的崩溃给人民带来的苦难,就使他对先贤们的圣教明训有更深的体会和理解。诸葛亮读书是用来观察和了解社会的,他关心国家大事,立下拯世济时的大志,学的是安邦治国的学问。他博览群书,把握书中要点,着重领会精神实质,学以致用。这与当时的"儒生俗士"大不相同,那些人崇尚训诂名物,专门在咬文嚼字上下功夫,玩弄没完没了的文字游戏,脱离实际,毫无用处。从诸葛亮一生的谈吐和著述,特别是《隆中对》和《出师表》中所反映思想内容,可以想见他在隆中期间是何等的勤奋好学,涉猎是何等的广泛。

二、隆中答对

公元 207 年的冬天,在司马徽、徐庶等极力推荐下,刘备亲自带着关羽、张飞,冒着隆冬季节的严寒,接连三次前往隆中拜访诸葛亮。

这期间,诸葛亮正出外游历,访友磋学。有关刘备请他出山之事,他已有耳闻,也为此事心怀犹豫。以当时形势,曹操已一统中原,声势日大;孙权雄踞江东,国险民附;刘备半生争战,到头来寄人篱下,仅有新野小县,兵不过数千。当时许多名士认为曹操必能"匡济华夏",许多人都去投靠了曹操,像诸葛亮那样具有正统观念的俊杰,绝不会去投靠曹操的。刘备作为汉宗室后代而久负盛名,是他心目中理想的人物,但他深知刘备力挽狂澜、兴复汉室的事业是何等的艰难!他心中常常在想,也不知刘备请自己出山仅是装点门面,还是竭诚相待,托以重任。出与不出,他举棋不定,若冒然而出,不但难成大业,且会自误才学。于是,他一面游历访友,一面深思是否应该出山。

后来,听说刘备等第二次来隆中,诸葛亮感到刘备是诚心相请。于是,出山帮助刘备成就霸业的想法占了上风,加上朋友都劝他出山建功立业,遂决定回家。

在一个雪霁初晴,碧空万里的日子,隆中山色格外明丽。刘备带着关羽、张飞第三次来到隆中,两位怀着同样统一志向的政治家,终于在隆中草庐里相见了,这就是历史上有名的"三顾茅庐"的故事。

刘备见诸葛亮身高八尺,头戴素巾,身着布袍,风度潇洒,举止不俗,飘飘然有神仙之概,忙上前施礼,口称:"刘备久闻先生大名,如雷贯耳,两次到此空返,今日得睹尊颜,幸甚!幸甚!"诸葛亮深深还礼,并应声说:"南阳山村闲散之人,何劳将军一再下顾!"刘备慨然道:"大丈夫抱经世奇才,岂可空老于林泉之下?愿先生以天下苍生为念,启发我的愚鲁,给我以明教。"

诸葛亮笑着问:"愿闻将军之志?"

刘备看四周无人,向前挪了挪,极其诚恳而又坦率地说:"汉室倾颓,奸臣窃命,我不自量力,欲伸大义于天下,而智术浅短,一直至今毫无成就。今天特向先生讨教,请先生指明我应该怎样去做?"

诸葛亮全神贯注地听着,深深地被刘备这种虚心求教的精神、竭诚相待的态度所感动,于是从容不迫地把心中要说的话全部说了出来:"自董卓造逆以来,天下豪杰并起。曹操势不及袁绍,而竟能克绍者,非惟天时,抑亦人谋也。今操已拥百万之众,挟天子以令诸侯,此诚不可与争锋。孙权据有江东,已历三世,国险而民附,此可用为援而不可图也。荆州北据汉、沔,利尽南海,东连吴会,西通巴、蜀,此用武之地,非其主不能守;是殆天所以资将军,将军岂有意乎?益州险塞,沃野千里,天府之国,高祖因之以成帝业;今刘璋暗弱,民殷国富,而不知存恤,智能之士,思得明君。将军既帝室之胄,信义著于四海,总揽英雄,思贤如渴,若跨有荆、益,保其岩阻,西和诸戎,南抚彝、越,外结孙权,内修政理;待天下有变,则命一上将将荆州之兵以向宛、洛,将军身率益州之众以出秦川,百姓有不箪食壶浆以迎将军者乎?诚如是,则大业可成,汉室可兴矣,此亮所以为将军谋者也。惟将军图之。"

诸葛亮看刘备不住微微点头,心领神会的样子,心中很是欣慰,于是叫书童取出一幅图来,挂到中堂上,指着图说:"这是西川五十四州的地图。将军想要成就霸业,北边有曹操占着天时,南边有孙权占着地利,将军将可占的是人和。首先取占荆州作为基础,然后进取西川建立根据地,与曹操、孙权以成鼎足之势,再后就可以进图中原了。"

刘备听了诸葛亮对天下形势的这番精辟分析,不但连声叫绝,而且从内心深处对这位 27 岁的山东青年由衷地产生了敬意,真是个了不起的一代俊杰,正是他梦寐以求的良辅。于是非常恭敬地拱双手说:"先生所言,使我如拨开云雾而重见青天,茅塞顿开。愿先生以天下苍生为念,以复兴汉室为务,大展宏才以建稀世之功,刘备至诚相邀,万请先生能出山帮助我。"这样,诸葛亮离开了他生活十多年的隆中草庐,跟随刘备到了新野。

这就是历史上著名的《隆中对》(也叫《草庐对》)。诸葛孔明未出茅庐,已知天下三分,真是前无古人,后无来者!他站在比较客观的立场上,正确分析了当时进行斗争的各方政治势力的力量对比和相互关系。在当时强弱差距悬殊的情况下,为刘备提供了一个比较切实可行的实现统一的战略和策略。它概括起来有以下五点:(1)取代刘表、刘璋,占领荆州、益州,建立一个巩固的根据地。(2)革新政治,发展生产,积蓄力量;同时南抚夷越,巩固后方。(3)对外联盟孙权,孤立曹操,形成三分鼎立的局面。(4)一旦时机成熟,便从荆州、益州两路出兵,构成钳形攻势,收复两京(长安、洛阳),消灭曹操,复兴汉室。(5)到那时,东吴孙权只有纳土投降了,最后实现全国统一的目的。

诸葛亮一席弘阔之论,涉及政治、军事、经济、地理、外交诸方面,总括了汉末天下形势,预示出政局发展的前景,是一篇绝世之作。它体现了诸葛亮的远见卓识和超凡的政治韬略,后来的历史发展,也证实诸葛亮在《隆中对》中对形势发展变化所作的分析和估计,基本上是正确的。《隆中对》从思想上武装了刘备,对刘备以后所进行的统一事业产生了深远的影响和作用。

诸葛亮来到新野,刘备把他当作良师益友,朝夕相处,情好日密。关羽、张飞很不高兴,认为刘备对比他小二十岁的这位青年人过于敬重了,何况还不知道他是否有真才实学?刘备坦率而又严肃地对他们说:"我得孔明,如鱼得水,请以后不要再说长道短了。"关、张嘴里虽不再说了,但心里还是很怀疑,只好拭目以待。

一天,刘备正在用牦牛尾结毦时见了诸葛亮,刘备皱着眉头解释说:"我只是忧虑兵少难以对付曹操,以此记忧罢了。还请先生以良策教我?"诸葛亮微笑着说:"将军不必忧虑,我已替您想好了。现在荆襄不是人少,而是上户籍的少,若是像平常那样按户籍册来征税抽兵,必然要引起在籍者不满,

以至人心骚动。这件事关系重大,您可请刘表下令荆州境内所有游户,限期自报上籍,这样,立即就可以抽到大量兵员。"

于是,刘备在诸葛亮帮助下,清查当时荆州一带的"无籍"游户,按户征兵,在短时间内便把军队由数千人扩编为数万人,刘备的势力迅速壮大起来。诸葛亮还利用他与荆州一带豪门大户的关系,亲自作保,为刘备筹借到足够的军粮和其他物资(诸葛亮亲笔写的借条一直到明末还被保留着)。新组建的这支军队,经诸葛亮严格训练,成了刘备开创基业的核心武装力量。

从此,27岁的诸葛亮便正式登上了汉末政治斗争的舞台,为实现自己消灭割据、谋求国家统一的抱负而脚踏实地的努力奋斗了。

荆州牧刘表坐守江汉,懦弱无能,不但不能应付复杂的局势,而且连家事也处理不好。刘表因受后妻蔡氏成年累月的挑唆,"爱少子琮,不悦于琦",使长子刘琦深感自危,提心吊胆地过日子。身处窘境而又一筹莫展的刘琦,一向敬重诸葛亮的谋略,多次求教"自安之术"。诸葛亮总是回避,以免捅出乱子危及刘备在荆州的地位。后经刘备提示,刘琦以请诸葛亮游观后花园为名,并携手同登高楼饮酒,宴饮之间,屏退左右,并吩咐人将下楼梯子搬开,然后央求说:"今日上不沾天,下不着地,只有你我二人在此,言出先生之口,入于在下之耳,先生该可以教我了吧?"到这时,诸葛亮才低声启发刘琦说:"公子可记得申生、重耳的故事?申生在内而危,重耳在外而安。"时适逢江夏太守黄祖身死,刘琦听从诸葛亮的建议,乘机请求率部出镇江夏,走为上策。这样,诸葛亮一言妙计,不仅使刘琦化险为夷,避免了祸起萧墙,也为刘备准备了一支外援力量。

曹操统一北方后,改革内政,罢去三公之职,自以丞相兼之,大权独揽,并筹划南征。任命夏侯惇为都督,于禁、李典等为副将,领兵十万,准备南下,荀彧劝谏说:"刘备当世英雄,现在更有诸葛亮为军师,实不可轻敌。"曹操问徐庶诸葛亮是何许人?徐庶回答说:"诸葛亮字孔明,道号卧龙先生,有经天纬地之才,出鬼入神之计,是当代真正的奇才。"曹操又问:"同先生相比怎么样?"徐庶答道:"我怎么敢和诸葛亮相比?我好像萤火一样的微光,诸葛亮如同那皓洁的明月一样明亮。"曹操及众人多不相信,夏侯惇更是视诸葛亮如草芥,奋然领兵出发了。

诸葛亮正在新野教练新兵,忽报曹操派夏侯惇领兵十万,杀奔新野来了。刘备急召众将商议对策,关羽说:"让孔明前去迎敌便可以了。"张飞也说:"哥哥为什么不使用'水'呢?"刘备满脸严肃地说:"智谋依赖孔明,勇敢杀敌还须要二位兄弟,这是不能推辞调换的。"于是,刘备把剑和官印交付诸葛亮请他代行指挥。诸葛亮遂召集众将听令:命关羽领一千兵士埋伏在博望坡左边的豫山,曹军来时放他们过去,但见南面火起,可纵兵出击,焚其粮草;命张飞率一千兵士埋伏在博望坡右边安林背后的山谷中,只要看见南面火起,便可出击,向博望城纵火烧之;命关平、刘封领五百兵士,预备引火之物,在博望坡后两边等候,曹军到时,便可放火烧之;命赵云为前部,但遇曹兵接战,不要赢,只要输;又命刘备领一千兵士为后援,屯在博望山下,曹军到时,便弃营而退,但见火起,即回军掩杀。各须依计而行,勿使有失。关、张二将质问道:"我等出去迎敌,你却在家里坐着,好自在!"诸葛亮举着剑印说:"剑印在此,违令者斩!"刘备也忙说:"岂不闻:'运筹帷幄之中,决胜千里之外'? 两位兄弟不可违令。"诸葛亮令孙乾、简雍准备庆功筵席,安排"功劳簿"伺候。派拨完毕,刘备及众将大都疑惑不定。夏侯惇等领兵到了博望坡,分一半精兵为前队,其余在后保护粮车前进。夏侯惇与赵云接战,赵云稍战即诈败而退,且战且退,直到博望坡下刘备接战,随即退走。夏侯惇以为正面之敌及伏兵仅此而已,更加杀得性起,催军前进,紧追不舍,直到窄狭处,两边都是芦苇杂草。等曹将有所省悟时,大火已起,喊杀震天,又值风大,火势愈猛。赵云回军赶杀,关羽、张飞伏兵又出,杀得尸横遍野,曹军死伤不计其数。夏侯惇收拾残兵败将,回许昌去了。这正是:火烧博望笑谈中,初出茅庐第一功!

三、联吴抗曹

公元 208 年 7 月,曹操在夏侯惇兵败而回,又闻刘表病重,已朝不保夕,担心荆州在刘表死后落入孙权之手,或为刘备坐得,就急忙安排好朝中大事,迫不及待地统兵南下了。曹操听荀彧计,发兵五十万,兵分五路,取道宛城(南阳郡台,今河南南阳市)、叶县(属南阳郡),以轻军在前,大军继后,掩其不意,攻其不备,来势凶猛,兵锋甚锐,企图一举消灭刘表、刘备和孙权的势力,席卷南方,统一全国。

这时刘表病重,请刘备前去托孤。诸葛亮即告诉刘备:"要是刘表以荆州相托付,一定要答应下来,千万不可推脱,机会难得呵!"但当刘表让刘备

接管荆州时,刘备却推辞掉了;并表示一定尽力辅助刘表的儿子,还劝刘表安心养病。后来刘备感慨地说:"刘表待我很厚道,如果我答应他,旁人就会说我太薄情了,我不忍心这样去做。"诸葛亮听刘备这样说,摇了摇头,轻轻叹息了一声,就不便再说什么了。

不久,刘表就病死了。长子刘琦因受排挤,远在江夏担任太守,蔡夫人等立即拥立年幼的次子刘琮继任荆州牧。刘琮母子及其亲信党羽都是一些软弱无能,贪生怕死之辈。等到9月曹军进至新野,刘琮等吓得魂飞魄散,背着刘备,派人到新野去向曹操请降去了。

屯兵樊城的刘备,既不知道刘表病死,也不知道刘琮已向曹操纳降,很长时间才有所觉察,这时曹军已到宛城,大军压境,刘备所部已处被动局面,知道凭自己的力量是抵挡不住声势浩大的曹军的,便与诸葛亮率军撤离樊城,准备南下退保江陵。经过襄阳时,诸葛亮劝刘备说:"乘势进攻刘琮,荆州就可占有了。"刘备长叹一声,摇了摇头,说:"我不忍心啊。"于是,引军离去。

到了当阳(今湖北当阳县东),刘备这支军队和百姓相杂的队伍,浩浩荡荡,人数竟增至十余万之多,辎重车达数千辆,道路拥塞,一天才走十多里。诸葛亮眼看这样撤退实在太危险了,与刘备磋商后,决定派遣关羽率领水军,乘船数百艘,从水路先赶往江陵去。还建议刘备应迅速撤退以确保江陵,只是刘备不忍心弃民而去。这固然反映了刘备在事业上的重民思想,但当时形势确实非常险恶。

曹操听到刘备向江陵撤退的消息,心中很不安,惟恐他占据江陵这个战略要地之后,用刘表过去贮存在江陵的大批军械粮食武装他的军队,这样就更难对付,便立即亲自率领五千精锐骑兵,以一日一夜行三百里急追刘备,终于在当阳县东边的长坂坡追上了刘备。

刘备猝不及防,大部分军队被曹操骑兵杀散,军民死伤很多。刘备连妻子也顾不上,急忙和诸葛亮等率领亲随数十骑向侧面汉水奔走,去会合关羽水军,留下张飞二十余骑断后。曹军追至,张飞立马长坂桥,嗔目横矛竟吓退了追兵,并"据水断桥"追刘备去了。

当阳一仗,曹操"大获其人从辎重",刘备的两个女儿也被虏获。刘备的甘夫人和一岁的弱子阿斗,全靠赵云死战保护,才得救于乱军之中。通往江陵的道路已被曹军截断,刘备等只得急奔汉津口与关羽水军会合,渡过汉水,又与从江夏赶来接应的刘琦军遇合,退到夏口。这时,刘备的军队仅剩关羽的一万多水军和刘琦的一万多步兵,力量大为削弱,真是危难存亡之时。

诸葛亮冷静地分析形势后,果断地对刘备说:"事情已经很紧急了,我愿意前往东吴向孙权求救。"于是刘备下了结盟东吴的决心。诸葛亮亲自为使节,过江赴柴桑与孙权商议结盟拒曹事宜。这正是二十年后如他在《出师表》所言:"受任于败军之际,奉命于危难之间。"

曹军本来兵多势众,现在又收编了刘琮的军队,轻易取了荆州,一举占据江陵,拥有了控制长江中下游的有利地势,锐气更盛,在他看来,战事照此发展下去,不仅消灭刘备是轻而易举,就是顺势吞并孙权也毫无问题。于是,他一面调集水陆两军沿江东下,准备先消灭刘备的军队;一面踌躇满志地派人前往东吴向孙权下战书,称"今治水军八十万众,方与将军会猎于吴",以企威吓孙权尽早向他投降。

早在曹军南下时,孙权已预感到曹操对自己的巨大威胁。刘表死时,孙权即派谋士鲁肃去见刘备,表露了结盟之意。曹操占领江陵后,刘备面临着被消灭的巨大危险,屯兵柴桑观望的孙权,也感到战火烧身,局势已经发展到了生死存亡的紧急关头,摆在刘备、孙权面前的只有两条路:要么被曹操各个击破;要么联合起来共同抗击曹操。显然孙、刘结盟已经成为一种势在必行、刻不容缓的事情。

诸葛亮随鲁肃乘船来到柴桑时,东吴内部围绕如何对待曹操进攻问题,正在进行着激烈的辩论和斗争。以张昭、秦松为代表的一些儒生,被曹军气势所吓倒,极力反对抵抗,主张归降曹操。张昭危言耸听地对孙权说:"曹操像豺狼猛虎一样,以汉相名挟天子号令天下,我们拒之不顺;以前我们抵御曹操主要依靠长江天险,现荆州水军已归曹操,长江天险也靠不住了;况且双方力量众寡悬殊,根本无法相提并论,只有投降才是上策。"由于张昭是孙策临终时的托付重臣,他的这种投降主义论调,影响极大。以周瑜、鲁肃为代表的主战派,他们分析了曹军的种种弱点,认为曹操是可以打败的,坚决主张出兵抗曹。

面对东吴统治集团上层一片投降声,诸葛亮力排众议,舌战群儒,首先以雄辩的事实驳倒了孙权手下第一谋士张昭的诘难;又说得畏曹如虎的虞翻不能对答;赞苏秦、张仪为豪杰使步骘默然无语;骂曹操是汉贼问得薛综

满面羞惭;颂扬刘备当世英雄使陆绩语塞;笑严畯、程德枢世之腐儒,不能兴邦立事。东吴儒士们见诸葛亮对答如流,自己反被问得张口结舌,全都大惊失色。正在这时,孙权传见诸葛亮。

诸葛亮见孙权碧眼紫髯,堂堂仪表,只可用言语相激,于是故意试探说:"将军起兵江东,刘备屯兵荆州,和曹操争夺天下。现在曹操攻占荆州,威震四海。将军也该看清情况早做打算。如果能战,就该马上与曹操一刀两断;不能战,就应放下武器,早点投降。可是,将军现在外托服从之名而内心却是犹豫不决,紧急关头还下不了决断,这样大祸可要临头了!"

孙权听出诸葛亮话里有音,立即反唇相讥:"既然那样,刘备为什么还不赶快投降呢?"诸葛亮起身慷慨激昂地答道:"刘豫州乃是王室后代,英才盖世,宁可死也不会拜倒在别人脚下。"孙权勃然大怒,说道:"我不能以全吴土地和十万兵众,受制于别人!我要抗曹到底。"

孙权虽然下了联刘抗曹的决心,可是对战争的前途顾虑重重,特别是对刘备兵败之后,是否有能力和自己一起抵挡曹军的进攻感到担心。针对此,诸葛亮进一步向他分析了力量对比情况,他说:"刘豫州虽然兵败长坂,但还有关羽、刘琦率领的水陆精锐两万多人。曹军远道而来,人马疲倦,几战之后,已是强弩之末,而且北方人不习水战,舍鞍马,乘舟船,实是弃长就短,作为曹军主力的骑兵不能发挥作用;中原士兵不服南方水土,必生疾病,荆州水军新降,不过是迫于无奈,并不会真心替曹操卖命;且马腾、韩遂尚在关西,实为曹操后患。因此,如果将军派猛将领兵数万,和刘豫州同心协力作战,一定能攻破曹操,一旦曹操兵败,必然北还,到那时,荆吴势力增强,三分天下,鼎足而立的局面就形成了。"诸葛亮这番透彻的分析,说得孙权心悦诚服,欣然答应了诸葛亮的结盟要求。于是,"孙刘联盟"便正式建立起来了。

公元208年10月,孙权命令大将周瑜为都督,统率精兵三万,溯江西上,会同刘备的军队,在赤壁(今湖北蒲圻西北,在长江南岸)与曹军相遇,曹军打了一个小败仗后,就撤向江北的乌林(今湖北蒲圻西),双方隔江对峙,拉开了赤壁大战的序幕。

正如诸葛亮所料,江南气候阴霉,长江两岸潮湿,曹军多是北方人,初到南方,水土不服,到赤壁不久,就疫病流行,又不习水性,受不住江上风浪颠簸。为了解决这个问题,曹操采纳了连结战船的方法,用长长的铁索,把排列整齐的巨大战船拴在一起,减少船身摇晃,认为这样军士不习水战的问题便解决了。可是，曹操万万没有想到，这却给他的军队带来了灭顶之灾。

早在诸葛亮出使东吴，舌战群儒，说服孙权结盟时：张昭、周瑜等从东吴的利益出发，建议孙权把诸葛亮留下来。孙权遂使其兄诸葛瑾前去游说，岂知诸葛亮不但不肯留，反而劝诸葛瑾同他一道去辅助刘备。孙权对此深感怅惜，而周瑜对智谋超群的诸葛亮却不能容，认为日后必定是江东之患，于是屡屡设计害之。

周瑜兵屯赤壁后，即请诸葛亮领兵千人星夜往聚铁山截断曹军粮道，欲借曹操之手来杀诸葛亮。诸葛亮用激将法，通过鲁肃传言，笑周瑜只会水战，而不能陆战。周瑜果然被激怒，准备亲率一万马军往聚铁山断曹军粮道。后被诸葛亮说开，劝其以破曹大事为重。周瑜知道后，摇头顿足说："此人见识胜过我十倍，不除日后必为我国之祸！"但周瑜也接受了鲁肃的待破曹之后图之的意见。

刘备屯军樊口后，即差人前往东吴以犒军为名，探听诸葛亮的消息。周瑜乘便邀刘备前来，意欲加害，幸得关羽在旁保护得免。刘备离岸过江时，诸葛亮告知此事，刘备方才省悟，吃惊不小，便请诸葛亮同回樊口，诸葛亮却说："我虽居虎口，安如泰山。主公可令子龙驾一小船，以 11 月甲子日后为期，来南岸等候，千万不要误了。但见东南风起，我就回来了。"却说周瑜见曹操水军营寨布局深得其妙，极是严整有方，遂设计使蒋干盗书，使曹操误杀了水军都督蔡瑁、张允二将，而用不熟悉水战的毛玠、于禁代之。周瑜自以为高明的计谋却不能瞒过诸葛亮，于是对鲁肃说："此人决不可留！我决意公道斩之！"即令请诸葛亮十日内赶造十万枝箭，诸葛亮说："军情紧急，只用三日就可以了。"并立下军令状。

第一日不见诸葛亮动静；第二日亦不动；到第三日四更时分，诸葛亮密请鲁肃到早已准备好的船中，用长索将 20 只船相连接，每船 30 名士兵，船上都用青布为幔，各束草千余人，分布两边，径望北岸进发。这时夜黑雾大，面对面看不见人，船近曹寨，一字摆开，在船上擂鼓呐喊。鲁肃惊问："如果曹兵齐出怎么办？"诸葛亮笑着说："我料曹操在大雾中必不敢出战。我们只管喝酒取乐就是了。"果然曹操疑有埋伏，令水陆军弓弩手乱箭射之，箭如雨发，等到日高雾散，诸葛亮令收船急回。20 只船两边束草上，排满箭枝，每船约五六千枝，十万余箭已得。周瑜大惊，慨然叹道："孔明神机妙算，我不如也！"

不久，周瑜请诸葛亮来商议破曹之事，两人各在掌中写一"火"字，然后

互相观看,不禁大笑,真是英雄所见略同。周瑜高兴地说:"我两人所见相同,就更加确定无疑了。"于是,两人共同筹划用"火攻计"破曹之事。

曹军铁索连船的致命弱点也被周瑜部将黄盖发现,他在夜间潜入中军来见周瑜,献计说:"现在敌众我寡,难以持久,今观曹操将战船首尾相连,真是天赐良机,正好施用火攻之法取胜他们。"于是,两人相商,行苦肉计,以黄盖畏曹乱军之名重打 50 脊杖,这就是后世的"周瑜打黄盖,打者愿打,挨者愿挨"的出处。周瑜令黄盖派人送信给曹操诈降,并把这些情况通过曹营来诈降的将领传给曹操,使曹操对黄盖来降深信不疑。

一天,周瑜立在山顶观望了很长时间,忽然向后倒下,口吐鲜血,不省人事。左右急忙救回帐中,求医调治,诸将都来探问,很是担忧。鲁肃对诸葛亮言及此事,诸葛亮笑着说:"周瑜的病,我也能医治。"即请同去看病,问及病情,周瑜说:"'人有旦夕祸福'岂能自保?"诸葛亮笑道:"'天有不测风云',人又怎么能料到呢?"周瑜听后大惊失色,故意呻吟不已,乃以言挑之:"愿先生赐教。"诸葛亮要来纸笔,让左右退下,密写了十六字:"欲破曹公,宜用火攻;万事俱备,只欠东风。"周瑜见了大惊,暗暗想道:"孔明真神人也!早已知我心事。"于是请教医治之法,诸葛亮说:"我虽不才,但曾经遇见过高人,传授过奇门遁甲天书,可以呼风唤雨,都督若要东南风时,可在南屏山建一座高九尺的'七星坛',我在上作法,借三日三夜东南大风,助都督用兵,怎么样?"周瑜听了大喜,猛然而起,全无病意,即传令派五百精壮军士,前往南屏山筑坛。

诸葛亮同鲁肃领人来到南屏山,相度地势,命令军士取东南方赤土筑坛,方圆二十四丈,每一层高三尺,共是九尺,下一层插二十八宿旗,以苍龙之形、玄武之势、白虎之威、朱雀之状分东青、北黑、西白、南红四面布成;第二层周围黄旗六十四面,按六十四卦,分八位而立;上一层用四人,各人戴束发冠,穿皂罗袍,凤衣博带,朱履方裾;另有百人按方位执旗守坛。诸葛亮于11 月 20 日甲子吉辰,沐浴斋戒,身披道衣,跣足散发,缓步登坛,观瞻方位已定,焚香于炉,注水于盂,仰天暗祝。一日上下三次,却并不见有东南风。

周瑜与程普、鲁肃等众将,在帐中伺候,只等东南风起,便调兵出击,黄盖已自准备好火船二十只,船头密布大钉,船内装载芦苇干柴,灌以鱼油,上铺硫黄、焰硝引火之物,各用青布油单遮盖,船头上插青龙牙旗,只等周瑜号令。东吴诸将,个个磨拳擦掌,准备战斗,约定进攻的那一夜,却不见风动,周瑜、鲁肃心中暗暗发慌。将近三更时分,忽听风声响,霎时间东南风大起。

周瑜骇然自语道:"孔明有夺天地造化之法,鬼神不测之术!若留下,是东吴的祸根,应及早杀掉,免生后忧。"急唤帐前护军校尉丁奉、徐盛二将,各带一百人,分水陆两路前往南屏山七星坛,拿住诸葛亮便行斩首。二将来到七星坛时,却不见孔明,问知刚下坛去了,即追到江边,诸葛亮早与事先等候在那里的赵云乘船远去了。

周瑜分兵派将,兵分六路,出击曹军。这时,宽阔的江面上,东南风一阵紧似一阵。周瑜一声令下,黄盖指挥着船队,大船在前,小船在后,列队向江北进发。大队掩其后,前队行至江心,风更大了,二十艘大船扬起帆篷,加速向北岸驶去,北岸曹军都以为吴军来降,纷纷出寨观看。当船队距离曹军水寨不远时,志得意满的曹操为谋士程昱提醒,但为时已晚,二十艘大船突然同时发火,一时火烈风猛,满载柴草的大船喷吐着熊熊火舌,顷刻间,用铁索连结的船只都燃烧起火,曹军水寨顿时淹没在一片火海之中,烈火延烧到岸上,江岸大营也燃烧起来了。浓烟遮蔽天空,曹军陷入一片混乱。孙、刘联军乘势从四面掩杀过来,曹军大败,人马死伤不计其数。

曹操冒烟突火,急忙率领败残人马,纵马加鞭,向江陵败退。行至乌林,见树木丛杂,山川险峻,曹操在马上仰面大笑:"可笑周瑜无谋,孔明少智。若在此伏下一军,怎么样?"忽听两边鼓声震响,旁边一彪军马杀出,为首将大叫:"赵云奉军师令,在此等候多时了!"曹操令徐晃、张辽双敌赵云,自己慌忙率众西奔。天色微明,忽然大雨倾盆,曹操率众来到葫芦口暂歇。曹操坐在稀疏的树林下,忽又大笑不止,众问之,曹操说:"我笑诸葛亮、周瑜毕竟智谋不足。若在此也埋伏一彪人马,我等不死即伤。"正说间,前军后军一齐发喊,却见山口一军摆开,张飞横矛立马,大叫:"曹贼哪里走!"诸军众将,尽皆胆寒,许褚骑无鞍马来战张飞,张辽、徐晃也来纵马夹攻,两边军马混战乱做一团。曹操即拨马西去,诸将也各自脱身相随。正行间,有小校禀告:"前面有两条路,大路稍平,却远五十余里;小路投华容道,只是地窄路险,坑坎难行,却近五十余里。请问丞相走哪条路?"曹操命人上山观望,见小路山边有数处烟起,大路并无动静,于是令前军走华容小道。诸将疑之,曹操解释说:"兵书云:'虚则实之,实则虚之。'孔明多谋,故派人在小路处烧烟,他却伏兵在大路等着,我偏不中他的计!"众人佩服道:"丞相妙算,人不可及。"过华容道,曹军三停人马,一停落后,一停填了沟壑,一停跟随曹操,只有三百余骑。这时人困马乏,曹操在马上扬鞭大笑说:"都说周瑜、诸葛亮足智多

谋,我看到底还是无能之辈,若在这里伏一旅之师,我等只有束手就擒了。"言未毕,一声炮响,两边五百朴刀手摆开,为首大将关云长,提青龙刀,跨着赤兔马,拦住去路。曹军吓得亡魂丧胆,面面相觑。曹操说:"既到此处,只得决一死战!"众将叹道:"纵然我等不会怯战,但马已困乏无力,怎么还能再打?"谋士程昱急忙上前,告知曹操,劝关羽放他一马。关羽是个义重如山之人,感曹操昔时许多恩义,网开一面,放曹操及众人离去,真是:"只为当初恩义重,放开金锁走蛟龙。"

曹操一行到了南郡,所随只有二十七骑,留大将曹仁守南郡,令张辽往守合淝,自回许昌去了。

赤壁之战的胜利,是诸葛亮联吴抗曹正确战略的胜利,也充分显示了他"运筹帷幄之中,决策千里之外"的非凡智谋,赤壁之战以后,曹操回过头积极经营北方,一时无力南下;刘备占据荆州,并向益州发展;孙权占据江东,并向岭南地区进军。三国鼎立的局面基本上形成了。此后,进入了一个由分裂走向统一的过渡时期,鼎立的三方都利用这种相对稳定的局面,在不同程度上,继续扫除本地区的封建割据势力,改革政治,发展生产,为全国的重新统一奠定了基础。

四、三气周瑜

公元 209 年到 221 年,即赤壁大战后的十一年间,在诸葛亮的全力协助筹谋下,刘备的势力得到迅速发展。

赤壁大战后,曹操北归,留曹仁镇守南郡。曹仁被周瑜用计引出城去,大战而败,逃往襄阳去了。吴军追了一程,周瑜即回到南郡城下,忽见城上旌旗布满,敌楼上一将叫道:"都督得罪了!我奉军师将令,已取城了。——我乃常山赵子龙也。"周瑜大怒,便命攻城,城上乱箭射下。周瑜退兵与众将商议,欲派甘宁取荆州,凌统取襄阳,正分拨人马时,忽然探马来报:"诸葛亮已派张飞袭了荆州,关羽夺了襄阳。"原来,诸葛亮得南郡后,遂用曹仁兵符,派人前往两处,诈称曹仁求救,诱敌兵出城,轻得两城。周瑜闻知,大叫一声,金疮迸裂,气昏过去。

周瑜被众将救醒,便令起兵攻打南郡,鲁肃忙劝说,言可与之论理,并愿到荆州见刘备、诸葛亮,讨还荆州。诸葛亮对鲁肃说:"子敬(鲁肃字)言之差矣,常言道:'物归原主'。荆襄九郡是刘表之地,刘表虽亡,其子刘琦尚在,理应归于刘琦。我主刘备乃刘表之弟,以叔辅侄,理所当然。"于是,请出刘琦,鲁肃根本想不到刘琦已被诸葛亮请到荆州,先是吃了一惊,默然许久才说:"公子不在便如何? 那时须将城池还我东吴。"诸葛亮答道:"公子在一日,守一日;若不在,别有另议。"遂设宴款待鲁肃。

公元 209 年,诸葛亮协助刘备乘胜占领了荆州所属的江南四郡——武陵、长沙、桂阳、零陵(都在今湖南境内)。诸葛亮被刘备拜为军师中郎将,总督零陵、桂阳、长沙三郡。"调其赋税,以充军实"。为确保前线军需,诸葛亮没有住在郡城,而是以水陆交通便利的临烝(今湖南衡阳市)为驻地,招降刘表旧部,发展生产,广纳贤才,勤勉治事,荆州很快被治理得井井有条,初具繁荣景象。

公子刘琦病亡后,为防东吴乘机取事,诸葛亮即调关羽接防刘琦生前驻守的襄阳。当鲁肃来索要荆州时,诸葛亮巧妙地以取益州后再还荆州与之周旋,双方立下文书,签字画押。周瑜知道后大呼上当,后来听说刘备甘夫人去世,即设计以招亲为名,赚刘备到东吴软禁之。当东吴使者言说以孙权之妹许配刘备,请刘备前往东吴招亲时,刘备心存疑虑,不知如何是好。诸葛亮成竹在胸地说:"这是周瑜讨还荆州之计。我已定下三条计策,请赵子龙随主公一同前往就可以了。"遂交给赵云三只锦囊,并暗授机宜。

刘备与赵云领着五百士卒,到了东吴的南徐州。赵云打开第一只锦囊看过,便吩咐五百军兵购物张扬。刘备一行披红挂彩,带着重礼前去拜访乔国老(孙权岳丈)、吴国太。这样一来,东吴上下都知道了刘备招亲这件事,孙权与周瑜知道弄巧成拙,只得假戏真作。不久,刘备与孙尚香成婚,皆大欢喜,仍住在东吴。孙权于是同周瑜商议,又生出一计:命人整饰了刘备的住所,并布置得富丽堂皇,刘备果然被声色所迷,完全不想回荆州去。到了年底,赵云猛然想起军师的临行吩咐,于是打开第二个锦囊看过,进见刘备,报说曹操兴兵来犯荆州。于是刘备与孙夫人并赵云众人,以到江边祭祖为名,离开南徐望荆州而去。孙权知道后,先令陈武、潘璋二将前去追回,后命蒋钦、周泰二将追杀刘备等人。刘备一行赶到柴桑附近时,望见后面尘土大起,知道追兵将到。正在这时,前面山脚徐盛、丁奉二将领着三千人拦住去路,原来周瑜料刘备回去走旱路必过此处,已预先在这要冲处扎营等候。刘备大惊失色,慌忙勒马,问赵云怎么办? 赵云镇静地打开第三只锦囊,呈给刘备看过。刘备急忙来到孙夫人车前哭诉,并把招亲这事及当下处境具言

相告。孙夫人听后大怒，命从人推车上前，喝退二将，使刘备一行安然通过。

不久，陈武、潘璋二将追到，与徐盛、丁奉合兵追来，孙夫人让刘备先行，自己与赵云断后，把追兵大骂一通，四将奈孙权之妹无何，又不见刘备，却见赵云怒目相向，只得喏喏连声退后，并飞报周瑜。过了半天，蒋钦、周泰二将赶到，传孙权将令，于是众将又率兵沿江追赶。刘备一行人马来到刘郎浦，准备寻船渡江，一眼望去，江水弥漫，并没有渡船。正在这时，忽报后面尘土冲天而起，刘备登高嘹望，看见追兵盖地而来，长叹道："死无葬身之地矣！"正慌急间，忽见江岸边一字儿抛着二十多条拖篷船，赵云急忙护着刘备及孙夫人上船，只见船舱中一人纶巾道服，大笑而出："恭喜主公！诸葛亮在此等候多时了。"刘备大喜过望，急命赵云开船，这时追兵赶到，只得呆呆地在岸上看着刘备一行远去。

刘备一行正在乘船行进间，忽然江声大震，只见江上战船无数而来，知是周瑜亲率惯战水军急追来了，看看快要追上，诸葛亮命船靠北岸，上岸与众军士向北赶去。到了黄州界地，眼看吴兵就要追上，忽一阵鼓响，山角一队人马杀出，为首大将关羽。周瑜知道中伏，举止失措，急忙拨转马头回撤，左边黄忠，右边魏延，两军杀出，吴兵大败。周瑜急忙离岸上船，只听岸上军士大叫："周郎妙计安天下，赔了夫人又折兵！"周瑜大叫一声，金疮迸裂，昏倒船上，不省人事，众将边救边开船离去。

三国乱世，鼎立三方各自为政，曹、孙、刘三家都处在为谋求统一而政治风云又瞬息万变的境况中，任何一家头脑简单了，就有可能被另外一家或两家联合起来吞掉的危险。周瑜败回柴桑，即请起兵攻取荆州，孙权虽很愤怒，但与张昭商议后，认为强曹在北，不能与刘备闹翻，于是派人到许都，反而表奏刘备为荆州牧，使曹操不敢南下，收曹、刘相攻之利。曹操在许昌听到孙权"表奏刘备为荆州牧，汉上九郡大半已属备矣"时，手脚慌乱，正写字的笔也惊得掉到了地上，众人问及，曹操说："刘备是人中之龙，以前没有得水。今天得到荆州，犹如困龙入了大海啊。我怎能安心呢？"于是，曹操听从谋士程昱的计策，表奏周瑜为南郡太守，程普为江夏太守，留东吴使者华歆在许昌授以重任，以坐收渔利。

周瑜既领了南郡，便想着报仇，讨还荆州。即命鲁肃去交涉，被诸葛亮用计，以刘备大哭劝回。周瑜一计不成，又生一计，派人对刘备说："孙、刘既然结亲，便是一家，愿替刘备去取西川。"诸葛亮在旁欣然答应，后对刘备说：

"这就是周瑜'假途灭虢'的计策,名义去取西川,实际上来夺荆州。等主公你出城劳军,乘势拿下,杀入城来。'出其不意,攻其不备'。"于是叫来赵云做了一番布置。

周瑜听说刘备、诸葛亮欣然答应,还要出城劳军,大笑道:"今天诸葛亮也中了我的计!"于是起兵五万望荆州而出。离荆州十余里,见江面上静悄悄的。周瑜心疑,亲自上岸乘马,带领众将及三千精兵,来到荆州城下,命军士叫门,言未毕,忽一声梆子响,城上守军一齐都竖起刀枪,敌楼上赵云大声说:"我家军师早已知都督'假途灭虢'之计,故留赵云在此。我家主公说过:他与刘璋同为汉室宗亲,怎么能忍心去攻取西川?如果东吴要取西川,他就要披发入山(出家),不会失信义于天下的。"周瑜听了,勒马便回,忽一小校来报:"探得四路军马,一齐杀到:关羽从江陵杀来,张飞从秭归杀来,黄忠从公安杀来,魏延从孱陵小路杀来,四路正不知多少军马喊声远近震动百余里,都说要捉周瑜。"周瑜在马上大叫一声,箭疮复裂,坠于马下,左右急救回船。周瑜被众将救醒,怒气填胸,不能支持,自知不久于人世,于是叫人取来纸笔写下遗嘱,叮咛众将要尽忠报国,努力帮助孙权完成大业。说着说着又昏了过去,过了一会儿,慢慢又苏醒过来,仰天长叹道:"既生瑜,何生亮!"连着叫了几声,便悲愤而死,时年36岁。周瑜死后,孙权即根据周瑜生前的举荐,任命鲁肃为都督,总统军马。消息传到荆州,诸葛亮对刘备说:"周郎为我数气而亡,东吴上下必怀怨恨,不利于孙刘联盟。我应当往江东去吊周瑜,以释吴人之疑恨,巩固联盟;也可就地寻找贤士辅助主公。"刘备很担心"吴中将士加害先生",诸葛亮说:"周瑜在时,我都不惧怕,何况今天周瑜已死,我有什么担心呢?"于是同赵云领着五百军士,带着祭礼,前去吊丧。

诸葛亮一行到了柴桑,鲁肃以礼迎接,周瑜部将都想杀诸葛亮报仇,但见赵云带剑相随,不敢下手。诸葛亮教设祭物于灵前,亲自奠酒,跪于地下,哭读祭文,极言周瑜生前之功绩,叹自己失此知音,泪如涌泉,伏地大哭,哀恸不已。东吴众将相互说:"世人都知道周公瑾与孔明不能和睦相处,今天看他祭奠之情,原来世人都说错了。"鲁肃也心中暗想:"孔明很是多情,只是周瑜气量太窄,自己害了自己。"

诸葛亮祭完周瑜,正欲上船回去时,只见江边一人道袍竹冠,皂绦素履,一手揪住他大笑说:"你气死周郎,却又来吊孝,明明是欺东吴无人啊!"诸葛亮急忙回头看时,原来是人称凤雏先生的庞统庞士元。诸葛亮也大笑,两人

携手下了船,各自诉说心中之事。临别,诸葛亮给庞统留下一封信,要他到荆州与自己共扶刘备,庞统欣然答应。两位故友依依惜别,诸葛亮自回荆州去了。后来庞统不被孙权重用,就到荆州来投刘备,终被拜为副军师中郎将,与诸葛亮共谋方略,教练军士,听候征伐。

曹操在许昌听说刘备拜诸葛亮、庞统为军师,招兵买马,积草屯粮,连结东吴,知道早晚必要兴兵北伐。于是召集众谋士商议南征之事,谋士荀攸进言:"可先取孙权,次攻刘备。"曹操很赞同,并听从荀攸的计谋,把西凉马腾骗到许昌杀掉,以绝南进后顾之忧。即起大军30万,径下江南。

早有细作报到东吴,孙权与众将谋士商议后,急差人命鲁肃向荆州刘备求救。诸葛亮回信给鲁肃称:"可以高枕无忧。如果有北兵侵犯,刘皇叔自有退兵之策。"并对大惑不解的刘备解释说:"曹操平日所担忧的是西凉的兵马,现在曹操杀了马腾,而马腾的儿子马超统率着西凉的军马,必定对曹操怀着切齿之恨。主公可信告马超,进兵关中(今陕西关中地区),那样曹操又怎么能南下呢?"刘备听后非常高兴,随即写了信,派一名心腹送到西凉去了。

果然不出诸葛亮所料,马超尽起西凉之兵,联合西凉太守韩遂,起兵20万,杀入关内,直奔长安,找曹操报仇雪恨。马超军势很盛,势不可挡,很快攻破长安城,并攻占潼关,又加马超勇武无敌,直杀得曹操弃袍割须于潼关,夺船避箭于渭水,曹军多次被马超打败。后来曹操用谋士贾诩反间计,离间了马超与韩遂,才大败西凉军。经过这一折腾,曹操再也无力南征了。

五、进取益州

刘备在荆州的统治得到巩固后,按照诸葛亮、庞统的建议,积极准备谋取益州了。

这时,占据益州的是刘璋。刘焉、刘璋父子在益州统治了二十多年,推行分裂、守旧的儒家路线。公元188年,汉宗室鲁恭王的后代刘焉来到益州,黄巾军刚被镇压下去,阶级矛盾非常尖锐,但刘焉对豪强大族采取"宽惠"政策。刘焉死后,其子刘璋继续实行"温仁"之政,致使随他入蜀的"东州人"即客籍地主,"侵暴旧民,璋不能禁",且益州本地的"大姓"豪族,称霸郡县,刘璋也无可奈何。这些豪强大姓任意侵夺人民土地、财产,残酷地剥削和压迫人民,搞得益州这个"天府之国",乌烟瘴气,贫穷混乱不堪,社会矛盾和主客籍地主集团之间的矛盾都很尖锐。正如诸葛亮在《隆中对》中分析的那样："刘璋暗弱，民殷国富，而不知存恤，智能之士，思得明君。"

公元211年，正当诸葛亮、庞统和刘备商议进收益州的时候，益州牧刘璋派遣法正到荆州来迎接刘备入蜀了。何以事情会如此凑巧呢？原来刘璋为防汉中张鲁入侵益州，曾派别驾张松去结好曹操。张松本想投靠曹操，不料曹操因胜而骄，对张松不加礼遇，甚为轻慢。张松以此为怨，过荆州时把原准备献给曹操的益州地图献给了刘备，并力劝刘备入川。张松回到成都，就向刘璋疵毁曹操，并劝刘璋与曹操断绝往来，说刘备与他是同宗兄弟，可以成为心腹，要刘璋交好刘备。

刘璋采纳张松的建议，企图用刘备的力量抵御曹操和汉中的张鲁，于是根据张松举荐，派扶风人法正去荆州和刘备通好。不久，又派法正和孟达给刘备送去四千兵士，以帮助刘备守御，并前后赠给刘备以"巨亿"的钱作为兵饷。

原来张松和法正是好朋友，常在一起私下议论，认为跟随刘璋"不足与有为"，成不了大事。他俩密谋策划，准备共同拥戴刘备为益州之主。

法正到荆州见到刘备，力陈"益州可取之策"，把益州的兵器、人马、府库、钱粮以及地理远近，战略要地等情况，都告诉了刘备，使刘备、诸葛亮、庞统等进一步了解了益州的虚实。进取益州，这既是诸葛亮在隆中早已确定的既定战略，也是庞统所倡导的"逆取顺守"的策略，更是刘备集团实际利益的需要。于是，进取益州，便正式提到了议事日程。

经过商议，刘备决定留下诸葛亮、关羽等镇守荆州，刘备亲率庞统和黄忠、魏延等谋臣武将及数万军队向益州进发。

益州文武许多人，坚决反对刘备入川。主簿黄叔、从事王累等都力谏不可，特别是王累以"自刭州门"，表示刘备不可入川。巴郡太守严颜叹道："这是独坐穷山，放虎自卫也！"刘璋一概不听，下令所过之处，迎送供奉，真使刘备感到"入境如归"。

刘备从江州北面垫江(今四川合川)取水路向涪城(今四川绵阳市东)进发。刘璋亲率步骑三万多人，赶往距成都三百六十里的涪城与刘备相会。刘备到达涪城，刘璋亲自出迎，两个相见，非常高兴。

这时，张松、法正、庞统等都向刘备献计，趁机杀掉刘璋坐得益州。刘备坚决不同意，后对庞统坦率地讲了自己的实际想法："我们刚到这儿，对老百姓毫无恩信可言，所以不能这么匆忙地做。"

刘璋和刘备在涪城住了三个多月。这期间,刘璋给刘备增加了大量兵众和财物,请他向北讨伐张鲁,刘璋自回成都去了。刘备统军向北到了葭萌(今四川广元西南),就停了下来。"未即讨鲁,厚树恩德,以收众心"。忽然接到诸葛亮送来的报告,说孙权派人把孙夫人接回东吴去了,五岁的阿斗差点也被带去,刘备感到事情复杂,决心尽快解决益州问题。刘璋对刘备取占益州的意图已有所觉察,形势很是危急。庞统立即向刘备献上收川三计:上计是暗选精兵,径袭成都,一举便定;中计是收斩白水关守将杨怀、高沛,并其部众,徐图进取;下计是退还白帝城,联结荆州,日后缓图。刘备认为上计太急,下计太缓,中计比较可行。便借口曹操来攻,理应回兵去救,向刘璋求借兵物,刘璋予以拒绝。这时,内应张松因机事不密,被刘璋收斩。刘璋下令各处关隘严加防范,同刘备断绝往来。刘备有了借口,立即斩了杨怀、高沛,夺了白水关。自此,双方正式摊牌,刘备拉开了收川战争的序幕。

刘备收并白水军后,挥师南下,进据涪城。打败了刘璋派来堵击的刘贵、冷苞、张任、邓贤、吴懿、李严等将领,吴懿、李严等率所部投降,张任、刘贵退与刘璋儿子刘循固守雒城(今四川广汉县北)。这时,刘备军威大振,在分遣诸将平定益州郡县的同时,和庞统亲率主力进攻雒城。

雒城之战,是刘备兵定益州的一次关键性战役,刘备久围雒城不下,刘循坚守不出,军师庞统也被张任乱箭射死于落凤坡,刘璋又派兵围攻葭萌关,意欲切断刘备后路。刘备感到形势危急,写信叫关平速去荆州请诸葛亮前来。

诸葛亮接到刘备的信,对庞统身死大哭不已,把信让众人看,说:"主公现处紧急之际,我不得不去。荆州重地,主公信中虽然没有说,但让关平送信,意云长公保守,责任重大,公宜勉之。"关羽更不推辞,慨然领诺。诸葛亮设宴,交割印绶,关羽双手来接,诸葛亮擎着印郑重地说:"这干系都在将军身上。"关羽大声说:"大丈夫既领重任,除死方休。"诸葛亮听关羽说出个"死"字,心中很不高兴,想不交给他大印,但话已说出了,于是问道:"如果曹操引兵来攻,应当如何处置?"关羽回答说:"以全力抗拒之。"诸葛亮又问:"如果曹操、孙权一齐发兵来攻,怎么办?"关羽答:"分兵抗拒之。"诸葛亮说:"如果这样的话,荆州就危险了。我有八个字,只要将军牢记,就可以保守住荆州了。"停了一下,郑重地说:"北拒曹操,东和孙权。"关羽点头称道:"军师之言,当铭肺腑。"但是,诸葛亮担心的事情后来还是发生了。

诸葛亮把大印交给了关羽,命令文官马良、伊籍、向朗、糜竺,武将糜芳、廖化、关平、周仓等，留下辅佐关羽，同守荆州。然后亲自点兵入川：先拨精兵一万，教张飞统领，从大路杀奔巴州、雒城之西；又拨一支兵，令赵云为先锋，溯江西上，会于雒城；诸葛亮随后引简雍、蒋琬等率大军起行。

张飞临行时，诸葛亮嘱咐说："西川豪杰很多，不可轻敌。一路上要戒约三军，不得掳掠百姓，以免失去民心。所到之处，应该多多抚恤，不可任意鞭挞士兵。希望将军早到雒城相会，不可有延误。"张飞欣然答应，上马领兵出发了。

张飞带领人马，快速前进，所到之处，但降者秋毫无犯，一直通过汉川路，到达巴郡。用计收降了巴郡太守严颜。于是，严颜为前部，张飞领军随后，所到之处，尽是颜所管辖，四十多处关隘的守军都被严颜叫出来投降了张飞，很快到了雒城。诸葛亮和赵云后来也赶到了，见张飞先到，很是惊异，问明原委，诸葛亮高兴地说："张将军能用谋略，这是主公的洪福啊。"于是，诸葛亮调兵遣将，用计擒杀了张任，很快攻占了雒城。

刘备、诸葛亮乘胜进军。一面亲率主力直逼成都，一面分兵去攻占成都周围诸郡，进而合围成都。这时，因兵败而投靠张鲁的西凉马超，也来投归了刘备，领兵到成都前来助战。刘璋见大势已去，虽然有人劝他不要投降，刘璋感叹地说："我父子在益州二十多年，对百姓谈不上有什么恩德，老百姓为我打了三年的仗，吃的苦够多了，要是再打下去，我不忍心！"于是开城出降。刘备见了刘璋，很不好意思，说了些抱歉的话，就让刘璋带上全部财物，并佩带振威将军印绶，去南郡公安居住。

刘备进入成都，大摆庆功筵宴，犒劳三军，论功行赏。刘备以荆州牧又兼领益州牧，拜诸葛亮为军师将军，将后方政务一概交给他料理。诸葛亮也就全力以赴地协助刘备治理巴蜀。

六、孔明治蜀

诸葛亮治蜀期间，重视修明政治，任人唯贤，唯才是举，严明法治，发展生产，严练治军，以确保蜀汉政权的稳固和前线的军需和兵源。

初治巴蜀，诸葛亮很注意解决主、客籍集团的关系。在以自己原来的荆州集团作为政权的骨干外，特别注意吸收"东州"（刘璋）集团和益州地方集团的人士参加政权。对原有的官员，只要他们拥护新政权，都给予信任和重用。如董和、黄权、李严、吴懿、费观等人，"皆处之显任，尽其器能"。有影响

的儒生,如杜微、来敏等,在不让参与军政大事的前提下,给他们一定的官职,或是诸如谏议大夫等的名誉头衔,这样,大大缓和了各集团之间的矛盾,进一步使刘备集团在益州站稳了脚跟。

选贤任能是诸葛亮治国的首要措施。他特别强调"治实而不治名"的原则,认为"为人择官者乱,为官择人者治",坚决摒除用人唯亲的作法。为了招纳贤士,他在成都筑起了招贤台,又称读书台,做到"筑台以集诸儒,兼以待四方贤士"。他"用人不限其方",广揽人才,使蜀汉政府的官员来自四方八面,既有刘备原来的部属,又有刘表的部属,还有刘璋的旧臣,更有外部投奔而来者。诸葛亮任人唯贤,不拘出身门第,不论资历;很注意在下层普通人员中发现挖掘人才。他先后对杨洪、何祗的提拔,最受时人所称道。犍为太守李严属下功曹杨洪,诸葛亮赏识杨洪遇事明断,上表请任为蜀郡太守。杨洪门下何祗,任督军从事时,游戏放纵不勤所职,听说诸葛亮前来检查,何祗连夜张灯审案办公,待到查问,何祗对所问公务对答如流,无所凝滞,诸葛亮很是惊异其才,于是提升他为成都令,后因政绩升任为广汉太守。李严、杨洪、何祗原本职位差别很大,而后来同为太守。这样,蜀汉上下对诸葛亮以德才选士都深表佩服。

诸葛亮用人唯贤是举,破格提拔了一批忠勤职守,廉洁奉公,而又卓有才能,富于实干精神的基层官吏。如张嶷,史书上说他"出自孤微"且"放荡少礼",但他忠于蜀汉政权,诸葛亮提拔他作了太守。王平"生长戎旅,手不能书,其所识不过十个",但他"遵履法度",很有军事才能。在街亭战役中表现卓越,诸葛亮马上加拜王平为参军,统帅五部军马,又进位将军,屡立战功,后来成了蜀国一员很能打仗的将领。吕义治身俭约,为政简而不烦,持法刻深,诸葛亮便让他去管理极为重要的汉中郡。邓芝"不治私产,妻子不免饥寒",但他"赏罚明断",且在"联吴抗曹"方面有功,当了中监军、扬武将军等重要职务。姜维本是曹魏降蜀的下级军官,因为他"忠勤时事","其敏于军事",不久就被诸葛亮拜为征西将军,后来成了西蜀后期举足轻重的人物。蒋琬本是荆州一个默默无闻的小吏,但他"为政以安民为本,不以修饰为先",又"常足食足兵,以相供给"前线,确实是个很有才能的人。因此,诸葛亮临终时便毫不犹豫地推荐他做了继承人,当了蜀国的丞相。

诸葛亮不仅自己留意选用贤才,而且十分注意教育下属官员不要嫉贤妒能,注意向上推荐有才德之士。当广汉太守姚伷向诸葛亮荐举自己有才能的部下时,诸葛亮很是称赏,并要其他官员学习。

诸葛亮把严明法治、整顿吏治放在首位,以获得良好的政治局面。他主持制定了一部比较完善的法典《蜀科》,公布于众,作为蜀汉政权实行法治的基础,使"赏不可以虚施,罚不可以妄加",以求"科教严明,赏罚必信,无恶不惩,无善不显"。同时,他还制定出"训励臣子"的科条:八条、七戒、六恐、五惧。诸葛亮严于执法,不避亲疏,他说:"吾心如秤,不能为人作轻重。"他十分强调以身作则,认为"其身正,不令而行;其身不正,虽令不从。"带头遵守一切法令,如后来北伐时因用人不当失守街亭,即主动上书请降三级,以示惩罚。

诸葛亮立法施度,能作到开诚布公。所以,"邦域之内,咸畏而爱之。刑政虽峻而无怨者,以其用心平而劝戒明也。"将军向朗在街亭之战中因对马谡违令败逃知情不报被诸葛亮革职,而他的侄儿向宠却因为屡经战场,"晓畅军事",办事稳妥谨慎,对蜀汉有贡献,在诸葛亮的亲自建议下提升为督军。向朗事发罢官后,诸葛亮依然十分信任向宠。在整个北伐期间,都把后方兵马大权交给了他,向宠也尽责完成了任务。《三国志》作者陈寿,其父因犯法被诸葛亮处以重刑,尽管有辱父之仇,陈寿依然称颂诸葛亮严明的法治精神。中都护署府事李严和长水校尉廖立,因违法乱纪被罢官,流放到边远地区务农,后听到诸葛亮去世的噩耗,都禁不住痛哭流涕。

经过诸葛亮大力整治,蜀汉朝廷法威大振,政令严明,官吏不敢作恶,百姓人人向善,"道不拾遗,风化肃然"。从而提高了各级官吏的积极性和国家机构的工作效率。

诸葛亮恢复和发展生产的方针,主要是"务农殖谷,闭关息民"。他积极推行奖励耕战的政策,即使在前线的兵士,也必须从事农业生产;还曾经招五千名青壮年到汉中屯田,并命令汉中太守兼任督农,把农业产量作为衡量政绩的标准。农业的发展,恢复和充实了国力,为以后的军事行动准备了物质条件。

诸葛亮重视兴修水利,"以此堰(都江堰)为农本,国之所资",创设堰官,专门管理都江堰。组织一千多名青壮年,疏通河道,使都江堰水利工程的自流灌溉作用得到充分发挥,保障了西蜀农业的发展。

诸葛亮把直接关系人民生活和国家收入的盐铁开采经营权收归官府所有,专门设置了盐府校尉和司金中郎等官职,选拔有理财能力的官吏担任此

职,管理食盐和铁器的生产,还常常亲自过问盐铁生产情况。这些措施极大地增加了蜀汉政权的财政收入。

诸葛亮用卖川锦的办法聚集增加财政收入,补充空虚的国库。把织锦工匠集中在一起,筑城派兵加以守护,并设置锦官,专门管理蜀锦的织造。他还身体力行,让家眷在园子里种桑树八百株,以带动百姓植桑养蚕,为蜀锦生产提供了充分的原料。他曾说:"今民贫国虚,决敌之资,惟仰锦耳。"在他的倡导和各种有力措施的促进下,蜀锦生产有了相当大的发展。

诸葛亮卓越的军事才干,也表现在治军的一整套方法上。为了完成统一大业,必须建立一支强大的克敌制胜的军队,他从西蜀国弱人少的实际情况出发,十分注重苦练精兵,建立纪律严明的军队。他说:"有制之兵,无能之将,不可以败;无制之兵,有能之将,不可以胜。"他坚持"法令明、赏罚信",所以蜀国"士卒用命,赴险而不顾"。同时,很注重对将领的考察和提拔,认为"良将之为政也,使人择之,不自举;使法量功,不自度"。这样的选拔方法,优秀的将领就不会被埋没。他特别讲究兵法的运用,发展了孙子兵法,结合实战,设计出有名的"八阵图",变化无穷;制定了有关练兵、行军、扎营、作战、撤退等一整套行之有效的办法。要求行军安静而神速,宿营驻寨的布置必须坚实而有条理,正所谓"止如山,进退如风"。蜀军经过诸葛亮的严格训练,战斗素质大为提高,达到了"数万之众,其所兴造,若数十万之功"的程度。如第五次北伐时,司马懿领着三十万精锐魏军,面对千里而来、粮草不济的十万蜀军,也只能深沟高垒筑营,仅能自守而已。

七、托孤受命

公元 215 年,曹操亲率大军进攻汉中的张鲁,张鲁败降,曹操留大将夏侯渊驻守汉中。公元 217 年,鲁肃去世,出于对吴蜀联盟前途的担忧,刘备和诸葛亮感到夺占汉中,巩固巴蜀,已是刻不容缓的事。于是,刘备听从法正之谋,亲率大军北进汉中,与曹操攻战达两年之久。诸葛亮坐镇成都,提供兵饷粮草,不失萧何之功,终于以黄忠斩夏侯渊,刘备占据汉中而结束战事。

公元 219 年 7 月,刘备手下文武 120 多人联名上表汉献帝,尊刘备为汉中王。这篇借古喻今言天下"安危定倾"的表文,经过诸葛亮审定,领衔的却是平西将军马超,其次是刘璋旧臣,然后才是诸葛亮和关张赵等人。这表明了诸葛亮等腹心旧臣的谦逊之德和恢宏气度,表示不论新故都同心拥戴,甚至新人比旧故更迫切,增加了马超等人的向心力,表明了刘备集团的高度团结。从表文排名也能看到诸葛亮的良苦用心。

荆州守将关羽,骄傲轻敌,盲目自大,是诸葛亮深为担忧的。当刘备兵定益州拜马超为平西将军时,关羽即要入川与马超比武,刘备很是吃惊,诸葛亮深知关羽为人,于是写信称:"孟起(马超字)兼资文武,雄烈过人,一世之杰,黥、彭(刘邦手下勇将)之徒,当与翼德并驱争先,犹未及髯(关羽称美髯翁)之绝伦逸群也。"关羽看了很高兴,还把信拿给左右宾客看,志得意满。后来刘备攻占汉中称王,封关羽为前将军,黄忠为后将军,不出诸葛亮所料,关羽一听黄忠为后将军,不禁大怒说:"大丈夫誓不与老兵同列!"经由刘备和诸葛亮暗授机宜而去的益州前部司马费诗晓以利害,关羽才大为感悟,拜受了印绶。

关羽对诸葛亮联吴以守荆州这个重大策略不加重视。不但常和鲁肃在边境上制造摩擦,挑起事端,而且连孙权也不放在眼里。当孙权遣使为儿子求娶关羽之女时,他不但不许婚,还辱骂孙权说:"虎女安肯嫁犬子乎!"使孙权深恨关羽。眼看刘备势力日益壮大,孙权深感不安,孙、刘集团之间的矛盾也越来越激化,孙权遂开始谋划夺取荆州。诸葛亮最担心的事终于不可避免地发生了。

公元219年7月,关羽按照刘备的部署,发动了襄樊战役。关羽一举夺下襄阳,把曹仁围困在樊城。曹操派大将于禁、庞德率七路精锐军队去救,关羽用计水淹七军,于禁被捉投降,庞德被生擒斩首,关羽一时"威震华夏"。这是关羽一生功业最为得意的时刻,但是实在太短暂了。

魏王曹操这时坐镇洛阳,深感许昌受到关羽的威胁,已有迁都邺城的打算,但又惧怕动摇人心,经与司马懿等谋士商议后,一面派徐晃发兵救援樊城,一面遣使劝说孙权抄袭关羽后方,并以割让江南地区给孙权相利诱。正当关羽与曹军打得难解难分的时候,早有意荆州的孙权,于是派吕蒙用计偷袭了江陵,占领了关羽的后方。关羽闻讯大惊,不顾诸葛亮当年的嘱托,挥军南返,回救途中被东吴军队俘虏杀害了。孙权进而占据了荆州各郡县,为了防范刘备报复,遣使向曹操称臣,并奉上关羽的首级,意欲使刘备移恨曹操。曹操深知其意。刻沉香木为躯,以王侯之礼葬关羽于洛阳南门外,令大小官员送殡,亲往拜祭,并赠为荆王,以使刘备更恨孙权,从中取利。这样,

孙、刘联盟便告完全破裂,天下形势发生了巨变。

消息传到成都,刘备悲痛欲绝,即要提兵讨伐东吴。诸葛亮及众官员再三劝谏:孙权与曹操各怀鬼胎,目前只可按兵不动,等到吴、魏不和时,再乘机讨伐。考虑到当时的实际情况,刘备也只好暂时作罢。

公元220年,曹操病故,长子曹丕继位,废掉汉献帝,自立为帝,建立魏国。第二年,诸葛亮劝说刘备继承汉统,建立蜀汉国,以争取政治上的主动。刘备在成都称帝,以诸葛亮为丞相,置百官,立宗庙。

公元221年7月刘备为了给关羽报仇,也为了夺回战略要地荆州,带领蜀军精锐主力去攻打东吴,诸葛亮、赵云等苦谏无济于事。刘备命丞相诸葛亮辅佐太子守成都。这时,张飞因急于为关羽报仇,鞭挞士卒,被部将杀害,刘备把张飞被害的账也算在孙权身上,坚决出兵伐吴,到江州时留下赵云镇守,立即兵出三峡。

起初,刘备兵锋甚锐,所向无敌,连连打败东吴军队。孙权多次派人向刘备求和,遭到盛怒之下的刘备的拒绝。刘备感情用事,违背了诸葛亮的联吴抗曹的正确方针,使自己腹背受敌,处于不利的地位,这是很大的战略失策。孙权见求和不成,形势危急,只好一面派使节向曹魏称臣,请求魏国发兵救援;一面派大将陆逊领兵抵挡。公元222年5月,刘备的军队在猇亭(今湖北宜都北)一带因疲劳轻敌,扎营密林,被陆逊指挥的吴军用火攻破,火烧连营数百里,号称七十万的蜀军伤亡惨重,军事物资几乎全部损失。刘备率领败军退回白帝城,羞愧痛心中一病不起。

刘备在猇亭连营数百里与吴军对峙时,连魏帝曹丕都说刘备不懂兵法。当谋士马良建议画扎营地图问诸葛亮时,刘备不以为然。当诸葛亮在成都见到马良画的图本时,拍案叫苦说:"是何人教主公如此下寨? 可斩此人!"当得知是刘备自己的安排时,诸葛亮情不能禁地叹息说:"难道大汉气数真的已尽了?"许久后又说:"东吴兵胜,我入川时在鱼腹浦伏下十万精兵,陆逊害怕魏军袭击其后方,必然不敢来追,成都可保无事。"于是,一面派人火速去告刘备,一面调拨军马准备救应。后来刘备兵败,陆逊追击时迷入诸葛亮在鱼腹浦布的八阵图中,幸得黄承彦指引才得脱险。后世杜甫有诗赞道:"功盖三分国,名成八阵图。江流石不转,遗恨失吞吴。"陆逊脱险后叹道:"孔明真是卧龙,我不及也!"于是下令班师退兵,准备迎击魏军的进攻。

荆州之失和猇亭之败,不仅使蜀汉大伤元气,损失惨重,而且使诸葛亮两路北伐的战略计划也无法实行了。它标志着蜀汉不断强大的终止和三国鼎立之势的最终形成。

公元222年3月,刘备在白帝城病危,火速派人赴成都,诏诸葛亮到白帝城,将统一大业和幼子相托付。时马良之弟马谡也在白帝,刘备总感到马谡身上缺少点实在的东西,就提醒诸葛亮说:"马谡言过其实,不可大用。"诸葛亮听了,心里总感到不解。转眼到了4月下旬,刘备病势一天比一天沉重,临终前,托丞相诸葛亮辅佐刘禅,完成统一大业。遗诏刘禅要多读一些法家的书,多向诸葛亮请教。并对诸葛亮深情地说:"君才胜过曹丕十倍,必能安邦定国,成就大业。若是刘禅可辅,则辅之,如其不才,可取而代之。"诸葛亮一听,赶忙跪下,泪流满面地说:"臣一定竭心尽力,效忠贞之节,就是死也报答不了陛下对臣的知遇之恩。"刘备也流着眼泪,一面命内侍扶起诸葛亮,一面请李严前来,嘱咐他协助诸葛亮共辅太子。然后把两个小皇子叫过来,命他们跪在诸葛亮前,告诫说:"我死之后,你们兄弟三人要把丞相当作父亲一样对待,同心共事,不可违命。"不久,刘备就病逝了。像刘备这样托孤的,在历史上诸多帝王中是绝无仅有的。

刘备病逝后,太子刘禅继位,封诸葛亮为武乡侯,开府治事,又兼任益州牧,刘禅对诸葛亮事之如父,"委以诸事"。于是诸葛亮义不容辞,全面担负起蜀汉的军政重任,苦心孤诣,殚尽心血。

八、征抚夷越

刘备死后,蜀汉政权面临着极大的危机:强曹在北,仇吴在东,国力大大削弱,内部也很不稳定,南中叛乱不断,诸葛亮正是在这样一个时刻,受命开始总理蜀汉的军政事务。

魏主曹丕闻知刘备死去,认为有机可乘,听从司马懿之计,调五路大军,围攻西川:第一路,曹真取阳平关;第二路,反将孟达从上庸进犯汉中;第三路,东吴取峡口入川;第四路,南蛮王孟获进犯益州四郡;第五路,西羌番王轲化进犯西平关。消息传到成都,蜀汉朝廷为之震动。诸葛亮因病不能视事,后主刘禅亲往相府探病问计,诸葛亮笑着对后主说:"四路敌兵,臣已退去了。马超守西平拒羌兵,魏延以疑兵阻南蛮孟获,李严写信给孟达使其称病不进,关兴、张苞在重要的地方屯兵三万作为各路策应。东吴孙权自不会

轻举妄动,我们只须派一能言善辩的人去东吴,说明利害,东吴自然先退了。"果如诸葛亮所料,四路进犯之兵都纷纷败退。同时,为了执行联吴抗曹的战略,诸葛亮选派很有外交才能的邓芝出使东吴,经过邓芝坚辛而卓绝的努力,在客观形势的推动下,终于使吴蜀这相互仇视的两大政治集团重新携起手来。吴蜀重新缔结盟好关系,是诸葛亮外交政策的重大成功。它不但把一个强大的仇敌化为盟友,而且牵制了曹魏的军事威胁。这样,诸葛亮就能全力搞好蜀汉内部事务,同时,积极准备解决当时已成为蜀汉政权威胁的南中叛乱问题。

三国时期隶属于蜀汉管辖的南中地区,包括今天云南、贵州和四川西南部一带,古称"夷越之地"。由于东汉统治者的"赋敛烦扰",激起了南中各族人民的反抗,残酷的镇压激起更大规模的反抗,而一部分少数民族奴隶主"夷帅"和汉族豪强地方"方士大姓",时刻都在寻机扩大矛盾,以便达到他们割据自雄的目的。由于上层分子雍闿、孟获等的造谣和煽动宣传,不少人受骗跑到叛军中去,叛乱几乎席卷整个南中地区。

公元 225 年 3 月,经过近两年的"闭关息民",在把内政外交各方面安排好后,诸葛亮感到出兵镇压南中叛乱的时机已经成熟,于是亲自率领大军南下平叛。

诸葛亮采用了"攻心为上,攻城为下,心战为上,兵战为下"的策略来平定南中之乱。诸葛亮用反间计杀了叛乱首领雍闿、朱褒,全歼高定部后,五月渡泸,深入不毛,开始征讨孟获。孟获收集雍闿等人的余部,继续与蜀军对抗。作为少数民族的首领,孟获在南中为"夷汉所服",是当地一位很有影响和威望的人物。诸葛亮决定收服孟获,设法使他从心里臣服蜀汉政权,在西南少数民族中造成影响,以便长期稳定南中局势。

孟获在蜀汉大军到来时,聚集三洞元帅商议,后派三位元帅各领兵五万,分左、中、右三路来迎战。诸葛亮用激将法,使赵云、魏延两位老将军杀入敌军营寨,大败蛮兵,斩了敌军中路元帅,左右两路敌军元帅从山路逃跑时也被埋伏的蜀军擒获。

诸葛亮命人解去两位洞主元帅的捆绑,赐给酒食衣服,让两人各自归去。孟获闻知兵败,大怒,遂率兵进发。诸葛亮使王平诈败,引诱孟获军进入埋伏圈。孟获见蜀军旌旗交错,队伍杂乱,即生轻敌之意,驱兵追击王平。正追杀时,蜀将张嶷、张翼两路兵马突然杀出,截断后路。王平领兵杀回,赵云、魏延从两侧夹击,孟获抵敌不住,被魏延生擒活捉。

诸葛亮让人解去被俘蛮兵的捆绑,安抚说:"你们都是好百姓,不幸被孟获所诱,今受惊吓了。我想你们的家人一定倚门而望;我今天全放你们回去,以安各家人之心。"蛮兵深感其恩,哭着拜谢离去。

诸葛亮对孟获不杀不辱,反而加以款待,让他观看蜀军的营垒和阵容。孟获并未服气,声称自己是因为不知虚实而中了埋伏,并说再战必胜。诸葛亮便笑着放他回去,让他整顿军马再来交锋。结果孟获又照样兵败被捉。可是他还是不服气,于是诸葛亮又把他放回去。就这样,一捉一放,前后共七次。第七次孟获被捉住的时候,诸葛亮仍然要放他回去,这时孟获终于心悦诚服地说:"公,天威也,南人不复反矣。"这就是历史上诸葛亮"七擒孟获"的故事。后世关于这方面的记载和传说很多,至今云南一些少数民族地区还亲切地把诸葛亮称为"孔明老爹";现在东南亚各国人民谈起诸葛亮,也肃然起敬,一般都不直呼其名,而是尊敬地称孔明,可见诸葛亮影响的久远。

取得平叛南夷的胜利后,诸葛亮采取了"以夷制夷"的政策,任用当地少数民族首领来管理,不再派留汉人官吏和军队。有人对此很不解,诸葛亮说:"留人有三不宜:其一留汉族官吏,就要留兵,而所需军粮难以解决;其二战争刚刚结束,双方各有死伤,留汉人而不留兵,必成祸患;其三南中常有废杀之举,自嫌衅血,如留汉人,不敢相信。因此用夷人自治,使夷汉各族相安无事。"同时,诸葛亮还选拔少数民族中威望很高的首领到蜀汉朝廷中任职,增强了民族团结。

为了巩固南中的安定,增强蜀汉中央集权的统治地位,诸葛亮在南中扩大和健全了郡县制,推行部曲制度。把原来南中四个郡,重新划分为六个郡,并派一些比较可靠、有能力、熟悉当地情况的官员作太守。他们都比较重视整顿政治,贯彻诸葛亮的各项政策,对巩固蜀汉对南中地区的统治发挥了很大的作用。

在加强政治统治的同时,诸葛亮还很重视发展南中地区的经济和生产。推广汉族先进的农业耕作技术,教当地少数民族使用耕牛,传授织锦技艺,重视南中盐铁业和商业的发展;动员大量人力修复久已不通的道路和沿途的驿亭,方便商旅往来,促进了南中地区与内地经济、文化、物资的交流;还从当地少数民族中选拔了一批年青力壮的人,编成军队,连同其家属一万多户迁到蜀中。这支由南人组成的军队,异常骁勇善战,号为"飞军",成为当

时蜀军中的一支精锐,后来在北伐战争中起了不少作用。

诸葛亮"和抚"南中地区的措施和政策既巩固了蜀权政权,实现了"夷、汉粗安",又促进了南中少数民族地区的经济发展和社会变革。据史书上记载,当时南中地区的一些特产,如金银、丹漆以及耕牛、战马等,都源源不断地运往蜀中,为蜀汉政权带来了巨大的经济利益。这样,在南中这个大后方得到巩固后,诸葛亮即按照他的既定方略,加紧训练兵马,强化武装力量,积极准备北伐中原。

九、北伐中原

北伐曹魏,统一全国,复兴汉室,这是诸葛亮早在《隆中对》中就已定下的奋斗目标。他的一系列活动,都是同实现这一目标分不开的。同东吴重修盟好,使北伐无东顾之忧;征抚南夷,使北伐既有安定的后方,又增强了国力;经过对内部的大力治理,作到内部安定,国富兵强。经过这样一番准备,诸葛亮开始北伐了。

公元 226 年,魏文帝曹丕病死,其子曹睿初继帝位。诸葛亮抓住这个大好时机,把蜀中诸事安排妥后,第二年便率领大军开往汉中一带,伺机北伐。临行,他向后主刘禅上了一道表章,表云:

先帝创业未半,而中道崩殂。今天下三分,益州疲弊,此诚危急存亡之秋也。然侍卫之臣不懈于内,忠志之士忘身于外者,盖追先帝之殊遇,欲报之于陛下也。诚宜开张圣听,以光先帝遗德,恢弘志士之气,不宜妄自菲薄,引喻失义,以塞忠谏之路也。

宫中府中,俱为一体,陟罚臧否,不宜异同。若有作奸犯科,及为忠善者,宜付有司,论其刑赏,以昭陛下平明之理,不宜偏私,使内外异法也。侍中侍郎郭攸之、费祎、董允等,此皆良实,志虑忠纯,是以先帝简拔以遗陛下。愚以为宫中之事,事无大小,悉以咨之,然后施行,必能裨补阙漏,有所广益。将军向宠,性行淑均,晓畅军事,试用于昔日,先帝称之曰能,是以众议举宠为督。愚以为营中之事,悉以咨之,必能使行阵和睦,优劣得所。亲贤臣,远小人,此先汉所以兴隆也;亲小人,远贤臣,此后汉所以倾颓也。先帝在时,每与臣论此事,未尝不叹息痛恨于桓灵也。侍中、尚书、长史、参军,此悉贞良死节之臣,愿陛下亲之信之,则汉室之隆,可计日而待也。

臣本布衣,躬耕于南阳,苟全性命于乱世,不求闻达于诸侯。先帝不以臣卑鄙,猥自枉屈,三顾臣于草庐之中,咨臣以当世之事。由是感激,遂许先帝以驱驰。后值倾覆,受任于败军之际,奉命于危难之间,尔来二十有一年矣。先帝知臣谨慎,故临崩寄臣以大事也。受命以来,夙夜忧叹,恐托付不效,以伤先帝之明。故五月渡泸,深入不毛。今南方已定,兵甲已足,当奖率三军,北定中原。庶竭驽钝,攘除奸凶,兴复汉室,还于旧都。此臣所以报先帝而忠陛下之职分也。

至于斟酌损益,进尽忠言,则攸之、祎、允之任也。愿陛下托臣以讨贼兴复之效;不效,则治臣之罪,以告先帝之灵。若无兴德之言,则责攸之、祎、允等之慢,以彰其咎。陛下亦宜自谋,以咨诹善道,察纳雅言,深追先帝遗诏。臣不胜受恩感激。今当远离,临表涕零,不知所云。

这就是后世千载流传的《出师表》。通篇凝聚着诸葛亮公忠体国、励精图治的精神品格,无处不展现他北定中原、谋求统一的坚定信念,言出肺腑,情真意切,发人深省,感人至深。正因为这样,此表传颂万古,光照千秋。

为了能对曹魏两路夹击,诸葛亮对叛蜀降魏的孟达进行了一系列策反工作,终因孟达不听诸葛亮的劝告,疏忽轻敌,机事不密,被司马懿察觉,很快兵败被杀。

公元228年春,诸葛亮开始北伐了。为了稳妥起见,他没有采纳大将魏延偷袭长安的极为冒险的进军方案,而是与众将商议,决定先取陇右,再下关中。为了迷惑魏军,采取声东击西的策略,扬言要从斜谷出兵攻打郿城(今陕西眉县),并派赵云、邓芝带一队兵马作为疑兵,进据斜谷道,佯作一副要攻取郿城的样子。诸葛亮却暗中亲率大队人马,突然扑向魏军据守的祁山(今甘肃西和县西北)。蜀军经过几年时间的养精蓄锐,兵强将勇,战阵整齐,号令明肃,锐气很盛,所到之处,势如破竹,一举攻占祁山。位于陇西,祁山以北曹魏所属天水、南安、安定三郡守军,相继开城投降。诸葛亮又在冀城一带收降了后来成为西蜀名将的姜维,很是高兴,从心里喜欢这位有胆有识、临危勇任的青年。顿时,关中震动,魏国朝野一片惊惶。魏明帝曹睿亲临长安坐镇,命大将曹真、张郃率部赶赴郿城,命司马懿随后驰援。

正当战事朝着有利于蜀军方面迅速发展时,一个意外的挫折却使整个局势发生急转直下的变化。蜀军前锋马谡在街亭一带(今甘肃秦安西北)与

魏军作战中,违背诸葛亮的调动,又拒绝副将王平的劝阻,盲目自大,一意孤行,错误地丢弃城池不守,远离水源,把军队布置在孤立的山头上,结果被打得大败,致街亭失守,蜀军失去了前进的有利据点,致使整个战局向有利于魏军方面转化了。这时,赵云、邓芝也在东线失利。如果在这种被动不利局面下再继续作战,蜀军势必遭到更大损失。于是诸葛亮急忙调兵遣将,准备回汉中。

诸葛亮分拨完毕,自己领着五千名士兵到西城县搬运粮草。这时司马懿突然率十五万大军兵临西城。当时诸葛亮身边无大将,所领的五千军已有一半先运粮草走了,只剩下二千五百人在城中。如果弃城而去,必不能远逃。众人都大惊失色,不知所措,诸葛亮却意气自若,令"军中偃旗息鼓,诸军各守城铺,不许妄自出入,不许高声言语;四门大开,每一门上用二十军士扮作百姓洒扫街道"。诸葛亮披鹤氅,戴纶巾,领着两个小童子,在城上敌楼前,凭栏而坐,焚香操琴。司马懿领军到了城下,看见如此模样,心中大疑,他素知诸葛亮生平谨慎,不曾弄险,今大开城门,必有伏兵。于是引军尽皆退去。诸葛亮见魏军远去,抚掌大笑,一切都在意料中,然后拔西城百姓还于汉中,等待新的战机。后来司马懿再到西城时,仰天长叹:"我不如孔明!"

初战祁山失利的主要原因,是由于街亭的失守。马谡本来是一个只善空谈,无实际作战经验的人,诸葛亮不禁想起刘备临终的告诫:马谡言过其实,不可大用。内心极为悔恨,错用马谡,致使整个战局失利。回到汉中,立即挥泪按军法把马谡斩首,然后上表后主,自贬丞相之职,贬秩三等为右将军,以明国法。

第一次北伐的失败,没有使诸葛亮丧失统一的信心。他一面奖赏有功人员,抚恤阵亡将士的家属;一面总结教训,休整军队,励兵讲武,等待再次进兵中原的机会。

公元228年冬天,曹魏大将曹休被东吴鄱阳太守周鲂行使假降计,打得大败,魏军主力大部分被吸引东下,解救曹休。关中空虚。诸葛亮乘此时机,又亲率大军杀出散关(今陕西宝鸡西南),包围了陈仓。陈仓地势险要,易守难入,是古来兵家必争之地。由于陈仓魏军早有准备,因此蜀军遭到拼死抵抗。陈仓守将郝昭,智勇双全,加上城池高大、坚固,所以仗打得异常激烈、艰苦。攻城蜀军架起的云梯被守军用火箭射中起火;攻城的冲车也被城上飞下来的巨石砸毁。接着蜀军搬土填平护城河,准备筑岗直攻,也没有成功。后来挖的地道也被城中魏军所挖的横沟截断而告失败。激烈的战斗一直打了二十多天,陈仓还是没有被攻破。诸葛亮眼看粮草快完了,又探得曹魏救兵也将赶到,只好下令退兵。魏国将军王双恃勇轻敌,领兵穷追,岂知诸葛亮早有安排,待王双进入埋伏圈后,一声令下,伏兵四起,立斩王双,然后从容退兵回到汉中。

公元229年春,稍事休整后,诸葛亮开始了第三次北伐。鉴于前两次远攻失利,这次采取了近取固本的办法。他派部将陈式进兵攻取武都(今甘肃成县)、阴平(今甘肃文县)二郡,亲统大军继后,潜率军西上,以策应陈式。当魏国雍州刺史郭淮从陇西起兵进击陈式时,诸葛亮大军突然出建威(今甘肃成县西),惊走了郭淮,收复了二郡。诸葛亮留兵驻守下来,又对当地羌人做了一番安抚工作,然后收兵回到汉中。从此武都、阴平二郡正式归入蜀汉版图。

诸葛亮回到汉中后不久,后主降诏恢复了他丞相的职务。可就在这一年,赵云病逝,诸葛亮十分悲痛,跌足而哭道:“子龙身故,国家损一栋梁,我去一臂也!”众将无不流泪挥涕。同年四月,吴王孙权称帝,诸葛亮从大局出发,为了集中力量攻打曹魏,排除了内部一部人要与东吴断绝盟好的要求,派陈震为使到东吴去祝贺,从而使吴蜀联盟更加巩固。

诸葛亮为再次出兵北伐,进行了充分准备。在南郑筑汉城,成固筑乐城,以加强汉中防务。为了克服蜀道的艰险难行,解决战时的粮草运输困难,他设计制作了木牛流马来运送军粮,以确保与魏军长期作战。还改进制作了一种新式连弩箭,“一弩十矢俱发”,有较大杀伤力,是当时第一流兵器。到了第二年秋天,诸葛亮还未出兵,却听说魏国大兴三路兵马杀奔汉中来了。

诸葛亮正在操练人马,学习八阵之法,都已精熟,听到魏军主动来犯,遂叫来张嶷、王平吩咐说:“你二人先领一千人去守陈仓古道,以当魏兵;我提大军随后便来接应。”二将面面相觑,哀告说:“人报魏军四十万,诈称八十万,声势很大,我们领一千兵如何能挡住?丞相欲杀我二人,就此请杀,只不敢去。”诸葛亮笑着说:“我夜观天文,知月内必有大雨,魏军虽有四十万,怎敢深入山险之地?我将大军在汉中屯居,以逸待劳,等到魏兵退时,随后掩杀,必获全胜。”二将听了大喜,拜辞而去。

正如诸葛亮所料,随后下了三十多天大雨,曹真军入子午谷,走了一个

多月也没有走出谷口，司马懿早就在中途停下。这时，魏明帝下诏退兵，各路大军接到命令就立刻撤退了。蜀军众将都要追击，诸葛亮知司马懿善能用兵，今军退必有埋伏，故暂令不追。果然数日后埋伏的魏兵撤去，诸葛亮随后兵分两路，一路出箕谷战司马懿；一路出斜谷攻曹真。因司马懿早有准备，打败蜀军；而曹真却被蜀军大败。诸葛亮写信给曹真，笑他不学无术，竟把曹真气死军中。魏主下诏催司马懿出战，司马懿与诸葛亮斗阵不过，愤而挥军交战，结果大败而逃，退到渭滨南岸下寨，坚守不出。后因苟安运粮误期被罚，投降魏军，司马懿令其潜回成都散布流言，使后主下诏退兵，诸葛亮仰天长叹："主上年幼，必有佞臣在侧！我如不回，是欺主矣。若奉命而退，日后再难得此机会也。"即令兵分五路，以增灶法依次而退，使司马懿疑有伏兵而不敢追，不折一人而回。司马懿后来得知，仰天长叹："孔明谋略，我不如也！"遂引大军回洛阳。

公元231年春天，诸葛亮在处理好蜀汉内部事务后，再次出兵祁山，开始第四次北伐。他命李严住汉中督办粮草，供应前方，自己亲率大军北攻。团团包围了魏军固守的祁山。魏主曹睿得讯，立即派司马懿率大军火速去救。诸葛亮闻讯，果断地留下王平带部分精锐军马继续攻打祁山，而自己亲率蜀军主力迎战。

两军在上邽遭遇，郭淮、费曜所带领的魏军被打得一败涂地，蜀军进而占了卤城，诸葛亮亲率诸将和三军向陇上进发。诸葛亮用装神之计和疑兵吓得司马懿三天不敢出城，趁势命三万精兵把陇上小麦割完，运到卤城打晒去了。司马懿后来知道了原故，长叹道："孔明有神出鬼没之机！"经与副都督郭淮议定，发兵两路攻打在卤城打晒麦子的蜀军。

魏军乘夜来到卤城下，把城围得铁桶一样。司马懿传令攻城，岂知诸葛亮早有准备，城上万弩齐发，矢石如雨，魏军不敢前进，正在这时，四面火光冲天，喊声大震，四路伏兵一齐杀来。卤城四门大开，城内蜀军杀出，里应外合，大杀了一阵，魏军死伤无数。司马懿引败军奋死杀出重围，占住了一座山头，郭淮也领着败兵到山后扎营，坚守不出，与蜀军遥遥相对，以期蜀军粮尽后再去攻打。同时，一面令郭淮去偷袭剑阁，以断蜀军粮道；一面发檄文星夜往雍、凉两州调拨人马。岂知诸葛亮已先派重兵把守剑阁，郭淮见有准备只好撤回。

这次北伐，诸葛亮采纳了杨仪的建议：把北伐之兵与汉中之兵分作两班,以百日为期交换使用。当时在诸葛亮身边的八万蜀军中,有四万是马上要换班的,在这四万蜀兵收拾准备起程时,忽报西凉军马二十万来助战,司马懿又引兵来攻卤城,蜀兵无不惊骇。杨仪即建议把换班要去的四万蜀军留下退敌,待汉中兵到了,然后替换。诸葛亮听了说:"不可。我用兵命将,以信为本;既有令在先,岂可失信?他们都有父母妻子在家等着,我今天就是有大难,也决不留他们。"即传令教应去之兵,当日便行。众军士听了,都大呼说:"丞相如此施恩于我们,我们愿意暂且不回,各舍一命,大杀魏军,以报丞相!"到了这时,诸葛亮便说:"大家既要和我出战,可以出城安营,等敌军到时,不要等待他们有所喘息,便急攻之,这就是以逸待劳之法也。"众兵士领命出城,怀着必胜的信心列阵而待。

西凉人马倍道而来,人困马乏,正准备安营歇息,忽被蜀军一拥而进,人人奋勇,将锐兵猛,西凉兵抵敌不住,望后便退。蜀军奋力追杀,杀得西凉兵尸横遍野,血流成渠,丢下许多军械、武器、辎重狼狈逃走了。诸葛亮收了得胜之兵,回城赏劳。

这次北伐,连战告捷,几番重创魏军,照此发展下去,能给魏军更大的打击,造成兵逼中原之势。可是就在这时,由于后方负责给养的李严严重失职,致使粮草供应不上。李严为了掩盖过失,假传后主旨意,说东吴有连魏犯蜀之举,诳诸葛亮撤军。诸葛亮虽然感到十分疑惑,可又没有办法,而且这时军中粮草也接近用完,使蜀军失去了消灭魏军主力的大好战机,只好忍痛再一次放弃了进攻中原的大好时机,带兵撤回汉中。

魏国名将张郃听说蜀军撤走,不听司马懿劝阻,率领兵马紧紧追来,追到剑阁木门谷中,忽一声响,山上火光冲天,大石乱柴滚将下来,阻断了魏军的退路。一声梆子响,两边峭壁上万弩齐发,这位因抗蜀而"名著关右"的魏国名将张郃及百余部将,都被射死在木门道上。后面魏军追到时,见道路已塞,知道张郃中计,忽听山上有人大叫:"诸葛丞相在此!"只见诸葛亮立于火光之中,指着魏兵说:"我今日围猎,欲射一'马'误伤'獐'。你们可安心回去,上告仲达(司马懿字):早晚必定要被我所擒。"司马懿闻报后,既暗自庆幸自己逃过大难,又悲伤叹息张郃之死,遂收兵回洛阳去了。

诸葛亮回到成都,严肃查办了李严。上表后主,把这位不顾大局,出尔反尔,只知安身求名,邀功取利的李严削职为民,流放边郡。同时分明是非,不搞株连,把很有才干的李严的儿子李丰提升为中郎将,并写信勉励他好好

干。无怪后来李严听到诸葛亮去逝的消息,泪流不止,感念至深,发病而死。

在处理了李严之后,诸葛亮感到连年征战,兵疲粮虚,于是着手整顿内政,休士养民,操练军队,把大量军粮屯集于斜谷口一带,以解决好"粮谷军之要最",为更大规模的出师北伐准备了三年。

公元234年2月,诸葛亮率领十万大军杀出斜谷口(今陕西周至县),第五次北伐曹魏的战争开始了。兵出斜谷后,他一面指挥大军向前推进,占据武功,扎营五丈原;一面派使者前往东吴,约请孙权从东面出兵向曹魏进攻,以形成曹魏首尾不能相顾的局面。

蜀魏两军在渭水南岸的五丈原筑营对阵。司马懿派郑文诈降以图劫营,诸葛亮将计就计,把魏军打得一败涂地。于是,司马懿又故伎重演,坚守不战,以使蜀军粮绝,从中取利。诸葛亮深知其意,用木牛流马搬运粮草,人不太劳累,很是方便。司马懿闻知很是吃惊,即派兵去抢了几匹,也如法炮制,赶造了二千多匹,从陇西搬运粮草。诸葛亮见司马懿中计,便派大将王平领兵去劫,赶走了运粮魏军。当魏军大队人马来抢夺时,王平按照诸葛亮吩咐,命军士扭转木牛流马口内舌头,弃之而去。魏军得了木牛流马,就是一点也驱不动,这时蜀军伏兵杀来,魏军大败而退,蜀军又夺回去了木牛流马,扭转机关,如风拥而去。魏军远远望着,无不惊畏,不敢再来追赶。这样,蜀军轻易得了大量木牛流马和粮草。

曹魏兵多势重,粮草充足,而且主帅司马懿又足智多谋;蜀军远道而来,粮草运输困难。诸葛亮清楚地意识到:同曹魏的这场战争实质上是一场旷日持久的艰苦战争。因此,他一面寻找机会打击魏军;一面"分兵屯田",派士兵混杂在渭水之滨的农民中间种田,军一分,民二分,军民和睦相处,生产粮食供应军需,准备以此为基础,同曹魏军队长期作战。

不久,消息传来,孙权的军队被魏明帝率领的大军打退,撤回了江东。这时,蜀魏两军已经在渭水南岸相持数月,仍然没有机会进行大的决战。诸葛亮几次派人向司马懿挑战,司马懿都命令魏军坚守不出,企图以逸待劳,拖垮蜀军,使其粮尽自退。

为了与魏军决战,诸葛亮选择了上方谷(又叫葫芦谷)的山谷,密称在此屯存粮草,并多次有意把少量搬运粮草的木牛流马让魏军劫去,以使魏军轻敌,司马懿也形成错觉。果然司马懿自以为得计,一面令众将率主力去攻打蜀军大营,吸引蜀军主力;一面亲率一支兵马去上方谷,准备火烧蜀军粮草。

在探得谷上没有伏兵后，司马懿大胆杀入谷中，见草房上全是干柴，前面阻拦的蜀军大将魏延已不见踪影，心中大疑。正在这时，只听得喊声大震，山上一齐丢下火把来，烧断谷口。魏军退路已断，山上火箭射下，草房干柴都烧着了，一时间火势冲天。司马懿惊得手足无措，下马抱着两个儿子大哭说："我父子三人今天要死在这里了！"忽然间狂风大作，黑云漫空，一声霹雳，骤雨倾盆而下，满谷的火被浇灭。司马懿父子趁势领兵奋力杀出谷去，逃奔大营，不想营寨已被蜀军夺去。司马懿只得领着败军，杀过渭河浮桥，即命烧断浮桥，据守北岸。攻打蜀军大营的魏军闻讯急退，被四面而来的蜀军冲杀，魏军大败，十伤八九，死者无数。时诸葛亮在山上见因怪雨而使司马懿父子走脱，长叹说："'谋事在人，成事在天。'不可强也！"

司马懿退回到渭北营中，据守不出，并传令众将："今后再要出战者斩首。"诸葛亮千方百计企图诱惑魏军出战，无奈司马懿是下了决心坚守不出。于是，诸葛亮故意派人带了一套女人的衣服和书信去魏营送给司马懿，以企用羞辱的办法激怒司马懿决战。司马懿见了，心中大怒，但转念想到多次兵败，于是佯装笑着说："孔明视我是妇人啊！"还假装高兴地接受了，设宴重待来使，问及诸葛亮的情况，使者据实回答："丞相夙兴夜寐，罚二十大板以上者都要亲自批览。一天吃的不过数升。"司马懿对众将说："孔明食少事烦，其能久乎？"使者回去报告情况，诸葛亮叹道："彼深知我也！我受先帝托孤之重，惟恐他人不像我一样尽心！"

魏军众将见诸葛亮如此欺辱他们，都火冒三丈，纷纷要求与诸葛亮决一死战。但司马懿仍不动声色，他一面为了平息将领们的怒气，假意上表给魏明帝请战，一面依然固守不出。魏明帝知道了司马懿的苦衷后，即派人持节传谕，令三军坚守勿战，众将只得奉诏坚守。

长期艰苦的军旅生活，繁重纷杂的军机事务，日以继夜的忙碌和操劳，加上对统一事业不能实现的重重忧虑，摧残了诸葛亮的健康，特别是出兵几个月来，一直找不到与魏军决战的机会，英雄无用武之地，更使他心情烦闷，寝食不安，健康状况日益恶化。他不得不把前方的形势和自己的病情派人报告后主，让他多留心一下国事，有个思想准备。

诸葛亮病重的消息传到成都，后主刘禅急命尚书李福星夜到军中探望，并询问今后的国家大计。诸葛亮流着泪对李福说："我不幸中途离世，虚废了国家大事，是得罪天下。我死后，你们一定要竭忠辅佐后主。国家旧制，

不可改变;我所用的人,也不可轻易废用。我的兵法都传授给姜维,他自然能继承我的遗志,为国家出力。我命在旦夕之间,现有遗表上奏天子。"

李福在与诸葛亮密谈后,带了表文,便匆匆离去了。诸葛亮支撑着病体,让人扶上小车,出寨遍观各营,自觉秋风拂面,彻骨生寒,仰天长叹说:"悠悠苍天,我再不能临阵讨贼了!"叹息了很久,回到帐中,病情越发沉重。诸葛亮深感不久于人世,不仅对国家大事作了明确安排,还对蜀军撤退作了周密部署,并把根据自己平生所学而写成的兵书二十四篇传给姜维,叮嘱说:"蜀中各条通道,都不必太多忧虑;只有阴平,切须仔细。这地方虽然险峻,但时间长了必有所失。"果然阴平后来成了魏军攻占蜀国的突破口。

过了几天,李福急冲冲地又回来了,他进帐见诸葛亮丞相昏迷不醒,不禁跌足哭道:"来迟一步,是我误了国家大事!"诸葛亮忽然睁开了眼睛,对李福说:"我明白你返回的意思,你所问者,蒋琬可也。"李福又问蒋琬之后谁可接替丞相职务,诸葛亮说:"费祎可也。"李福再问其后时,诸葛亮闭上了眼睛,不回答了。大家近前一看,连声呼喊不应,诸葛亮丞相已经与世长辞了。这位活了五十四岁的三国时代杰出的政治家和军事家,就在他最后出师敌境,誓不回首之秋,怀着对没有完成统一事业的无限惋惜,病逝在北伐前线五丈原军中。他一生留给后世的宝贵精神财富,实在无愧于他的伟大,无愧于他对历史作出的贡献!这位在当时被称为"天下奇才"的人物,他的一生无处不是故事,即使他闭上了眼睛,他那动人而神秘的故事也还没有结束。

诸葛亮死后,杨仪、姜维等按照他的遗嘱,密不发丧,组织蜀军一营一营缓缓而退。司马懿闻知蜀军撤退,急领军马追来。正追间,蜀军鼓声大震,倒转旗帜,布成阵势,杀向魏军,中军大旗上书一行大字:"汉丞相武乡侯诸葛亮",旗下数员大将,拥着一辆四轮车,车上端坐着诸葛亮。司马懿大惊失色,以为又中了诸葛亮之计,忙下令退兵,魏军竞相逃命,自相践踏,死者无数。司马懿奔跑了五十多里,才被两员魏将扯住马嚼环停下,慌忙用手摸头问:"我头还在不?"两将答道:"都督不要害怕,蜀兵已去远了。"司马懿喘息半响,神色方定,即下令撤归本寨。两天后方知诸葛亮已死,车上的乃是木人,已追悔不及。司马懿自我解嘲说:"我能料其生,不能料其死也!"这就是后人讲的"死诸葛吓走生仲达"的故事,可见人们对诸葛亮韬略和智慧钦佩至极。司马懿后来到诸葛亮驻军的地方观看,见营寨坚实牢固,军垒井然有序,情不自禁地赞叹说:"诸葛亮真是天下奇才!"

　　杨仪、姜维等领着蜀军,排成阵势,缓缓退入栈阁道口,然后更衣发丧,扬幡举哀。蜀军将士闻知,都撞跌大哭不止,以至于有人痛哭而死的。大军正行间,忽报大将魏延领本部人马反了,且有大将马岱相随,并领兵来取南郑。在南郑城下两军对阵。杨仪拆开诸葛亮生前留下的锦囊看过,便催马阵前,手指魏延笑着说:"丞相在日,知你久后必反,今天果然应验。你敢在马上连叫三声'谁敢杀我'吗?"魏延大笑说:"杨仪匹夫听着:如果孔明在时,我还惧怕他三分;他今已亡,天下谁敢敌我? 不要说三声,就是三万声,又有何难!"遂提刀按辔,在马上大叫道:"谁敢杀我?"一声未了,脑后一人厉声而应道:"我敢杀你!"手起刀落,斩魏延于马下。众人都感到骇然,杀魏延的原是马岱。这一切都是诸葛亮生前安排好的,在后世广为流传,民间称为:"魏延反,马岱斩。"魏延问题的解决,是蜀汉解决了诸葛亮之后最大的武装反叛,巩固了蜀汉的统治。

　　后主刘禅在成都见到诸葛亮的遗表,很是伤感。诸葛亮在表中表达了他对北伐没有成功的无穷遗恨,对不能报先帝知遇之恩而报后主的无尽憾意;对国家政事作了详细安排,还对自己家中事有所交待,称:"臣在成都家中,有桑树八百多株,薄田十五顷,子弟衣食,自给有余。臣死之日,不可使家中有多余的帛丝,外面有赢余的钱财以至辜负了陛下。"等等,如此严格要求自己和家人,这在一般人是很难做到的。

　　诸葛亮灵柩运到成都,后主刘禅引文武百官,全都挂孝,出城二十里迎接。后主放声大哭,上至公卿大夫,下及山林百姓,男女老幼,无不失声痛哭,哀声震地。后主命扶柩入城,停放在丞相府中,其子诸葛瞻守孝居丧,后依诸葛亮遗愿,后主亲自护送灵柩到北伐前沿的汉中定军山安葬,不用墙垣砖石,也不用一切祭物。后主降诏致祭,谥号忠武侯;下令建庙于沔阳,四时享祭。

　　"出师未捷身先死,长使英雄泪满襟。"尽管诸葛亮一生为之奋斗的目标——统一全国的宏图大业未能实现,这固然是因为蜀汉与魏国双方力量的悬殊以及刘备在战略决策上的诸多失误,但他那崇高的气节,勇于献身的精神,以及杰出的智慧和才能,却永远为人们追思和怀念。宋代王安石曾在《诸葛武侯》诗中称颂他的北伐活动说:"崎岖巴汉间,屡以弱攻强;晔晔若长庚(金星),孤出照一方。"

十、名垂千古

汉末三国时期的历史,波澜起伏,人才辈出,涌现出了一批杰出的历史人物,诸葛亮就是这其中最有代表性的一位。他去世几十年后,还受到蜀中一带"国人歌思",到了唐代,那里还依然"歌道遗烈",缅怀和追念他的功绩;直到今天,东南亚有些国家,甚至日本国中,还有许多人以诸葛亮为榜样,常思不忘。可见诸葛亮的伟大和对后世影响的深远。

诸葛亮从 27 岁出山到 54 岁病逝北伐前线五丈原,他短促而又不平凡的一生,几乎时时处处都充满了超人的智慧和才干。他从 27 岁走出隆中,登上当时风云变幻的历史舞台,恰好是半生操劳,尽瘁国事。前半生是他立志用世的准备阶段,结庐隆中,因志成学;后半生则是忠勤操劳,"两朝开济"的用世之期。惟因他前半生立志得坚决,准备用世的才干又准备得充分,所以他在后半生才以其操守坚贞、智才卓出的条件,在当时的历史条件下,做出了一番轰轰烈烈的事业,赢得了"名垂宇宙"的崇高声誉。

在著名的《隆中对》中,诸葛亮向刘备提出进取荆、益,革新政治,积蓄力量,准备条件,统一全国的建议,表现了他对当时形势的清醒认识和深刻分析。他帮助刘备由无立锥之地到建立了蜀国,并两代任相,长期主持蜀汉的军政要务,推行汉、治路线,对于西南地区政治、经济的发展,作出了有益的贡献。他重视"耕战",大力发展农业生产;采取设立司盐校尉等一系列措施,做到了国强民富;他审时度势,清楚地知道敌人和盟友,还注意联合少数民族;他治军有方,使军队训练有素,作战时注重调查研究,因而经常取得胜利。他的智慧和谋略的运用,不但在当时的历史舞台上演出了威武雄壮、有声有色的活剧,而且对后世的政治、经济、军事、外交、民族政策等也产生了深远的影响。

在中国古代,没有哪一位政治家或军事家能够像诸葛亮那样,得到了当时以及后世那么多的褒扬和赞誉。诸葛亮身后的蜀国,在他的继任者蒋琬、费祎相继去世后,也就一天天走向衰落了,确实使人感到"人亡政息"。人民关注国家的命运,怎能不怀念诸葛丞相呢?连魏国征西将军钟会统兵征蜀到汉中时,也亲往诸葛亮庙中祭奠。蜀亡之后,诸葛亮的名声反更大,身价反而愈高。晋王司马昭在灭蜀以后,立即就叫陈勰学习诸葛亮兵法,其子晋武帝司马炎还亲自向蜀汉降臣樊建请教诸葛亮治国之方,而司马懿早就称赞诸葛亮为"天下奇才"了。对诸葛亮的推崇,晋代开国的司马祖孙三代算是给后世开了先河。

从晋代开始,历代都在给诸葛亮升官晋爵,赐庙加号。晋封武兴王;唐封武灵王,并赐庙,宋赐"英惠庙",加号"仁济";元代则更追封为"威烈忠武显灵仁济王";明代朱元璋钦定"帝王庙",选从祀名臣37人,"忠武侯与拥焉";清代不但把许多纪念诸葛亮的胜迹古祠加以整修建新,供人瞻拜,而且每年春秋祭孔庙时还以诸葛亮从祀。

历代统治集团更是对诸葛亮推崇备至。晋武帝对诸葛亮的治国之法很是称道,感叹地说:"我要是诸葛亮辅佐,怎么会像今天这样劳累啊!"唐太宗李世民曾多次向臣下称道诸葛亮治国的忠勤,他认为诸葛亮治蜀"十年不赦,而蜀大化"的根本原因在于有"贤相"诸葛亮为政"至公",要房玄龄等大臣效法诸葛亮"公平"治国。宋代大学者朱熹认为:"论三代而下,以义为之,只有一个诸葛孔明。"简直把诸葛亮称颂到无以复加的地步。清代康熙帝赞叹说:"诸葛亮云:鞠躬尽瘁,死而后已。为人臣者,惟诸葛亮能如此耳。"乾隆帝亲撰的《蜀汉兴亡论》,大发"用贤与不用贤,关系国家存亡"的议论,对诸葛亮推崇备至。至于各朝文人骚客,武将名流,争相为诸葛亮著书立说作传,歌功颂德,更是蔚然成风。

历代封建统治阶级对诸葛亮的颂扬,自然有着他们本身的政治目的,但是,诸葛亮作为中国封建社会人治较为完备的成功者,有两点是被后世公认的:一是他忠于信念,矢志不移;二是他谦虚谨慎、克己奉公。前者反映他积极进取的精神品格;后者表示他尽瘁终身的思想作风。这大概永远为后人所追缅和学习。

"纷纷世事无穷尽,天数茫茫不可逃;鼎足三分已成梦,后人凭吊空牢骚。"往事越千年,诸葛亮所处的三国乱世早已成为历史,但诸葛亮作为伟大的政治家、军事家、外交家却是永垂后世的,他运筹帷幄、神机妙算的谋略大家的形象永远活在人们心中。

(韩奋发)

狄仁杰

——武则天时代的名相

历史上一些有名的清官人物故事在民间广泛流传,长久不衰,几乎是家喻户晓、妇孺皆知。生活在唐朝高宗、武则天时期的狄仁杰,就是其中的一位代表。

一、步入仕途

狄仁杰(629—700),字怀英,并州太原(今山西省太原市西南)人,出身于普通的官僚地主家庭,少年时代,他一心埋头刻苦攻读,深入钻研儒家经典和百家之言,"日数千言不肯休",常常夜以继日,废寝忘食。一次,一位门人被人杀死,县上派官吏前来调查案情,众人都争着向官吏表白,说自己是大好人,从来没有杀过人,惟独狄仁杰仍在一旁认真读书,根本就没有理会这件事情。县吏非常气愤,遂责问狄仁杰。狄仁杰回答说:"我正在书中与圣贤对话,探讨问题,哪里有闲功夫与俗吏说话啊!"说得县吏面红耳赤,无言以对,灰溜溜地到一旁去了。后来,狄仁杰以明经举,步入仕途。明经是唐朝初期科举制度中最重要的科目之一,与进士科并列,考试内容主要是经义。

狄仁杰从政后,最初担任汴州参军(参军,官名,王府或将军府的重要幕僚)。由于狄仁杰办事公正廉洁,认真负责,因而得罪了一些人,他们捏造罪名,诬告仁杰。当时担任黜陟使(官名,职责是巡察全国各地,调查官吏的行为以施赏罚,并询访地方情况)的阎立本招狄仁杰查问。谈话当中,阎立本发现仁杰是一位很有才能的青年,遂举荐他担任了并州法曹参军。一次,和仁杰在一起共事的参军郑崇质要出使到很远的边疆,而崇质的母亲又年老多病，这使崇质非常为难。仁杰知道此事后，对他说："难道能让你的母亲在万里之外为你担忧吗？你在万里之外能安心工作吗？"说完，仁杰求见了长史仁基，自告奋勇要求代替郑崇质出使边疆。当时，长史蔺仁基与司马李孝廉不和，听了这件事后，为仁杰对朋友的情谊所感动，对李孝廉说："看看狄公对朋友的情谊，我们还有什么矛盾不能解决呢？我们真感到惭愧啊！"从此，两人和好如初。他们常常对人说："狄公之贤，北斗以南，只有他一人。"

二、调任京官

公元 676 年，狄仁杰上调中央，担任掌管刑狱的大理丞。在短短的一年中，他认真细致地处理了前任遗留下来的 17000 多件案子，而且没有一人再上诉伸冤，人们都称赞其办案公正宽大，后人依据此编出了许多精彩的传奇故事，连荷兰国也有人以此为题材，编了一本《大唐狄仁杰断案传奇》。有一年，左威卫大将军权善才、右监门中郎将范怀义误砍了唐太宗李世民昭陵上的一棵柏树，若按当时的法律论罪，最大是将两人免官，但唐高宗却下旨要将他们处死。大理寺狄仁杰据理力争，认为权善才、范怀义罪不应死。唐高宗一听，十分气愤，对狄仁杰说："他们两人砍伐了昭陵上的柏树，让朕落了个不孝的罪名，必须杀了他们才足以解恨！"朝廷大臣纷纷向狄仁杰暗示别再为这两个人而顶撞皇上了，狄仁杰却毫不让步，坦然对高宗晓之以理："皇上，有人说，自古以来顶撞君主的人都没有好下场，但臣并不以为然。在夏桀商纣时代也许如此，而在尧舜时期则不然。臣庆幸自己生在尧舜一样的时代，不怕皇上听不进我的好言相劝。汉朝时期，有一盗贼窃取了高祖庙堂前的玉环，文帝大怒，将盗贼交付廷尉张释之惩治。张释之按盗宗庙服御物判处弃市（杀头）罪，上奏文帝。文帝怒不可遏，斥责道：'人无道以至于此，竟敢盗取先帝明器！我交付廷尉，竟欲判他灭族之罪，而你却拘守成法，这有违我尊崇宗庙的原意。'张释之免冠叩头说：'法令该如此判处。今以盗宗庙器而灭族，假使万一有个无知愚民挖取长陵上的一锨土，皇上将以何法惩治呢？'文帝终于认识到廷尉的判处是恰当的。今依照大唐法律，权善才、范怀义并没有犯下死罪，陛下却下旨要将二人处死，法令如此反复无常，以后还怎样以法治理国家呢？你现在为了昭陵上的一棵柏树而处死二位大臣，

后世之人将如何评价陛下呢？"高宗觉得狄仁杰说得有理,遂免了权善才、范怀义的死罪。这件事过没有多久,朝廷授狄仁杰为侍御史,举劾非法,督察郡县。681 年,司农卿韦弘机在洛阳修建了华丽的宫殿,唐高宗移住东都洛阳。狄仁杰上奏折弹劾韦弘机,指出韦弘机的错误在于使皇帝生活腐化,会把皇帝引入歧途。唐高宗遂免了韦弘机的官职。左司郎中王本立是朝廷的一位秘书,他依仗皇帝的宠爱,在朝廷横行霸道,仗势欺人,大臣们都不敢得罪他,只有狄仁杰上奏弹劾王本立的罪行,但唐高宗却下旨宽恕了王本立。狄仁杰再次上奏说:"朝廷虽然缺乏人才,但也不缺少像王本立这样的人,陛下为什么要宽大他而违反了国家的法律呢？ 如果陛下一定要宽恕王本立,那么就先把臣流放到荒野之地,以警告朝廷的忠贞之士。"唐高宗同意狄仁杰的看法,王本立得以依法治罪,满朝文武都佩服狄仁杰的胆量和勇气,对他肃然起敬。还有一次,狄仁杰奉命巡视岐州,在路上遇到数百逃亡的兵士抢劫老百姓的财物,人们非常恐慌,四处逃散。地方官府拘捕了一部分兵士,并严刑拷打,有的甚至被折磨致死。狄仁杰看到这情况,对地方官吏说:"这种办法不对,要是把他们逼得走投无路,就要发生灾祸。因此,最好的做法就是对他们进行宽大处理。"于是,岐州官府张贴了布告,声称抢劫财物的兵士只要主动投案自首,官府可以宽大,已被抓获的兵士只要说明了情况,当场释放。抢劫兵士听到这个消息后,奔走相告,兴奋不已。很快,这些兵士都主动前来官府自首,一次大的灾祸得以避免。这件事传到朝廷,唐高宗非常高兴,连声称赞狄仁杰办事得体,为政宽厚。

三、狄公断案

狄仁杰为大理寺卿时,断案公正,执法如山,深受老百姓的爱戴。一天,狄仁杰正在府衙的后堂阅批往来的公文,忽听大堂上面,有人击鼓,知道是出了案件,赶紧穿上官服,升坐公堂,两班衙吏齐集在下边。只见府衙前一片哭声,许多男女老幼揪着一位二十四五岁的后生,由头门喊起,直叫伸冤。后面跟着一位四五十岁的妇人,哭得更是悲苦。众人来到堂上,一齐跪倒案前,各人哭诉。狄仁杰对一衙役说道:"你去问问这些人,为何而来。然后单叫原告上来问话,其余暂且退下,免得审时听不清。"衙役领命,将一群人推到班房外面,将狄仁杰吩咐的话说了一遍。当时有两个原告,跟他进来。狄仁杰向下一望,一位是中年妇人,一位是白发老者。两个到了案前,左右分开跪下。狄仁杰问道:"你两人是何姓名,有什么冤屈,快快说来。"只听那妇人先开口说:"小妇人姓李,娘家王氏,丈夫早已亡故。膝下只有一女,名唤黎姑,今年19岁。去年经同邑史清来为媒,聘本地孝廉华国祥之子文俊为妻。前日两人完婚,昨日小女忽然身死。小妇人得信,赶紧前去观望,哪知我女儿全身青肿,七孔流血。眼见身死不明,为他家谋害,求大老爷伸冤!"说完放声大哭。狄公听罢,转向那老者问道:"你这人可是华国祥吗?"老者答道:"正是。"狄仁杰道:"佳儿佳媳,本是人生乐事,为何娶媳三朝,即行谋害?赶紧从实招来,本县好前去登场相验。"华国祥泪流满面地说道:"我乃诗礼之家,岂敢肆行凌虐。儿子文俊,虽未功名上达,也是应试的童生,而且新婚燕尔夫妇和谐,何忍下此毒手!只因前日佳期,晚间儿媳交拜之后,那时正宾客盈堂,有许多少年亲友,欲闹新房,举人因他们取笑之事不便过于阻拦。谁知其中有一位叫做胡作宾的青年,是县学生员,与小儿是同窗好友,平日最爱开玩笑,当时见儿媳有几分姿色,生了妒嫉之心,评头论脚。闹个不了。举人见夜已深,恐误了吉时,便请他们到书房饮酒,无奈众人异口同声,一定要在新房取闹。后来有人建议,让新人饮酒三杯,以此讨饶。别人都赞成这个提议,惟有胡作宾不同意。我怒斥他几句,他竟恼羞成怒,骂我不识抬举,三朝内定叫我知道他的厉害,说完愤愤离去。第二天,我又请众人喝酒,谁知胡作宾心地狭窄,将毒药放进新房茶壶里面。幸而文俊昨晚未曾饮喝,故而未曾同死;媳妇不知何时饮茶,服下毒药,一命呜呼。可怜我的佳媳,竟给这胡作宾害死,务求大老爷伸冤报仇!"

狄仁杰听罢,对二人道:"据你两人所言,乃是胡作宾害死了人,不知此人现在何处?"华国祥道:"胡作宾被我们捉到,在衙前伺候。"狄仁杰命带胡作宾到案。一声传命,早有一位四五十岁的妇人领着一位后生边哭边喊,到案前跪下。狄仁杰问道:"你就是胡作宾吗?"下面答道:"生员是胡作宾。"狄仁杰向他高声喝道:"还亏你是个县学生员,为何心起歹意,毒杀人媳?从实招来!"胡作宾含泪道:"大老爷请息怒,容生员细禀。前日闹房之事,虽有生员从中取闹,也不过是少年豪气,随众笑言。那天他家中有客三四十人,生员见华国祥独不与旁人求免,惟向我一人拦阻,因恐怕当时答应,扫了众人的兴趣,所以未答应。谁知他当众面斥生员,生员无意间说了一句戏言,教

他三日内防备。而且次日，华国祥复设酒相请即使有什么嫌隙，也已言归于好，哪里能再谋毒人命。若说生员不应嬉戏，越礼犯规，生员受责无辞；若说生员谋害人命，生员实在是冤枉，求大老爷明察。"他的母亲在一旁直是叩头呼冤，痛哭不已。

狄仁杰听了三人之词，心下疑惑不已，暗道："华、李两家见女儿身死，自然是情急具控，惟是牵涉这胡作宾在内，说他因妒谋害，这事大有疑惑。而且他方才所说之词，甚是入情入理。此事还需再三推敲。"想到这里，狄仁杰向李氏道："你女儿出嫁，未及三朝，突然身亡。虽则死因不明，但据华国祥言，并不是他家所害，若是胡作宾下毒杀人，也要有证据才行，你与华国祥暂且退回，等候传讯。胡作宾无端起哄，指为祸首，收押在监，明日验毕再核。"

次日，狄仁杰坐轿来到华国祥家中，华国祥急忙出来迎接，邀狄仁杰步入厅堂，家人送上茶来。狄仁杰向华国祥之子华文俊问道："你妻子到家，不到三天，便毒发身亡，你前晚是何时进房的呢？进房的时候，她是什么模样，随后何以知道茶壶内有毒，她误服身亡？"文俊回答说："童生因结婚大喜，诸亲友前来庆贺，故奉家父之命，往各家道谢。回到家后，天色已黑，到父母房中问安后，回到自己房中。这时妻子正坐在床沿上，见童生回来，忙让伴姑倒了两杯浓茶。童生因在父母房中已饮过茶水，故而未曾入口。妻子却端起一杯茶水一饮而尽，随后入寝。不料到了晚上三更天的时候，童生忽然听见她喊肚痛，怀疑是积寒所致。谁知越痛越厉害，叫喊不止。童生正要命人请医生时，她却已身亡。后来寻找死亡原因，才知她肚痛是喝了茶水的缘故，连忙取过茶壶观看，里边已变成赤黑的颜色，因而童生怀疑她是中毒身亡。"狄仁杰听完文俊的叙说后，让华国祥把伴姑叫来，想问她一些具体情节。伴姑见到狄仁杰跪倒在地，向狄仁杰请安。狄仁杰问她道："你便是伴姑吗？是李府陪嫁过来还是此地仆妇？连日新房里面出入人多，你为何不小心照应呢？"伴姑低头禀道："老奴姓高，娘家陈氏，从小蒙李夫人厚爱，留养在李家，作为婢女，后来嫁与高起为妻。我夫妻两人皆在李家为役。近来小姐出嫁，夫人见老奴是个旧仆。特命前来为伴，不料前晚竟出了这祸事了。小姐死因不明，叩求大老爷将胡作宾拷问。"狄仁杰最初怀疑文俊媳妇的死是伴姑暗中加害所致，所以坚持要提审伴姑。此时听她所说，乃是李家的旧仆人，断无毒害之理，心里反没了主意，只得向她问道："你既然是由李府陪嫁过来，这连日泡茶取水，都是你一人照应的了。临晚那壶茶，是何时泡的呢？"高陈氏道："午后泡了一次，上灯以后，又泡了一次，夜间所吃，是第二次泡的。"狄仁杰又问道："泡茶之后，你可离房没有？那时书房曾开酒席没有？"伴姑道："老奴就吃夜饭出来一次，其余时间并未出来。那时书房酒席，姑少爷同胡作宾也在那里吃酒。但是胡作宾晚间忿忿而走，且说了难听的话，这毒药肯定是他下的。"狄仁杰道："照你说来，也不过是疑猜的意思。但问你午后所泡的茶有人饮用吗？"伴姑想了一会，也是记忆不清，狄仁杰只得入内相验尸骸。

狄仁杰与华国祥走进新房，见箱笼物件，俱已搬去，惟有那把茶壶并一个红漆筒子，放在一张四仙漆桌上，许多仆妇在床前看守。狄仁杰道："这茶壶原来就放在这张桌上吗？你们取碗来，待本官试一试。"说着当差的早已递过一个茶杯，狄仁杰亲自取在手中，将壶内的茶倒了一杯，果见颜色与众不同，如同那糖水一样，还散发出一阵阵的腥气。狄仁杰想了想，命人唤了一只狗来，又命人放了些食物在内，将它泼在地下，那狗低头哼了一两声，一气吃下，霎时之间，乱咬乱叫，约有一顿饭的功夫，一命呜呼。狄仁杰非常诧异，先命差役上了封标，以免闲人误食，随即走到床前，看视一遍。只见死者口内慢慢的流血，浑身上下青肿非常，知是毒气无疑。同时，床前一阵阵腥气，也吹入脑中。他心中暗想：古来奇案甚多，即便中毒所致，这茶壶之内，无非是那砒霜信石，服在腹中，纵然七窍流血，立时身亡，为何有这腥秽之气？看那尸身虽然青肿，皮肤却未破烂，而且胸前膨胀如瓜，可能另有别的缘故。想到这里，狄仁杰再往地下瞧了一瞧，见有许多血水点子，里面带着黑丝，好像活动的样子。狄仁杰看在眼内，出了新房，在厅前坐下，心下想：此事定非胡作宾所为，内中必有奇怪的事件。因而对华国祥道："此事似有可疑，本官断无不办之理。胡作宾虽是一个被告，高陈氏是个伴姑，也不能置身事外，请即交出，一齐归案讯办，以昭公允。"说完起身乘轿回衙。

狄仁杰回到府衙后，左思右想，此案非胡作宾所为，也非高陈氏陷害。虽然知道这缘故，只是想不出个原由，毒物是何时下入，因此不便发落。

一日，狄仁杰一人坐在堂上思考此案，家人送上一碗茶来。狄仁杰掀开茶盖，只见上面有几点黑灰浮于茶上，狄仁杰责备家人道："你为什么如此粗心，泡茶也不用洁净水？这上面许多黑灰，是哪里来的"家人赶忙回道："小的正泡茶时，那檐口屋上忽飘下一块灰尘来，落于里面，以致未能清楚。"狄仁杰听了这话，猛然醒悟，忙命差役提来高陈氏，问道："你说那茶壶内茶是

你所泡,那我问你,这茶水是在外面茶坊买来的,还是家中烹烧的呢?"高陈氏道:"华老爷因连日喜事,宾客繁多,恐外面买水不方便,因而自那日喜事起,都是家中烧的水。"狄仁杰道:"这烧水的地方,是在何处呢?"高陈氏道:"在厨房下首间屋内。"狄仁杰听罢,唤来众差役说:"此案我已知道了,待明日了结此案,再行释放胡作宾与高陈氏。"说完退入后堂。

第二天一早,狄仁杰带了一班差役来到华国祥家中。华国祥请狄仁杰到厅堂入坐,家中献上茶来。狄仁杰对华国祥道:"令媳中毒身亡之事,今日就可了结。先请那烧水的仆妇前来,我有话问她。"华国祥不解其意,只得命人将那烧水的丫头唤出。狄仁杰见是一个十八九岁的丫头,问道:"你叫什么名字,向来是专烧火的么"那丫头道:"小女子名叫彩姑,向来侍奉夫人。只因近日迎娶少奶奶,便命专司开水。"狄仁杰道:"那日高陈氏午后倒水,你可在厨房里面吗?"彩姑说道:"正在那里烧水。后来上灯时分,回到上房有别的事情,高奶奶来了去泡茶,却未看见。等到小女子回到烧水处,炉内茶水已泼在地下。随后小女子进来,询问其事,方知高奶奶泡茶之时,炉内已没有开水,她将炉子取下,放在檐口,后加火炭,用火烧了一壶开水,只用了一半,另一半正拟到院落添加冷水,不料绊了一跤,以致将水泼于地下。随后小女子另行添水,她方走去。这就是那日泡茶的经过,至于其他事情,小女子一概不知。"狄仁杰听罢,命人将高陈氏带上来,向她喝道:"你这奸滑的女人,前日当堂口供,说那日向晚泡茶,取的是现成开水,今日彩姑供说,是你将火炉移至檐口,将冷水烧开,只用了一半,另一半泼在地上,可见你口供不实。你还有什么辩解?"高陈氏吓得叩头不止,说道;"求大老爷开恩,老奴因堂上惧怕,一时心乱,胡口所供,以免老爷恐再问,其实老奴无别项缘故。"狄仁杰怒道:"可知你只图一时狡猾,你那小姐的冤枉,为你耽搁了许多时日了。若非本官明白,岂不冤枉了那胡作宾?"说完起身对华国祥道:"本官且同尊驾到厨房一行,以便令人办事。"

当时狄仁杰等人到了里面,见朝东三间正屋,是锅灶的所在,南北两边,共是四个厢房。狄仁杰问彩姑道:"你等那日烧水,可是这朝北厢房里吗?"彩姑道:"正是这个厢房。"狄仁杰走进里面,但见那厨房已破旧不堪,瓦木已多半朽坏,随向高陈氏问道:"你那晚将火炉子移在何处檐口?"高陈氏向前指道:"便在这青石上面。"狄仁杰依着她指点的所在,细心向檐口望去,只见那椽子已突下半截,瓦檐俱已破损,随向高陈氏道:"你仍在原处烧一回开水,以便要本官饮茶。"

却说那高陈氏正在那里烧火,忽然檐口落下几点碎泥,掉到她颈头上面,高陈氏赶紧用手拂去。狄仁杰早已看得分明,随即喊道:"你且过来!"高陈氏见他叫唤,也只得走过,到了他面前。狄仁杰道:"你且在此稍等一等,那害你小姐的毒物,马上便可见到了。"说完,狄仁杰端坐在椅子上,两眼直望着檐口。又过了有盏茶的功夫,果然见那落泥的地方露出一线红光,闪闪的在那檐口,时隐时现,但不知是什么物件。狄仁杰对众人道:"这案庶可明白了。且请稍等片刻,看这物究竟怎样。"当时众人抬头细瞧,但见火炉内一股热气冲入上面,那条红光被烟抽得蠕蠕欲动,忽然伸出一个蛇头,四下观望,口中流着浓涎,对准火炉内滴下。那蛇见有人在,顷刻又缩进里去。此时众人无不凝神屏气,吓得口不敢开。狄仁杰对华国祥道:"原来令媳是为这毒物所伤。这是尊驾亲眼所见,并非是本官有意祖护胡作宾。尊处房屋既坏,历久不修,已至生此毒物,不如趁此将它拆毁。"说完命几个差役及华家打杂的人,各执器具,先拥入室内,将檐口所有的椽子拖下。只见上面响了一声,砖瓦连泥滚下,内有二尺多长的一条火赤炼蛇,由泥瓦中游出,窜入院落,正欲逃走。一差役眼疾手快,用火叉打死了那蛇,众人还恐里边仍有小蛇,一齐上前把那间房子拆了个干干净净。然后,狄仁杰命人将蛇带着到了厅前,对华国祥、李氏等说道:"此案本官初来相验,便知令媳非人毒害。且不说胡作宾是个儒雅书生,断不致干这非礼之事;惟进房之后,又闻见一股骚腥气,便好生疑惑。我想,用毒药害人,无非是砒霜信石,即便服下,但七窍流血而死,岂有腥秽的气味?因此本官未敢遽断。审讯高陈氏的口供,她说茶为自己所泡,泡茶之后胡作宾又未进房,除她吃晚饭出来,其余又未离原处,又没有别人进去,难道是新人自己毒害?今日听彩姑之言,这分明是当日高陈氏烧水之时,在檐口添火,那烟上冲,蛇涎滴下。其时高陈氏未曾知觉,便将开水倒入茶壶,其余一半却巧为她泼去,以致未害别人。因此,要知道案情的原委,乃是高陈氏自不小心,以致令媳误服其毒。本官理应将她治罪,只是她事出无心,老年可悯,且从轻办理。令媳无端身死,亦属天命使然。胡作宾无辜受屈,本应释放,奈他嬉戏成性,殊非士林中的正品,着令老师戒饬,以警下次。"众人佩服狄仁杰断案如神,执法公正,是一位难得的好法官。

四、宦海浮沉

后来狄仁杰调任宁州刺史。他爱民如子,关心老百姓的疾苦,为他们排忧解难,深得人们的爱戴,大家立碑石歌颂仁杰的功德。当时,御史郭翰奉旨巡察陇东各地。一路所到之处,弹劾了不少贪官污吏。当他进入宁州境内时,发现百姓安居乐业,人们纷纷称赞刺史狄仁杰的美德,郭御史回朝之后,向武则天奏明狄仁杰施政有方,颇得民心的事迹,于是狄仁杰被提升为朝廷掌管工程建设的冬官侍郎。一次,狄仁杰以江南巡抚使奉旨持节出巡江南。吴楚一带俗多祭祀,仁杰对这种迷信做法非常厌恶,下令关闭、拆毁了一千七百所祠堂庙宇,只保留了夏禹、吴太伯、李札、伍员四祠。

武则天当政初期,为了巩固自己的地位,依靠庶族官僚李义府、许敬宗等贬杀了长孙无忌、褚遂良等元老重臣,诛杀了许多唐宗室皇戚,甚至谋害、幽禁自己的亲生儿子,重用武氏家族武承嗣、武三思等人,引起了李唐宗室的强烈不满。唐嗣圣元年(684年),柳州司马徐敬业以匡复唐室、拥立庐陵王为号召,在扬州起兵反武则天,人数曾发展到十余万,后遭失败。垂拱四年(688年),琅邪王李冲在博州、越王李贞在豫州又起兵反武则天,但因力量悬殊而遭失败。为了尽快恢复豫州的平安,武则天对狄仁杰委以重任,派他担任豫州刺史。当时豫州很多官吏都被卷入这一反叛武则天的事件中,因此获罪的达六、七百家,有数千人将被抄家灭族。狄仁杰到任后,司刑屡次派人催促他极早将这些人处置。狄仁杰看到这样多的人将要被杀死,心中实在难过。他向武则天密奏道:"这些人大都是黎民百姓,他们并不是想要反叛朝廷,只是受到胁迫而在诸王军中服役的。我说的这些话,似乎是在为叛乱者讲情,但我如果知道实情而不说,又违背了陛下体恤百姓的意愿,我请求陛下为他们减刑,将他们从轻发落。"武则天看过奏章后,认为狄仁杰的话很有道理,同意赦免这些犯人的死罪,将他们发配到丰州。当这些衣衫褴褛、疲惫不堪的囚犯经过宁州时,许多父老乡亲都出来迎接:"是我们的狄公救了你们的性命。"囚犯们于是跪拜在狄仁杰的德政碑前,感动得痛哭流涕,整整三日方才告别了狄公的德政碑,继续赶路。到了丰州,囚犯们又亲手为狄仁杰立德政碑,感谢他的大恩大德。

在镇压越王反叛武则天的战斗结束后，身为朝廷军队统帅的宰相张光辅自恃劳苦功高，纵容部下将士向豫州老百姓勒索钱财，滥杀无辜。狄仁杰对此事大为震怒，命令手下坚决制止官军的不法行为。张光辅对狄仁杰的做法大为不满，厉声责问狄仁杰："你一个小小的州官，竟然敢管到我元帅的头上了，真是活得不耐烦了。"狄仁杰回答道："元帅息怒，让我把话讲完。以前在河南起兵作乱的，只有一个越王李贞。公率领30万大军进兵河南，完成了平乱任务，可喜可贺。但是公如果听任部下将士抢掠百姓，横行不法，使无辜的百姓受到损害，生灵涂炭，那岂不是灭了一个越王，又出现了成百个越王了吗？你身为大军统帅，却看着手下的人屠杀已经投降的叛军，为邀功请赏而使豫州血流成河。我若手有上方剑，先把你杀了，就是死了也没有什么值得遗憾的。难道你想驱民造反吗？"狄仁杰一身正气，说得张光辅瞠目结舌，无言以对，却耿耿于怀。回朝后，张光辅以狄仁杰出言不逊，奏与武后，狄仁杰被贬为复州刺史，旋又降为洛州司马。

五、升任宰相

公元690年，武则天改唐为周，以洛阳为神都，号"圣神皇帝"。在中国历史上，武则天是仅有的一个封建女皇帝，武则天虽然是一个封建女皇帝，但她是一位惟才是举、任用贤能的政治家。在她当政期间，百姓们基本上安居乐业，丰衣足食，社会经济在一步步地向前发展，为后来唐玄宗时期出现的开元盛世打下了坚实的基础。武则天爱才、识才，因而狄仁杰的才能不会为武则天所遗忘。天授二年（公元691年），武则天重新起用狄仁杰，任命他为地官侍郎同凤阁鸾台平章事（二级实质宰相），参与国家管理。一天，上朝之时，武则天告诉狄仁杰说："你在豫州时有很好的成绩，老百姓都爱戴你，但也有人说你的坏话。你想不想知道他们是谁吗？"狄仁杰回奏说："陛下，臣不愿知道。陛下认为我有过失，我愿改正。陛下知道我没有过失，是我的幸运。至于说我坏话的人，请陛下不必相告，这样大家以后还能和睦相处。"对狄仁杰的机智诙谐，武则天极为赞赏，叹道："狄仁杰真有长者风度啊！"

当时，太学生王循之上疏，请求给假回乡，武则天准奏。以后太学生中要求见武则天的人很多，武则天也都一一满足了他们的要求。对此，狄仁杰

颇有异议。他上疏说:"我听说过,最高君王除了'赦免','诛杀'二大权柄不交给别人外,其他所有国家大事,都由有关单位分层负责。所以对左右丞相以下官员们可以处理的事情,都不亲自处理;对左右丞相以上官员们的争执,不能解决的问题,天子才予以裁定。太学生即是上疏,是秘书们的份内事,如果天子竟为它发布指令,则天下事情之多,指令岂不是发个没完没了。如果一定不想使他们失望,那么就请建立一套规章制度,公布天下,让人们知道就可以了。"武则天遂采纳了他的意见。

狄仁杰被提升为宰相,说起来也多亏纳言娄师德向武则天全力推荐。可是狄仁杰并不知道,而且言谈之间,还对娄师德流露出相当的轻视,好几次把娄师德排挤出朝廷。武则天察觉到这种现象,对狄仁杰说:"你看娄师德这个人怎么样?"狄仁杰回答说:"他当将领,领兵打仗,守卫疆土还不错,至于其他方面有什么才能,我不知道。"武则天又问说:"娄师德有没有知人之明?"狄仁杰回答说:"我曾经跟他共事,没有听说也没有发现他有知人之明。"武则天笑道:"其实,娄师德这个人很有识别人才的眼光,我之所以起用你、信任你,就是娄师德的推荐。他有这样的眼光,你居然还一无所知吗?"狄仁杰深感惭愧,准备与娄师德携手共事,同做一番事业,可惜娄师德不久便因病去世。狄仁杰也有看错人的时候,然而他知错必改,反倒更增加了他的威望。

六、含冤入狱

武则天改唐为周后,为了巩固政权,防止反抗,她不仅对政敌进行严厉打击,而且重用索元礼、周兴、来俊臣等酷吏,专办所谓谋反大案。酷吏们制造了许多可怕的刑具,对被告人进行骇人听闻的折磨和屠杀。他们在审案时,常先把刑具陈列出来,使被审人战栗流汗,望风自诬,并广加牵连,构成大狱。酷吏们逼供的主要办法有:"凤凰晒翅"。其方法是将犯人的手脚用绳索捆绑,然后逼着犯人在原地旋转,直到犯人招供为止。"驴驹拔橛"则是用绳子的一端系在犯人的腰间,绳子的另一端固定在坚固的柱子上,酷吏们手里拿着鞭子命令犯人往前走,使犯人痛苦不堪。更惨无人道的是一种叫"仙人献果"的酷刑。酷吏们逼迫犯人跪在碎瓦片上,双手高举重物,沉重的压力使碎瓦片刺入犯人的肉中,直到犯人昏死过去才肯罢休。据历史记载,索元礼、周兴所杀各数千人,来俊臣所破千余家,唐宗室贵族被杀的数百人,大臣被杀的达数百家,刺史、郎将以下被杀的不可胜数。

当时,武氏家族依靠武则天的权力,狐假虎威,不可一世,顺我者昌,逆我者亡。武则天的侄儿武承嗣权倾朝野,在朝中横行霸道。大臣们生怕因得罪他而获罪,在武承嗣面前低三下四,惟命是从。惟独狄仁杰、魏元忠等刚直不阿,不买武承嗣的帐。狄仁杰还极力反对武则天将武承嗣册立为太子,坏了武承嗣的大事。为了拔除这个眼中钉、肉中刺,公元692年,武承嗣与来俊臣密谋之后,诬陷同平章事任知古、地官侍郎狄仁杰、冬官侍郎裴行本、司礼卿崔宣礼、文昌左丞卢献、御史中丞魏元忠、潞州刺史李嗣真等7人阴谋叛变。之前,来俊臣奏请武则天:第一次审问就自动招认的,得以免除死刑,而减轻一等处分。武则天批准,颁布实施。狄仁杰等下狱后,来俊臣拿出这项皇家训令,诱惑他们自动招认。狄仁杰回答说:"现在是大周革命的时代,万物重生,我们是唐朝的旧臣,谋反确是实情。"另外几位被控谋反的大臣除魏元忠外,都和狄仁杰一样,全都立即服罪。来俊臣大喜,遂下令不用苦刑,只将被告等收监。一天,判官王德寿前来狱中探望狄仁杰,对他说:"我受长官驱使,身不由己,打算靠着这个逆案,谋求小小升迁,请你在口供中顺便提一提平章事杨执柔为同谋,是不是可以?"狄仁杰听后十分气愤,说:"上有天,下有地,你居然让我狄仁杰干这种卑鄙无耻的事情!"说着便用力以头撞牢中柱子,血流满面,吓得王德寿连连劝阻,不敢再说了。

狄仁杰承认谋反,来俊臣便放松了对他的看管。狄仁杰运用自己的聪明才智,从狱吏那里借来笔砚,偷偷撕碎被子,在碎布上写下申诉信,然后缝在棉衣里,说服一个狱吏将棉衣送回家去。棉衣送到狄仁杰家中后,仁杰的儿子光远觉得当时正在冬季,父亲把棉衣送回,其中必有蹊跷。于是他剪开棉衣的里子,发现了那封申诉信,并立即设法把信送呈武则天。武则天看到狄仁杰写的申诉信后,大吃一惊,立刻召来俊臣进殿询问事情的真相,来俊臣进殿后并无惊慌之色,他从容地对武则天说:"陛下,臣并未对他们施以酷刑,是他们招认了犯罪的事实,虽然如此,臣仍旧把他们关在条件较好的牢房里。如果狄仁杰等人问心无愧,当初又怎么会自己招认谋反呢?臣估计是他们又后悔了。"对于来俊臣的这一番话,武则天半信半疑,便委派中书舍人周琳前去狱中调查。来俊臣知道事不宜迟,定要将狄仁杰等人置于死地,

他一方面要狄仁杰穿好朝服会见中书舍人周琳,一方面又命令王德寿代狄仁杰写一份请求赐死的《谢死表》,交周琳上呈给武则天。周琳是个胆小怕事的人,他明明知道这份《谢死表》是来俊臣伪造的,但他生怕为此事而得罪了来俊臣,因而一回宫,就把《谢死表》呈报了武则天。

武则天看了狄仁杰等人的谢死表后十分痛苦。狄仁杰是她最信任的人,如今也要背叛她,失去狄仁杰无疑砍去了武则天政治上的左右手。武则天爱才,有不同的见解可以争论,但绝不要推翻她的人在朝中为官。想来想去,武则天终于拿起笔准备批复来俊臣的奏文。

就在这关键时刻,一个9岁的孩子救了狄仁杰等人的性命。这个孩子是黄门侍郎乐思晦之子。乐思晦是三个月以前被处死的,其子已交工部为奴,极其聪明,于是入宫告变。武则天一见他长得聪明伶俐,顿生爱心,问他是谁。孩子回答之后,说有话启奏。武则天问道:"你有何事上奏,你父亲通过正当审判,确系犯罪,他死得并不冤枉。"孩子回答说:"事实不是这样。谁都怕来俊臣的苦刑,谁在他的苦刑之下也会招供的。先父确是冤枉。如果陛下不信,可将您最信任的朝臣交给来俊臣审讯,在他们的逼供下所有的人都得承认有罪。"

孩子的话使武则天恍然大悟,她命令人从狱中带来狄仁杰等人当面问道:"你既然承认谋反,为什么又私自写申诉信,要你的家人代你诉冤呢?"狄仁杰回答说:"陛下,我如果不承认谋反,早已活不到现在,哪里还有机会来向陛下讲明真相呢?"武则天又问:"那么为什么你等都写了谢死表呢"狄仁杰听了十分惊讶,他回奏说:"陛下,我根本没写过什么谢死表。"另外那几个大臣也否认曾经写过。武则天吩咐手下人把谢死表取出,递给狄仁杰等人观看。狄仁杰说:"这不是我的笔迹,是别有用心的人假冒我的名义伪造的。陛下如果不信,可以派人查实。"真相大白,武则天如释重负,她立刻下令释放了狄仁杰、魏元忠等人。但是,武则天的侄子武承嗣一伙却不肯罢休,他几次对武则天说:"狄仁杰等人确有谋反的意图,陛下应该把他们杀死,怎么能释放他们呢?"武则天说:"我不想滥杀大臣,更何况他们并没有明显的叛迹,赦免狄仁杰等人的诏书已经下达,不可收回,你不要再说了。"接着,来俊臣等人又联名上奏,请诛狄仁杰等7人,御史霍献可甚至以头叩击宫殿石阶,苦苦请求武则天处死狄仁杰等人,武则天都没有理睬。但是,武则天虽然释放了狄仁杰等7人,并没有让他们官复原职。狄仁杰被贬为彭泽县令,魏元忠、裴宣礼、任知古、卢献4人也被贬为各地县令，裴行本、李嗣真被流放到了岭南。

七、率兵御敌

周万岁通天元年（公元696年），契丹部落孙万荣率军攻陷冀州，诛杀州长陆宝积，屠戮官员及平民数千人；又攻击瀛州，河北官民人心恐慌，纷纷逃亡。武则天下诏擢升彭泽县令狄仁杰为魏州（今河北省大名、魏县等地）刺史前去平息战乱。狄仁杰上任后，发现前任刺史独孤思庄因害怕契丹军队入侵，把老百姓全部迁入城里，修补城墙，打铸兵器，被动固守，百姓不得不放弃农业生产，听任田地荒芜，狄仁杰毅然打开城门，让百姓全部出城耕种田地。他说："契丹军离魏州还远得很，怎么能慌张到这个样子？万一契丹军来犯，我自会带兵抵抗的。这种打仗的事与老百姓没有关系。"孙万荣听说此事后，也被狄仁杰的胆略和魄力震慑住了，不战自退。魏州百姓高兴异常，立碑感谢狄仁杰的功德。随后，狄仁杰改任幽州都督，朝廷赐紫袍、龟带。武则天还在袍服上绣了十二个金字，以表扬狄仁杰的赤胆忠心。

周神功元年（公元697年），狄仁杰升任鸾台侍郎复同凤阁鸾台平章事（与中书省同掌机要，共议国政）。当时，将军王孝杰率军大破吐蕃军队，夺回西域龟兹、疏勒、于阗、碎叶四郡，在龟兹设安西都护府，派军驻防。狄仁杰上疏说："天生四方蛮族，都在先王疆域之外，所以东方有大海，西方有流沙，北方有大漠，南方有五岭，正是上天用它们阻挡蛮族，故意使中国与蛮族分开。历史自从有文字记载以来，中国的声威教化所达到而三代（夏朝、商朝和周朝）实力却达不到的地方，当今我朝已全部收入版图。诗人夸赞周宣王北伐太原，也赞扬美好的教育文化推广到长江流域、汉水流域。看到三代时的边荒之地，都成为现在周王朝的疆土。如果我们对外使用武力，在很远很远的地方，建立大功，耗尽了国库里的所有积蓄，去争夺寸草不生的荒芜之地，得到这些地区的人民，而不能增加我们的田赋收入；得到荒芜的土地，又无法耕田种桑，只贪图'化蛮族为华夏'的美称，不做巩固根本、安定人民的事情。这是秦始皇嬴政、西汉武帝刘彻的行为，而不是三皇五帝的大业。秦始皇出动全国军队，崇尚武力，仅只开拓疆土，就死人千万；最后导致秦朝

灭亡。汉武帝讨伐四方蛮族，使老百姓陷入水深火热的困苦之中，盗匪纷纷兴起，幸而到了晚年，悔悟过去的错误，使士卒复员还乡，停止一切战争差役，因而能得到上天的保佑。近年来，我朝廷每年都派军队出征，花费甚多，西方镇守四镇，东方驻防安东，田赋捐税日日都在增加，老百姓精疲力竭，生活十分困苦。如今，关东(指潼关以东)饥荒，蜀汉百姓大量逃亡，长江、淮河以南，朝廷不停地征收赋税，老百姓不能安心经营正当事业，只好拉帮结派，一起去当强盗。人民是国家的根本，根本一旦动摇，忧患至深，后果不堪设想。所以有这样的结局，都起因于夺取蛮族寸草不生的土地，违背把人民当作儿女的道理。从前，西汉王朝第十一任皇帝刘奭接受贾捐之的建议，放弃珠崖郡(今海南省琼山县)；第八任皇帝刘询听取魏相的计策，放弃车师(今新疆吐鲁番市)垦荒成功的农田。他们并不是不羡慕虚名，只是害怕劳动人民。先皇太宗李世民时，平定瀚海沙漠九姓部落，遴选阿史那思摩当大可汗，使他统御所有部落。原因是，蛮族叛乱就讨伐，蛮族归降就安抚，符合'铲除灭亡，支持兴盛'的古义，不必派军到很远的地区驻守防卫，这是受人赞美的法令和治理边疆的原则。所以，臣建议：应封阿史那斛瑟罗当大可汗，把西域四镇交付给他；物色高句丽国王的后裔，命他镇守安东。节省很远地区的军费，而把军力集中边塞，只要不再发生蛮族内侵的耻辱事件，就足够了。何必非穷追到他们巢穴，跟蚂蚁较量胜败不可。我们只须训令边防驻军，加强戒备，派兵深入敌境侦察，屯积粮食，严阵以待，等蛮族军发动攻击，然后反击。用安逸对付疲劳，士卒精力倍增；以主位对付客位，我军得到地利；再加强城墙防卫，把百姓全部集中于城池，盗寇来时，没有东西可以抢劫。于是，两股盗匪(指突厥汗国和吐蕃王国)如果深入我境，则有覆灭的危险；如果只在边界骚扰，则得不到什么利益。如此数年之后，可使两股盗匪不战而败。"虽然武则天并没有采纳狄仁杰的建议，但狄仁杰事事为百姓着想的心愿是非常难能可贵的。

周圣历元年(公元698年)八月，狄仁杰拜为纳言(相当于现在最高的监察长官)，兼右肃政御史大夫。同年，东突厥可汗阿史那默啜率兵攻陷定州(今河北省定州市)、赵州(今河北省赵县)，杀死官民无数。武则天命狄仁杰为河北道行军元帅讨伐东突厥汗国，武则天亲自送军队出征。698年9月，东突厥汗国首领阿史那默啜，把所俘虏的赵州、定州等州男女一万余人全部屠杀，然后从五回岭(今河北省易县境内)方向北逃。所经过的地方，突厥兵烧杀抢掠,无恶不作,狄仁杰率军十万追击突厥兵至沙漠以北,率军返回。接着,武则天改任狄仁杰为河北道安抚大使。当时,由于突厥军队的威胁,河北许多百姓迫不得已归顺了东突厥汗国。后来,眼看朝廷的军队把突厥兵赶走,百姓们怕受到惩罚,纷纷逃亡。狄仁杰知道后,向武则天上疏说:"现在朝廷大臣议论纷纷,对于受契丹、突厥威胁而被迫合作的人,认为他们的动机虽然不同于叛逆,但行为跟叛逆没有分别,要求给他们惩罚。事实上山东(指崤山以东)百姓确实有重气节、一往无前至死不悔的精神。但是,近年来朝廷军事征调频繁,百姓所受的伤害,非常严重,往往倾家荡产,四散逃跑。再加上贪官污吏从中渔利,压榨勒索,徭役繁重,百姓实在不堪忍受,一遇到机会,遂变成盗匪。一旦被捕,严刑拷打之下,受不了透肌彻骨的痛苦,事件急迫,情势危险,难免不违背礼教仁义。人到走投无路时,不希望活命,只要求停止残酷的拷打,便什么罪状都会承认,期待以后或许遇到赦免,这对正人君子而言,是一种羞愧,但对卑鄙的小人来讲,则是一种常态。各城被敌军攻陷后,多数人都在等待朝廷军队反攻。然而朝廷军将士贪图功劳,对主动回归的各城,都声称由他们攻克,我担心赏赐太多,更恐惧杀戮善良。现在,朝廷对于曾经沦陷的地方,当作恶地,对于曾经沦陷敌方的百姓,视为恶民,甚至奸淫他们的妻子,抢夺他们的财产。士卒暴行,还可以说不知道仁义,可是官员竟然也都如此,以至敌军退却之后,人民所受的苦难更深。我们打败敌军后,最重要的工作是安抚百姓。对百姓的生命财产,不可丝毫侵犯,收复地区认同朝廷政府的人民,就是国家正式公民。然而,就在这个时候,人民受到自己政府的迫害,岂不悲痛。民心犹如流水,阻塞则成深潭,疏通则成江河。无论阻塞还是疏通,都不会永远不变。汉朝时,董卓之乱,汉室动荡,董卓已杀,而部众没有赦免,所以发生变乱,以至危害朝廷,这是没有广泛施以恩泽的缘故。现在离家逃亡的罪犯,出没于山泽,如果赦免,他们就出来,如果不赦免,他们会更加疯狂。山东的盗匪,就是这样聚集起来的。因而,臣以为:边塞偶尔发生冲突,没有必要忧虑,而国内人心不安,才是严重事件。对沦陷区的民众,如果非定罪不可,人心一定恐惧,如果宽恕,即令附逆的人也不会生事,请求陛下特赦河北(指黄河以北地区)各州不作任何调查审问。"武则天下诏批准了狄仁杰的奏章。狄仁杰于是安抚人民,查获被东突厥俘虏的人,一律送回本乡,并从各地不断调运粮食,救济穷苦人民,整修驿站道路,帮助军队顺利撤退。狄仁杰恐怕各将领及中央钦差

大臣大肆索取供应品,自己带头吃粗米饭,禁止部属侵扰百姓,有违犯的,定斩不赦。河北一带逐渐安定。狄仁杰回朝后,被授予内史。

697年,契丹部落将领李楷固、骆务整在孙万荣被杀后,前来投降朝廷。由于他们俩人曾数次挫败朝廷军队,许多大臣都要求将他们处以极刑,屠灭九族。武则天犹豫不决,问狄仁杰如何处置为好。狄仁杰说:"李楷固、骆务整骁勇过人,既能为他的旧主人尽力,同样也能为他的新主人尽力,如果用恩德安抚,都是能够为我们所用的。"因而上疏请求赦免李楷固、骆务整。亲朋好友都劝他不要做这种傻事,然而狄仁杰说:"只要对国家有利,管什么对自己有害!"武则天遂接受了他的建议,下令赦免释放李楷固、骆务整。接着,狄仁杰再次奏请加授他们官职,武则天命李楷固为左玉钤卫将军、骆务整为右武威卫将军,派他们率军攻击契丹残余部落。公元697年7月,李楷固等平定契丹残余部落,向武则天呈献所生擒的契丹俘虏。武则天非常高兴,擢升李楷固为左玉钤卫大将军,封燕国公,赐姓"武"。为了庆贺平定契丹部落的胜利,武则天大宴文武百官,并亲自举起酒杯向狄仁杰致意说:"这都是你的功劳!"并打算给他赏赐。狄仁杰回答说:"这是陛下的声威,将士们的奋力拼杀换来的成果,我有什么功劳!"坚决不肯接受赏赐,武则天深为钦佩。

八、拥立太子

武则天改唐为周当上女皇帝后,始终有一件事让她食不甘味,寝不安眠,这就是由谁来继承她的大业。睿宗虽然是她的儿子,又赐了武姓,但他毕竟是李唐王朝的后代,等到武则天百年之后一定会匡复唐朝。这不仅断送了她毕生为之奋斗的大周江山,她还将在历史上留下篡唐的恶名。如果把她的侄子武承嗣或武三思册立为太子,倒是可以继续保持大周的国号,然而令她忧虑的是这两个人不具备皇帝的品德和才能,他们不可能成为有所作为的贤明君主。事实上,魏王武承嗣在大周建立后,逐渐产生了取代睿宗、当皇太子的想法。武承嗣不仅通过第三者提醒武则天说:"自古以来,天下没有封不同姓的人继承大位!"而且为谋求太子的地位四处拉拢大臣,凤阁舍人张嘉福为立武承嗣为太子这事奔走呼吁,弄得人心慌慌,武则天也犹豫不决,对于这些情况,狄仁杰感到非常忧虑。他知道太子的地位岌岌可危,他也非常了解武则天的性格,现在她还没有拿定注意,一旦决定让武承嗣或武三思为皇嗣,无论是谁也无法说服她改变主意了。趁着她犹豫不决时,对她晓之以理、动之以情,或许事情还有挽回的余地。有一天,狄仁杰对武则天说:"太宗皇帝李世民不避风霜,亲冒刀林箭雨,在九死一生中平定了天下,创立了大唐基业,并传给后世子孙。先帝高宗驾崩后,又把两位皇子(李哲及李旦)托付给陛下。陛下现在打算把天下移交到别人之手,这恐怕有违天意吧!而且,姑妈与侄儿,娘亲与儿子到底谁亲?立儿子为太子,皇位由儿子继承,陛下百年之后,牌位送到皇家祖庙,陪伴先帝,共享香火,代代相传,直到永远。皇位如果由侄儿继承,我们可从没有听说过侄儿当皇帝,而把姑妈牌位送到皇家祖庙去的!"武则天听了以后对狄仁杰说:"这是我的家务事,你不要管!"狄仁杰为官几十年,曾经审过数不清的案子,颇有谋略,很多问题不说则已,言必切中要害。他进一步对武则天说:"王者以四海为家,四海之内,哪个男人不是奴仆,哪个女人不是婢女,什么不是陛下的家事!帝王为元首,臣属为肱股,道理上如同一体。如今臣为宰相,怎么能不关心这事呢?"武则天听后问道:"那你认为立谁为太子好呢?"狄仁杰从容答道:"依臣看,天意和百姓都没有厌弃唐朝。近年来匈奴侵犯我边境,陛下派梁王武三思前去公开招募勇士,过了一个多月还没有招足一千人。后来庐陵王出面招募勇士,不到十天功夫,便有五万人踊跃报名。由此可见,陛下离开人世后,继承皇位的非庐陵王莫属!"武则天一听大怒,下令再不许提起此事。

原来,唐高宗立武则天为皇后后,武则天就以皇后的身份参预朝政,对于皇太子的人选尤其关注。她刚当皇后不久,就废原太子忠为梁王,改立自己的长子弘为太子。弘仁孝谦谨,深得人心,但却引得武后心中不悦,害怕以后难以控制,太子弘遂失爱于武后。特别是当他不知趣地向母亲提出,让年已过三十、尚幽禁于掖廷宫的萧淑妃所生的两个同父异母的姐姐出嫁时,更让武则天震怒,母子间的裂痕越来越大。弘的两个姐姐逃出了苦海,嫁给了两个官职卑微、出身平民的小人物,可是没过多久弘却下了地狱。公元675年四月十三日,太子弘在洛阳的合璧宫与高宗夫妻用过餐之后暴死于合璧宫。一时间朝臣之中议论纷纷,很多人私下里传言是武后为了防止太子弘与她争权毒死了亲生儿子弘。李弘死后一个多月,次子李贤被册封为太

子。李贤的命运更加多舛,他的身世至今仍是一个谜,有的说他是武后胞姐韩国夫人与高宗所生。不管怎样,天赋很高的李贤始终不见爱于武后,他只作了五年太子,便被武后抓住小过,以心怀逆谋的罪名废为庶人。几年后,武后又派人逼其自尽。公元680年,在武则天的支持下,唐高宗又册封三子李显为太子。李显没有他的两个哥哥聪明,反而得以保全。683年,体弱多病的唐高宗驾崩,李显即位,是为唐中宗,武后被尊为皇太后,军政大事由她一人裁决。即便这样,武则天还不满足,李显还没有坐稳皇帝宝座,就被武太后废为庐陵王,并被幽禁起来。四子李旦又被拥立为皇帝,是为睿宗。睿宗名为皇帝,实为武后手中的傀儡,武后让他居于别殿,不得过问政治。公元690年,武则天改唐为周,称圣神皇帝,睿宗被迫退让,武则天赐他武姓。

现在,武则天为立哪位为太子的事愁眉不展,而狄仁杰则坚持立庐陵王李显为太子,也使她十分烦恼。后来,鸾台侍郎王方庆、内史王及善等人也提出立庐陵王为太子的建议,武则天稍微有些心动。有一天,武则天问狄仁杰说:"朕昨天晚上梦见大鹦鹉两个翅膀,全都折断,这是为什么?"狄仁杰非常自信地说:"武者,陛下之姓也;两个翅膀,是陛下的两个皇子,如果陛下接回庐陵王,起用两个皇子,则鹦鹉可重振双翅也。"狄仁杰的话使武则天心悦诚服。适值武则天的面首张易之、张昌宗两兄弟见武则天年岁日高,自己平时仗势得罪了不少人,想寻找一条后路,便去请教狄仁杰。狄仁杰说:"你们兄弟的地位尊贵,所受到的宠爱与荣耀,到今天这种地步,并不是由于你们的品德或才干。天下太多的人对你们怒目而视,咬牙切齿。"二张听了后大为恐惧,泪流满面。狄仁杰接着说:"全国老百姓并没有忘记唐王朝的恩德,都一直思念庐陵王。陛下年纪已高,帝国大业,必须有所托付,武家班各亲王,都不中意,你们为什么不在一个适当的时机,劝告陛下指定庐陵王当继承人,用以维系人心。如果这样,不但可以免除祸灾,而且还可以长期保持荣华富贵。"二张认为狄仁杰说得有道理,果然利用机会,屡次劝武则天将庐陵王接回,立为太子。至此,武则天终于下定决心,命员外郎徐彦伯秘密地将庐陵王李显接回京都。这时的李显已经四十多岁,变成了一个胆小如鼠唯唯诺诺的人。他还记得童年身为皇帝之时,曾经被人从宝座上拉下来,随即被废。现在他不知道为何被召还朝廷,也不知道将有何事发生。

有一天,武则天单独召见狄仁杰,向狄仁杰谈起庐陵王的事。狄仁杰十分激动,慷慨陈词,竭力劝武则天将幽禁的庐陵王接回,说到动情处竟满含泪水。狄仁杰的真诚深深地感动了武则天,她于是把庐陵王从身后的帷幔唤出,向狄仁杰亲切地说:"我将庐陵王还你吧。"狄仁杰一看,果然是庐陵王李显,大喜过望,立即给武则天跪下表示对她的谢意。庐陵王退下后,狄仁杰对武则天说:"庐陵王返回都城,并没有人知晓,今后必然会引起文武百官的议论。"武则天问:"那你说怎么办?""臣以为庐陵王夫妇先出城去,陛下可到龙门驿正式欢迎庐陵王回朝。这样,全国百姓、官员都知道陛下之子回来了。"狄仁杰回答道。武则天听从了狄仁杰的意见,偷偷地将庐陵王一家送到龙门驿,第二天又亲率文武百官迎接庐陵王回朝。这已经是他被废除的第14个年头了。

看到庐陵王李显返回都城,武承嗣、武三思的梦想已经破灭,再没有一个人肯支持他,从此郁郁寡欢,很快病死于洛阳。

圣历元年(公元698年)九月十五日,武则天赐庐陵王显武姓,将他立为太子,天下民心大振。

九、知人善任

狄仁杰不仅是一位绝对称职的清官,而且是一位慧眼识人、知人善任的伯乐。武则天称帝之后,觉得自己的地位尚不巩固,欲以官位收买天下人心,因而广泛招揽人才。一天,武则天对狄仁杰说:"朕现在需要一奇才,卿能否推荐一个。"狄仁杰问:"陛下需要怎样的人才?"武则天说:"此人要有非常之才,有作为,能领导,要见识过人。""要他担当何事?"狄仁杰问。武则天说:"文要领袖群臣,武要统帅三军。"狄仁杰回奏道:"陛下如果只是需要能写文章的人,当今宰相苏味道、李峤已经可以了,若陛下需要有才干、有作为,真能领导群伦的,则有荆州长史张柬之。他的年纪虽然大了些,但做宰相是绝对称职的;况且他多年来一直怀才不遇,陛下如果能够重用他,他一定会感恩戴德,全力辅助陛下统治天下。"武则天便将张柬之提升为洛州司马。过了一段日子,武则天又问狄仁杰有没有人才可以推荐,狄仁杰说:"我上次推荐的张柬之,陛下还没有用他!"武则天说:"我已经任用了,将他提升为洛州司马。"狄仁杰说:"我向陛下推荐的是宰相之才,陛下却只把他用作司马,这不是把人才浪费了吗?"武则天这才将张柬之擢升为秋官(刑部)侍

郎,后又任命为宰相。

后来,狄仁杰又向武则天推荐了桓彦范、敬晖、姚崇、窦怀贞等几十人进朝廷任宰相、大臣,人们称赞狄仁杰说:"天下桃李,全都出自您的门下。"狄仁杰说:"我推荐人才,是为国家,不为我自己。"

周圣历元年(公元 698 年),狄仁杰的长子光嗣担任司府丞。其时,武则天命令几位宰相每人推荐一位尚书郎官员。狄仁杰推荐的正是自己的长子光嗣,光嗣被任命为地方官员外郎,行事果然十分称职。武则天高兴地说:"狄仁杰真好比是春秋时的祁奚,内举不避亲,推荐的人才非常合适。"(春秋时,晋国中军尉祁奚请求退休,国君姬周要他推荐接班人,祁奚推荐解狐,而解狐是祁奚的仇家。姬周正要发布人事命令时,解狐去世。姬周又要祁奚推荐,祁奚说:"祁午可以。"祁午是祁奚的儿子,于是命祁午当中军尉。正人君子赞扬祁奚能推荐最好的人选,推荐仇人不是谄媚,推荐儿子不是循私)。狄仁杰此举,更加显示出一代名相知人善任、无私无畏的精神风貌。

十、限佛抑佛

佛教发源于印度次大陆,其创始人是释迦牟尼。佛教是世界三大宗教(佛教、基督教、伊斯兰教)之一。

佛教传入中国内地的路线有两条,一条是陆路,经由中亚细亚传入新疆地区,再深入内地;另一条是海路,即通过南海路线传入中国内地。佛教最早传入中国内地大约在东汉初年,并得到了大的发展。武则天时期,出于取代李唐的政治需要,尊崇佛教,全国各地修建了许多大大小小的佛寺,许多人出家为僧。僧人不服役纳税,建寺造像又是绝大的浪费,所谓"夺百姓口中之食以养贪残,剥万人体上之衣以涂土木",给人民造成深重灾难。面对佛教势力的不断发展,狄仁杰非常担忧,主张限佛、抑佛多次,信奉佛教的武则天计划铸造一个大佛像,预计费用达数百万。狄仁杰上疏规劝说:"今天佛教寺庙,规模壮观,超过皇宫。庞大的工程,鬼神没有出半点力,出力的全是世人;建筑材料没有一件从天上掉下来,毕竟还要靠地上供应,如果不压榨人民,怎么能够到手!化缘游荡的和尚,都假托佛法,连累贻害世人。大街小巷,都有读佛经的场所;市场闹区,更有烧香佛堂。捐献布施,比政府征收赋税还要急迫;做法事的需要,比皇上的诏书训令更为严厉。昔日南梁时,梁武帝大量施舍,毫无限制。可是,等到三淮(秦淮河)巨浪沸腾,五岭狼烟冲天时,虽满城都是寺庙,却不能拯救灭亡灾难,满路都是黄色袈裟,偏缺少勤王之军。如来佛祖创立佛教,以慈悲为主要教义,怎么肯驱使人民,装饰自己!如今,全国各地水灾旱灾,相接而至,边境又不安宁,如果浪费政府公款,而又榨枯民力,万一有地方告警,用什么援救!臣请陛下停造大佛像。"武则天听罢,点头称是,遂停止铸像。

公元 700 年夏天,武则天前往三阳宫避暑,有西方僧侣敦请武则天参观埋葬舍利子双字杠佛骨(佛骨,梵语称"舍利子"。佛祖释迦牟尼逝世后,用香木焚烧尸体,骨骼粉碎,成为一块一块,坚硬如铁,击打不破,火烧不焦,信徒收藏,放到宝瓶里,建塔供奉)的活动,武则天允许,狄仁杰跪到马前说:"佛,是蛮族的神灵,没有资格劳动天下之主。那个西方和尚神秘诡诈,不过利用陛下来诱惑这愚民罢了。况且山路危险狭窄,容不下卫队,不是天子应该去的地方。"武则天遂返回。

十一、受誉国老

狄仁杰的刚直不阿、爱护百姓、知人善任,使武则天对他非常信任,更加器重,常常称呼他为"国老",而不提他的名字。这位国老有的时候不给武则天面子,当着满朝文武的面与武则天争执。如果换了别人,武则天早就将他流放岭南了,而对狄仁杰每每谦让,往往违背自己的意愿按照狄仁杰的意见做。武则天外出游玩,必让狄仁杰随其左右。有一次,狄仁杰陪武则天游逛,忽然一阵大风,把狄仁杰的帽子吹掉,坐骑受到惊吓,向前奔跑。武则天赶忙命太子李显追上去拉住马缰,等狄仁杰把帽子戴好。让皇太子帮助臣下扶马,足见武则天对狄仁杰的厚爱。

由于一生操劳,狄仁杰的身体变得非常虚弱,常常觉得力不从心,他多次向武则天提出辞呈,请求退休,武则天都不允许。狄仁杰每次进宫朝见皇上,武则天总是阻止他叩头下跪,说:"看见国老下跪,连我身上都感觉到痛苦。"她告诉大臣们,不是军机要事,不要打扰国老。

周久视元年(公元 700 年)九月二十六日,狄仁杰病逝,终年 71 岁。武

则天听到这一消息后止不住老泪纵横,哭泣着说:"南宫(政府所在地)已成为空城了。"追赠狄仁杰文昌右相,谥文惠。以后,朝廷每遇到大事,大家不能决定的时候,武则天总是叹息说:"上天为什么这么早就夺走我的'国老'!"

十二、中兴李唐

狄仁杰是唐高宗时的旧臣,因而他做梦时都在想有朝一日能恢复大唐江山。狄仁杰为官以来,始终爱民如子,不畏权势,在武则天任用酷吏诛杀唐宗室及大臣、官吏时,狄仁杰能躲过此祸,进而官升高位,掌握权柄,参与朝政,能成为武则天的左右手,这就是天不灭唐了。

狄仁杰忠于唐室,但在武则天势力强大的时候,他只好三缄其口,暂时观望,就像武则天当年图谋大业时一样,狄仁杰也深知他需要忍耐,需要计划,需要时机。他知道,要重兴唐室,就需要一批胆大心细干练的有为之士,并且使他们官居要职,掌握实权。于是,他利用武则天对自己言听计从、颇为信任的机会,接连向武则天举荐贤才数十名,武则天全都委以重任,为恢复大唐江山准备了力量。同时,他又说服了武则天不立武姓子侄为太子而重立庐陵王李显为太子,把恢复大唐江山的目标向前推进了一大步。然而他深知,自己年纪大了,体弱多病,而武氏势力依然强大,唐李与武姓的纷争还会继续下去。他知道,要扭转乾坤,恢复唐室,还需要一个大智大勇干练果断之人,他想到了张柬之。狄仁杰知道,张柬之沉默寡言,老成深算,精明干练又忠于唐室。张柬之当时官居荆州长史,狄仁杰向武则天推荐张柬之担任了宰相之职,参与朝政管理。狄仁杰认为,恢复唐室的力量已安排妥当,他可以毫无顾虑,计划一定能够实现。

周久视元年(公元700年)九月二十六日,狄仁杰病逝,终年71岁。

狄仁杰去世后,张柬之等人暗中谋划,立誓要恢复唐室。当时,武则天宠爱面首张易之、张昌宗兄弟,政事多委以二张。二张倚仗女皇宠幸,擅作威福,权倾朝野,引起朝野大臣的普遍愤慨。同时,武则天本人也疾病缠身,身体一天不如一天,再也没有精力管理朝政。这是恢复唐室的绝好机会,张柬之等人决定起事。

公元705年1月22日,在张柬之、敬晖、桓彦范、姚崇等人的周密安排下,一部分羽林军包围了张昌宗的家丁,控制了其财产府第,一部分羽林军包围了皇宫,要迫使武则天让位。接着,张柬之命羽林军大将军李多祚去见太子李显,说明来意,请他一起参加。李显听说此事后,感到恐惧与不安,一时不知说什么好。李多祚见此,对李显说道:"今天是非常之日,殿下知道臣等要做什么吗?臣等要恢复唐室,要恢复太宗皇帝的天下!臣等为正义不惜抛头颅,洒热血,殿下只须出面领导臣等就行了。"李显仍然犹豫,他对李多祚等人说道:"我知道张氏兄弟罪有应得,可是母后重病在身……而且这也太出乎意料……"李多祚不等他说完,连忙道:"殿下只要出去告诉众大臣殿下不反对就行了。如果大功不成,臣等就全家灭门了。"正当李显迟疑不决之时,李多祚马上令众人把李显扶上马,走出东宫。张柬之等人看见太子李显走出东宫,马上派兵士捉拿张易之、张昌宗兄弟,并将其杀死。接着,张柬之、李多祚等人簇拥着李显,来到武则天的面前。武则天问道:"为什么这么吵闹?你们怎么这么大胆,敢进里面来?"张柬之说道:"请陛下恕罪。张易之、张昌宗犯有叛国之罪,臣等已将他们杀死,未能事先奏明陛下,请见谅。"这时,武则天一眼看见了自己的儿子李显,大声叱道:"也有你!赶快回去,他俩已死,你也该称心了。"桓彦范迈步上前道:"臣斗胆冲犯陛下,太子不能回去。先帝以太子付与陛下,陛下早应将皇位传与太子。今求陛下退位,太子登基。"听到这些话,武则天把站在面前的官员逐一看了一看,然后有气无力地说道:"朕知道了,你们都下去吧。"

公元705年正月二十三日,李显以皇太子监国,二十四日武则天正式让位,迁居洛阳宫城西南的上阳宫,名义上享有"则天大圣皇帝"的尊号,李显重新登基,是为唐中宗。二月一日,朝廷举行了唐朝光复的仪式。所有的旗帜、徽章、官衔、官衙名称,都恢复高宗初年的原样,洛阳由神都改称东都。唐室王公孙子都被赦回朝,恢复原来爵位,由来俊臣、周兴放逐的朝臣及家族都被赦回乡。由狄仁杰荐举的人如张柬之、桓彦范、敬晖、姚崇等,都成为唐朝的中兴名臣。狄仁杰也被追赠为司空,唐睿宗时又追封为梁国公。

(秦德增)

赵普

——佐君定天下致太平的宰相

"臣有《论语》一部,半部佐太祖定天下,半部佐陛下致太平。"

对宋太宗赵光义说过这话的人,在宋初,声名并非显赫,活动多在幕后。但宋朝三百多年的统治,却一直受着他参与制定的重要方针政策的影响。

这个人便是赵普。

一、联宗滁州城

公元 956 年,周世宗柴荣亲征淮南。

周将赵匡胤袭破清流关(今安徽滁县西北),占领滁州(今安徽滁州市)。世宗命翰林学士窦仪,到滁州登记库藏,匡胤一一交付。既而匡胤又想取用库中绢匹。窦仪阻止说:"公初入滁州,即使将库中宝藏一律取去,也属无妨,今已经登记为官物,应该等皇帝的诏书到后,才可以支付。"匡胤听后,不仅不怒,反而婉言谢过,说:"学士说的对,我知错了!"

过了一天,又有军事判官赵普到来,与匡胤相见。两人谈论得十分投机。

这位赵普,便是后来宋王朝的开国元勋,历事太祖、太宗两朝,三度入相,晋爵太师魏国公的那位。他生于后梁末帝龙德二年(922 年),字则平,原籍幽州蓟县(今北京西南)。父迥为避赵德钧兵乱,迁居洛阳。赵普读书不多,自幼学习吏事。成年后,被聘为永兴军节度使刘词的幕僚。这次,是因周相范质的荐举来到滁州。赵普同匡胤本就相识,这次相见,二人格外高兴。

匡胤部下,受命清乡,捕捉到一百多名乡民,说他们都是盗匪,准备斩首。其他人对此无有异言，只有赵普出来反对。他对赵匡胤说："未曾审问明白，就将他们一律杀死，倘或诬良为盗，岂不误伤了人命？"

"书生所见，未免太迂腐了。须知此地百姓，本是我们的俘虏，我将他们一律免罪，已经是法外施恩，现在又甘愿作盗匪，如果不立即将其正法，怎么警告众人呢？"匡胤笑着说。

"南唐虽然是我们的敌国，百姓究竟有什么罪过？况且明公素有大志，很想统一中原，怎能将他看作秦越一般，自己划出界限呢？王道不外乎行仁，还请明公三思！"赵普说。

匡胤见他这么认真，就说："你如果不怕劳苦，就烦请你去审讯吧！"

赵普便去，一一讯问，多无证据。于是向匡胤禀明，除过确有赃物可以定罪的外，其余全部释放。乡民们非常高兴，都称赞匡胤仁慈而明察。

赵普的细心、周到和先见之明给匡胤留下了深刻的印象，凡遇有疑难问题，匡胤都同他商量。赵普对这位志向不凡、威武英明的将军也格外看重，一心效忠，知无不言。

赵匡胤的父亲赵弘殷，这次也随周世宗出征。他奉命夺取了扬州，后留韩令坤居守，自己领兵来到滁州城里。没过多久，弘殷生起病来，匡胤早晚在侧侍奉。

忽由扬州传来警报，言说唐军大至，要求援救。周主也有诏书到来，命匡胤速往六合，兼援扬州。匡胤内奉君命，外迫友情，不能坐视。但这个大孝子，见父亲病势未减，又不忍远离，公义私情，交织心头，使他进退彷徨，难以决断。当下找来赵普商议。赵普说："君命不可违，请公即日前往。如果考虑到尊翁，我赵普愿意代公尽一个儿子的责任。"

"这事怎么敢烦劳你呢？"匡胤有点不好意思地说。

"公姓赵，普也姓赵，彼此本属同宗。如果不嫌我的名位，公父就是我父，一切视寒问暖及进饭奉药等事，统由普一人负责，请公尽管放心！"赵普说。

匡胤见他说得这么真诚，非常感激，拜谢赵普，说："既蒙顾全同宗之谊，此后当视为手足，誓不相负。"

赵普慌忙答礼："普是什么样的人呢？怎敢受此大礼？"

匡胤于是留赵普居守，把公私各事，都托付给他。随后，选了两千名精兵，当日出发。

唐军攻不下扬州,便移兵去打六合,赵匡胤力败唐军。周世宗班师回朝,因赵匡胤等在外久劳,也令还朝,另派别将驻守滁州和扬州。匡胤在六合接到命令马上领兵回滁州,入城看望父亲。父亲的病已经好了。他给儿子说:"全靠赵判官一人日夜侍奉,病才慢慢好了。"匡胤再次向赵普拜谢,等到来替代的将领一到,匡胤便与父亲、赵普一同回汴都(今河南开封市)。

到汴都后,匡胤随父入朝,世宗大加慰劳。他向世宗推荐赵普,说:"判官赵普,具有大材,可以重用,希望陛下明察!"世宗点头。

退朝后,封弘殷为检校司徒,兼天水县男;封立有大功的匡胤为定国节度使,兼殿前都指挥使;赵普为节度推官。三人上表谢恩。

这样,禁兵便由匡胤父子分管。赵普也开始成了赵匡胤的幕僚。

不久,弘殷旧病复发,医治无效而死。

二、定策立新君

公元595年4月,周世宗从沧州(治所在今河北沧县东南)进兵攻辽,益津关(在今河北霸县)、瓦桥关(在今雄县西南)、莫州(治所在今河北任丘北)均降。5月,瀛州(今河北河间)又降。

周世宗非常高兴,便欲乘胜进攻幽州(今北京城西南)。谁知途中染上寒症,炎热的夏天,偏冷得他抖个不住,拥上棉被也不觉暖和,一连几天不见好转。他曾在商议进攻幽州的宴席上,对那些持不同意见的将领说:"不捣辽都,决不返师!"将领们想请驾还都,又怕触怒他,不敢前去奏请。深受世宗信任和倚重的赵匡胤将军对大家说:"主病未好,这样停留在此,倘若辽兵大至,反为不美。等我去奏请还都好了。"

匡胤来到御榻前,恭敬地问了安,然后谈到军事。世宗说:"本想乘胜平辽,不料朕身体欠安,延误军机,怎么办才好呢?"

匡胤见世宗已有所动摇,便婉转劝道:"大概老天还不想绝灭辽国,所以圣躬不安,不能马上荡平它。如果陛下顺天行事,暂且搁置不问,臣以为老天一定会降福,圣躬自然会康泰了。"

世宗迟疑了半晌才说:"卿言也是。朕且暂时回都,卿可将各处兵马调回,明天就启銮吧!"

匡胤退出，马上传旨，调回李重进、孙行友等，一面准备回都事宜。

赵普夜见匡胤，问了世宗病情，沉思了一会，然后对他说："主上的病看来是难好了。一旦辞世，七岁的孩子继位，明公的处境就吉凶难料了。"

"此话怎讲？"匡胤关切地问。

"明公为周拓疆略地立下大功，威名远扬，众将畏服；现又分掌禁军，功大权重。少主无恩于明公，诸将又无一人可与明公相比。自唐末以来，国家兴替，全因武将擅权。明公处此，能不为少主和群臣所疑吗？为人所疑，岂能不危？明公若能顺势而为，趁此开创基业，非但不危，而且会大吉大贵。祸福吉凶，全由明公。"赵普说毕，两眼盯着匡胤。

匡胤深思良久，抬头对赵普说："周主对我有大恩德，怎么可以背负他？"

"如果明公将来能妥善地安置周室，就可以了。有非常之人，才有非常之事。何必为此挂怀？不然，将会自陷窘境，不知明公大志何日可伸了。"赵普又进逼一步。

匡胤想了想，口中说出"张永德"三字。

赵普马上接口道："普自有办法。"随即在匡胤耳边密语了几句，匡胤点头称是。二人又商议了一阵，方各自歇息。

第二天，周主起床升座，命令将瓦桥关改为雄州，让韩令坤留守，将益津关改为霸州，让陈思让留守，然后乘舆启行，匡胤等均随驾南归。世宗在路上觉得病略好了点，就从书囊中取出文书批阅。忽然看到里面有一方木板，上写五个大字："点检做天子。"世宗非常奇怪，细细看了一回，仍旧收藏在书囊中。等回到都中，便把殿前都点检张永德的官免了。永德的妻子是周太祖郭威的女儿，他和世宗是郎舅关系。世宗恐怕他会象石敬瑭那样阴谋篡夺周室，所以将他免职，改任自己认为忠勇仁孝的赵匡胤为殿前都点检，兼检校太傅。匡胤的威名自此更盛。

宰相范质等人，因世宗病未痊愈，请立太子以正国本。世宗便立儿子宗训为梁王。宗训才七岁，懂得什么国事？只不过挂个虚名。这一年，皇后符氏去世，世宗又册立皇后的妹妹为继后，入宫不久，世宗的病又加剧了。没过多天，急召范质等人入受顾命，重言嘱托，让他们好好地辅佐太子。当天晚上，世宗驾崩。范质等奉梁王宗训即位，尊符后为皇太后。一切典礼，皆遵旧制。

只有匡胤被改任归德军节度使，兼检校太尉，仍任殿前都点检，以慕容

延钊为副都点检。延钊和匡胤交情很深,人称莫逆,这时又同在殿廷共事,格外亲密。所谈之事,别人是不能知道的。赵普对匡胤说:"权柄已重,局势已成,勿失时机。"匡胤点头,两人密语了半天。

转眼之间,到了元旦,这是小皇帝宗训纪元的第一天,文武百官都去朝贺,气象很是安宁。过了几天,忽然有真(今江苏仪征)、定(今河北定县)二州的急报传至京都,称:"北汉主刘钧,联络辽兵入寇,声势甚盛,请速发大兵防边!"

小皇帝宗训,只管嬉戏,哪管他什么军国大事!二十几岁的符太后知道后,急召范质等人商议。范质奏道:"都点检赵匡胤忠勇绝伦,可任命他为统帅,副都点检慕容延钊,骁勇骠悍,可令作先锋;再命各镇将领会集北征,全部归匡胤调遣,统一指挥,定会万无一失。"符太后紧悬的心才放了下来,急忙命赵匡胤会师北征;慕容延钊率领前军,先行出发。

延钊领命,选好精兵,即日起程。赵匡胤调集各处镇帅,石守信、王审琦、高怀德、张令铎、张光翰、赵彦徽等,陆续到来,于是祭旗兴兵,分队进发。

这时,都城谣言很盛。人们三三两两地在一处议论:"世宗征辽回来,路上得到一面木牌,上说'点检做天子',结果把张永德给免了,任了赵匡胤,怕这话要应在赵点检身上了。命里没有甭强求!天意难违!"

"赵点检威名远扬,方面大耳,怕是个真龙天子。"

"听说将要册立点检做天子。你看这队伍过来过去的,怕是要出乱子了。"

传来传去,都中人心慌慌,百姓竟成群结队地逃出城去躲了。

宫廷里面却很平静,并不知道外面传出这种消息。

匡胤率领大军,按驿前进。兵到陈桥驿(今河南开封市东北陈桥镇)已是傍晚时分,太阳将要下山。匡胤命各军扎营,住宿一晚,第二天再进。他同将领们一起用过饭,因多喝了些酒,便早早进寝室歇息去了。

当晚,曾受赵普悄悄拜访过的都指挥江宁节度使高怀德站出来对众将说:"主上新立,况且又很幼弱,我等身临大敌,虽出死力,何人知晓?不如顺天应人,先立点检为天子,然后北征,不知诸公意下如何?"

众将对幼主确无信心,而对匡胤素来心服,出城时又见百姓纷纷传说,以为民心所向,所以,一经怀德挑头,便齐声响应:"高公说得很对,我们就依计速行。"

"这事须禀明点检，才可以照此施行。但恐点检不答应，好在点检亲弟匡义也在军中，暂且先同他说明底细，叫他进去告诉点检，才可望成功。"都押衙李处耘说。

大家齐声赞同，便邀来匡义商量。

"这事非同小可，先同赵书记计议一下，再来决定。"匡义说。

这里的赵书记说的是赵普。他已不是节度推官了，而是以归德掌书记的职务，随同赵点检出征。匡义将此事告知赵普，赵普说："主少国疑，怎能定众？点检素有威望，中外人心所归，一入汴京，就可以正帝位。今晚安排妥当，明天早晨便可以行事。"

匡义同赵普一起出庭，赵普部署诸将，说如何如何，可使点检不得不为天子。

第二天，天色将明，将领们一齐逼近匡胤寝室，争呼"万岁"。

"点检还没有起床，诸公请不要高声！"寝门侍卫摇手禁止说。

"今天册立点检为天子，难道你还不知道吗？"大众说。

话音未落，匡义便分开众人进去，正好赶上多喝了点酒的匡胤惊醒过来。

"室外何事？"

匡义将外面情形大略说知。

"这、这事可行得么！"匡胤看上去有些慌张地说。

"众将拥戴，兄长不妨就为天子。"匡义劝道。

"且等我出去看看情况，再作计较。"匡胤说。

匡胤走出门来，众将宝剑露刃环列在外，齐声呼道："诸军无主，愿奉点检为皇帝。"

匡胤还未来得及答话，高怀德已捧进黄袍，披在匡胤身上。擅披黄袍已是死罪，众将校又一律下拜，三呼万岁，不由生米不成熟饭。

赵点检无有退路，显得有点无奈。他对众人说："事关重大，怎么可以仓猝举行？况且我曾世受国恩，怎么可以妄自尊大，擅行此不义之事？"

赵普马上接口道："这是天命所归，人心所向，明公如果再推让，反会上违天命，下失人心。如果为周家考虑，但教礼遇幼主，优侍故后，也就算是始终不负他们了。"

说到这里，将士们已将匡胤拥上马去。匡胤揽住缰绳，对众将道："我有

号令,你们能不能听从我?"

"能!"众将齐声应道。

"太后和主上,我当北面事奉他们,你们不得冒犯!京内大臣,与我是同僚,你们不得欺凌;朝廷府库,以及百姓之家,你们不得侵扰!如能听从我的命令,后当重赏。否则,将戮及妻子儿女,决不宽贷!"匡胤郑重地说。

众将听令后又拜,无不答应。匡胤这才整顿兵马,开回汴京。派楚昭辅和客省使潘美,加鞭先行。

潘美先去授意宰辅,楚昭辅去安慰匡胤家人。两人驰马入都,都中才得知消息。

当时正是早朝时间,突闻此变,君臣都吓得不知所措。

"卿等保举匡胤,怎么生出这种变端?"符太后埋怨范质,说着抽抽噎噎地哭了起来。

"待臣出去劝谕他们。"范质嚅嚅地说。

符太后也不多说,洒泪还宫。

范质退出朝门,同右仆射王溥商议对策,王溥也无言以对。正在踌躇,忽见家人来报:"叛军前队已进城了,相爷快回家去!"二人闻言,一溜烟跑到家中去了。

匡胤前部都校王彦升果然带着铁骑驰入城中,正好碰上准备召集禁军守城的侍卫军副都指挥使韩通。韩通出言不逊,彦升追至韩家门内将其劈死,并把他的妻子儿女全部杀死,然后出城迎接匡胤。

匡胤领着大军从明德门入城,命令将士一律归营,自己退居公署。

过了一会儿,军校罗彦环等,将范质、王溥等人拥入署门。匡胤见了,呜呜地哭着说:"我受世宗厚恩,被六军逼迫至此,违负天地,怎能不汗颜呢?"

范质等人刚要说话,罗彦环厉声道:"我们无主,大家商议立点检为天子,哪个再有异言,如或不肯从命,我的宝剑决不容情!"说毕,拔剑出鞘,挺刃相向。

王溥面如土色,退下台阶向匡胤下拜。范质不得已也拜。匡胤连忙下阶扶起二人,让他俩坐下,然后商议即位事宜。

"明公既为天子,怎么处置幼君呢?"范质试探地问。

"就请幼主效法尧禅舜的故事,他日将以虞宾相待。如此,便是不负周室。"赵普在旁答道。

"太后和幼主，我曾北面臣事，早已下令军中，誓不相犯。"匡胤补充说。

"既然如此，应该召集文武百官，准备受禅。"范质说。

"请二公为我召集，我决不薄待旧臣。"匡胤说。

范质、王溥当即辞出，入朝宣召百僚。日晡时分，百官才齐集朝门，分立左右。

这时，石守信、王审琦等拥着匡胤从容登殿。翰林承旨陶谷即从袖中取出禅位诏书，递给兵部侍郎窦仪，由窦仪朗读诏书道：

天生丞民，树之司牧。二帝推公而禅位，三王乘时而革命，其揆一也。惟予小子，遭家不造，人心已去，天命有归，咨尔归德军节度使殿前都点检，兼检校太尉赵匡胤禀天纵之姿，有神武之略，佐我高祖，格于皇天，逮事世宗，功存纳麓，东征西讨，厥绩隆焉。天地鬼神，享于有德，讴歌讼狱，归于至仁，应天顺人，法尧禅舜，如释重负，予其作宾。于戏钦哉，畏天之命！

窦仪读毕，宣徽使引匡胤退到北面，拜受制书；随即扶着匡胤登崇元殿，加上衮冕，即皇帝位，百官朝贺，"万岁"声响成一片。礼成，即命范质等入内，将幼主和符太后胁迁到西宫。孤儿寡母呜呜咽咽地哭着去了。

当下由群臣商议，称周王为郑王，符太后为周太后，命令周宗正郭玘祀周陵庙，仍令岁时祭享，一面改定国号，称之为宋朝，纪元建隆，大赦天下。追赠韩通为中书令，厚礼收葬。然后封赏佐命元勋：授石守信为归德军节度使，高怀德为义成军节度使，张令铎为镇安军节度使，王审琦为泰宁军节度使，张光翰为江宁军节度使，赵彦徽为武信军节度使，并皆掌侍卫亲军；提慕容延钊为殿前都点检，副点检一缺，让高怀德兼任；赐皇弟匡义为殿前都虞候，改名为光义；赵普为枢密直学士。为稳定政局，匡胤仍让周宰相范质依前任司徒兼侍中；王溥仍任司空兼门下侍郎；魏仁甫为尚书右仆射，兼中书侍郎，均为同平章事。

明里暗里出谋划策，使赵匡胤登上帝位目的的赵普，得到的只是一般的官职。作为政治家、作为同匡胤有着特殊关系的赵普，对匡胤的做法是理解的。因此，他没有闹情绪，一如既往地为巩固新皇朝出力。

三、随主征二李

匡胤登位以后，经赵普、窦仪作媒，将韶年守寡的妹妹，嫁给正在悼亡的高怀德。这位曾将黄袍加在匡胤身上的高将军，便成为尊贵的皇亲了。

蜜月不久，忽有一道诏书传入高府，令他同讨李筠，即日出师。怀德拜受诏书后，进去对公主说："北汉主刘钧，这一次与李筠连兵，是真来入寇了。"随即辞别公主，入朝去了。

李筠是太原人，历事唐、晋、汉三朝，积有战功。周时提为检校太尉，领昭义军节度使，驻节潞州（今山西长治市）。

匡胤受禅，加封李筠为中书令，派使赐册。李筠在属下劝说下勉强拜受，心中很是不服。北汉主闻知，派人送来蜡书，约筠一同起兵。李筠便欲起事。长子守节劝谏不听，反惹动他一腔怒气。

"你晓得什么？赵匡胤欺弄孤儿寡母，诈称辽、汉犯边，出兵陈桥，收买将士拥立自己，回军逼宫，废少主，幽太后，大逆不道，我还好北面事他吗？"李筠斥道。

于是，在宋建隆元年（960年）四月草定檄文，历数匡胤不忠不孝之罪，布告天下；一面请北汉发兵，一面派骁将儋伯往袭泽州（今山西晋城东北）。

北汉主刘钧率兵前来，李筠在太平驿迎接，拜伏道旁。刘钧面封李筠为平西王，赐马三百匹。相谈时，李筠略言："受周厚恩，不敢爱死。"刘钧默然不语。原来周和汉是世仇，李筠提到周朝，反惹起刘钧疑忌。他让宣徽使卢赞监督筠军。

李筠同卢赞一同返回潞州，心中很是不平，又见汉兵人少，越加悔恨。无奈箭在弦上，不得不发，只好让守节居守，自己率军南来。

警报传到汴都，宋太祖赵匡胤即诏命石守信为统帅，高怀德为副，兴师北征。

赵普入宫见匡胤，说："李筠如果西下太行，直抵怀孟，扎寨虎牢，据住洛阳，将会养成大势，难以对付。另外，禁卫军里有许多曾是李筠的旧部，难保不生变端。陛下初定大位，人心未稳，此次北征关系重大。须统帅诸将亲征为是。"太祖点头称是。

石守信、高怀德朝见匡胤,礼毕,匡胤宣谕道:"二卿此行,慎勿纵李筠西下太行;必须迅速进兵,扼住要隘,自可以破敌。朕将亲为你们的后应。"

二人叩头领旨,退朝后即整军出发。路上,又听说太祖派慕容延钊、王全斌出兵东路,夹击李筠,便放胆前进。大军行至长平(今山西高平西北),同李筠军相遇,两军鏖战一场,未见分晓,天晚各自收军。

第二天又战,正杀得难分难解,慕容延钊率军赶到,突入敌阵,敌人顿时散乱。石守信、高怀德乘势掩杀,敌军败逃。宋军追了一程,才退了回来。

石守信同慕容延钊、高怀德商议进兵。

"王全斌将军已绕道捣泽州,我们应去接应才是。"延钊说。

石守信便传命三军并进。行数十里至大会砦。大会砦依山为固,地势险要,李筠收集败兵在此把守。宋兵猛扑数次,都被矢石射回。后用延钊之计,预设埋伏,诱敌出砦,大败李筠。李筠返奔至砦,砦外已竖起大宋红旗,一员金盔铁甲的宋将领着宋兵从砦内杀出,李筠莫名其妙,吓得向西北方向逃去。

这位从砦内杀出的宋将就是王全斌。他本想潜往泽州,因见路径复杂,恐怕孤军有失,中途返回,绕出大会砦,来会石守信和高怀德。不想正赶上敌军离砦出战,便趁机占据了它。入砦之后,全斌说明一切,大家统是欢喜。忽有殿前侍卫来到,报称御驾将至,诸将离砦十里相迎。赵普也随同前来。

第二天,匡胤即下令亲征。大军陆续出发,将至泽州,敌人择险据守,扎下数营。匡胤便命进攻,一一摧垮,李筠跑入泽州。宋军追至城下,四面围攻,破城而入,李筠自焚身死。

过了一天,宋军又进攻潞州。守节向北汉主求援,北汉主刘钧早已逃去,无奈,只好向兵临城下的宋军投降。宋太祖赵匡胤授以团练使之职。

平定潞州之后,淮南道节度使李重进便成了宋太祖的心腹之患。

李重进是周太祖郭威的外甥,生长在太原,历事晋、汉、周三朝。周末任为淮南节度使,镇守扬州。匡胤禅位,加授中书令之职,命他移镇青州(今山东益都),以便就近约束。重进本来同匡胤并肩事周,分握兵权。匡胤受禅后,恐为所忌,常不自安;等到移镇命下,心中更是不满。李筠攻宋的消息传到扬州,重进派亲吏翟守珣到潞州联络,准备南北夹攻。

翟守珣未去潞州,反而悄悄来到汴都求见太祖匡胤,太祖问明底细,便对守珣说:"他无非防朕加罪,因而另作打算。朕今赐他铁券(免死牌),誓不

相负,他能相信不?"

"臣观重进终有异志,愿陛下事先预防!"守珣说。

"朕同你相识多年,所以你特来报朕,可以说是不负故交了。但朕想亲征潞州,恐重进乘虚掩袭,多一掣肘,烦你归劝重进,让他缓发,不要使二凶并发,分我兵力。待朕平定潞州之后,再征重进,就比较容易了。"太祖说。

太祖厚赐守珣,守珣遵旨返回扬州。见了重进,说了一派谎话,止住重进发兵。太祖北征时,特派方宅使陈思诲奉着朝书,赐重进铁券,以稳重进之心。重进留住思诲,只说待太祖回汴,一同入朝。

太祖奏凯回京,重进心中有些惧怕,准备整理行装,随思诲入京朝见。后听部将劝阻,恐入京难返,便写了密书送往南唐,约它一起反宋。南唐竟将重进密书派人呈入太祖手里。太祖大怒,即命石守信、王审琦、李处耘、宋偓四将分领禁兵,出征重进。四将即领兵南下。时为建隆元年(960年)九月。

宋军迁延未克,赵普又劝太祖亲行。

"诸将统帅大军,重权在握;加之他们曾是周室将士,以周之将士攻周之贵戚,不有无虑。一旦有变,怎么办呢?以臣愚见,陛下还是亲征为好。"

"卿虑甚是,朕当亲征。"

十一月,赵普随太祖出征扬州。重进见太祖亲征,非常惊慌,眼看城池难保,便举家自焚。重进死后,全城大乱,宋军一举攻克。翟守珣向太祖请求,将重进遗骨收拾装棺,予以埋葬。

赵普两次劝太祖亲征,无非防手握重兵的将帅生变,危及初创的宋家基业。二李既灭,这位太祖倚重的臣子,便谋划起可以使宋王朝长治久安之策。

四、劝主集大权

匡胤征灭二李,回到汴京,翟守珣被提为供奉官。有时匡胤命守珣随驾微服出游。

"陛下幸得天下,人心未安,今乘舆轻出,倘有不测,为之奈何?"守珣劝道。

"帝皇创业,自有天命,既不能强求,也不能强拒。从前周世宗在的时候,见到方面大耳的将士,时常杀死,朕整日侍侧,也未曾受害。可见,只要天命所归,是绝不会被人暗算呢。"匡胤笑着说。

有一天,匡胤又微服来到赵普的府第。赵普慌忙出迎,引入厅中。拜见完毕,也劝太祖要谨慎珍重。

"如果有人应得天命,任他所为,朕也不去禁止呢。"匡胤又笑着说。

赵普也知匡胤继位,虽有天意,但"人谋"的成分有多少,他心里最清楚。匡胤的辩解怎能消除这位忠臣的忧虑?

"陛下原本圣明,但一定认为普天之下,人人心悦诚服,没有一个人同陛下为难,臣却不敢断言。就是执掌兵权的诸位将帅,难道也是个个都可靠吗?万一他们瞅准机会,暗中发动变乱,祸起萧墙,那时措手不及,后悔难追。所以,为陛下考虑,总请自重才是!"赵普说。

"石守信、王审琦等人,全是朕的故交,想来一定不会发动变乱。卿也有些过虑了。"匡胤不动声色地说。

"臣也不怀疑他们的忠心。但仔细观察这些人,都不是有很好的领导才能,恐怕他们不能制服部下。如果军营中部下们胁迫他们发动变乱,他们也不得不惟众是从了。"赵普明确地说出自己的担心。

赵普的这种担心正是匡胤所担心的。面对赵普的坦诚和忠心,他不想再隐瞒赵普。

"朕从未迷恋过花酒,何必要出外微行呢?正是因为国家初定,人心是否归朕,尚未可料,所以私行察访,不敢稍微有所懈怠啊。"

赵普说:"只要把一切大权集中到天子手里,他人不敢觊觎,自然就太平无事了。"

君臣又谈了一会,太祖便回宫去了。

过了好长时间,直到建隆二年(961年),内外各将帅仍然没有变动的消息。赵普心下着急,又不便时常进言,触怒一班武夫,不得已隐忍过去。到了闰三月,才见把慕容延钊调为山南东道节度使,撤销殿前都点检一职,不再任命。自后又过了三个月,不见动静。直到春夏之交,太祖将赵普召入便殿,旁无别人,君臣二人开阁乘凉,从容坐谈。

太祖叹道:"自唐末至今,数十年来,经历八姓十二君,篡窃之事相继发生,变乱不止。朕想息兵安民,定一个长久之策,卿认为怎么样才可以呢?"

"陛下提及此言,正是人民的幸福。依臣愚见,五代变乱,全是由于方镇权力太重,君弱臣强,如果裁抑他们的兵权,控制他们的钱粮,收取他们的精兵,何愁天下不安?臣去年也曾启奏过。"赵普起身对道。

"卿不要再说,朕自有处置的办法。"

赵普便退了出来。

太祖匡胤是部将拥立的,他自己深知这一点。他不能也不愿采取过去新王朝开国君主杀功臣夺君权的办法,他想和平解决这个问题,并求一个长久之策。赵普的话给他提明了加强君权和长治久安的方针。这位触类旁通的君主豁然开朗,将赵普的方针化成一整套的政策和策略。他首要的任务便是解决拥兵以自重的将领问题。

和赵普谈后第二天,太祖晚朝,让有司在便殿设宴,然后召石守信、王审琦、张令铎、赵彦徽等人入宴。酒喝得正高兴的时候,太祖屏退左右之人,对众将说道:"朕没有卿等,不会有今天。但身为天子确实太难了,还不如做节度使时逍遥自在。朕自受禅以来,已经一年多了,何曾睡过一晚安稳觉呢。"

"陛下还有什么忧虑呢?"石守信等离座起身问道。

"朕同卿等都是故交,不妨直告你们。这皇帝的宝位,哪个不想坐它呢。"太祖微笑着说。

众将闻言不对,伏地叩首,说:"陛下怎么说出这话。目今天下已定,何人敢生异心?"

"卿等原本没有这种心思。如果属下贪图富贵,暗中活动,一旦生变,将黄袍加在你们身上,你们虽不想这么做,也要骑虎难下了。"

守信等心里越加惊慌,哭着说:"臣等愚陋,想不到这些。乞求陛下哀怜,指示一条生路!"

"卿等且起!朕有几句话,要同卿等商量。"

守信等遵旨起来。

"人生如白驹过隙,一忽儿是壮年,一忽儿又到了老年,一忽儿又死了,总没有人能有几百年的寿数。追求富贵,无非是想多积些金银,能很好地娱情乐性,使子孙们不至于穷苦罢了。朕为卿等着想,不如释去兵权,出外镇守大藩,多买一些良田,给子孙置一些不动的产业,再给自己多买一些歌童舞女,饮酒作乐,以终天年;朕且要同卿等约为婚姻关系,世世亲近,代代和睦,上下相安,君臣无忌,难道不是一条上策么?"

守信等转忧为喜,拜谢道:"陛下竟能这样体念臣等,真是所说的'生死而肉骨'了。"

于是,大家又喝了一会酒,尽欢而散。过了一天,都上表称病,纷纷辞去军职,交出兵权,带上太祖特别赐给的财物,欢天喜地去地方做节度使去了。这就是历史上有名的"杯酒释兵权"的故事。

"杯酒释兵权"只是解兵权的第一步。中唐以来方镇弄权的隐患和新执掌禁军的弄权问题,仍是太祖面前的当务之急。解决这个问题的关键,是把赵普提出的方针精神渗透到朝廷和地方的职官建置中去。

在赵普的参赞下,一套改变了过去权力结构中的独立性,而使其能依附君权运转的相互制约的职权体制制定了出来。

中央设副相、枢密使副与三司计相以分宰相之权,使其互相牵制。枢密使直属皇帝,掌指挥权,而禁军之侍卫马、步军都指挥和殿前都指挥负责训练与护卫。为防军队为将领所私有,实行"更戍法",使得"兵无常帅,帅无常师"。

乾德元年(963年),太祖用赵普谋,罢王彦超等地方节度使和渐削数十异姓王之权,委以他任,另以文臣取代武职,使武臣入镇失去弄权的基础;另一方面,收厢兵之骁勇和天下精壮充当禁军,使天下精兵皆归枢密院指挥。

地方则以文人担任的知州和副职通判为行政官员,重要文献需会签才有效。通判是皇帝督察知州的耳目。另外,又在地方设转运使副,负责将地方钱粮的大部分输送中央,以限制地方的财政粮饷权限。

这样,就形成了强干弱枝并且内外上下相互制约的体制。

赵普为使这个体制正常运转,以便巩固新王朝,是尽心尽责的。石守信等到地方就职过了几年,太祖想召天雄军节度使符彦卿入朝掌管禁兵。符彦卿是宛邱(今河南淮阳)人,父名存申,曾任后唐宣武军节度。彦卿幼时就擅长骑射,壮年时更加骁勇,历晋、汉两朝,一直镇守外藩;周太祖郭威即位,授以天雄节度使之职,晋封为卫王。周世宗先后册立他的两个女儿为皇后。就连赵光义的继室,也是彦卿的第六个女儿。所以,周世宗加封彦卿为太傅,宋太祖又加封他为太师。这时,太祖因将帅多已去了地方,便想召彦卿入值。

赵普听到消息,连忙入宫劝谏。

"彦卿位极人臣,怎么可以再给他兵权?"赵普开门见山。

"朕一向厚待彦卿,谅他不至于负朕。"太祖不以为然。

"陛下怎么负了周世宗?"赵普直指要害。

太祖默然，心中打消了召彦卿的念头。

新体制的运行，使五代藩镇的积弊一扫而空。

智者千虑，必有一失。赵普参与制定的方针政策，只是以防兵变、防方镇跋扈、防官员损害君权为出发点，而不是提高国力，提高军力、政权、财政三方面的效力。所以，它虽然改变了五代武臣专权、政变频繁的局面，使宋王朝成为一个高度集中统一的国家，并对当时社会经济的发展起了重要作用，但却种下了宋王朝以后走向"积贫积弱"局面的祸根。

由于将帅无权，指挥不灵，军队战斗力削弱，使百余万宋军竟难以挡住辽和西夏的侵扰。又由于政府权力分散，形成了叠床架屋的官僚结构，官吏众多，行政效率低。尽管北宋政府尽力搜刮人民的财物，仍难以应付庞大的财政开支。这使得宋王朝在三百年的统治时期，一直对外屈服于辽、夏、金民族政权，对内不能消除官乱和民变，处在深重的统治危机之中。

这种"积贫积弱"局面的形成，赵普和宋太祖是要负历史责任的。

五、先南后北策

乾德二年(964年)，太祖匡胤已将中央和地方的政权部署完毕，新王朝已基本巩固起来，于是罢免了原职留用的后周三相范质、王溥、魏仁甫，任赵普为门下侍郎，同平章事，即实际上的宰相职位。

太祖对赵普格外信任，凡遇国事，无不相商。有时在朝堂上没有决定下来，到了晚上，太祖还要亲自到赵普的府第去商谈。所以，赵普退朝后，怕太祖驾临，不敢马上脱去朝服。

一日，天下起大雪，空气十分寒冷，街市车马稀少。赵普退朝后，吃过晚饭，对门客说："主上今天想是不会来。"

"今晚这么冷，就是寻常百姓也不愿出门，况且贵为天子，怎么肯轻易出来？丞相尽可以早点休息。"门客说。

赵普就脱去朝服，进了内室，刚要休息，忽然听到叩门声，心下疑惑起来。

"圣上到了。"守门人跑来报告。

赵普顾不上换朝服，急匆匆赶了出来，看见太祖立在风雪之中，身上落满白花花的瑞雪,慌忙迎拜。

"臣普接驾过迟,且衣冠未整,应该待罪。"

"今夜大雪,怪不得卿未曾预防,怎么可以称说有罪呢?"太祖笑着说。

随即扶起赵普,进入府门。

"已约定光义同来。他还没有到么?"太祖又说。

正说着,光义车马已到。君臣骨肉,齐集一堂。

"羊羔美酒,可以消寒,卿家可有预备的没有?"太祖开玩笑说。

赵普说有备。太祖大喜,就让赵普就地设置裀褥,闭门同坐。

赵普一一领旨,就在堂中燃起木炭,唤出夫人林氏,让她烫酒烤肉。

林氏登堂,叩见太祖,并拜见光义。

"贤嫂! 今日多劳你了。"太祖说。

赵普代林氏谦谢。不一会儿,肉熟酒热,由林氏供奉上来,赵普斟酒侍饮。酒喝得刚上兴头,太祖说道:"朕因外患未平,寝不安枕。别处还可以暂缓征讨,只有太原一路,时来侵扰,朕想先攻下太原,然后削平他国,卿以为如何?"

"太原西、北两面受契丹威胁。我们如果攻下太原,便和契丹接壤,边患就要我们来直接承当。臣以为不如先征他国。等削平他国,区区弹丸黑子之地,哪里保守得住? 当然要归入我们的版图!"赵普说。

"朕意也是这样,前面不过是试卿。但是今日要削平他国,应当从哪一处入手呢?"太祖微笑着说。

"莫如蜀地。"赵普答道。

太祖点头。

后又商议伐蜀的计策。谈了一两个时辰,夜已深了,太祖兄弟才起身辞去。赵普送出门外而别。

蜀主孟昶,是两川节度使孟知祥的儿子。后唐明宗封孟知祥为蜀王,历史上称作后蜀。唐末,知祥自称蜀帝,不久病死,儿子仁赞嗣立,改名为昶。

孟昶荒淫无道,滥用臣僚。他想凭险自固,不愿受宋廷节制。后听臣下王昭远的劝告,准备通好北汉,夹攻汴梁。昶派部校赵彦韬前往太原送蜡书。

彦韬装着蜡书竟来汴梁,将此事奏知太祖。太祖阅过蜡书,不禁微笑道:"朕正准备发兵西征,他偏先来寻衅,更让朕师出有名了。"

于是安排选将,命忠武军节度王全斌为西川行营都部署,都指挥使刘光义、

崔彦进为副,枢密副使王仁赡、枢密承旨曹彬为都监,率兵六万,分道入蜀。

临行时,太祖嘱咐他们:"朕已为蜀主建好府第。如果蜀主出降,所有家属,无论男女大小,一概不许侵犯,好好地送他们入都,来见朕躬,我将让他们安居新的府第。"

全斌等领旨而去,浩浩荡荡杀奔西川。出兵仅六十六天,宋军便兵临成都城下。孟昶无奈,让李昊草了降表,派通奏尹审徵送入宋军。全斌大军便开入成都。存在了三十三年的后蜀灭亡。

太祖接到降表,让吕余庆知成都府,并命孟昶速率家属来京受职。

昶同家属到了汴京,太祖在崇元殿接见了他,封他为检校太师兼中书令,授爵秦国公;所有昶母以下子弟妻妾及官属均有赏赐。

太祖早闻昶妾花蕊夫人艳丽无双,很想见她,以慰渴念,但又不便特召,只有遍赏昶家属金帛,等她进来谢恩,睹其风采。

昶母李氏带着孟昶妻妾入宫拜见,太祖一一传见,见那花蕊夫人果是国色天姿,丰韵可人。此时,继后王氏已去世,六宫妃嫔都不过寻常姿色,正准备择后的太祖,对着这倾城倾国的美人儿,一时心猿意马,恋恋难舍。

不久,孟昶在参加太祖举行的一次晚宴后,患病而死。昶母随之绝食而亡。

太祖派人主持丧事。事毕,孟昶家属又入宫谢恩。太祖见了花蕊夫人,不忍相舍,竟迫她侍宴,留住宫中。次日即册立为妃。又命将孟宅的供帐,收还大内。

卫卒遵旨往收,把孟昶用的尿器也取了回来,因为这尿器是七宝装成,非常精致。太祖见了,也觉稀罕,他叹道:"一个尿器也用七宝装成,奢靡至此,不亡何待!"让卫卒将其砸碎。

有一日,又见花蕊夫人用的妆镜背后刻有"乾德四年铸"五字,不觉惊疑,说:"朕在此之前改元,曾对相臣说过年号不要袭用旧的,为什么镜子上面也有'乾德'二字呢?"

花蕊夫人一时忘记,对答不出。

太祖又召问各大臣,大臣们也回答不出,惟独翰林学士窦仪说:"蜀主王衍,曾有此号。"

太祖高兴地说:"怪不得镜子上有这两个字;镜是蜀物,应该记蜀年号。宰相须任用读书人,卿确实具有宰相才呢!"

窦仪拜谢而退。

自此以后,朝廷大臣都说窦仪将要入相,太祖也有这个意思,便同赵普商量。赵普见大家称说窦仪,心里很不舒服,这明明是说他读书不多,心中轻视于他。窦仪的学问自己确无法相比,但在能力方面他还有些自信。他不愿有一个在学问方面使他相形见绌的同僚。今见太祖来问,便说:"窦学士学问有余,但处理国家大事的能力不足。"

太祖默然无语。

窦仪听说后,知是赵普忌才,心中愤懑,染病不起,没过多久就死了。太祖很是痛惜。

西蜀平定之后,太祖嫌"乾德"年号与蜀相同,便决定更改;并想立花蕊夫人为皇后,密与赵普商议。

"亡国宠妃,不足以为天下母。宜另择淑女,立一个能表率天下的庄重的国母。"赵普说。

太祖便决定立早已留意过的左卫上将军宋偓之女为后。

开宝元年(968年)二月,册立宋女为皇后。宋女年才十七,太祖已是四十二岁的人了。宋女豆蔻年华,面似芙蓉,柔媚可爱,太祖十分宠幸,反把花蕊夫人冷落一边。花蕊夫人抑郁成疾,不久玉殒香消,魂返故乡。太祖命用贵妃之礼安葬。

南汉主刘铱经常派兵侵扰边境。太祖当时还不想用兵,开宝三年(970年),送信给南唐,让南唐主李煜传话,劝他称臣。

刘铱不服,拘留了唐使,给李煜的回信中语多不逊。李煜将原书奏闻太祖。太祖便命潭州仿御使潘美,朗州团练使尹崇珂领兵南征。

开宝四年(971年),宋军攻入广州,擒住刘铱,押送汴都。太祖授他以检校太保右千牛卫大将军之职,封恩赦侯。存在了五十五年的南汉灭亡。

南汉平定之后,南唐主李煜非常恐惧,派弟弟李从善上表宋廷,愿意去掉国号,改印文为江南国主,且请赐诏呼名。

太祖准他所请,厚待从善,除了通常应赐之物外,临别时又以五万两白银相赠。

原来李煜曾秘密地送给赵普五万两白银,赵普据实奏知太祖。

"卿尽可以受用,只管写信答谢,给来使稍许赠一些,便可了事。"太祖说。

"人臣不能私自对外馈赠,也不能私自从外接受,臣不敢奉旨!"赵普说。

"大国不应该示弱,应当令他不测。朕自有计策,卿不要推辞。"太祖说。

到从善入朝,太祖便特地给他白银,并且数量和李煜给赵普的一样。从善回去告诉李煜,君臣都很惊讶。

太祖想平灭南唐,但有一人,心中不敢轻视。这人便是南唐江都留守林仁肇。此人素有勇名,是江南诸将中的头号人物。太祖想先除掉他,以便进兵。于是派画师偷观仁肇容貌,绘制成像,悬于宫中别室。等从善再来入朝时,故意使廷臣引观,称说仁肇愿附宋廷,先以像为质。从善告知李煜,李煜便鸩杀了仁肇。

仁肇死后,太祖非常高兴,便召李煜入朝。李煜害怕被拘,只令使臣入贡方物,称说有病,始终不肯入京。

开宝七年(974年),太祖命曹彬等攻打南唐。到第二年正月,宋军已围攻金陵。

李煜派使臣徐铉到汴都见太祖,哀求罢兵。徐铉絮絮叨叨,说李煜如何如何恭顺,惹得太祖动怒。

"休要多言!江南有什么大罪,但天下一家,卧榻之旁岂容他人鼾睡?能战即战,不能战即降。你再饶舌,可视此剑!"太祖怒气冲冲。

徐铉脸色大变,辞归江南。

开宝八年(975年)十一月,宋军攻破金陵城,后主李煜投降,入汴京谢罪。太祖授以光禄大夫、检校太傅右千牛卫上将军之职,封建命侯。存在了三十九年的南唐至此灭亡。

乾德元年(963年)北宋已出兵灭了荆南和湖南。至此,后蜀、后汉和南唐也已灭掉。在强大的军事、政治压力下,太平兴国三年(978年),漳(今福建漳州市)、泉(今福建泉州市)二州的陈洪进和吴越的钱俶相继归附,南方的割据政权全被消灭。

太平兴国四年(979年),宋太宗赵光义亲率大军,出征北汉,攻破太原,北汉主刘继元投降,"十国"中的最后一国被灭掉,结束了五代十国分立割据的局面。

赵普先南后北的战略部署基本上得以顺利实施。遗憾的是,由于体制的原因,宋朝的国力渐渐削弱,一直没能从契丹手中收回石敬瑭割让的幽云十六州,熙宁时期宋廷反而割让七百里地以和辽。

赵普参与制定的方针政策,得失均有,对宋王朝的影响是深远的。

六、谋私遭罢相

太祖在平定南汉之后，又趁闲微服出行。

一天晚上，太祖来到赵普家，正赶上吴越王钱俶送书信给赵普，并赠有海产十瓶，放在廊屋下。突然听说太祖到来，赵普仓猝出迎，来不及将海产收藏起来。太祖进来瞧见，问是什么东西？赵普不敢谎说，据实奏对。

"海产一定不错，何妨一尝！"太祖说。

赵普不能违旨，便取过瓶子启封。揭开一看，并非什么海产，却是十分贵重的黄灿灿的瓜子金。弄得赵普局促不安。

"臣还没有打开书信，实不知情。"赵普解释。

太祖又想起李煜送银之事，心中很不高兴。他决不允许臣下愚弄他，或者暗中夺他的权。他明白自己是怎么当上皇帝的，深知赵普暗中出力之多。他感激赵普，又深忌赵普。当上皇帝之后，他不希望自己的臣下是个暗中运筹的能手，他需要他们的绝对忠诚。他多次微服出行，驾临臣子之家，表面是一种亲密的表示，实际上是为了监视臣下。对赵普也不例外。

赵丞相这次碰上这么一个说不清的事情，算是触了霉运。

太祖听了他的解释，叹息道："你也不妨就收了它。看他的来意，大概以为国家大事，全由你书生作主，所以格外厚赠哩。"说完便走了。

赵普匆匆送出，懊丧了好几天。后来看到太祖仍像以前那样优待他，才放下心来。

谁知一波未平一波又起。

赵普准备修建住宅，派亲吏到秦陇一带采购大号木料。亲吏将这些木料联成大型排筏，放流至汴京。亲吏趁此机会多购了一些，在都中出售，牟取厚利。

知道情况的百姓，凑在一起议论纷纷。

"王法只给我们百姓实行，哪里管得了赵相国？"

"赵相国和皇上，亲兄弟似的，这点路还不让？"

"皇上对赵相国言听计从，哪里离得了他！"

"当大官，好赚钱呀！"

三司赵批闻知,一查,方知秦陇一带的大号木料,已有诏书明令禁止私人贩运。赵普悄悄派人前去采购,已是违旨;贩卖牟利,更属不法。当即将详情奏知太祖。

太祖上次见了瓜子金,已觉赵普愚弄了自己,现又见他违旨贩木,明明是把自己不放在眼里,不知他背地还干了些什么?心中大怒,但口中只说道:"他还贪得无厌么?"

于是,命翰林学士拟定草诏,即日罢免赵普。多亏前丞相王溥竭力劝解,才留诏未发。

不久,又发现赵普的儿子承宗娶枢密使李崇矩的女儿为妻,违背了朝廷为防止臣下架空皇权不准宰辅大臣间通婚的禁令,太祖立即命令将他们分开。

翰林学士卢多逊及雷有邻,又揭发赵普受贿,包庇抗拒皇命的外任官员。这更是欺君之罪。多逊在太祖召问时,又谈及赵普学问不足,嫉贤妒能,排挤窦仪之事。太祖更加不满,完全失去了对赵普的信任。但太祖此时已冷静下来,这位功臣毕竟不同别人,他不再想下诏罢免,而是疏远他,使他自省,自己找台阶下来,以免伤他的面子。

事情到了这种地步,赵普只得请求罢免自己。当即便有诏书下来,调赵普外出为河阳三城节度使。卢多逊被提升为参知政事。

多逊的父亲卢仁,曾任少尹之职,当时已离官在家,听说多逊揭发赵普,不禁长叹:"赵普是开国元勋,小子无知,轻易诋毁先辈,将来恐不能免祸。我能早死,不至于亲眼看见,还算是侥幸哩!"

不久,卢仁病逝,多逊服丧离位。后奉诏任职,很得太祖信任。

太祖又封弟光义为晋王,光美兼侍中,儿子德昭同平章事。

七、除卢扳廷美

建隆二年(961 年)元月,杜太后临终时,曾召集子孙和当时任枢密使的赵普,一同到卧榻之前。

她先对太祖说:"你身登帝位已一年多了,可知道得国的原因吗?"

"这都是托先祖和太后的福,才有这样的幸遇。"太祖说。

"你想错了！周世宗使幼儿主宰天下，所以你才有今天。你百年之后，帝位应先传光义；光义传光美，光美传德昭。国有长君，这是社稷之福。你一定要记着！"太后说。

"敢不遵教！"太祖哭着说。

太后又回头对赵普说："你随主多年了，差不多如家人骨肉一般，我的遗言，烦你也留心记着，不得有违！"

赵普受命，就在榻前写立誓书。先写了太后遗嘱，后署"臣赵普谨记"五字。随即将其收藏在金匮之中，安排了一个妥当宫人掌管。

过了两天，杜太后就去世了，谥曰昭宪。

杜太后生有五子，长子叫匡济，下来是匡胤、匡义、匡美、匡赞。匡济、匡赞早亡。匡胤即位后，为了避讳，将所有兄弟原名中的"匡"字改为"光"，所以在太后的遗嘱中，也称光义、光美。德昭是太祖之子，生母是太祖原配贺夫人。

开宝九年(976 年)十月，太祖崩。根据杜太后遗嘱，晋王光义即位，这便是后人所称的太宗皇帝。

关于这段兄终弟继的历史，流传有"烛影斧声"的疑案。《宋史》对太祖的所有遗命以及烛影斧声的传闻，一概未录。从传闻看，都怀疑是光义为早登帝位，将病中的哥哥用铁斧砍死。

光义即位后，大赦改元，以本年为太平兴国元年；称宋皇后为开宝皇后，任命弟弟光美为开封尹，进封为齐王；太祖、光美的所有子女，并称皇子皇女。光美为避主讳，改名廷美。封太祖的儿子德昭为武功郡王，德芳为兴元尹，同平章事。薛居正为左仆射，沈伦为右仆射，卢多逊为中书侍郎，曹彬仍为枢密使，并同平章事，楚昭辅为枢密使，潘美为宣徽南院使；并加封刘鋹为卫国公，李煜为西郡公。

太平兴国三年(978 年)三月，吴越王钱俶与平海节度使陈洪进相继入朝。洪进将漳、泉二州版图献给宋朝。钱俶听说，心中震惊，也将吴越十三州土地拱手出献。太宗各授以官职，在京师赐宅，让其居住。南方割据各国至此完全消灭。

为谋求统一，第二年，太宗领兵亲征北汉。宋军打败了辽宰相耶律沙率领的援军，围攻太原。北汉主刘钧已死，其子刘继元继位。看到外援无望，便向太宗投降。太宗封他为检校太师右卫上将军，授爵彭城郡公。存在了

二十九年的北汉灭亡。

五代十国的割据局面就此结束。

平灭北汉后,太宗想顺道伐辽,夺取幽蓟。宋兵直抵幽州城南,辽将耶律休哥率援军来救,在高梁河(今北京外城一带)打败宋军,追至涿州(今河北涿县)而止。

在败退中,太宗一度失踪,诸将以为他已遇难,准备立德昭为帝。太宗知道后,心中忌恨。

德昭尚未觉察,因多日不见战下太原的例赏,诸将多怀怨意,便入见太宗为北征将士请赏,太宗不等他说毕,怒斥道:"战败回来,还有什么功劳,什么赏赐?"

"这也不能一概而论。征辽虽然失利,北汉毕竟荡平,请陛下分别考核,论功行赏吧!"德昭坚持说。

太宗觉得德昭想在将士那里卖乖,没好气地说:"等你做了皇帝,赏也不迟。"

德昭一时气恼,想到父母早逝,无所依靠,不禁悲从中来,觉无生趣,回到府第,横剑自杀了。太宗这才论平汉功,除赏生恤死外,加封弟弟齐王廷美为秦王。

前同平章事赵普,出任为河阳节度使时,又有人说他谤议皇弟,赵普当时曾上表辩白,略言:"皇弟光义,忠孝兼全。外人谓臣轻议皇弟,臣怎敢出此? 且与闻昭宪太后顾命,宁有贰心? 知臣莫若君,愿赐昭鉴"等语。这篇表文经太祖亲手加封,一同藏于金匮之中。到太宗登位,赵普入朝,改封为太子太保。因为受卢多逊的诽谤,只命他供奉朝请,居京多年,总是郁郁不得志。

赵普的妹夫侯仁宝,曾在朝供奉,卢多逊因和赵普关系不好,也将仁宝调为邕州(治所在今南宁市南)知州。邕州在南岭之外,靠近交州。交州就是交趾(旧对安南、越南的别称),唐末被大理吞并,不久归唐所有,五代时属于南汉。宋平南汉之后,交州统帅丁琏曾向宋廷入贡。丁琏死后,其弟丁璿袭职,因年幼而被部将黎桓拘禁,黎桓自称权知军府事。赵普恐怕妹夫久居邕州,多年不调,免不得老死岭外,于是设法调妹夫回来。他想出一个上书的法儿,力陈交州可取。

太宗本是喜功,看了赵普的奏章,心有所动,准备召仁宝进京,面询边事。

卢多逊看出赵普的意图,生怕他在朝中有一助手,将来东山再起,不利于自己,于是设法阻止。他想交州地形复杂,大军前去,很难有取胜的绝对把握,于是将计就计,入朝面奏太宗:"交州内乱,正可以攻取。但如果先召仁宝回京,恐怕反而会泄露机谋,臣以为不如密令仁宝整兵直入,掩其不备,较为万全。"

太宗准奏。于是命仁宝为交州水陆转运使,孙全兴、刘澄、贾湜等一并为其部署,同伐交州。

仁宝奉诏,只得整顿兵马,与孙全兴等先后并发。在白藤江,仁宝冲散未曾预防的交州水兵,夺战舰二百艘,大获全胜。仁宝自为前锋,约孙全兴等为后应,乘胜深入。

全兴勒兵不前,只有仁宝一军杀入交趾,沿途势如破竹。忽然接到黎桓书信,说情愿投降,仁宝信以为真,营内戒备放松。夜里,黎桓突然领兵劫营,宋兵人不及甲,马不及鞍,抵敌不住。仁宝竟死于乱军之中。

转运使许仲宣据实奏闻太宗,诏命班师,拿问全兴,立斩刘澄、贾湜。全兴入京,不久也被处死。

赵普弄巧成拙,不但未调回妹夫,反使他败死交州,心中痛悔交加,恨不得生食多逊。无奈太宗正宠信他,一时无隙可乘。

多逊知赵普怨恨益深,加意提防,惟恐他活动朝臣,上表弹劾自己,所有群臣的奏章,先让禀白自己,等同僚大臣全部签名后,再亲手写上"不敢妄陈利便,希望恩荣"二语。朝中大臣对他大多侧目。虎落平阳的开国元勋赵普也没法摆布,只好静观默察,寻这后生小子的破绽。

忽有一日,晋邸旧僚柴禹锡、赵熔、杨守一等,直入宫中,向太宗密奏,说秦王廷美,骄恣不法,势将谋反;又说卢多逊同秦王交好,恐怕未免有沟通的事情。

这话触动太宗疑忌。太祖之死,太宗也知人们怀疑和自己有关,但总还可以对付过去。可话又说回来,倘若自己福多寿长,廷美为帝岂不渺茫?常怀此忧,岂无怨恨?朝中重臣同有资格继位的秦王交好,难说没有阴谋?这样想着,越觉不能等闲视之。他想到了受多逊排挤的赵普,想用他来对付他们,于是召入密商。

赵普听说事关多逊,精神为之一振。这个机会终于出现了!屈居下僚,受人抑制摆布的屈辱,使他决心抓住这个契机,重塑自己的政治生命;复仇的怒火也使他欲罢不能。他毛遂自荐,愿受职暗查此事。为获取信任,又向

太宗叩首自诉道："臣愧为旧臣,曾亲聆过昭宪太后遗命,备承恩遇,不幸的是刚直招来罪过,反为权幸之臣所阻,耿耿愚忠,无从相告。臣前次被迁,曾有人说臣讪谤皇上,臣曾上表自诉,极陈鄙悃,档册现在,尽可以复查,若蒙陛下察核,知臣苦衷,臣虽死不朽了。"

太宗也曾听说赵普轻议过自己,加之他过去所为确失宰臣身份,因此即位后也不用他。但因其有立宋大功,便封为太子太保。这次遇此棘手之事,才使他又想起这个能谋善断的老臣。见他声称曾上表明心,太宗料他可能受人谗毁;等他陈述已毕,便略略点了点头。

赵普退出后,太宗马上让近侍翻找赵普的表章,四处寻觅不着。一位老内侍回忆起来,说是由太祖贮藏在金匮之中。当即禀过太宗,打开金匮一看,果然找到了它。于是,又将赵普召入,对他说:"人谁能没有过错呢?朕不到五十岁,已经知道前四十九年的错了。从今以后,才知卿忠。"

赵普顿首拜谢。太宗随即面授赵普为司徒,兼职侍中,封梁国公;并命他秘密察访秦王廷美之事。

太祖的小儿子德芳这时也已病殁,年仅二十三岁,距德昭自刎只一年多。廷美心中哀痛,不免有兔死狐悲之慨。按昭宪太后遗命,廷美是当然的帝位继承人,但一想侄子德昭的自杀和太祖之死的蹊跷,心中便恐惧难安。他曾对人说过太宗有负兄意。这句口风传入太宗耳朵,一班谄媚之臣,便加言加语,说那廷美想阴谋作乱,应予紧急预防才是。太宗于是罢了廷美开封尹之职,出他为西京(今河南洛阳市)留守;特提柴禹锡为枢密副使,杨守一为枢密都承旨,赵熔为东上阁门使。无非因其告变有功,特别宠顾而已。

赵普和廷美无仇无冤,不过为了除掉仇敌卢多逊,只好从廷美着手,陷他下井。

多逊当然料到,虽知祸将及己,但贪恋相位,心存侥幸,不甘辞职。

赵普哪里肯放?明查暗访,得知卢多逊私派堂吏交通秦王的事。

这个堂吏叫赵白,他同秦王府中的孔目官阎密、小吏王继勋、樊德明等,朋比为奸,秦、卢交好统由他几个往来介绍。

赵白曾将中书机密,密告廷美,且传多逊的话:"愿宫车晏驾,尽力事大王。"

廷美也派樊德明,向多逊传话道:"承旨言合我意,我亦愿宫车早些宴驾呢。"又私下赠给多逊弓箭等物。

赵普将此事一一入奏。太宗心中又恼又喜,说:"兄终弟及,原有金匮遗言,但朕还强壮,廷美怎么这样性急?朕待多逊也算不薄,难道他还不知足,一定想让廷美为帝么?"

见太宗提及金匮遗言,善察人主之心而且思虑深远的赵普,便献出一条能结人主欢心且避遗祸家族的一石二鸟之策:"自夏禹到今,只有传子的公例,太祖已误,陛下岂能再误?"

太宗不禁点头。

于是颁诏责备多逊不忠,降为兵部尚书。过了一天,又将多逊下于狱中,并逮捕赵白、阎密、王继勋、樊德明等,令翰林学士承旨李昉、学士扈蒙、卫尉卿崔仁冀、御史滕中正等,秉公审讯。

赵白等一一伏罪,又让多逊对簿,多逊也无可抵赖。李昉等奏知太宗。

太宗召文武常参官集议朝堂。群臣根据旨意最后议定,赵白、阎密、王继勋、樊德明等,一并在都门外斩首,籍没家产,亲属流配海岛;廷美勒归私第,子德恭、德隆等仍称皇侄,皇侄女嫁韩崇业,去公主、驸马名号。贬西京留守阎矩为涪州(今四川涪陵市)司户参军,前开封推官孙屿为融州司户参军,两人都是廷美的官属,说他辅导无状,连带坐罪。卢多逊被发配崖州(今海南三亚市崖城镇),即日出京。雍熙二年(985年),多逊病死于流放地。

除掉多逊,赵普恶气已出,但廷美尚在京师,一旦死灰复燃,岂能放过他?虽觉有愧于廷美,但此时已成骑虎,为了自身和子孙,也顾不了许多,索性一不做,二不休,彻底摧垮廷美。如此来,太宗无争位之忧且子孙有继位之便,不论现在或将来,他们岂能不念及献策出力的赵功臣,主意已定,赵普便暗中唆使开封府李符上言:廷美未肯悔过,反多怨望,请迁居边郡,免生他变。

于是,一道严旨又下,降廷美为涪陵县公,安置房州(今湖北房县);妻楚国夫人张氏,削夺国封。命崇仪使阎彦进知房州,御使袁廓通判州事,各赐白金三百两,令他监视廷美,不得有误。廷美到了房州,行动不得自由,阎、袁二人每天派人侦查,累得廷美气郁成疾,渐渐地瘦削下去。

太宗因右仆射沈伦,未能觉察秦、卢阴谋,免去相位,降为工部尚书。左仆射薛居正去世,改任窦偁、郭贽参知政事。不久又因郭贽嗜酒,出为荆南府知府,另命李昉继任。

太宗是位聪明的主子,岂能不知赵普的心思。秦、卢密谋的大事已经了

结，赵普出力之多是显而易见的。但冷静想来，他说不清赵普是为自己尽忠呢，还是为他个人打算？不管怎么说，总觉得赵普有些狠。又见他记人小怨，不免对他猜忌起来。

太宗对群臣说："赵普有功于国家，并且和朕是多年的故交，朕十分倚赖，但看他牙齿脱落，须发斑白，年纪已经衰迈，不忍心再以枢务相劳，当择一块好地方，使他享些老福，才不负他一生知遇呢。"就作了一首诗，命刑部尚书宋琪，持赐赵普。

赵普读毕，知诗中寓意是劝他辞职。想到好不容易再登相位，且为太宗创造了那么多方便，今天却要叫他将这相位让与别人，禁不住落下老泪。事已至此，无可奈何，只好对宋琪说："皇上待普，恩谊兼至，普余生无几，自愧报答不尽，愿来世再效犬马微劳。敬请足下转达皇上！"

宋琪劝慰了几句，当即告辞，归报太宗。

第二天，赵普呈上辞职表，太宗准奏，使普外出为武胜军节度使。太宗在长春殿赐宴，亲自饯行，又作诗赠别。

赵普流泪奏道："承蒙陛下赐诗，臣定当刻于石上，他日将其与臣朽骨同葬泉下，臣如果死而有知，将铭记皇上大恩，永不相忘。"

这几句大表忠诚的话，感动得太宗也落下几滴泪来。

等赵普谢宴告退，太宗送至殿外，又命宋琪等代自己将赵普送出都门，然后回宫。赵普径到武胜军赴任去了。

太宗于是任命宋琪、李昉为同平章事，又因窦偁病故，另选李穆、吕蒙正、李至三人为参知政事。

第二年（984年）改元雍熙。太宗正同臣下商议封禅事宜，忽然由房州传来涪陵公廷美病故的消息，不禁叹息道："廷美从小就刚愎，长大后更加凶恶。朕因为他是同气至亲，不忍加他重罪，暂时迁置在房州，让他闭门思过，正要推恩于他，令复旧职，谁料他竟殒逝？回想我们兄弟五人，今天只存朕了，抚躬自问，能不痛心。"说毕，呜呜咽咽哭了起来。宋琪、李昉等劝慰了一番。

第二天，诏书下来，追封廷美为涪王，谥曰悼，命廷美长子德恭为峰州刺史，次子德隆为瀼州刺史，廷美的女婿韩崇业为靖难行军司马。

太宗长子元佐，在叔父得罪时，曾极力营救，再三请求赦免，多次受到太宗的呵斥。听说叔父忧死，元佐愤极而狂，纵火烧毁自己住宅。太宗将其废为庶人,安置在均州(今湖北丹江市西北)。

秦、卢已了,最为卖力的赵普并未受主宠信,心中当然有所失落;太宗也有所失落,但皇位巩固,且可以传之子孙,是尽可以放心鼾睡的了。

八、上言三入相

贺怀浦是太祖原配贺皇后的胞兄,曾任指挥使,现同出任雄州(今河北雄县)知州的儿子令图共守朔方。他见契丹主年幼,太后萧氏执政,以为有机可乘,便奏请立即出师,北取幽蓟。

太宗准奏,命曹彬为幽州道行营都部署,崔彦进为副,米信为西北道都部署,杜彦圭为副,出师雄州;田重进为定州都部署,出师飞狐(今河北涞源);潘美为云(今山西大同)、应(今山西应县)、朔(今山西朔县)都部署,杨业为副,出师雁门(治所在今山西代县)。宋军浩浩荡荡,大举攻辽。

自二月至四月,大军旗开得胜。潘美军攻克云、朔、寰(今朔县东北)、应等州;田重进军攻克飞狐、灵丘(今山西灵丘);曹彬军攻克涿州(今河北涿县)。

捷报不断传至汴都,百官皆贺,惟独武胜军节度使赵普上书进谏道:

伏睹今春出师,将以收复关外,屡闻克捷,深快舆情。然晦朔屡更,荐臻炎夏,飞挽日繁,战斗未息,劳师费财,诚无益也。伏念陛下自翦平太原,怀徕闽浙,混一诸夏,大振英声,十年之间,遂臻广济。远人不服,自古圣王置之度外,何足介意?窃念邪诌之辈,蒙蔽睿聪,致兴无名之师,深蹈不测之地。臣载披典籍,颇识前言,窃见汉武时主父偃、徐乐、严安所上书,及唐相姚元崇,献明皇十事,忠言至论,可举而行。伏望万机之暇,一赐观览。其失未远,虽悔可追。臣窃念大发骁雄,动摇百万之众,所得者少,所丧者多;又闻战者危事,难保其必胜,兵者凶器,深戒于不虞,所系甚大,不可不思。臣又闻上古圣人,心无固必,事不凝滞,理贵变通;前书有兵久生变之言深为可虑;苟或更图稽缓,转失机宜,旬朔之间,时涉秋序,边庭早凉,弓劲马肥,我军久困,切虑此际或误指纵。臣方冒死以守藩,曷敢兴言而沮众?盖臣已日薄西山,余光无几,酬恩报国,正在斯时,伏望速诏班师,无容玩敌,臣复有全策,愿达圣聪,

望陛下精调御膳,保养圣躬,挈彼疲氓,转之富庶,将见边烽不警,外户不扃,率土归仁,殊方异俗,相率向化,契丹独将焉往?陛下计不出此,乃信邪谄之徒,谓契丹主少事多,可以用武,以中陛下之意,陛下乐祸求功,以为万全,臣窃以为不可。伏愿陛下审其虚实,究其妄谬,正妨臣误国之罪,罢将士伐燕之师,非特多难兴王,抑亦从谏则圣也。古之人尚闻尸谏,老臣未死,岂敢面谀,为安身而不言哉?冒渎尊严,无任待命!

这篇奏章才上,又有捷报传来:田重进再破敌兵,攻入蔚州(今河北蔚县),抓住契丹监城使耿绍忠,将要进逼幽州。

太宗屡接三军捷报,更加雄心勃勃;要将那幽蓟之地收复过来,因此不听赵普之言。

不久,曹彬军粮尽,退回雄州。太宗怕其受袭,以致前功尽弃,当下飞使传诏,令他不得急进,先引军和米信会合,加强兵力。曹彬遵旨行事,当时,崔彦进等听说潘美田重进已东下,准备攻取幽州,便忿恚曹彬急取幽蓟,以免让两路偏师建功立业。曹彬心动,就与米信联络一气,带上干粮,径趋涿州。

契丹大将耶律休哥,初因部下兵少,不敢轻敌,专令轻骑锐卒,截宋军粮道,一面报知辽廷,速发援兵。萧太后接得休哥禀报,自统雄师,带上幼主,出都南援。休哥听说援兵将到,便先至涿州,一面命轻兵扰乱敌人,搅得宋兵昼不安食,夜不安眠。又加时值五月,赤日炎炎,渴、热难当,宋军疲累不堪,走了四天多,才至涿州。

忽有侦骑来报:耶律休哥已统兵前来。曹彬急令列阵应敌。随后又有探马报道:"契丹太后萧氏及少主隆绪,尽发国中精锐,前来接仗了。"宋营将士无不失色。因见兵士已疲,粮又将尽,曹彬便下令撤退。将士闻令,一哄儿向南飞奔,兵马大乱。休哥得知,出兵追杀,一路杀来,直追至沙河。萧太后母子随后便到。休哥请乘胜南追,杀至黄河以北再撤回大军。

萧太后说:"盛夏不便行军。宋军正犯此忌,所以兵败,我军怎么可以蹈其覆辙?不如得胜回朝,等到秋高马肥,再行进兵。"

曹彬等逃至易州(今河北易县),计点兵士,伤亡大半,只好拜本上奏,自行请罪。太宗览奏,懊丧得很,便下诏召曹彬、米信及崔彦进等还京,令田重进屯定州,潘美还代州(今山西代县),迁云、应、朔、寰四州吏民,分置河东、京西。各路布置尚未妥帖,契丹将耶律斜轸已率兵十万来攻。七月潘美军南撤,一直退至代州。收复之地又为契丹所有。太宗此时悔恨无及,只能对有关将领分别治罪。

端拱元年(988年),赵普自任所入朝,太宗大加抚慰,让留住京都。

尽管这位老臣有不尽人意的地方,但太宗还是不得不佩服他的先见之明。姜还是老的辣啊!

当时,有位叫翟颖的平民同知制诰胡旦关系十分亲密。胡旦让他改名马周,以唐马周暗比,出头攻击李昉,说他"赋诗饮酒,不知备边,旷职素餐,有惭鼎辅"等语。宋军败归,太宗心情不好,只得这"赋诗饮酒,不知备边"二语,不觉厌恶起李昉。李昉察知,即自请解职,被罢为右仆射。

这时,太宗的二儿子襄王元侃,表请再委政于元老赵普。随之便有诏授赵普为太保兼侍中,吕蒙正同平章事。赵普这已是第三次入相。

襄王的表请虽和赵普劝太宗传子不传弟不无关系,但太宗也有他的打算。他想重用吕蒙正,恐其资望尚浅,难令群臣信服和拥护,所以特地让赵普带他一段。

吕蒙正秉正敢言,元老赵普也不觉折服。

当时,枢密副使赵昌言与胡旦、翟颖等表里为奸,曾让翟颖诽谤时政,并且历举知交数十人,推为公辅。赵普察知赵、胡私情,同蒙正联名奏请将其依法论罪。太宗准奏。还有郑州团练使侯莫、陈利用凭幻术得到太宗的喜欢,二人骄恣不法,居处穿戴,竟仿皇帝。赵普列举其十条罪状,力请正法。太宗将他们发配到商州(今陕西商县)。赵普上书,坚持让处死。

"朕为万乘之主,难道不能庇护一个人吗?"太宗说。

"陛下如果不诛灭奸幸之臣,便是乱法。法是值得珍惜的,一竖子何足惜呢?"赵普叩首答道。

太宗不得已,命将其诛杀。

太宗淳化元年(990年),赵普上表辞职,太宗不许,到第三次上表时,才将其出为西京留守,仍授太保兼中书令。赵普觉察到太宗是为安置吕蒙正才让他入相,所以不愿久任。加之他曾劝太宗,让在太平兴国七年(982年)献银(治今陕西榆林东南)、夏(治今内蒙乌审旗南白城子)、绥(治今陕西绥德)、宥(治今内蒙鄂托克旗东南城川古城)四州而入居京师的李继捧,归镇夏州,招抚降辽的弟弟继迁;继捧非但不能抚弟,反而与继迁同谋,尝为边患。舆论多说"纵兕出柙,由普主议"。赵普心中更加不安,于是称病辞职。

到西京留守的诏命下来,赵普还是再三上表推让,太宗就赐给他一道手谕:"开国旧臣,只卿一人,不同他等,无至固让,俟首途有日,当就第与卿为别。"

赵普捧着手谕涕泣起来,随即入朝对答,太宗赐坐左侧。赵普多谈及国家之事,太宗频频点头。约过了一个时辰,赵普才退了出来。

将要出都,太宗亲至赵普府第,握手叙别。

九、驱魇祷上苍

淳化二年(991年),赵普因自己年老多病,让留守通判刘昌言奉表到京,请求辞官。

太宗派中使前来抚问,授赵普太师之衔,封魏国公,给以宰相的俸禄,并让他病好之后,再来京相见。赵普感激涕零,支撑着又去办公,以图报效。

但病弱衰老的躯体,使这位元老不得不考虑将要迈入的那个神秘世界。一想到这里,他便恐惧难安。并非他怕死,而是死后不知如何去面对早已在阴间等待着他的杜太后和秦王廷美? 这个难以抹去的想法困扰着他,使他每夜梦魇,口呼"大太后娘娘"、"秦王殿下",一时辩解,一时哀求,夜夜难安。从此以后,他精神恍惚,渐渐地形销食少,卧病不起。刚一合眼,就看见秦王廷美怒容满面,坐在床侧向他索命。实在无法,只得请来道士,设醮诵经,上章禳谢。道士问为何事? 他又不便说知,想了一会,就从枕上跃起,要了纸笔,写道:

> 情关母子,弟及自出于人谋;计协臣民,子贤难违乎天意。乃凭幽祟,遽呈强阳,瞰臣血气之衰,肆彼魔呵之厉。信周祝霾魂于鸠恕,何普巫雪魄于雊经。倘合帝心,诛既不诬管蔡,幸原臣死,事堪永谢朱均。仰告穹苍,无任祈向!

写完后,末署自己姓名,亲自密封,令道士向空焚祷。

道士遵命持焚,火刚烧及信函,忽然一阵狂风吹入法坛将它刮去。

后来,有一人在朱雀门拾到一个信函,两边像是被火烧焦,中间却好好的。拆开一看,原来是赵普祷告上天的表章,字迹丝毫未曾毁坏。此事于是传了出来。

赵普祷告之后,依然无验,病势一天天加剧。终于无力挣扎,在一天晚上,这位在政治舞台上活动了五十年的政治家,怀着恐惧和不安离开了人世,终年七十一岁。这一年已是淳化三年(992 年)了。

讣音传到朝廷,太宗大为悲痛,对近臣说:"普事奉先帝,并且与朕是故交,能断大事。曾经对我有不足的地方,你们应该也知道,但自从朕即位以来,他对朕很是效忠,可算是一个社稷之臣。今闻他溘然长逝,心中怎不悲痛!"

于是辍朝五日,为赵普发哀,赠尚书令,追封真定王,谥曰忠献。太宗亲自撰写神道碑铭文,作八分书相赐,并派右谏议大夫范杲摄鸿胪卿前去治丧,赙赠绢布各五百匹,米面各五百石。

赵普少习吏事,缺少学问。太祖曾劝他读书,此后才手不释卷。身居相位以后,吃饭一毕,常常闭门读书,第二天办公,取决如流。他晚年爱看《论语》。去世以后,家人清理他的遗书,书箱中只藏有两本,这便是《论语》二十篇。

赵普曾对太宗说过:"臣有《论语》一部,半部佐太祖定天下,半部佐陛下致太平。"

他又善于强谏。太祖曾怒扯他的奏章,掷之于地,赵普脸色不变,跪着一一将碎片拾起拿回,粘贴完整,第二天又上奏上去。最后太祖感悟,便按他说的施行。

只是廷美的冤狱,确由他一人造成,时人多有批评。

赵普的儿子承宗为羽林大将军,曾知潭、郓二州,颇有政声;承煦为成州团练使。他又有两个女儿,皆已成年,矢志不嫁,送父归葬之后,自请为尼。太宗再三相劝,也不能使她俩改变主意,于是赐长女名为志愿,号智果大师,二女名为志英,号智圆大师。两女自建家庵,奉佛终身。

太宗死后,身为皇太子的元侃继位。念及赵普之功,又追封他为韩王。

赵普是个有一定远见的历史人物,他所参与制定的方针政策,得失皆有,深深地影响着有宋一代。作为一代名相,他胸中缺少学问,妨碍着他作出更积极的贡献,不能说不是一个遗憾。

(刘　杰)

寇　准

——刚直清正善断大事的名相

寇准名彪史册，蜚声后世，给人们留下忠正、机智、善断大事的完美形像。说寇准聪明机智确不过分，更为显明的品格则是清正、刚直。寇准一生胸怀大志，极想为国多出一点力，多做一点贡献，然而却屡进屡退，最后竟客死于偏远的雷州，使胸中抱负半付流水。其原因主要在于北宋社会的黑暗、腐败，统治者昏庸软弱，使清正之人难容于邪枉之徒；倘究其次，则在于他处世不谙刚柔相济之道，尚缺乏深沉和大度。后者对于一个想有作为的政治家来说，应是一个不容忽视的基本素质。因为，凡要成就一番大事业，固不可背离正道，亦要善于迂回周旋。

一、少年聪慧

寇准(961—1023 年)，字平仲，华州下邽人(今陕西渭南)人。先世曾居太原太谷(今山西太谷)昌平乡，后移居冯翊(今陕西大荔)，最后迁至下邽。

寇准生于名门望族，其远祖苏忿生曾在西周武王时任司寇，因多立大功，遂以官职为姓。曾祖父寇斌，祖父寇延良，都饶有学识，因遭逢唐末乱世，均未出仕。父亲寇湘博古通今，擅长书法、绘画，在诗词文章方面也很有名气，曾于后晋开运年间(944~946 年)考中进士甲科，后应诏任魏王记室参军(王室秘书)，因屡建功勋，被封为三国公(即燕国公、陈国公、晋国公)，追赠官职至太师尚书令(即宰相)。

寇准生于显赫的官宦世家、书香门第，自幼受着良好的熏陶、教育。由于他天分极好，又兼勤苦攻读，年纪轻轻便脱颖而出。寇准十四岁时，已经写出了不少优秀诗篇；十五岁时，就能精习《春秋》、三传(《左传》、《公羊传》、《谷梁传》），并能区别三传异同，剖析问题也较为精当。

太平兴国五年（980 年），年仅十九岁的寇准来到京都汴梁（今河南开封）应试，考中进士甲科，并取得参加宋太宗殿试的资格。当时，因宋太宗多喜录用中年人，有人便劝寇准多报几岁年龄。寇准却郑重说道："我正思进取，岂可欺蒙国君！"结果，寇准凭藉满腹经纶，一试得中，受任为大理寺评事（虚衔），实任大名府成安县（今河北成安）知县。

同年（即同榜中甲科进士者）有李沆、王旦和张咏。这四人后来皆成为北宋名臣。李、王、寇三人官至辅相，而张咏则做了封疆重臣。

寇准任成安知县期间，严格按照国家规定征收赋税和徭役，禁止巧立名目加码摊派，大大减轻了人民的负担。每当收税和征役时，他不许衙役横行乡里，鱼肉百姓，而在县衙前张贴布告，上边写清应征对象的姓名、住址。百姓见此，便主动前来缴税和服役。

寇准还奖励耕织，鼓励垦荒，致使成安县境田野垦辟，百姓安居，受到人民交口称赞。由于他政绩卓著，数年间屡屡升迁。

二、挽衣留谏

宋太宗在位之际，时常诏命群臣直言极谏。一次，寇准上朝，适逢众官建言与契丹议和。他听过之后，当即提出异议：契丹屡屡犯我边疆，只应加派劲兵驻守，不可与之讲和。他亟陈利害，说得头头是道。因此，寇准受到太宗赏识，旋即被提升为枢密院直学士（掌最高军事机关中的机密文书）。

宋太宗在处理重大问题时，常常征询寇准的意见，他也常能直言往诉。一次，寇准奏事，因言语不合，惹得太宗发怒，起身就要退朝；寇准却上前挽（扯）住衣角，让太宗坐下，继续劝谏，直至事决之后才罢。太宗息怒后，细思寇准忠直言行，甚是嘉许。说道："朕得寇准，犹如唐太宗得魏征。"

淳化二年（991 年）春，天大旱，又闹蝗灾。宋太宗召集大臣，议论施政得失。大臣多推说"天意"，虚辞搪塞。寇准却借题发挥说："《尚书·洪范》有言，天与人之间的关系，犹如形与影、音与响一样。大旱的征兆，似是谴责刑罚不当。"太宗一听，怒容满面，起身退朝。

过了一会，宋太宗稍稍心平气和，又传命召见寇准，问道："卿言刑罚不

当,究竟有何根据?"寇准说:"愿把中书省、枢密院二府长官召来,我当面评议得失。"

宋太宗立即宣唤二府长官王沔等人。寇准面对权要大臣,严辞指斥道:"此前不久,祖吉、王淮枉法受贿。祖吉赃少,竟被判处死刑;王淮监守自盗,侵吞国家资财多至千万,却因是参知政事(副宰相)王沔之弟,只受杖刑,事后照样为官。这不是执法不平吗?"太宗当即质问王沔有无其事,王沔连连叩头谢罪。太宗怒斥王沔,大煞了二府的邪气。

从此,宋太宗更觉得寇准忠正廉直,可委以大任,先后授任为左谏议大夫(谏院最高长官)、枢密副使(枢密院副长官)等职。不久,又把用通天犀制做的两条珍贵玉带赐给寇准一条。

三、初贬青州

淳化二年(991年)九月,寇准任同知枢密院事。其间他与知院(枢密院最高长官)张逊不睦。

淳化三年(992年)夏末,寇准与同僚温仲舒并马出郊,行到途中,一个疯子突然来到二人马前,倒头便拜,口中狂呼"万岁"。寇准对微末小事一向粗疏,未曾把乡野偶遇放在心中。

不料,此事被张逊察知,便唆使心腹王宾向宋太宗告发,并借机添油加醋,肆意攻击寇准心存非分之念。

宋太宗一看奏章,勃然大怒,立即传讯寇准,斥责他居心叵测。

面对飞来的横祸,寇准挺身自辩。说道:"这是有人故意陷害。试想,狂徒跪在臣与温大人两者之前,为什么张逊却指令王宾独奏寇准有罪?"张逊让王宾详析其罪;寇准便让温仲舒作证洗冤。双方在朝廷上互揭阴私,相持不下,真如唇剑舌枪,辞色甚厉。

太宗心恨双方有失大臣体面,一怒之下,把张逊贬为右领军卫将军,而贬寇准为青州(今山东益州)知州。

此后,宋太宗每每想起寇准的逆耳忠言,常思念不已。但出于皇帝至尊至上的虚荣心,又不便承认先前错贬大臣。一次,太宗语带双关地问:"寇准在青州过得快乐吗?"君侧小人知道这是有意召回寇准,便不怀好意地说:

"青州是个富庶地方,寇准为一州之长,生活怎能不快乐呢!"过了几天,太宗再次这样询问左右。有人乘机进谗:"听说寇准天天喝得大醉。陛下如此想念寇准,不知寇准是否想念陛下!"

太宗渐渐心灰意冷,沉默不语。

四、拥立太子

寇准奉诏从青州回到京师,立即朝见太宗。

当时,太宗已近暮年,为立太子的事情,使他心神烦躁,焦虑不安。此前有冯拯等人上疏,请早立太子,太宗发怒,把他们都贬到岭南去了。此后朝廷内外,无人再敢提起立太子这件事。此时太宗又患脚病,疼痛难忍,真是身心交瘁,苦不堪言。在这种情况下,太宗急需一个情投意合的知心者,来与他做伴,并向他倾吐自己的苦衷,以求得心理的平衡。况且立太子的事情,尚未确定,也需要有人协助谋划决断。

一天,太宗闻报寇准上殿进见,便急忙宣入。待寇准参拜已毕,太宗先让他看看自己的脚病。随后赐坐,并问寇准:"爱卿为什么来得这样迟缓?"只这一句似嗔若怪的问话,已足见太宗急切盼望寇准还朝相见的心情。此时寇准也思绪纷纷:尽管无过遭贬青州,太宗有负于他,但见太宗对他一往情深,也不便多言,只是尊中带讽地说了一句:"臣不见您的诏书召还,是不敢擅回京师的。"

太宗对寇准的回答,并没介意,只想尽快听到寇准关于确立太子的意见,便马上转换话题。他问寇准道:"爱卿看我这些儿子当中,谁可以继承皇位呢?"

寇准此时虽然心中有个人选,但不知太宗心中倾向于哪一个,因此不便直接回答太宗的问题。于是他只给太宗提出一个选立太子的原则。寇准回答:"陛下为天下人选择君主,与妇人、宦官商量,是不行的;与近臣商量,也不行;只要陛下您能选择符合天下人所期望的人,就可以了。"

太宗听罢,低头思之良久,然后屏退左右,对寇准说:"你看襄王元侃可以吗?"

其实寇准心中所想的也正是襄王元侃,于是连忙说道:"知子莫如父。

陛下既然认为可以,愿您当即决定。"

立太子的事,君臣二人就这样决定了。

寇准因协助太宗确立了太子的人选,使太宗了却了一桩心事,于淳化五年(994年)九月,拜为参知政事(副宰相)。

至道元年(995年)八月,宋太宗任襄王元侃为开封尹,改封寿王,立为皇太子。

太子到太庙参拜行礼回来,京城人民都夹道观看,欢呼跳跃,说:"真是个少年天子!"太宗得知后,心中不悦,说道:"人心一下子都归了太子,那将把我摆在什么地位呢?"

太宗老皇帝此时有如此心情,真是出人意料。寇准担心太宗出尔反尔,把事情弄糟,便急中生智,立刻再拜并祝贺说:"太子众望所归,是陛下的决策英明,是国家百姓的洪福。"太宗听寇准如此一说,觉得自己在臣民心中的地位,仍在太子之上,便马上高兴起来。又入后宫,把此事说于皇后、嫔妃知晓。后宫的人又都出来庆祝。太宗乘兴命人摆宴,与寇准共饮,待醉方休。日后,寇准又加官给事中。

寇准直则直矣,但鉴于以前的教训,这次在确立太子的问题上,则采取巧言顺君、引而不发的方法和原则,劝导太宗立襄王元侃为太子,并巩固了元侃的太子地位。

寇准既直且谋,被后人传为美谈。

五、安抚番民

至道年间(995~997年),寇准还曾安抚秦州(今甘肃天水一带)的番民骚乱。

从唐末直至宋初,渭水南北住着一批少数民族,古称"番民"。宋太宗晚年,番民经常骚乱。为经略此地,太宗委派大臣温仲舒做秦州知府。温仲舒莅任后,采取驱赶政策,把渭南的番民一律逐到渭北,还修筑栅栏、堡垒,用以阻绝番民的往来。番民对此十分不满,时常暗思寻隙滋事。温仲舒却自以为得计,还撰写奏章向朝廷报功。

宋太宗阅罢温仲舒的奏章,不禁忧心忡忡,急忙召来寇准,说道:"古代羌戎尚杂处于伊水、洛水之间。这些番民易动而难安,一旦驱动,或将重启骚乱,危害关中安宁。"

寇准熟谙古今之变,遂旁征博引地说:"唐朝的帝王注重汉、番各民族之间的友好往来,大臣宋琼等也主张不赏边功,终于形成边疆的安定局面,也出现了开元年间的太平盛世。而今,封疆大吏贪赏邀功,以至轻启边衅,怎能不招致祸乱呢。此事大可警惕!"

太宗听罢,忙把温仲舒调往凤翔府(今陕西宝鸡中部),改派寇准前往渭北安抚番民。

寇准到了秦州,把当地番民首领召集到一起,经过多次协商,决定迅速拆除渭水南岸的栅栏、堡垒,恢复了番民的帐篷庐舍,调解了当地各族人民之间的关系。从此,秦州境内出现安定、和平的局面,各族人民得以友好相处。

六、犯颜廷辩

至道二年(996年),宋太宗在京师南郊举行祭祀天地的大礼。事后,中外官员皆得加官进秩。寇准身为副宰相,前所引荐的官员多得到重用,其中也难免偏私之处。比如,彭惟节位次一向在冯拯之下,此后却晋升至冯拯之上。冯拯不服,仍列衔在彭惟节之上。寇准很是气愤,指斥冯拯扰乱朝制。事关名利,冯拯怒不可遏,竟也弹劾寇准擅权,且列举出岭南任官不平的几件事例。

宋太宗对此大为不满。参知政事张洎原与寇准要好,如今揣度太宗恼恨寇准,害怕受他牵连,于是落井下石,检举寇准诽谤朝政。

就在这时,广东转运使康戬又上言:宰相吕端、参知政事张洎、李昌令皆由寇准引荐升官,吕端与寇准结为至交,张洎一向曲意奉迎寇准,李昌令软弱不堪,因而寇准得以随心所欲,变乱经制。

宋太宗不禁勃然大怒,回头责备宰相吕端。吕端见情势紧迫,便委婉地说:"寇准刚烈任性,臣等不欲反复争辩,只怕有伤国体。"说完,一再叩拜谢罪。

及至寇准上朝,太宗问及冯拯所举之弊端。寇准毫不相让,在朝廷上奋

中国名相正传

力自辩。太宗斥责道："你在朝廷上强辩，有失执政体面。"寇准仍力争不已，并抱来中书省授官的卷宗，在太宗面前大论是非曲直。太宗见此光景，颇觉无可忍耐，叹息说："鼠雀尚知人主之意，何况大臣呢！"

当年七月，宋太宗贬寇准为邓州知州；次年，迁官工部侍郎；后又历任河阳、同州、凤翔、开封等知州、知府。

七、促驾北征

至道三年(997年)，宋太宗病死，太子赵恒即位，是为宋真宗。

宋真宗即位以来，早想拜寇准为相，但又担心他性情刚直，难以独当此任。

景德元年(1004年)七月，宰相李沆病逝，宋真宗任命毕士安为参知政事。毕士安进朝谢恩，真宗说："且勿早谢，还将拜你为相。卿看谁可与你同作宰辅？"

毕士安答道："寇准忠诚可嘉，资历深厚，善断大事，臣不如他。"

真宗说："朕听说他刚愎自用。"

毕士安说："寇准忘身为国，坚持正道，打击邪恶。因此，一些庸夫俗子嫉之如仇。当今，天下百姓虽蒙圣恩，安居乐业，但北部边境常受辽兵骚扰，危害深重，现在正是起用寇准的时候。"

真宗道："卿言正合朕意。当借爱卿德，以补正他的不足。"

是年八月，真宗帝便命寇准与毕士安同居相位，二人志同道合。

寇准忠正不阿、嫉恶如仇，屡受奸佞小人弹劾倾陷，因赖毕士安辩析，才得以免受真宗怀疑。

景德元年九月，辽兵入侵宋朝北部边境，放纵游骑在深县(今河北深县)、祁县(今河北安国)一带掠夺，作战稍有不利，便引兵退走，还故意装出漫无斗志的样子，借以引诱宋军。

寇准得知这一军情后，当即上奏："这是敌兵大举入侵前的惯用伎俩。请加紧练兵点将，简选骁勇，增派精锐部队把守关隘要地，防备辽兵入侵。"

宋真宗采纳了寇准的建议，派遣杨延昭、杨嗣等将，分别把守边关要塞，严密监视敌人。

同年十一月，辽兵果然大举南侵。辽国萧太后、辽圣宗亲统大将萧达揽，领兵二十万，进犯贝（今河北清河）、魏（今河北大名）诸地，包围了瀛州（今河北河间），兵锋直指黄河北岸的澶州（今河南濮阳）。

敌兵步步深入，朝野十分震惊。边关告急文书，有时一夕五至。在群情惶恐之时，寇准却显示出了杰出政治家难能可贵的镇定风度。他将告急文书搁在一边，照旧饮酒谈笑。

丞相临危不惧、镇静自若的神态，必能感染一部分臣民。但也有一部分胆小的臣僚惊慌失措，忙把告急文书转奏给宋真宗。

宋真宗乍闻军情，不禁骇然失色，急忙召问寇准。寇准却故意漫不经心地说："陛下欲了此患，只需五日便可。"真宗请道其详，寇准因请御驾亲赴澶州。

朝中群臣听到此议，个个胆战心惊，纷纷要求退朝回家。寇准严辞制止，命令大家等候皇上起驾。

真宗进退两难，便欲退回后宫，从缓计议。寇准上前阻住，劝谏道："倘若陛下入宫，则群臣不得见君，必然惶恐无主，那就要贻误军国大事。恳请陛下立即起驾，以安人心。"毕士安从旁附议，力劝真宗身赴前敌。

于是，真宗准备亲征，便召集群臣商讨进兵方略。参知政事王钦若是江南人，主张皇帝南避金陵；大臣陈尧叟是四川人，请求御驾西幸成都。真宗本就顾虑重重，再听到这两种意见，不免动摇起来。

寇准知是王、陈二人扰乱视听，厉声质问："谁为陛下划此南迁之策，就有可杀之罪。当今皇上神武非凡，武将与文臣又能同心协力，若大驾亲征，敌寇必然自遁。如其不然，还可以出奇计挫败辽兵阴谋，坚守城池使敌师老费财。彼劳我逸，利弊迥别，我可稳操胜算。为何要抛弃宗庙社稷，流亡到偏远的楚、蜀二地呢？如果那样，所在人心动摇，辽兵乘虚而入，大宋江山岂能复保？"

宋真宗听到寇准所言有理，便决心御驾亲征。

这时，亟须选派要员出镇河北大名。寇准深知王钦若多智谋、擅权变，惟恐他留在朝中，再次阻挠北上成议，便举荐他出任此职。王钦若有口难言，只好勉强就任，这就为主战势力搬开了一块绊脚石。

景德元年十二月，宋真宗麾军北上。行至中途，又有人旧话重提，议论起南幸金陵之事，真宗再生犹疑，召来寇准商议行止。寇准说："目前，陛下

只可进尺,不可退寸。河北军民日夜盼望銮驾到来,士气倍增;若回辇数步,则万众士气瓦解,敌乘其后,恐怕金陵也保不住了。"君臣仍惴惴不安,难以起驾。

寇准见此情景,心生一计,匆忙走出,找到殿前都指挥使高琼,问道:"太尉深受国恩,今日何以报效国家?"

高琼慷慨回答:"高琼为一武夫,但愿以死殉国。"寇准甚喜,对高琼面授机宜,然后转身去见真宗。高琼随后而入,立于庭下。

寇准朗声对真宗说:"陛下对我的话不以为然,何不听听武官高琼的意见?"

高琼立即上前奏道:"寇宰相之言确是良谋。目前敌师锋芒受挫,我军士气旺盛。陛下正应亲征督战,以期促成大功。"

宋真宗见一将一相均持此议,这才放下心来。寇准趁势建言:"机不可失,宜速起驾!"高琼当即指挥卫士护驾前行,来到黄河南岸的澶州南城。

这时,辽兵声势正盛。群臣请真宗暂驻于此,观察敌情,然后决定进止。寇准力排众议,执意对真宗说:"陛下不过河,则人心越发不安。若不前进威慑敌兵,煞煞辽寇气焰,我军绝难取胜。况且,杨延昭、杨嗣、王超诸将已经率领劲兵分屯中山等地;李继隆、石保吉诸将排开大阵迎击辽军,掣其左右肘;四方各镇赴援的将领也纷纷赶来勤王;陛下此行万无一失,为何迟疑不进呢?"宋真宗听罢军情,才决意渡河北进。

宋真宗驾抵澶州北城,并登上城楼检阅河北军民。远近将士和百姓望见御盖麾旗,争相踊跃欢呼,声闻数十里。辽兵见此情势,相对惊愕,以至扰乱了队列。

宋真宗将军事大权悉委寇准。寇准受命专决,号令严明,士气振奋。一天,辽军数千名骑兵攻近北城,宋真宗亲自登城督战,杀死、俘获敌兵大半,余众仓皇逃回。

晚上,宋真宗回到行宫歇息,留下寇准在城头监守。夜间,真宗思虑辽国兵临城下,辗转反侧不能成眠,暗地里派侍从察看寇准的动静。却见寇准正与翰林学士杨亿饮酒、下棋,还不时谈笑、歌吟,有时竟至狂呼大叫。真宗听说寇准旁若无事,立刻放下心来,暗自说道:"寇准如此坦然,我又有何忧!"这才安然入睡。

其时,寇准面对内忧外患,未尝不是焦虑如焚。但作为国家柱石,惟其如此,才能稳定军心、民心。这正是他的心机所在。

宋、辽相持多日,辽兵见宋军无懈可击。辽兵孤军深入,最利速战速决,最忌旷日持久。辽军急于求战,其统帅萧达揽到阵前督察军情,被北宋大将李继隆部下的威虎军首领张环用床子弩(一种安装在座子上的强劲弩弓)射死。萧达揽是辽国的顺国王,一向机智勇敢,所率将士皆为精兵锐卒,每次出战多充先锋,屡建奇功。萧达揽一死,辽军士气大挫,宋军更受鼓舞,双方战局发生了转变。

八、澶渊订盟

萧太后不敢久陷于中原战场,遂于景德元年十二月,秘密派使臣来到澶州北城,请求议和,条件是辽国长期占有山海关以南的土地。

宋真宗被迫北上,终日寝食不宁,巴不得速速结束此役,对辽方的请求,欲作折半答复,说是:“所欲得地,事极无名;若必邀求,朕当决战;若欲金帛,朝廷之体,本也无伤。”

寇准态度非常坚定,连馈送金帛之事也不同意,且欲令辽国称臣,使之献出幽、蓟十六州土地(幽、蓟十六州在后晋高祖石敬塘天福元年割让给辽国)。为此,他献出一条秘计,对真宗说:“若依计而行,则可保百年平安;不然,数十年后敌人仍将生事。”

可宋真宗无心久战,推脱说:“数十年后,自有御敌的人物。我不忍生灵重困,姑且听其和议。”

寇准本要坚持己见,可惜许多大臣贪生怕死,纷纷在真宗面前进谗。有人甚至说:寇准主战,是为了借机抬高自己的身价。寇准万般无奈,只得忍痛放弃有利时机,同意与辽国讲和。

宋真宗派亲信曹利用出使辽营,并授意说:“只要辽方退兵,每年可赠他百万金银布帛。”寇准闻讯,忙将曹利用召至自己帐下,威严地叮嘱说:“虽然皇上允许百万,你所许银两不得超过三十万,否则,回来后我要砍你的头。”

曹利用到了辽营,经过严辞力争,最后以每年交给辽国银十万两、绢二十万匹,成约而还,双方约为兄弟盟国。辽国偏得重惠,便在结盟之后,引军北归。

这就是历史上有名的"澶渊之盟"。

"澶渊之盟"是在宋军初战有利并且可望取得更大战果的形势下签订的屈辱和约。即使如此,倘无寇准忠于国事、发奋御侮的高尚精神,机智、果敢、坚决、镇定的斗争艺术,河北地区将长期沦于敌兵铁蹄蹂躏之下,后果更不堪设想。因此,寇准一生中最突出的建树,就是用智敦促宋真宗亲赴澶州督战。

九、再贬陕州

澶渊订盟之后,宋辽息兵,两国边境比较平静。为此,宋真宗对寇准更加器重,倚之处理朝中大政。寇准身处顺境,也不免自鸣得意,忽视了宦途中的坎坷。从此,他在上层集团的斗争中,接连走着下坡路。

寇准辅政,一向赏罚严明。他既喜举贤任能,破格用人,又喜惩治邪恶,罢黜庸吏。对此,忠直贤良者自然是拍手称快,而奸佞之徒却对他恨之入骨。

一次任命官员,僚属拿着官吏名册,拟依次晋升。寇准却说:"宰相的职责,在于提拔忠良贤才,罢黜奸佞不肖之徒,如果按名册先后用人,一个小小官吏即可办到,还要我宰相作什么?"

由于寇准从政有方,至景德二年(1005年),宋真宗又给他加官中书侍郎兼工部尚书。

王钦若等佞臣自从劝帝南避金陵遭到寇准痛斥之后,一直怀恨在心。如今见寇准权重朝班,更是忌恨不已,时刻伺机倾陷寇准。

景德三年(1006年)的一天,宋真宗会见文武百官。散朝之后,寇准先自退班。宋真宗敬慕寇准,以致注目远送。

这一情节,被王钦若看在眼里,再也压抑不住心中妒火,趁机进谗说:"陛下如此敬重寇准,想必是他立下捍卫国家的功劳?"真宗点头称"是"。王钦若出其不意地说:"澶渊之役,陛下不以为耻,反以为寇准有功于国,究竟是何道理!"

宋真宗愕然回顾,困惑不解地问:"这话怎讲?"

王钦若说:"城下订盟,为《春秋》所耻。澶渊之盟正是在大敌逼近城下而签署的盟约。陛下以大国皇帝的尊严,竟然订立城下之盟,世上还有比这更大的耻辱吗!?"

此话撞击了宋真宗的病痛,顿使他脸色大变,现出羞怒之色。王钦若继续火上浇油,说道:"陛下想必听说过赌博的事。赌徒快要输光的时候,便尽其所有来作赌注,这叫作'孤注'。澶渊会战时,寇准正是拿陛下来孤注一掷的。这岂不是危道吗?"

宋真宗自从听了王钦若的挑拨,就渐渐地疏远寇准。不久,宰相毕士安病逝,寇准又失去了一位益友和臂助。这年二月,真宗竟罢免寇准的宰相职务,贬官为刑部尚书,出任陕州(今河南陕县)知州。

当初寇准官拜宰相之时,好友张咏正远在成都,任益州知州。张咏耳闻寇准入相,喜对僚属说:"寇公奇才,惜学术不足。"

乃至寇准罢相,调任陕州,恰逢张咏自成都回京,路过此地。他乡遇故交,且系生平知音,寇准免不了隆重迎接,盛情款待。两人促膝交谈,倾诉怀抱。临别时,寇准远送至郊外,虚心向张咏求教说:"自此一别,不知后会之期,张公有何高见,望不吝赐教。"

张咏慢悠悠地说:"《汉书·霍光传》不可不读。"寇准不明其意,回府后急忙翻阅该传。篇末,作者班固对霍光作了几句评语,其中有"不学无术"四字。寇准读至此处,会意地笑着说:"这就是张公教我的话。"

后来,寇准又改任户部尚书,兼知天雄军,镇守河北大名。天雄军地近宋朝北疆,寇准自然身肩守土抗辽之责。

其间,萧太后派遣使臣路过此处。辽使见到寇准,情知朝廷忠奸不分,使贤臣蒙屈遭贬,却故意挑动说:"相公德高望重,为何不在中书省做官,却到天雄军来呢?"

寇准闻听此言,百感交集。但是,忠君爱国之情却萦绕于怀,始终不渝。他机智、巧妙地对答道:"如今朝廷无事,无需我居中任职。皇上以为天雄军系北门锁钥,非我执掌不可。"这话说得十分得体,简直无懈可击。

十、誓斗"五鬼"

自从景德三年(1006 年)寇准罢相之后,宋真宗任命王旦为宰相,王钦

若、陈尧叟参知枢密院事。

此时,宋真宗登基多年,皇位稳固,又值天下承平,内外相安。抚今追昔,有识之士反觉不安起来。因为,在中国漫长的封建社会里,每遇太平盛世,总不免庸人自扰,闹出许多亲痛仇快、天怒人怨的事体来。何况,此时的封建社会,已经步入垂暮之秋,北宋政局不仅无复汉、唐蒸蒸日上的气象,而且显现出江河日下的征兆。再看朝中大臣,惟独王旦较有德望,能够奉公遵法,大度能容。但他过度矜持,缺乏向邪恶势力作斗争的气魄和胆识。其他如王钦若、陈尧叟之辈,向来老奸巨猾,治国无方,惑主有术。另有一班佞臣与之配合,营私舞弊,无所不为。

大中祥符元年(1008年),王钦若建议用封禅来"镇服四海,夸示外国"。可是,欲行封禅,需得天瑞之应。君臣借口"神道设教",合谋伪造一封"天书",公然用以自欺欺人。之后,接连封泰山,谒孔庙,祀汾阳,尊道祖,几年之间,朝野上下闹了个不亦乐乎!在这般倒行逆施中,三司使丁谓附会王钦若,奉献《封禅祥瑞图》等;经度制置副使陈彭年、内侍刘承畦则助尧叟讲古典,大修宫观,甘作帮凶;又有一个林特十分工于心计,为之搜刮财贿。此四人与王钦若互相交通,狼狈为奸,踪迹诡秘,被称为"五鬼"。宰相王旦老成重厚,欲谏不能,欲罢不得,敢怒而不敢言。

大中祥符七年(1014年)六月,枢密使王钦若、陈尧叟终因罪恶昭彰被免官。宰相王旦趁机推荐寇准,把他调进京师,委任为枢密使。

寇准秉性刚正,嫉恶如仇。往年,他与"五鬼"之首王钦若结为政敌;如今又与五鬼之一、新任三司林特势成水火,处处冲撞。那时,林特正蒙厚宠,负责征收河北地区的绢帛,催逼甚急。寇准却暗助转运使李士衡,从中阻挠,并且扬言:当初曾进河北贡绢五万匹,而三司不收,致使国用匮乏。他们还请求惩治三司长官及其属吏。

当时,京师每年所需绢多达百万匹,寇准仅能征收五万,怎能满足朝廷的奢侈费用。宋真宗心中不满,对王旦说:"寇准刚忿性情,仍如往时。"王旦不敢违抗圣意,只得批评说:"寇准好人怀惠(希望别人怀念自己的恩德),又欲人畏威(又喜欢别人畏服自己的声威),皆大臣所避(这都是做大臣者应当避免的弱点),而准乃为己任(寇准却认为这是应该的),此其短也。"

王旦所说寇准之短,确不为诬。刚忿偏激、嫉恶如仇,绝不应是做宰相的气度。仅就气量宽宏来说,王旦却具备宰相气度。他不仅能容忍寇准平日的挑剔、顶撞，而且竭力保护这个刚正、贤能的同年。他曾多次向真宗褒扬寇准，说他"对陛下无隐私，益见其忠直"。尽管如此，僵局仍无法挽回。因为世间最无容量的便是专制帝王。

大中祥符八年（1015年）四月，寇准终于又被罢相，左迁为武胜军节度使。

十一、误进天书

天禧元年（1017年），宰相王旦病危。宋真宗将王旦抬入宫中，征询日后的施政要领，其中问道："爱卿病情万一不测，朕将天下托付于谁呢？"王旦费力地举起笏板，奏道："以臣之见，皆不如寇准贤能。"真宗说："寇准性刚褊，请再思其余。"王旦摇头说："他人可否，臣实不知。"这实则是说，宰相一任，非寇准莫属。

当年七月，王旦病逝；八月，进王钦若为相。

天禧三年（1019年）三月，巡检朱能与内侍周怀政通谋，伪作"天书"，置于长安西南的乾佑山。当时，寇准已调往此地，任永兴军长官。宋真宗欲得"天书"，可又受到孙奭等人的谏阻，极言其虚妄无稽。值此，有人献计说："开始最不信天书的是寇准，如让寇准进献天书，官民才能信服。"于是，真宗命周怀政晓谕寇准。

起初，寇准实不愿做这荒诞不经的事情，后经其婿王曙从中怂恿，方才勉为其难。当时，有个门生鉴于朝中群小盘结，人情险恶，况且寇准又过于刚直不阿，日后终难自脱官场横祸，遂向前献策说："寇公行至中途，假称有病，上书坚决请求补为外官，此为上策；倘若入见，立即揭发天书之诈，尚可保全平生正直之名，此为中策；假如再进中书省为相，是为最下策。"寇准身处名利之间，也难以自拔。何况，作为一个政治家，当政弄权，犹如将军驰马挥戈，雄鹰在空中展翅翱翔，乐在其中。但最终谋错一筹，违心地到朝中从事逢迎。

宋真宗见寇准入献"天书"，自然大喜过望，亲自将他迎入禁中。六月，王钦若有罪，免相，遂以寇准为宰相，兼任吏部尚书。

进献"天书"是寇准终生最大的失策。此事大大降低了他的威望，使之

从此陷入难以自明的是非漩涡之中。当时,陕州有个著名隐士、诗人魏野,曾就进献天书一事,写诗讽刺寇准。寇准对此深悔莫及,曾写律诗《赠魏野处士》,表达了自己复杂的感触。其诗说:

> 人闻名利走尘埃,惟子高闲晦盛才。
> 散枕夜风喧薜荔,闭门春雨长莓苔。
> 诗题远岫经年得,僧恋幽轩继日来。
> 却恐明君征隐逸,溪云难得共徘徊。

诗中,寇准敢以"名利"二字自责,足见其坦荡的胸怀。

十二、失察丁谓

如果说寇准在一个错误的时机、用错误的手段再进中书为相,是他走错的关键性的第一步棋,那么,他误用丁谓则是他走错的关键性的第二步棋。

丁谓多才多艺,机敏过人。但他附炎趋势,为人奸诈,因一向依附权臣王钦若等人,为当时的"五鬼"之一。寇准素来尊用有才气的人,但他只看到了丁谓有才,却未能及时察觉丁谓无德。

早在真宗即位之初,李沆为宰相时,寇准就举荐过丁谓。李沆说:"纵观丁谓为人,岂可使之位在他人之上?"寇准却回敬说:"像丁谓这样的才气,相公岂能长久使之居于他人之下?"李沆微微一笑,说道:"日后你总会想起我这句话的。"寇准不以为然。

宋真宗大中祥符年间,丁谓诱导君臣封禅祀神,从事虚诞邪僻之行,寇准的同年张咏对此义愤填膺。大中祥符八年(1015 年),张咏病终时,还上疏乞斩丁谓,其中说:"如今不当修造宫观,竭天下之财,伤生民之命,此皆贼臣丁谓诳惑陛下。请斩丁谓之头悬于国门,以谢天下,然后可斩张咏之头悬于丁氏之门,以谢丁谓。"这可谓以死极谏,可寇准仍未引起警惕。

与同年李沆、王旦、张咏相较,寇准的胆略确有过之,而深沉却惜之不及。尤其在对待丁谓的态度和作法上,寇准反其道而行之,在最后一次入相不久,竟然盛赞此贼,并荐他任参知政事这一显官,作为自己的副职。

丁谓擢至副宰相,仍对寇准十分谦恭,乃至点头哈腰,曲意逢迎。一次,中书省宴会群僚,寇准在豪饮之后,竟被羹汤玷污了胡须。丁谓见状,连忙走过来,慢慢地为寇准拭抹胡须。寇准先前虽被他一时蒙蔽,但终究不失清廉正直之本性,难与此辈同气相求。如今一见他这般奴颜卑膝的行径,不由得心生厌恶,遂用轻蔑的口吻讥笑说:"你现为参政,本为国家堂堂重臣,怎能为长官拂拭胡须呢?"

在大庭广众之下,这种尖刻的嘲讽,简直羞得丁谓无地自容。从此,他暗自怀恨在心,日思寻机倾陷寇准。

同年十二月,宋真宗任命曹利用、丁谓为枢密使,执掌军机。曹利用向为宠臣,亦与寇准结有宿怨。当初,寇、曹同在枢密院,分任正副长官。寇准素轻曹利用的品行、才气,议事每有不合,辄用不屑置辩的口气斥之说:"君系武夫,岂能识得大体。"因此,曹利用久已衔恨。如今曹、丁联合,手握重权,又兼得宠于真宗皇帝,其势足以与寇准分庭抗礼。可寇准却始终未能组织起反对权奸的正义之师,也未曾对进退形势做恰当估测,仍在单枪匹马地横冲直闯。

天禧四年(1020年),宋真宗得了风瘫病,政事多由刘皇后主持。此前,刘氏宗人横行不法,强夺蜀地百姓盐井。真宗碍于皇后情面,本想原宥其罪,无奈寇准铁面无私,固请依法惩治。为此,早已惹恼过刘皇后,只是隐忍未发而已。

及至真宗卧病,刘皇后执掌政柄,曹利用、丁谓趁机依附刘氏,并结纳内亲、翰林学士钱惟演,彼此朋比为党,交通诡秘。刘、曹、丁、钱势焰熏天,寇准开始为此感到担忧。

在此期间,宋真宗自以为一病不起,常常卧在内侍要臣周怀政的腿上,与之商量国家大事,一度有意传位于皇太子赵祯。周怀政把这事及时转告了寇准。一次,寇准趁便奏道:"皇太子为万民仰望,愿陛下思念祖上之业、社稷之重,把皇位传于太子。另外,还要慎选正直、干练大臣作为辅翼。丁谓、钱惟演系奸佞小人,万万不可辅佐少主。"真宗额首答应。

寇准既得允准,立即密令翰林学士杨亿起草诏书,拟用太子监理国事,且欲用杨亿辅政,取代丁谓。这算是一个应变的重大行动。

杨亿知道事关机密,候至深夜,方才逐退左右,亲自撰写书稿,内外无人知晓。

该年六月,在最关键的时刻,寇准却因素性豪侈,向喜狂饮,以致醉后走漏了口风。丁谓与刘皇后等人旋即奏知真宗,力谮寇准,谎言:寇准欲挟太

子,夺朝廷大权,架空皇上。

宋真宗在愠怒中也忘记事前曾有成言,商定过传位之事,竟昏庸地罢免了寇准的宰相职务,降为太子太傅,担当有名无实的角色。事后,挑选当时最小的地方"莱",封寇准为"莱国公"。同年七月,以李迪和丁谓并任宰相。

寇准谋事不密,连连失利,致使政局急转直下。

周怀政见形势愈趋险恶,深感不能自安。他于山穷水尽之时,便策划尊宋太宗为太上皇,立皇太子为帝,废皇后,杀丁谓,复召寇准为相。此事被客省使(接待外使的长官)杨崇勋察知,报告了丁谓。丁谓当即换上便衣,乘着妇人所用车辆,连夜找曹利用商量对策。第二天,丁、曹立即奏知皇帝、皇后。宋真宗闻奏暴怒,便要严惩寇准。幸亏李迪从中斡旋,仅诛杀周怀政一人了事。

丁谓又与刘皇后合谋,揭发朱能伪造天书之事,终于把寇准的病根揭了出来,以期把他逐出朝堂。

当年七月,宋真宗将寇准贬为相州知州;八月,丁谓擅改旨意,又将寇准远徙为道州(今湖南道县)司马。

十三、勇挫诡谋

天禧四年(1020年)八月,寇准启程去道州贬所。一路上虽是风险重重,因赖其贤相英名,终能遇难呈祥,平安到达道州。

自从莅任视事,寇准每天清晨早起,身着朝服升堂理政。公务之余,他专门起造了一座藏书楼,置放经、史、佛、道等书,每遇闲暇,便手不释卷,习诵不已。每逢宾客到来,便与之谈笑竟夕。观其作为,似无当初庙堂显贵的际遇,也无那些迁客骚人的感慨。

其实,寇准的心潮无时不在汹涌回荡。范仲淹所谓"居庙堂之高,则忧其民;处江湖之远,则忧其君",正是此时寇准心声的真实写照。忧国忧民的政治情怀,常常驱使他翘首北望,向往日后再次秉政,施展自己的才学和抱负。他在道州时所写的《春陵闻雁》,就倾吐了他难以名状的怅惘心情,其诗云:

萧萧疏叶下长亭,云澹秋空一雁经。

惟有北人偏怅望,孤城独上倚楼听。

然而"怅望"总归"怅望",在云淡秋高时节,萧萧疏叶只有簌簌坠落一途,北归宏愿充其量只能成为憧憬和梦思,挥斥朝堂也只能是对往事的回味而已。

乾兴元年(1022年)二月,宋真宗病危。起初,寇准罢相之后,目昏耳聩的真宗并不知道他月内三黜,竟然还问道:"我为何久久不见寇准?"群臣畏惧丁谓权势,无人敢如实奏述。及至临死,真宗又想起当年贤相,谆谆嘱托:"惟独寇准、李迪可托大事。"

丁谓见李迪现为首辅,与寇准心心相印,担心日后大局陡变,李迪仍将寇准引荐于新皇,与之共掌朝政。于是,丁谓便勾结刘皇后,在当年四月,再贬寇准为雷州司户参军。与此同时,又凭空诬陷李迪私结朋党,将他贬为衡州(今湖南衡阳)团练使。

为把李迪驱逐出京,丁谓竟致不择手段。有人颇觉不忍,对丁谓说:"李迪若死贬所,丁公如何受得了士人的舆论!"丁谓一声奸笑,肆无忌惮地回答:"他日好事的书生记述此事,也不过写上'天下惜之'四字而已。"

丁谓必欲将寇、李二人置于死地而后快,便挖空心思想出一条毒计:在传达刘皇后懿旨时,故意在中使(太监)马前悬一锦囊,内插一把宝剑,并有意使剑穗飘在外,以示将行诛戮。李迪憨直,一见这般场面,误以为降旨赐死,便主动要去自裁。幸遇其子及宾客悉心救护,才不得枉送性命。

中使来到道州,也想如法演试,加害寇准。此时,寇准正与郡中僚属在府内聚饮。众人一见中使杀气腾腾的样子,十分惶恐,无不手足失措。寇准却神色自若地对中使说:"朝廷若赐寇准死,我须亲看圣旨。"中使窘态百出,只得如实宣读:敕贬寇准为雷州司户参军。寇准异常镇定地叩拜于庭,然后升阶继续宴饮,直至日暮才罢。

次日,寇准打点行装,再赴雷州贬所。

十四、枯竹生笋

乾兴元年(1022年),寇准左迁到雷州(今广东海康)。年逾花甲的寇准,身处偏僻荒远的异乡,一旦回首前尘,身世之感、忧愤之情,不时地撞击

着他的心扉。他曾赋《感兴》诗一首，道出了自己的心声：

> 忆昔金门初射策，一日声华喧九陌。
>
> 少年得志出风尘，自为青云无所隔。
>
> 主上抡才登桂堂，神京进秩奔殊方。
>
> 墨绶铜章竟何用，巴云瘴雨徒荒凉。
>
> 有时扼腕生忧端，儒书读尽犹饥寒。
>
> 丈夫意气到如此，搔首空歌行路难。

回想昔日金榜题名、踌躇满志，更加重了如今满目苍凉和忧思满怀的气氛。此情此景，怎不令他扼腕生愤，大声疾呼地控诉宦途的艰难及险恶！

自古庙堂之上虽然不辨忠奸，而江湖民间却能公正评说是非曲直。

却说丁谓自从排挤走李迪一班清正大臣，又将寇准远流于绝地，之后更是横行不法，为所欲为。因此，京师官民憎恶丁谓，怀念寇准，编了几句顺口歌谣："欲得天下宁，当拔眼中钉；欲得天下好，莫如召寇老。""钉"丁谓之姓的谐音，寇老即是对寇准的尊称。

千夫所指，无疾而死。寇准再贬雷州不到半载，身为万众眼中之钉的丁谓也获罪被贬。

乾兴元年六月，丁谓因伙同内侍雷允恭擅自改动建造皇帝陵墓的计划，获罪免官。不久，又查出他勾结女道士刘德妙欺君罔上，语涉妖诞。两罪并罚，遂贬他为崖州(今海南岛)司户参军。

丁谓到崖州贬所，中途必经雷州。寇准闻讯，遣人携带一只蒸羊，送到雷州边境，交于丁谓，一则借示自己的胸怀，另外也有拒之于门外的意思。丁谓远窜南国，举目无亲。值此长途跋涉、心力交瘁之际，原想在雷州小憩几日。寇准的家僮获悉此意，争欲杀此贼。寇准不愿以私仇坏国法，便将家僮、衙役全部关在府内，使之尽情饮宴、赌博。

丁谓察知这般情况，只得仓皇就道。

宋仁宗天圣元年(1023 年)，寇准忧病交加，卧倒在病榻之上。此时，他曾用《病中书》为题，再写一首描写志行和遭遇的律诗：

> 多病将经年，逢迎故不能。
>
> 书惟看药录，客只待医僧。
>
> 壮志销如雪，幽怀冷似冰。
>
> 郡斋风雨后，无睡对寒灯。

他的品操和情怀如旧,可是心已经冷了!

该年九月,享年六十三岁的寇准,终于走完荆棘丛生、蜿蜒曲折的人生之路,与世长辞了!

死后,才接到宋仁宗任命寇准为衡州司马的诏书。其妻宋氏请求归葬西京洛阳,仁宗准奏。

寇准的灵车北归,取道公安(今湖北公安)等县。沿途官民设祭哭拜,路旁遍插竹枝,其上悬挂纸钱等祭品。一月之后,枯竹生笋。人们纷纷议论,这是寇公的高风亮节感化所至。因此,路人争为修祠立庙,年年岁岁,按时祭奠。雷州所修庙宇称"竹林寇公祠",道州还建起寇公楼。

寇准谢世十一年,即明道二年(1033年),宋仁宗恢复寇准"太子太傅"、"莱国公"官爵,赠官中书令,谥号"忠愍"。

皇佑四年(1049年),宋仁宗又令翰林学士孙抃为寇准撰《莱国寇忠愍公旌忠之碑》的碑文,宋仁宗亲自为碑首篆书"旌忠"二字,以示褒扬。

寇准不仅是一位功业卓著的政治家,也是一位才华横溢的诗人,现有《寇忠愍公诗集》传世。

(郭新民)

耶律楚材

——成就元朝帝业的一代名相

耶律楚材作为元朝的奠基者,其德其才可使许多中原名臣相形见绌,而与同时期的南宋权臣相比,更使其汗颜。他披肝沥胆地为蒙古用兵金、宋和远征西域运筹划策,对统一王朝的创建立下汗马功劳。他呕心沥血地为蒙古立国中原定制度、劝农桑、兴文教,加速了这一民族的封建化进程,使武功极盛的军事帝国又收文治之效。他的强净巧谏又为后人提供了对国事尽忠尽智的楷模。他是中华民族历史上卓有贡献的杰出人物。

一、北国卧龙

耶律楚材(1190—1244 年),契丹族,字晋卿,生于金朝中都燕京(今北京),为辽东丹王突欲的八世孙。其父耶律履,本是金代的学者,因其品学兼优,曾仕金世宗,官至尚书右丞。耶律楚材三岁时,父亲殒命,这对他的成长有很大影响,幸得其母杨氏良好的书礼教育,加上他天资聪慧,自幼勤学苦读,博览群书,待至青年时期,就已在天文、地理、律历、术数等方面颇有造诣。他深谙儒学,修以佛道,精于医卜之说。他还多才多艺,善抚琴,好吟咏。由于很早就接受"汉化",精通汉文,所以,用汉文写作潇洒自如,而且文思敏捷,下笔成文,出口成章,极其自然纯熟。

耶律楚材成长在动乱的社会中。当时,整个中国正处在元朝大一统之前的列国纷争阶段,大金国为最强,占据中原,统治着北中国。但时过境迁,它的全盛时期已过,国势一年不如一年了。南宋王朝虽是偏于江左,但时刻也没忘记北上收复失地,不时地向北方挑战。立国甘宁陕的西夏,也对称霸中国怀有野心,趁机与南宋结交,在西北方向侵扰。真是诸强对峙,战事频生。此时,金国西北部的附庸蒙古族也乘机崛起,铁木真自被本部族推举为首领后,经过连年的征战,统一了蒙古。金章宗太和六年(1206年)成为全蒙古的"汗"(皇帝),尊称成吉思汗,是为元太祖。这个新起的蒙古,更是雄心勃勃,在北方不断地向金国发动进攻。金国对其咄咄逼人之势难于应付。

就在这一年,耶律楚材十七岁,他可以出仕了。按照当时全国的规矩,他这个宰相之子享有赐补省掾(协助政府部门长官掌管文书、处理日常事务)官职的特权。可是他本人希望参加正规的进士科考试。章宗认为旧的制度虽然不可更改,但是考试更可以发现人才,于是敕令他应期当面考试。在应试的十七人中,耶律楚材独领风骚,掾吏之职自然成他囊中之物。从此,他便步入政界。此后,他还曾任职开州同知。

成吉思汗的蒙古军事政权确立后,靠着他强大的军事实力,开始向四邻征战。为了免于受到西夏的牵制,成吉思汗决定在攻金之前,先用兵西夏。1205~1209年间,成吉思汗对西夏攻伐三次,大大地削弱了西夏的力量,使之没有出外征战的能力了。接着,经过周密部署后,从1211年起,成吉思汗便大举进兵金国。已走下坡路却一意图谋威服南宋的金国,哪里是成吉思汗的对手,蒙军"所至都邑,皆一鼓而下"、"凡破九十余郡",直到兵临金国中都燕京城下。

金宣宗贞佑二年(1214年),金主完颜永济为了缓解蒙军南下的威胁,一面委送其女入蒙,以和亲争得金国喘息的时间。同时,决定把都城南迁至汴(今河南开封)。耶律楚材的全家随之南下,只有他本人被任命为左右司马员外郎,职掌尚书六部日常奏章,协助金国右丞相完颜承晖留守在中都燕京,时年二十四岁。

成吉思汗十年(1215年)五月,围攻燕京年余的蒙军,一举攻克燕京,右丞相完颜承晖自尽殉国,耶律楚材眼看金朝的大势已去,于是在城陷之后,便"将功名之心束之高阁",空怀经天纬地的才智绝迹于世,弃俗投佛,在万松老人(行秀)门下钻研佛理,一去三年。艰难的进世,磨炼了耶律楚材,他等待着时局的发展,等待着实现壮志的机会。

成吉思汗十三年(1218年),机会终于来了。成吉思汗既定燕地,他逐渐感到人才的重要,这时他听说耶律楚材是位难得的人才,而且又是被金国所灭、与金国有仇的原辽国宗室后裔,便遣人求之,询问治国大计。耶律楚材虽然修身养性,过着隐居的生活,然而他时刻也没忘掉干戈扰攘、生灵涂炭

的神州大地,极想依傍靠山,伸出双手去拯救水火中的芸芸众生。得知有雄才大略的成吉思汗要召见他,感到是一个图谋进取的好机会。他二话没说,即刻应召前往,以便使自己的盖世才华得以施展。有一首自咏诗可以表明他此时的心迹:

> 圣主得中原,明诏求王佐。
>
> 胡然北海游,不得南阳卧。

耶律楚材身材魁梧,髯长鬓美,极其英武。回答成吉思汗的询问,更是声音洪亮而流畅。成吉思汗说到:"辽金世仇,我要为你洗雪国仇家恨。"耶律楚材的回答十分得体:"那是以前的事了。我的祖父已经入侍金朝,既然做了臣下,怎敢和君主为仇呢?"成吉思汗对他的回答十分满意,认为这个人重君臣之情,又恪守信义,是值得信任的。便把他留在身边,以备顾问。耶律楚材学识渊博,受到成吉思汗的宠信,并亲切地称他"长胡子"。耶律楚材此时想的是,历史上董仲舒辅佐武帝以"文治",使得汉家气象恢弘。如今,他也找到了这样的机会。

二、从军西征

成吉思汗十四年(1219 年),蒙古军队在对自己的宗主国金国实施了一连串痛击之后,在军事上完全取得了主动,于是,除了仅用小股兵勇继续对中原金地蚕食鲸吞外,集中精锐之师,进行了著名的西征,攻打花剌子模国。

成吉思汗对西方的征讨,早在 1204 年就开始了。那时主要是征服西辽国,1218 年,成吉思汗终于灭掉西辽,使之领地尽归了蒙古。在征西过程中,中亚大国花剌子模,曾与西辽结过盟,使蒙古与花剌子模两国结下冤仇。近来,花剌子模国王摩诃未又背信弃义,杀死了蒙古派出的使者和骆驼商队,两国又生新恨,这旧恨新仇连在一起,使成吉思汗发誓,非灭掉花剌子模国不可。

在西征开始的前一年春天,成吉思汗特地派人到燕京,召请耶律楚材随军西征。耶律楚材十分兴奋,认为这是对自己的一个锻炼机会。于是,他即刻收拾好琴剑书籍,慨然上路。从燕京到成吉思汗的军营,相距甚远,且路势险峻。但所有这些,都未能阻碍耶律楚材决心报答亲顾之恩、践平生壮志的宏愿。他出居庸关,过雁北,穿阴山,越沙漠,经过一百余天的长途跋涉,终于如期到达了目的地。

成吉思汗西征出师的这一天,虽时值夏六月,却忽然狂风骤起,黑云密布,转瞬间大雪飘飘。成吉思汗有些疑虑,不知此为何兆。于是立即把耶律楚材召至帐前,卜问吉凶。耶律楚材绝非是庸俗的阴阳先生,他具有相当高的科学水平,他了解日月星辰运行规则,可以测知月蚀之期,可以修订历法。此刻,他没有简单地按大自然的规律去解释天象,而是以一位精明的政治谋略家的思维,把对这种天象的解释添加上政治内容。他巧妙地利用包括成吉思汗在内的蒙古将士对天文、星象知识了解得很肤浅,又非常迷信的心理,以及蒙古军人对花剌子模国的行为义愤填膺、誓死雪耻的军心,毅然断言:"隆冬肃杀之气见于盛夏,这正是我主奉天申讨,克敌制胜的好兆头"。成吉思汗盼的就是这种吉相。于是发十万大军,离开也儿的失河(今额尔齐斯河),奔西南越过天山,向花剌子模国杀去。1222 年,蒙古军占领了整个花剌子模和中亚。可谓兵锋西指,所向披靡。

此次西征大胜,成吉思汗认为与耶律楚材的卜吉有关。从此,凡他出战,总是必须有耶律楚材随侍身旁,预测吉凶成败,参赞军政大事。耶律楚材也正是利用这种机会,运用自己的文韬武略,阐发自己的真知灼见。

成吉思汗这个十分勇悍的"一代天骄",面对西征的赫赫战果,自然是崇武轻文。耶律楚材也深知这一点,意欲以文治国,那就应该不失时机地利用每一个"舞文弄墨"的机会,向君主灌输创治天下,绝不可藐视文士作用的道理。西夏人常八斤因善造弓弩而受成吉思汗的宠用,这更增添了这位武夫的自恃。他不把文臣放在眼里,常常当着耶律楚材的面讽刺说:"国家正是用武之际,像你这样的儒者,究竟有何用处?"耶律楚材当仁不让,针锋相对地回敬他:"制弓须用弓匠,制天下者岂不用制天下匠?"这机智的词锋,巧妙的辩诘,引起了成吉思汗内心的深思。是啊,光靠武士虽然可以夺得天下,然而"制天下"时还真得"制天下匠"不可。成吉思汗内心折服。此后,他便常对其子窝阔台说:"此人(指楚材)是天赐我家,尔后军国庶政,当悉委他处置。"

在进军花剌子模国过程中,耶律楚材曾力主并主持在塔剌思城(在西辽都城虎思窝鲁朵西)屯田。这个地方是中西交通的要道,且土地肥饶,经济繁荣。这一恢复发展后方的社会经济之举,对于只知道打仗、掠夺财富的蒙

古军事贵族来说,从军事活动转变到恢复发展社会经济,意义重大。蒙古军也正是以此为基础继续西进的。

1223年夏天,成吉思汗回师驻军铁门关。据传当地人送来一只怪兽,独角,身形似鹿,尾巴同马,浑身绿色,嘶鸣声咿唔又似人言。成吉思汗感到奇怪,询问耶律楚材。耶律楚材便从此次西征军事、政治目的均已达到,应尽早结束战事的大前提出发,根据古书上的介绍,借题发挥说:"这种兽名叫角端,它的出现表示吉祥。它能作人言,厌恶生杀害命。刚才的叫意是大汗你应该早点回国了。皇帝是上天的长子,天下的老百姓都是皇帝的儿子,愿大汗禀承上天的旨意,保全天下老百姓。"成吉思汗听罢,立即决定结束此次西征,班师回国。

1224年,成吉思汗仍取道原来的路线回归。在成吉思汗西征之前,曾向西夏征发军队协助西征,西夏拒不出兵,成吉思汗当时无暇征讨西夏,发誓日后一定要给予惩罚。当西征归途中,又获悉西夏与金国缔结和约,无疑等于火上浇油,成吉思汗立即决定征讨西夏。1226年秋,成吉思汗开始了对西夏的征讨。蒙古军很快就攻下了甘州(张掖)、凉州(武威)、肃州(酒泉),当年冬天,攻克灵州(今宁夏灵武县)。灵州之战,西夏主力消耗殆尽,城陷后,西夏的首都中兴府已成了空架子。1227年6月,夏主请降,西夏至此覆灭。在攻打灵州这个西夏的军事重镇时,破城之后,蒙军众将士,无不争掠女子、财物,独有耶律楚材却取书数部,大黄药材数担。同僚们对他的行为甚是费解。不久,兵士们因历夏经冬,风餐露宿,多得疫病,幸得耶律楚材用大黄配制的药材救命,所活至万人。这件事再一次表明耶律楚材慧眼独具,见识深远。

耶律楚材随成吉思汗九年,其间战争时间达七年之久。戎马倥偬,驰骋异域的环境,使得耶律楚材难以施展自己的全部才华,英雄无用武之地的冷落感,萌生在他的思想深处。然而,他坚信,实现美好的愿望,以儒术佐政兴国的一天,终会到来的。

三、整肃燕京

成吉思汗二十二年(1227年)的冬天,耶律楚材终于回到了燕京。在此前,蒙古军事帝国忙于西土战事,对那些业已归顺蒙古的州郡缺乏完善的社会组织和法律制度,因此,派往各州郡的长官,常常是任情掠取,兼并土地,有的竟随意杀人。其中,燕京留守长官石抹咸得卜尤为贪暴,所杀示众之人头,挂满了市场。面对如此混乱的国情,耶律楚材十分焦急。他从巩固蒙古国长期统治的大计着眼,立即奏请成吉思汗下诏颁律,控制社会的混乱局面。禁令颁出,即:各州郡如果没有奉到盖有皇帝玉玺的文书,不得随便向人民征收财物;死罪必须上呈国家批准。凡违背此项命令的,其罪当死,决不轻饶。由于此法得体,切合时弊,且惩治条文分明,使贪婪暴虐之风有所收敛,社会秩序初步安定下来。

这一年,成吉思汗病逝。依照蒙古国的惯例,成吉思汗的四子拖雷获得其父的直接领地,即斡难河及客鲁连河流域一带蒙古本部地方,并且代理国政,是为元睿宗。

在睿宗监国期间,燕京城中社会秩序颇为动荡,有一大批凶恶的强徒,恃强暴夺,每天傍晚,尚未天黑,这些盗贼竟拉上牛车径往富户人家,去搬取财物。若尽其恶求,便掠财就走,如若稍有不从,就会惨遭杀戮,闹得人心惶恐,国无宁日。睿宗对此有所闻,认为只有耶律楚材可以处理好这件事。于是,特遣耶律楚材和中使塔察儿前往究治。耶律楚材知道,这些杀人越货之徒,如此猖狂,谁也不敢阻拦追究,是大有来头的,因而处理起来会有很多麻烦。但他仍毅然前去查办。耶律楚材经过细心察询,很快便弄清了这些强徒都是燕京留后的亲属及一些豪强子弟。耶律楚材在掌握大量的证据基础上,毫不手软地将触禁者一一缉拿归案,然后拟出法办意见。此刻,这些恶徒的亲族都傻了眼,他们知道耶律楚材执法不避权贵,又不屑钱财,要想减免刑罚,只有把希望寄托在暗中贿赂中使塔察儿上,以从轻了结此事。很快,耶律楚材便了解到这一情况,他找到塔察儿,与之晓以大义,指陈利害。他指出此事并非个人恩怨,而是关系到社会的安定,国家的前途,若出以私心,处理得不妥,与君主与庶民都无法交待。塔察儿听罢悚惧,深知有错,并情愿悉听楚材发落。耶律楚材见他知错能改,便继续同他一起对罪犯逐一审明性质,依法各有处置。其中十六个罪大恶极、民愤最大的首犯,绑赴刑场,枭首于市。从此,巨盗绝迹,燕京秩序得以控制。

这两件事,在一定程度上,表明了耶律楚材治国的才干,因而在高层统治集团中,更加增强了对他的信任。

1229 年，睿宗拖雷已监国两年，按照成吉思汗的遗命，帝位应继传太祖三子窝阔台，但此时没有任何迹象表明拖雷将移权。作为一个有智谋的良辅，耶律楚材清醒地意识到，汗位虚悬或错置，与国与民都不利。在最高权柄面前，古往今来，骨肉之间箕豆相煎之事并非罕见。除拖雷外，窝阔台还有个兄长察合台。此人向来性情缜密，为众人所畏，也是汗位的有力竞争者。假若三人真的计较起来，彼此不让，结党营私，岂不断送了国运？于是，耶律楚材与窝阔台面议，商量尽快召开"库里尔泰会"，决议汗位。窝阔台嗣位，早经成吉思汗亲口布告，为什么还要召开大会，经过公认呢？这是因为，成吉思汗曾有一条特立的法制：凡蒙古大汗，如当新旧交续之时，必须经王族诸将，及所属各部酋长，召开公会，议定之后，方可继登汗位。

是年秋天，成吉思汗本支亲王、亲族齐集克鲁伦河畔议定汗位的承继人。会议开了四十天，仍是议而未决。耶律楚材认为此事不可久拖了，便亲自力谏拖雷："推举大汗，这是宗庙社稷的大计，应该早日确定。"拖雷仍说："意见不统一，是否再等几天。"耶律楚材听罢，十分坚定地说："此期不可变，一过此日，再也没有吉祥的日子了。"拖雷不好再敷衍下去，这样，窝阔台就即了汗位。蒙古进入了太宗时代。

登基朝仪，是耶律楚材精心拟制的。在此之前蒙古族部落乃至蒙古国是没有朝拜礼节的。旧制简率，未足表示尊严。为了确保朝仪的顺利进行，事先，耶律楚材选中了察合台亲王，作为带头执行者。楚材对他说："王虽是皇帝的哥哥，但也是个臣子，应该对皇帝以礼下拜。若你下拜，做了一个臣子应该做的事，那么就没有人会有异议了。"察合台认为此话有理，在正式的登基大典上，便率领众皇族和臣僚跪拜廷下。这样，耶律楚材一举除掉了蒙古国众首领不相统属的陋习，制定了尊卑礼节，严肃了皇帝的威仪。盛典进行得很顺利。会后，察合台深有感触，对耶律楚材称赞道："你真是国家的贤臣呵！"

对于这些粗犷成性、散漫惯了的蒙古君臣，尽管有了讲究礼仪的好开端，但在日常的执行过程中，有许多人仍难以适应；就连朝会有些人也误期甚至乱来。为此，窝阔台准备惩治那些违制的臣子。耶律楚材认为时机尚未成熟，过于严厉，贸然从事，会引起混乱。他巧妙地进奏说："陛下刚刚即位，宜暂示宽宥。"窝阔台采纳了他的意见，从轻发落了违者，果然效果很好。这样恩威并举，反复整顿，是耶律楚材维护并逐渐健全朝廷礼制颇为明智的做法。

四、定策立制

蒙古帝国在成吉思汗时代,才进入奴隶制社会,窝阔台即位以后,其管理的国域,多为已经进入封建社会的北中国,所以,使这位少主在治理国家上显得力不从心,加上应兴应革的事太多,真是一时摸不到头绪。此时,全靠耶律楚材尽心竭力,定国策,立制度,出台了一系列当务之急的法令,加速了这一民族的封建化进程。

在颁发法令之前,首先规定了既往不咎的政策。对那些因法律不明,而误触禁网,按当时的老规矩必杀无赦的百姓们,不追究颁发政策前的法律责任,或给予从轻发落。这是抑制蒙古一向滥杀,因获某种罪过而死者不计其数的最有效的办法。同阁的一些臣僚讥笑他,说此举实过迂阔。耶律楚材不为所动,力排众议,反复而耐心地把得民心者得天下的道理讲给太宗听,终得圣准。此项政策的实施,安定了人心。

接着,耶律楚材便制定颁发了十八项法令,成为官民遵照执行的准绳。包括官吏设置、军民分治、赋役征收、财政管理、刑法执行等。这些采摭自中原的先进制度,列为蒙古国策的法令,可以说是历史性的决策,对后来正式确立的元代政治制度奠定了基础。如实行军民分治后,军职不得干预民事,军队由国家直接掌管。这样,不仅遏制了军官的骄横不法,同时也打击了分裂割据的势力,保证了国家政治上的巩固和统一。此项法令,一直作为元朝的一项基本国策。

蒙古贵族崇尚武功,根本没有税制观念,他们看不到这样下去会兵强而国蹙。以近臣别迭为代表的人主张,以牧业为主来保证国用,认为"汉人无补于国,可悉空其人以为牧地"。耶律楚材极力反对这种将燕京农业地区变成牧场的倒退措施。他深知如今的蒙古国已是一个多民族的国家,应行汉法,大力发展农业,如果保守地强调畜牧,是狭隘的,不合国情的落后政策。他直截了当地给太宗算了一笔账:"陛下马上要南征金国,军需从何而来?仅靠畜牧是远远不够的。假使发展燕赵的生产,以地税、商税,及盐、酒、冶铁税,外加山泽之利,可以获利五十万两银,八万匹帛,四十万石粮食,足以供给南征。这不远胜于变农为牧吗?"窝阔台经过认真考虑,认为颇有道理,

便命耶律楚材全权筹划,立行征税制度。耶律楚材领旨后,即刻在河北一带建立十路征收税使,遴选汉或女真中有德才的士人,如陈时可、赵防等名儒充任。1231年秋天,窝阔台在云中行宫中,面对十路课税使陈列在朝廷之上的金、银、帛、粟等税物,十分欣喜,这时他才真正懂得了耶律楚材力求行汉法的好处。他高兴地对耶律楚材说:"你虽然没离开我左右,却能使国用充足。南国的臣僚中,有谁能比得上你吗?"耶律楚材自谦地答道:"南国的臣僚比我强的人很多。"窝阔台嘉其功劳,赐以美酒。当即下令任命他为中书令(宰相),把典颁、庶务的大权交给他,且吩咐朝臣,政事不分大小,都要禀报他。他自己也是有事必与耶律楚材商酌,以进一步权衡得失。

随着法制的健全和实施,国家日益兴旺起来。但那些自身权益受到侵害的豪强贵族们,到处散布谗言诋毁耶律楚材。有人说:"耶律楚材中书令援用亲旧,必有二心,应奏知大汗,斩杀此人。"耶律楚材听了并不计较,他坚信自己的言行是出以公心的。好在窝阔台自有明察,深责其诬。对于谣言传播最恶毒者原燕蓟留后长官石抹咸得卜,太宗命楚材鞫审之。耶律楚材以国事为重,不把个人的恩怨记在心上,宽宏大度地奏请太宗日后再行处置。这种高尚的品德很受太宗的赏识,私下对侍臣说:"楚材不记私仇,真是宽厚的长者。你们应当效法他的为人。"正是耶律楚材精忠为国,处处从大局着眼,时时以社稷为重,殚思竭虑,而且长于韬略,才使得蒙古帝国迅速强大起来,政权也得以日益稳固。

五、出策灭金

窝阔台三年(1231年),蒙古国经过休养生息,国力日渐强盛,于是,窝阔台又把南征灭金的行动提到了议事日程。其实,南征这一思想,早在成吉思汗时就已确立。蒙古灭掉西夏,就是为了吞并金朝扫清外围。西夏已亡,既解除了蒙古的西顾之忧,又使金朝失却了犄角之助。窝阔台认为时机业已成熟,便大举南进。

耶律楚材了解蒙军以往作战的陋习,凡攻城邑,拒守者城陷之时,不分军民,悉数杀尽。随着南征日期的逼近他深感不安,认为枉杀滥杀,不但使黎民百姓罹难,而且只能促其军队拒降。临战前,他进谏太宗:为确保人民的生命安全，将河南一带的当地民众迁往山后，采金植田，让其远离战火。接着，又诏令金国逃难之民，降者免死。有人曾认为降者是危急则降，缓和便逃，还能补充敌人的兵源，实难赦免。耶律楚材不以为然，建议窝阔台策造白族若干，发给降民使归本土，蒙古兵士不得侵害之。此举，不但救活了无数的百姓，更重要的是消除了中原人民对蒙军的畏惧和仇视心理，为其顺利进军扫清了障碍。

窝阔台渡过黄河，占据郑州，遣将军速不台围攻汴京。金军用"震天雷"、"飞火枪"守御。"震天雷"是以铁罐盛满炸药，点火引爆，可穿透铁甲；"飞火枪"系以铁管注入火药，能烧伤十余步之敌。汴京攻守战历时十六昼夜，城内外死伤多达百万人。蒙军无速胜之法，金军无久守之志，双方于当年四月罢战讲和。蒙军北退至河、洛，徐图破城之策。

窝阔台汗四年（1232年）十二月，蒙军思得良将，遂派遣王檝赴南宋商议夹击金国。当时，南宋虽然朝有忠正之臣，野有敢死之士，但最高决策者畏葸厌兵，甘心苟且偏安，执行着北宋以来"内紧外松"的旧章法，致使朝政极度腐败，国势日渐衰微，上下难为一体，竟如一盘散沙。蒙古对南宋政局的昏暗、衰败心明如镜，早已蓄有远谋。只是出于灭金需要，暂行笼络利用。南宋却对蒙古估计不足，况且也无对付时局的良策，只是面对残局，胡乱应酬。当久专朝政的南宋丞相史弥远之侄史嵩之披露蒙军遣使消息时，朝廷多以为大可借机报复金国宿仇。思虑清醒的大臣如赵范等人却引以为忧，说道："宣和年间，宋金海上订盟，其约甚坚，终究取祸，不可不鉴。"

所谓"宣和之盟"，是指北宋徽宗宣和二年（1120年），宋命大臣赵良嗣北行，约会方兴未艾的金国，夹攻辽国，口允功成之后，宋朝收复燕蓟失地。结果，五年之后辽亡；当年十月，金军背盟，南下侵宋，徽宗惶惧退位，其子钦宗即位；越一年，金人虏走徽、钦二帝，北宋灭亡。这可谓宋朝历史上的奇耻大辱。

时过仅百余年，应是殷鉴不远。连金哀宗完颜守绪也已窥出蒙古野心，说道："蒙古灭国四十，遂及西夏；夏亡遂及于我；我亡，必及于宋。唇亡齿寒，自然之理。"可是，南宋君臣多已忘记前车之失，再次重蹈覆辙。当年十二月，宋理宗遣人报使订盟。蒙古许俟成功之后，可将黄河以南土地归宋。

蒙古得到南宋应援，当即再遣大将速不台进围汴京。

次年（1233年）正月，金国将领崔立发动汴京政变。这又是来自敌人营

垒内部的接应,城陷指日可待。值此时节,速不台奏请窝阔台:"金人抗拒持久,我军将士多有伤亡,待城陷之日,宜尽行屠戮。"耶律楚材听到屠城预谋,急忙驰骑赶来入奏:"将士暴露于野数十年,所欲得者无非是土地、人民。得地而无民,又有何用!"这已点到至关重要之处,可窝阔台仍然犹豫不决。谋臣的智慧是多方面的,楚材见以公论尚不足使窝阔台速下决断,便施了个假公济私的伎俩,巧借私欲来打动大汗,说道:"奇巧工匠、厚藏人家皆会萃于此地。一旦斩尽杀绝,大汗将一无所获。"窝阔台听了这一席话,真的动了心,立刻准其所请,下令只把金国皇族完颜氏杀掉,其余一律赦免。自此以后援为定例,遂废屠城之法。

四月,蒙军入汴京。当时为逃避战乱留居汴京者凡一百四十七万人,皆得保全性命。

六月,蒙军攻取洛阳,金哀宗完颜守绪走归蔡州(今河南省汝南)。

窝阔台汗六年(1234年)正月,金哀宗传位于宗室完颜承麟,是为金末帝。登基典礼刚刚结束,蒙、宋合兵攻入蔡州,完颜守绪自尽,完颜承麟为乱兵所杀,金国遂告灭亡。

河南初平,蒙军俘获甚多。还师之日,逃亡之人十有七八。窝阔台汗立下禁令:凡逃亡之民以及收留资助者,灭其全家,乡社连坐。于是,逃者不敢求舍,沿途不敢留宿,以致饿殍遍野。耶律楚材念及民心向背,又从容进谏:"河南既平,民皆大汗赤子,又能逃到何方? 为何因一俘囚,连坐而死数十百人?"窝阔台省悟,遂撤销此禁令。

金亡之后,西部秦、巩等二十余州久未能克。耶律楚材献计说:"往年蒙军获罪,多有逃往此地者。因恐新旧二罪并罚,故以死拒战。倘若许以不杀,将会不攻而自克。"窝阔台下诏赦免逃亡旧罪,又宣布废弃杀降之法,诸城接连请降。这可谓善战者以攻心为上。

六、倡兴文教

文治与武治是打天下、治天下的相辅相成的两个方面,二者缺一不可。蒙古军弓劲马肥,兵强将勇,其武力之盛可谓无与伦比,疆域之大也是空前绝后的。但是要统治这么辽阔的国土,尤其是治理文明发达程度较高的中原和江淮地区,必须具备有效的思想工具。时至 13 世纪,每个卓越的政治思想家,在总结古今中西几千年的统治经验之后,不难看出,已有的三教九流诸种思想,各具特长,又各有所短。佛、道教义最善于麻醉,但失之消沉,难以引作主要统治工具;而儒家学说虽不免陈腐之气,但在久经沧桑之后,已融会各家的思想精华,不断注入新的血液,也不断改变着自己的存在形式。在当时,它仍为思想武库中最为精良的武器,是使封建王朝延年益祚的治世妙方。尤其对统治以中原为中心的蒙古帝国,更是如此。历史的规律是不可逃避的,落后的民族以武力征服了先进的民族,却不免被先进民族的思想所征服,被这个民族所同化。对此,只有高明的思想家才能意识到。而通今博古的耶律楚材,比其他蒙古贵族有更清醒的认识。他认为:"穷理尽兴,莫尚佛法;济世安民,无如儒教。"简言之:"以佛治心,以儒治国",是最高明的做法。

早在第一次西征时,耶律楚材就已成竹在胸,对单纯的崇武思想予以批驳,把儒者看作是最高级的工匠——"治天下匠",为蒙古人的政治思想统治尊定了理论基础。后来,蒙古军攻破金国许州(今河南许昌),俘金军资库使姚枢。铁木真因北廷罕有士大夫,特加重用。

窝阔台即位后,耶律楚材又参照中原礼教,确定了尊君抑臣的朝仪。他还对窝阔台说:"天下虽得之马上,而不可以马上治。"还经常宣传"周孔之法"的妙用,并推荐了一批名儒到政府任职。

窝阔台汗五年(1233 的)四月,蒙军开进金都汴京,金亡在即,中原已在掌握之中,而偏安江左的南宋也在其预谋已久的铁蹄征掠之下。值此,力兴文教,崇奉儒术势在必行。耶律楚材将其作为当务之急,赶忙遣人入城收求孔子后人,得其五十一世孙孔元措,奏请袭封为"衍圣公"。又付予林田庙地,为之修孔庙,建林苑。又下令招收战乱中散亡的礼乐人才,并设置太常礼乐吏员,召集名儒梁涉、王万庆、元著等人,在东宫讲释九经。楚材又亲率大臣及其子孙学习经义,钻研孔孟之道。另外,还在燕京等地建立编修所、经籍所,从事文化教育活动,文教事业开始兴起。

窝阔台汗八年(1236 年),蒙军攻宋,杨惟中、姚枢随军参赞。攻陷德汉府(今湖北安陆)等地后,又得名儒江汉先生赵复,携之北上燕京,聚徒讲授儒家经典。从此,北方始重经学。姚枢也得以初窥程、朱性理之书。

窝阔台汗九年(1237 年),耶律楚材启奏:"制器必用良工,守成必用儒

臣。儒臣之事业,非积数十年恐未易成。"窝阔台说:"果真如此,我可任儒者为官。"于是,楚材具体制定了校试办法,分为经义、词赋、论三科,命宣课使刘中、杨奂等人到各路考试。还规定:儒者被俘为奴者,亦皆释放就试;倘有家主隐匿不放,以死处罪。这年一举得士子四千余人,其中四分之一是被赦免奴隶身份的儒者。

窝阔台汗十年(1238年),杨惟中从征蜀、汉等地,便收集周、程、张、朱等书,回至燕京,建立太极书院,修筑周子祠(周敦颐祠堂),以赵复为师,传授理学。

其后,儒生出身的太原路转运使吕振、副使刘子振因贪赃枉法获罪。窝阔台借此责备耶律楚材:"卿言孔子之教可行,儒者为好人,何故乃有此辈?"楚材回答得很妙:"君父教臣子,亦不欲令陷不义。三纲五常,圣人之名教,有国家者莫不由之,如天之有日月也。岂得缘(因)一夫之失,使万世常行之道独见废于我朝乎!"这段对话,反驳得有理有力:不能因为有逆子贰臣,就来否定君、父神圣,也不能因为有无耻文人,就来否定孔、孟之道。

经过耶律楚材首创此议,并从正反两面反复规谏,儒学在蒙古上层政权中渐渐据有一席之地。后经学者杨惟中、姚枢等人悉心收集理学书籍,罗致儒、释、道、医、卜等人才,终使"武功"极盛的蒙古统治者,又逐步收到"文治"之效。

儒家学派为权势者规划了一整套统治术,权势者为"先圣先贤"封送了一顶顶华丽桂冠,并虔诚地顶礼膜拜。在已历上千年的封建时代,儒学成为华夏地区各色王朝的国魂,成为汉和各少数民族统治者的命脉。耶律楚材为蒙古贵族夺取了儒学这面思想旗帜,无疑是在汉人的心理、舆论方面抢占了重要地盘。这对于取得业已开始的蒙、宋战争的胜利,完善统一后的元朝国家机器,尤其对于一向疏于文教的蒙古族历史的发展,均起到不可低估的作用。

七、献计理财

耶律楚材不仅是一位卓越的政治家,而且是一位杰出的理财家。如同其政治、军事活动一样,他在经济活动中,亦处处贯穿着高人一筹的谋略思想。

自成吉思汗之世以来，因西域战事未息，无暇拟定中原税制，官吏乘机聚敛，中饱私囊，资财多达万万，而国库却十分空虚。

窝阔台汗二年(1230年)，近臣别迭等奏称："汉人不事畜牧，无补于国，可一律逐走，空出其地以为牧场。"耶律楚材知道，如今治理辽阔的多民族国家，必须改变偏重畜牧的思想。他针对蒙古贵族的狭隘和无知，反驳说：天下之广，四海之富，岂有无用之地，更无无用之民。他还依据对汉族地区财力、税收的估算，极言征税之利："大汗南伐，军需应有所出。若能均定中原地税、商税和盐、酒、冶铁、山泽之利，每岁可得银五十万两、帛八万匹、粟四十余万石，足以供给军资，为何说汉人无补？"

这些极有诱惑力的数字，自然能打动窝阔台汗。他立命楚材试行征税制度。楚材奏请建置燕京等十路征收课税使，长官选用汉或女真中有才学的士人。如陈时可，赵昉等名儒，都被入选。而辅佐征税者，多用楚材原先在中都时的旧部。

窝阔台汗三年(1231年)秋，十路征收课税使进献征税簿籍和金、帛、谷物，陈满于云中行宫。窝阔台笑对楚材说："你不离我身左右，而能使国用充足。南国臣子，有能比得上卿的吗？"楚材幽默地说："南国之臣皆贤于我。我不才，方留燕，为大汗所用。"窝阔台嘉其谦逊，赐以美酒。

窝阔台汗六年(1234年)灭金之后，蒙古军臣计议编制中原民户，以便征收赋税。大臣忽都虎等主张以丁为户。耶律楚材对此想得更为深远：丁系青、壮年，能四处游离，可居则居，不可居则逃。因此，他指出按丁立户之害："中原向无以丁收赋之法，一旦丁逃，则赋无所出，应当按户确定。"经过再三争议终于按楚材的想法实行。这样，用老、幼牵制青、壮，使初编制的户口比较稳定地存在下来。

往年，蒙古将相大臣每俘获人户，往往寄留在自己所经营的州郡，作为私产。耶律楚材奏请检核全国户口，使之隶属郡县管理;停止以往实行的将土地、人民分给蒙古贵族之法，禁止贵族匿占民户，违令者杀。

窝阔台汗八年(1236年)秋，忽都虎献上各地户籍。窝阔台一时忽忽所以，竟许诺把部分州县赐给各亲王和功臣。耶律楚材对中国从战国、秦汉以来分封与郡县制的演变与斗争了如指掌，在关键时刻，坚持了进步历史观，言简意赅地陈述了分封之害："裂土分民，易生嫌隙。不如多以金帛赠予亲

王功臣。"可是，窝阔台既已许诺，苦于不便食言，楚材便为之想了个变通办法："受封州县的亲王和功臣，可像朝廷任命的州县官吏一样，照例征收贡赋，岁终颁布收入金帛谷物数量，使之不得擅自课征。"

窝阔台依计而行，遂确定了财政税收办法及数额。

户赋：每二户出丝一斤，上交朝庭以供国用；每五户出丝一斤，给予诸王功臣，作为犒赏之资。

地税：上田每亩粟三升，中田二升半，下田二升；水田每亩五升。

丁税：成丁每年征粟一石；驱丁（被俘虏后在军中服杂役的男丁）每年征粟五升。

商税：三十税一。

盐价：四十斤值银一两。

这样，蒙古在以畜牧业为主转向以农、牧各业并重的经济轨道时，使税制初步健全，形成按户、地、丁三者并行科税的制度。

既定常税，朝臣多以为赋敛太轻。耶律楚材又引经据典，阐述轻徭薄赋的奥妙。他说："初定法时虽然轻而有信，其后仍失之贪暴；若初定法时既已贪暴，其后则弊端更甚。"

耶律楚材还着手制定了手工业、商业和借贷等项制度。

当时，官府工匠制造器物，大量浪费，侵吞国家资材，十之八九化公为私。窝阔台汗八年（1236年），楚材下令进行普遍考核，对用工用料、制作时日及其报酬均作出具体规定，以为定制。

在商业、信贷方面，随着国家版图的扩大，西域等地商人甚为活跃，借贷之事渐渐盛行。州郡长官多借商人银钱以敷官用，利息连年积累，竟致数倍于本银，叫做"羊羔儿利"。至期无力偿还者，有的便典当妻子为奴。窝阔台汗九年（1237年），楚材规定，凡借贷者，以本息相等作为极限。民间负债而实无力偿还者，官府为其代偿。

这一年，楚材还奏请划一度量衡，确立钱钞通行之法，定均输之制。

窝阔台汗八年（1236年），于元奏请民间交易使用交钞（纸币）。耶律楚材鉴于宋、金两国的经验、教训，提议说："金章宗时初行交钞，与铸钱同时通行。官府乐于发出交钞，而恶于收回，以至纸币贬值，持万贯钱仅能换得一张面饼。因此，民力困竭，国用匮乏。此事当引以为戒。现今印造交钞，应不过万锭。"

楚材从国计民生的大处着眼,可谓虑之深矣!窝阔台依议,这一年,蒙古始行交钞。

由于庶政粗备,人民得以休养生息,经济随之复苏、发展。

八、省事除害

耶律楚材经常重复他的一句名言:"兴一利不如除一害,生一事不如省一事。"他也是按照这一原则从政的。

自窝阔台汗二年初定征税之制,至窝阔台汗六年灭金,四年之间,税收年年增加。及窝阔台汗十年(1238年),每岁课银多达一百一十万两。

在此期间,富人刘忽笃马、涉猎发丁、刘廷玉等欲以一百四十万两银"扑买"(承包)天下课税。蒙古君臣嗜利心切,本拟允准。作为政治家、理财家的耶律楚材却深知民力、财力均有一定极限,即所谓"度",超过度,必会变利为害,转福为祸。为此,他谏阻说:"此辈皆贪利之徒,欺上虐下,为害甚大。"这次,幸喜窝阔台纳谏,停止此议。

到了窝阔台汗十一年(1239年),译史安天合为谄媚右丞相、回鹘人镇海,引荐回鹘商人奥都剌合蛮"扑买"天下课税,数额增至二百二十万两。窝阔台终于利令智昏,将一国课税,转手出卖给巨商。为此,耶律楚材再次极言辩谏,以至声泪俱下,辞色甚厉。窝阔台难忍楚材的激越言辞,竟扼腕攘臂,气极败坏地说:"你难道要搏斗不成?"楚材见大汗失态,才不便强争。稍停之后,窝阔台语带讥诮地说:"你要为百姓一哭,我却要试行此法。"楚材已知力不能止,喟然叹息说:"民之困穷,将自此始!"楚材的确料得不错,把国家财政命脉拱手交给回鹘商人,他们必将以成倍的数额榨取百姓,人民怎能不陷入穷困境地。

九、决策伐宋

窝阔台汗六年(1234年)正月蒙古灭金之后,长城内外结束了三权鼎立局面,形成了大江南北的蒙、宋对峙,势态更见明朗,而斗争愈趋激烈。在这个政治棋盘上,孰胜孰负,要看双方执政者的眼光和谋略。

同年六月,宋将赵范、赵葵建议收复三京(东京汴京、西京洛阳、南京商丘),倚黄河天险和各处关隘抗拒蒙军。因有右丞相郑清之附议,是月宋兵入汴京;次月,入洛阳。

赵、郑诸人意在恢复国土,其志可嘉,可惜不得其时。一则蒙、宋军力、财力过于悬殊,二则南京君臣多无战心。当时,参议官邱岳就曾劝阻赵范,说道:"方兴之敌,新盟而退,正值气盛锋锐,岂肯捐弃所得以予他人!我师若往,彼必突至,非但进退失据,开衅致兵必自此始。况且千里长驱以争空城,既得之后当勤愧饷,否则,后患无穷。"乔行简等大臣也顾虑"机会"不合,岁饥民穷,国力不继,外患未必除,内忧或从起。说道:"规恢进取,必须选将练兵,丰财足食;而今将乏卒寡,财匮食竭,臣恐北方未可图,而南方已先骚动。"

这些朝议虽流露出南宋君臣向来存在的畏敌心理,却也反映了一定的客观事实。南宋到了这般地步,已是进退维谷,和战无门。即使有一二个出类拔萃的栋梁之材,值此大厦将倾的时刻,也难得回天之力。如无十数年甚至几十年恢复、振兴,是无济于事的。

果然不出邱、乔等人所料,蒙古获悉汴京、洛阳军报,立即为其预谋已久的对宋战争找到借口,旋命塔思率军南下。同年八月,宋军终因粮草未集,兵溃两京,所复州郡皆为空城,再次落入蒙军手中。

窝阔台汗七年(1235年),南宋派遣程芇通使蒙古,欲约和好。但是,战场上失去的东西,绝难在谈判桌上捡回来。蒙古正在利用时机,加紧制订灭亡南宋的计划。

蒙古君臣朝议征服四方之策,有人主张:遣西域回回等族征江南,遣汉人征西域,利用民族间的敌视心理,使之两相屠杀,交互制御。耶律楚材权衡利弊,提出自己的见解:"中原、西域相去辽远,未至敌境,人马疲乏;兼之水土失宜,将生疾疫。宜各从其便。"结果又从楚材之议,遣阔端、曲出等攻南宋;命拔都、速不台、蒙哥等征西域;命唐古鲁火赤伐高丽。

蒙古以其极盛的兵力和高昂的士气,征伐孱弱、松散的周边诸国,犹如虎趋羔羊。几十年间,南宋便覆亡于蒙军铁骑之下。

十、极诤巧谏

耶律楚材历仕成吉思汗、拖雷和窝阔台汗三朝，长达三十余年。君臣相得，是他能够施展盖世才华、实现政治抱负的前提。但是，所以能够君臣相得，尽管不容忽视这几位蒙古君王的雄风伟度，更不应忽视耶律楚材的奇才大略和忠正廉直。两方面的结合，是奠定良好君臣关系的基础。

在成吉思汗一世，耶律楚材是形影相随的股肱大臣，曾被视为"天赐我家"，尊宠至极。

窝阔台汗一世，耶律楚材有顾命之义，拥立之功，为其屹立于王廷埋下根基。但更重要的是他呕心沥血地为蒙古帝国运筹策，定制度，使这个新生的庞大政权得以生存。他披肝沥胆的忠正气质，又不能不使蒙古君臣肃然起敬。正是基于此，窝阔台汗把耶律楚材当作自己的偏得，国家的骄傲。早在他即位的第三年，就当面盛赞耶律楚材说："南国之臣，复有如卿者乎？"窝阔台汗八年（1236年），即灭金后的第二年，蒙古诸亲王集会，大汗亲自给楚材奉觞赐酒，由衷地说："我所以推诚任卿，因有先帝之命。非卿，则中原无今日。我所以能安枕无忧，实赖卿之力。"当时，正值西域诸国和南宋、高丽的使者前来通问，语多虚妄不实。窝阔台颇为得意地指着楚材对来使说："你国有这样的人才吗？"来使皆回答："没有。此人大概是神人。"窝阔台高兴地说："你们惟有此言不妄。我也猜想必无此人。"

正由于这样的知遇之情，更由于耶律楚材的气质和胆略，使他能够在国家政治生活中发挥着极其重要的作用。

窝阔台汗八年，侍臣脱欢奏请：简选官室美女，充用后宫。窝阔台诏令依奏实行，耶律楚材却故意拖延不办。窝阔台十分生气，严辞斥责楚材。楚材却乘机进谏说："已选美女二十八人，足以备用，如再选美，臣恐扰民，正欲复奏。"窝阔台沉思许久，点头答道："此举可罢。"

不久，窝阔台又欲向全国征用母马。这样一来，蒙族地区向来畜牧，倒无所谓；中原一带素事农桑，不得不弃农就牧，难免使农牧诸业失调。为此，耶律楚材谏阻说："田蚕之地，难以产马。如行此令，必然害民。"窝阔台又准其所奏。

对于耶律楚材的奏议,言听计从者不乏其例,而不听不从者也不胜枚举。遇到后者,他或者犯颜极诤,或者婉言巧谏。凡属国是,决不轻忽。

一次,两个道士互争尊长,各立门户,私结党羽。其中一个门派勾结宫中宦官和通事大臣杨惟中,捕捉并虐杀另一门派的道徒。耶律楚材执法严明,不避亲贵,竟把杨惟中也收捕讯问。宦官畏忌在心,反而控告楚材擅捕大臣,又扯出另外一些违制之罪。窝阔台大怒,竟把楚材囚系治罪。不久,窝阔台自悔失策,下令释放楚材。楚材拒不让松绑,并进言道:"臣备位公辅,执掌国政,大汗初令囚系老臣,想来有可治之罪,应当明示百官,论述不赦之理。如今释臣,是我无罪,也应明示无罪之由,岂能轻易反复,如戏小儿。这样下去,国有大事,何以执行!"这真是临之以威,竟使朝中众臣相顾惊愕。窝阔台竟也开明,只得认错,说道:"朕虽为帝,难道就无过失之举吗?"然后,再三用温言抚慰。楚材趁此机会,陈奏时务十策:1.信赏罚;2.正名分;3.给俸禄;4.官(任用)功臣;5.考殿最(考查官吏优劣);6.均科差(调整赋役);7.选工匠;8.务农桑;9.定土贡;10.制漕(水)运。这十件政事因皆切合时务,准令悉数施行。

蒙族饮酒之风甚盛,窝阔台更是嗜酒如命。登位之后,竟然天天与大臣酣饮,不醉不休。耶律楚材屡谏,窝阔台不听。后来,楚材拿着被酒浸泡腐蚀的酒器铁口,启奏说:"酒能腐蚀铁器,何况五脏!"这则是动之于情,使窝阔台幡然醒悟。他对着近臣夸赞说:"你们爱君忧国之心,有像'长髯人'的吗?"于是一方面赏赐楚材金帛,一方面下令近臣:每日只能进酒三钟。

长此以往,耶律楚材与窝阔台结下了难解之缘、腹心之情。一次,楚材与诸亲王宴饮,醉卧车中。窝阔台看到后,亲赴楚材营帐,登车摇撼呼唤。楚材正沉沉熟睡,遇人打扰,禁不住心中烦恼,口中竟吐不逊之辞。待他睁开惺忪醉眼,见是大汗到来,惊得酒醒七分,翻身而起,叩拜谢罪。窝阔台说:"卿有酒独醉,竟不与我同乐啊!"说完,长笑而去。楚材久历世事,洞晓古今,无疑想得极远极多。他来不及冠带齐整,便驰马赶赴行宫,再去陪伴虎虎生威的蒙古大汗,以图释嫌去疑。窝阔台为他重新置酒,君臣尽欢始散。

十一、名臣忧死

窝阔台汗十三年(1241年)。在蒙军南进节节胜利的时刻,蒙古历史上的一代杰出帝王窝阔台突然染病不起。

皇后六神无主,召问耶律楚材。楚材趁此机会,再次借天命以尽人事,抒发自己的政见,敦促说:"如今任使非人,卖官鬻狱,囚系无辜甚多。古人一言而善,荧惑退舍。请赦天下囚徒。"皇后一心要救活窝阔台,来不及再说什么。楚材却怕窝阔台日后反悔,又说:"非君命不可。"一会儿,窝阔台稍稍苏醒,楚材同皇后一起入奏,请求赦免无辜罪人。事关为己祈福,窝阔台当即允准。其时,他已口不能言,只得连连点头,表示首肯。楚材得时不怠,连夜去宣读赦书。

不久,窝阔台渐渐痊愈。这年冬天十一月四日,性喜田猎的窝阔台又要骑马负弓,驾鹰牵犬,出郊竞射,耶律楚材念及大汗年事渐高,身体尚未复元,更担心游猎无度会妨害政事,便借演论术数极言谏阻。左右侍臣却怂恿说:"不骑射,无以为乐。"结果窝阔台连续疯狂驰骋五日,死于外地行宫。

当初,窝阔台留有遗诏,待他过世之后,以其孙失烈门(养子曲出之子)为嗣。如今窝阔台一死,第六后乃马真氏立召耶律楚材,询问汗位承继之事。楚材知有先帝遗命,说道:"此非外姓之臣所应过问,自有先帝遗诏,望能遵嘱而行。"乃马真氏不从,竟然自己临朝称制。耶律楚材一时难以阻挠,只得徐图良策。

乃马真后崇信奸邪,擅作威福。回鹘巨商奥都剌合蛮用重贿买通乃马真后,得以专政用事,权倾内外。廷臣畏惮此人,或缄口不语,或附炎趋势。

耶律楚材早在奥都剌合蛮承包课税时,就已预见到奸商干政的祸害,并曾拼死谏阻。如今看到苦果酿成,五内俱焚,只好舍命面折廷争,言人所难言。善心的人目睹此状,均为他提心吊胆。可他只为国运着想,余皆置之度外。

乃马真后二年(1243年),又有所谓"天变告警",出现了"荧惑犯房"的星宿运行现象。时当忌辰,耶律楚材先行安定众心,免致扰攘。不久,朝廷有兵事。因变起仓猝,乃马真后下令分授兵甲,挑选心腹,甚至要西迁而避

祸乱。楚材进谏:"朝廷为天下根本,根本摇,天下将乱。臣观天道,必无大患。"有了这个定心丸,数日之后,上下安然如旧。

之后,朝政紊乱,国事日非。乃马真后竟将国家御宝大印交予奥都剌合蛮,并给他朝廷空白信笺,使他任意填写,擅发政令。耶律楚材抗议说:"天下本是先帝的天下,朝廷自有宪章,今欲紊乱制度,臣不敢奉诏。"经他强争,此事遂告中止。

不久,乃马真后降旨:"凡奥都剌合蛮所建白,令使倘若不书,斩断其手。"耶律楚材又挺身而出,凛然谏诤说:"国家典故,先帝悉委老臣,令使又有何责。事若合理,自当奉行;如不可行,死且不避,何况断手!"乃马真后不悦。楚材辩论不已,竟朗声陈辞:"老臣事太祖(成吉思汗)、太宗(窝阔台)三十余年,无负于国,皇后岂能无罪杀臣。"乃马真后虽然饮恨在心,却因他是先朝勋旧,孚望朝野,不能不敬畏三分。

作为一个忠正老臣,久见朝纲难申,未免忧思伤神。天长日久,耶律楚材终于愤悒成疾,于乃马真后三年(1244年)抱恨长逝,卒年五十五岁。

耶律楚材当政之年,一向廉洁奉公,所得俸禄时常分与亲族,以表资助,却不肯私授亲旧官职。他说:"睦亲之义,但当资以金帛。若使从政而违法,我不能徇私恩。"

耶律楚材死后,有人诬告说:"楚材在相位日久,天下贡赋,半入其家。"乃马真后命近臣检视其家,仅见十几把琴阮(阮为古琵琶中的一种,形似月琴),另有古今书画、金石、遗文数千卷。至此,人们更叹服其廉。

耶律楚材生前多有诗文写作,后人代他结集为《湛然居士集》。

元文宗至顺元年(1330年),因耶律楚材有佐运经国立制之功,元代立国规模多由他奠定,追赠他为太师、上柱国,追封广宁王(一说懿宁王),谥号"文正"。

耶律楚材对蒙古立国中原有杰出贡献,为缔造中华民族建立了不朽业绩。因此,他死时,蒙汉人民多有震动,以致哀恸不止。后人对他的评价也极高,甚至以周朝的周公、召公作喻。清朝乾隆年间,为"褒贤劝忠",在今北京颐和园为他建祠塑像。

(张新平)

张居正

——明代杰出的改革家

一、少年得志

张居正的祖先系安徽凤阳定远人,是朱元璋部下的兵士。曾随大将军徐达平定江南,立功浙江、福建、广东,授归州长宁所世袭千户。其后,张居正的曾祖父张诚由归州迁往江陵,张居正的祖父张镇为江陵辽王府护卫。张居正的父亲张文明曾先后7次参加乡试,但均落第。

嘉靖四年(1525年)五月初三,张居正降生在江陵。其时,曾祖、祖父、父亲均健在。刚一出世的张居正,即被全家视为掌上明珠,爱护倍至。无论是生活还是启蒙学习方面,张居正都得到特殊的照顾。他5岁时,即被送到学校念书。由于张居正天资聪颖,学习用功,因此不到10岁就懂得经书的大义,诗词歌赋更是出口成章,信手可成。

嘉靖十五年(1536年),12岁的张居正,以才华出众考中头名秀才,成为名震荆州的小秀才。

嘉靖十六年(1537年)中秋八月,适逢三年一度的科考。正是鹅黄绿肥、黄花满地的日子,天高气爽,晴空万里,武昌城内,来自府县的学子云集一起,人流车马不断。

此次秋闱如此隆重,与湖广巡抚顾璘的重视分不开。这位当朝著名才子,3年前赴任湖广,恰逢他在任的首次秋闱,心情自然格外激动。他真希望全省莘莘学子俱各怀绝学,奋力考出优秀成绩,也不枉他勤勉视政的心血。倘能出一两个经天纬地之才,国家幸甚,桑梓生辉,岂不是给他脸上增光?!

这天早上,考场考官们开始阅卷。顾璘闭门谢客,独坐花厅,静候结果。

忽然他脑子里猛回忆起一件事来，那是一年前，本省学政曾告诉他说，荆州发现一少年才子，名叫张居正，12岁应考便以头名得中秀才。顾磷独自揣摩，不知这位少年张居正会不会来应试呢？

这时，监试御史喜滋滋地跨进门来，急忙向顾磷汇报："此次秋闱可谓硕果累累，人才了得！"随手将一摞试卷递了过来。

顾磷急切地问："御史大人，将要录取的头名是谁？"

"想你巡抚大人绝料不到，竟是一个13岁的少年秀才，名叫……"

"名叫张居正！对吗？"顾磷忙抢着说。

监试御史很是吃惊，只见顾巡抚放声大笑："我已有先见之明！"他随即抽出张居正的试卷仔细品阅，横挑细查，见其果然气度恢弘，辨析严谨，丝丝入扣，一股凛然才气跃然纸上。

顾磷不禁拍案叫绝，立即命人召来了张居正。

只见张居正唇红齿白，眉清目秀，方巾儒服，气度不俗。顾磷打量良久，顿生爱怜之意。

"张居正，你年未弱冠，我且问你，长大以后有何志向？"顾磷问道。

张居正忽闪着机智清亮的目光，略加思忖，亮开童音答道："学生常听父母言及，昔先曾祖平生急难振乏，常愿以其身为褥荐，而使人寝处其上，使其有知，绝不忍困其乡中父老。学生当以曾祖为效尤，宏愿济世，不仅以身为褥荐，即有欲割取吾耳鼻，当亦乐意施与！"

顾磷大为惊诧，想一13岁少年竟有如此宏论，心中暗暗称奇。他又手指厅外院墙边一丛翠竹说："你可否以竹为题，即刻作一首五言绝句？"

张居正凝神视竹，略加思考，未等顾磷一口茶呷完，他已念出声来：

绿遍潇湘地，

疏林玉露含。

凤毛丛劲节，

只上尽头竿。

顾磷一时呆愣在那儿，好半天才回过神来。他确信张居正乃将相之才，他日必能成大器，于是不住地连连点头；不过他又认为张居正年纪太小，如果此次让他中举，他会不会骄傲自大而误了前程呢？倒不如先不录取他，再刺激一下他，使其能更加发奋读书，才具老练，今后必将前途无量。

于是，尽管考试成绩名列前茅的张居正，却在他13岁这年的科举考试中未能如愿以偿。

三年后，16岁的张居正英姿勃发，又参加了乡试，欣然中举。16岁中举，在当时也是少有的，许多人都很羡慕他、夸奖他。张居正并没有自满，他特地去晋见顾璘。

顾璘非常高兴，解下自己身上的犀带，送给张居正，感慨地说："古人云，大器晚成，此为中才说法罢了。而你并非中才，乃大才。是我耽误了你三年功名，直到今天才中举。你千万不能以此为满足，再不求进取了。"

张居正谦恭地一揖道："感激您的教导。大人实乃学生的再生父母，指点之恩没齿不忘！"

顾璘见张居正很理解自己，愈觉欣慰，不由得谆谆叮嘱道：

"我希望你抱负远大，志向高洁，要做伊尹、颜渊，万不可只做一个年少成名的秀才，一个仅会舞文弄墨、吟风唱月的腐儒！要记住你的济世宏愿！"

张居正万分感动，眼中闪着激动的目光，再次向顾璘深深拜谢……

二、初涉政坛

嘉靖二十六年(1547年)，张居正23岁中二甲进士，授庶吉士(见习官员，三年期满，例赐编修)，进入官场，开始登上政治舞台。

这时的朝廷，内阁大学士是夏言、严嵩二人。严嵩并无特殊才干，只会谄谀媚上，以图高官厚禄。为了争夺首辅的职务，严嵩和夏言发生了尖锐的斗争。严嵩表面上对夏言谦恭有礼，暗中却伺机陷害报复他。夏言是个很有抱负的首辅，他任用曾铣总督陕西三边军务。当时，蒙古鞑靼部盘踞河套地区，经常南下进犯，烧杀抢掠，为非作歹。曾铣在夏言的支持下，提出了收复被蒙古人占领的河套地区的计划。河套地区东西北三面濒河，南面临近榆林、银川、山西的偏头关等边镇，土地肥沃，灌溉便利，适宜农桑。控制河套地区，对于明朝北面的边防有着重要的意义。曾铣率兵屡败敌人，得到明世宗的赞同和支持。可是，严嵩为了陷害夏言，利用明世宗害怕蒙古鞑靼军的心理，攻击夏言、曾铣等收复河套地区的计划是"好大喜功"、"穷兵黩武"。这时，恰巧宫内失火，皇后去世，世宗皇上崇奉道教，认为这是不祥之兆。严嵩趁机进谗言说："灾异发生的原因就是由于夏言、曾铣等要收复河套地区、

混淆国事造成的。"昏庸无能的明世宗信以为真，立即下令将夏言罢职，曾铣下狱。内阁中凡支持收复河套地区计划的官员分别给予贬谪、罚俸和廷杖的处分。不久，鞑靼军进犯延安、延川等地，严嵩又抓住这一机会，给世宗进言说，鞑靼军是因为曾铣要收复河套地区而发的兵。世宗又按开边事之衅罪把曾铣处死。害死了曾铣，夏言还在，严嵩不把他置于死地是不甘心的。数月后，鞑靼接连进攻大同、永宁、怀来等地，京师告急，世宗急得团团乱转。这时严嵩又进谗言说，这完全是夏言支持曾铣收复河套引来的祸患，又捏造了夏言曾经受贿的罪行。结果，夏言也被世宗处死。夏言一死，严嵩便爬上了首辅的高位，完全掌握了内阁大权。

张居正作为一个刚刚登上政治舞台的新科进士，根本无法左右当时的政局。不过，通过朝廷内一次又一次争权夺利的斗争，使他认清了当时政治的腐败。于是在嘉靖二十八年（1549年），张居正写了一篇《论时政疏》，系统地阐述了他改革政治的主张。这是他第一次疏奏，首次展现了他企求改革的思想。然而遗憾的是，并未引起严嵩和世宗的重视，这篇奏疏没有被采纳。

嘉靖二十九年（1550年）六月，鞑靼进犯大同。宣、大总兵仇鸾是个草包，他的总兵官职是用重金向严嵩买来的。因此，面对敌人的进攻，他胆战心惊，无有良策，只好向敌方送去重金，乞求人家不要进攻自己的防区。鞑靼接受重礼后，挥兵东进，相继攻占北口、蓟州，直逼通州，京师告急。明世宗吓得胆战心惊，遂下诏勤王。仇鸾为了邀功，博得世宗欢心，主动增援。世宗命其为平虏大将军，节制各路兵马。由于各地军队日夜兼程，直奔京师，于是粮食无法自带，负责粮饷的户部不能及时拿出钱粮，使明世宗异常恼怒，一气之下，罢免了户部尚书李士翱的官职。

敌人直逼城下，明军被围在城中无计可施，只能眼巴巴地看着敌人在城下烧杀抢掠为所欲为。兵部尚书丁汝夔迫于手下将士要出城杀敌的压力，连忙向严嵩请教。严嵩对他说："不能出城和敌人交战。我们在边塞上打了败仗还可以向皇上隐瞒实情，可是眼下在皇上的鼻子底下，万一吃了败仗，皇上怪罪下来，你我如何交待呀！"于是，尽管有许多大将要求和敌人作战，都被一一驳回，丁汝夔哪敢违背严嵩的旨意！鞑靼兵在城郊抢掠了大批财物，又见京城久攻不下，遂回师西去。平虏大将军仇鸾这时又耍起了他的小聪明，他命手下杀了几十个老百姓，把他们的头割下来向皇上邀功，被封为太保。

尽管敌人退去,但生性多虑、心胸狭窄的明世宗仍觉得很不是滋味。想自己堂堂大明皇上,竟被小小的鞑靼人囚困于京城,简直是奇耻大辱。由于这一年是庚戌年,所以历史上把这一事件定为"庚戌之变"。明世宗怒气难消,把这一切全怪罪于兵部尚书丁汝夔的身上,指责他治军无方,退敌无策,坐以待毙,贻误战机,并下令将他逮捕。丁汝夔预感事态严重,遂想起向严嵩求救,严嵩对他说:"你不用担心,只要有我在,保证你不会死的。"谁知过了不长时间,丁汝夔即被杀害。当面向丁汝夔许下诺言的严嵩为了迎合皇上,保全自己的地位,哪里还顾得了去救别人呢?

庚戌之变时,张居正就在京城里。他亲眼目睹了所发生的这一切事件及其内幕,对严嵩的误国卖友行径深恶痛绝,对仇鸾之流弄虚作假,欺上瞒下的丑恶表现极为愤慨,深深地感受到权奸当国,政治黑暗,官吏腐败,自己的政治抱负和远大理想在如此环境下怎能得以实现? 对此,他已心灰意冷,无意再留在京师。嘉靖三十三年(1554 年),张居正借口请假养病,毅然离开北京回到故乡江陵。

在江陵一住就是 3 年。这期间,张居正并没有停止实现自己的抱负的努力,他深入实际,调查研究,详细地分析和了解民间所存在的各种问题,从而他对时弊的认识更加深刻,改革的方向更加明确,改革的决心更加坚定。

嘉靖三十六年(1557 年),张居正怀着革新政治的抱负,由江陵再次回到北京,再次投入到激烈争斗的政治漩涡中,他决心为实现自己的改革目标,为老百姓的幸福,在这政治漩涡中乘风破浪、披荆斩棘地大干一番。

嘉靖三十八年(1559 年)五月,徐阶晋升为吏部尚书,次年又由少傅晋升为太子太师。张居正亦由翰林院编修(正七品)晋升为右春坊右中允(正六品),兼国子监(相当于国立大学)司业(相当于副校长),高拱为国子监祭酒(相当于校长)。这时严嵩与徐阶的矛盾日益激化。由于严嵩年事已高,工作中常常出现纰漏,世宗皇帝颇为不满,严嵩遂渐渐失去宠信。一次,皇上问方士蓝道行:"谁是朝中的奸臣?"蓝道行说:"严嵩是最大的奸臣,留待皇上正法。"之后当御史邹应龙上疏揭发严嵩父子罪行时,世宗帝便毫不犹豫地把严嵩罢职。

严嵩倒台后,徐阶继任为内阁首辅,张居正欣喜若狂,笑逐颜开,为一个新时代的到来而兴奋不已。因为徐阶是张居正任庶吉士时翰林院掌院学

士,在翰林院的名分上,徐阶是张居正的老师。徐阶对张居正的为人处事和聪明才智也很赏识,他对张居正寄予很大的希望,把其视为国家的栋梁之才。张居正也竭尽全力协助徐阶工作,二人真是相得益彰。嘉靖四十五年(1566年),明世宗逝世后,徐阶和张居正又以世宗遗诏的名义,革除弊政,平反冤狱,颇得人心。

明世宗逝世后,隆庆帝即位。次年二月,张居正晋升为吏部左侍郎兼东阁大学士,入阁参与机要政务。这时高拱因为与徐阶不和而离开内阁,所以朝廷大事基本上均由徐阶和张居正管理。张居正如鱼得水,使自己的聪明才智得以尽情发挥,令朝中官员刮目相看。

这是一个闷热的仲夏之夜,入阁之后满怀鸿鹄之志的张居正坐在书案前,沉思默想,不时汗流如注。蚊虫叮咬,他却全然不顾,一心只想着要将自己的肺腑之言奉献给皇上。直到子夜时分,他才考虑成熟,便欣然命笔。先写《省议论》,他痛切地指出:"朝廷之间,议论太多,或一事而甲可乙否,或一人而朝由暮跖,或前后不觉背驰,或毁誉自为矛盾,是非淆于唇吻,用舍决于爱憎,政多纷更,事无统纪。"接着又写《核名实》,他厌恶那些自己不做事,又空喊"世上无人才"的人,认为其所以有此印象,是因为对文武群臣"惟名实之不核,拣择之不精,所用非其所急,所取非其所求",所以才造成了是非不分,赏罚不明的状况。他诚恳要求皇上无论对任何官员,都要"以功实为准",在使用上不能"眩于声名、拘于资格、摇之以毁誉、杂之以爱憎",更不能"以一事概其平生,以一错掩其大节"……他一写而不可收,洋洋洒洒,又一口气写出了《振纪纲》、《重诏令》、《固邦本》、《饬武备》,共计6件大事,遂题名为《上陈六事疏》。直写到东方发白,他却毫无倦意。

张居正一心想为国家社稷贡献自己的力量,谁知他那掏心掏肝的满腔心腹话,换来的只是昏庸无能的隆庆皇上几句不冷不热的话:"览卿奏,俱深切时务,责部、院议行。"一切再无下文了。

隆庆二年(1568年)七月,徐阶在举筹失措中被迫归田,高拱再次入阁兼掌吏部事,控制了内阁大权。高拱这个人是非兼半,他有他值得称道的一面,也有令人憎恶的一面。高拱最大的优点是非常重视发现和培养起用人才,尤其是善用有德有才的年轻人。他考核官员,惟以政绩为准,从不问出身和资历,而且在选派官员时特别注意年龄和健康。他规定凡50岁以上者,均不得为州县之长,不称职者立即去之。他当政时起用了一批优秀人才,张居正就是其中之一。尽管张居正和徐阶关系不错,而徐阶又是高拱的对头。

但是,高拱为人傲慢,刚愎自用,又很不善于听取下级的意见。因此,张居正虽然有幸在内阁任职,但有高拱在他之上,他想尽展才华,大干一场,又是一件非常难的事情。

三、力挽狂澜

月隐星稀,全城万籁俱寂。钟鼓楼上刚敲过四更椎鼓,位于西城的大学士张居正的寓所前,就已开始忙乱起来,家人们里外忙活,为张居正上朝作准备。

年近五旬的张居正,精力充沛地走了出来,匆匆钻进轿子,在轿夫的一声吆喝下,轿子载着他,直向长安门而去。

他前脚刚踏进朝房,后即传来一声雷鸣似的声音:

"张阁老,今日早哇!"

张居正回头一看,原来是首辅大学士高拱。

"啊,高阁老,您早……"张居正谦恭地向他拱拱手。看到这时已来了不少大臣,张居正又忙不迭地和他们打招呼。

日复一日的上朝,张居正面对这些各具形态的同僚们,总不免有些感慨。光阴荏苒,岁月催人。回想他 20 多岁入京为官,辗转 43 岁得以进入文渊阁,他已记不清究竟上了多少次朝。他只记得,每次上朝,他都满怀一腔抱负进入皇极门,到散朝时,却往往带回去一肚子失望。他悲哀,他叹息:满朝之内,忧国之士实在太少了!

凤楼上第三通鼓响了,文武百官鱼贯进入皇极门,文东武西站立殿下,静静地等候皇上上殿。

等了好长时间,没有一丝动静。张居正心中不觉一怔:皇上今日恐怕又要大驾临迟了。真是没有办法,隆庆帝登基不过 6 年,竟足足有 3 年之久上朝时一言不发,宛如一尊木雕傀儡,令人哭笑不得。偶尔说上几句,也是不痛不痒的话。上朝时,不是姗姗来迟,就是无故取消。这样的皇上怎样辅佐得起来呢?

太阳已冉冉升了起来,仍不见皇上露面,百官们站得两腿发麻,头晕目

眩,纷纷交头接耳窃窃私语起来。高拱和张居正面面相觑,不知如何是好。

张居正抬头望了望大殿之上那空空如也的御座,真想仰天长叹:唉,中原民不聊生,国库一贫如洗,边关狼烟未熄,可皇上……唉!

足足半个时辰后,方听汉宫内高声传呼:"皇上驾到——"只见隆庆帝头戴金丝皇冠,身穿绣龙黄罗袍,在一群太监的簇拥下无精打采地进入大殿。

原来,隆庆帝荒淫无度,自昨天下午就沉溺于慈宁宫中,与李贵妃颠鸾倒凤,直至精疲力尽。今早起来后,便觉头重脚轻,呼吸急促,在宫中耽误了好长时间才强撑着上朝。

谁知刚一入座,隆庆便觉一阵虚火攻上心来,顿时感到头要迸裂,五脏六腑仿佛被什么东西搅乱了。他霍地站起来,嘴角不停地抽搐。一旁的掌印太监孟冲、秉笔太监冯保一看大惊失色,忙上前将他扶住,搀入乾清宫。下跪的文武百官一个个如五雷轰顶,目瞪口呆。

一会儿功夫,一太监气喘吁吁跑上平台,口传圣旨:"着文渊阁大学士高拱、张居正、高仪入宫受命。其余百官退朝!"

三位大学士慌忙入宫,只见皇上面如土色,陈皇后与李贵妃愁容满面,悲哀难忍,年仅 10 岁的太子翊钧肃立在御榻旁边。

秉笔太监冯保宣读诏书:

"朕嗣统方六年,如今病重,行将不起,有负先帝付托。太子正值幼冲,一切托付卿等,宜协辅嗣皇,遵守祖制,则社稷之功也。"

三人喉头哽咽,强忍悲痛,叩头谢恩,回文渊阁中等候消息。

三人在阁中坐定,一时间默默无语。

"二位阁老都在想什么呀?"高拱的嗓门向来粗声大气,张居正凛然一惊,抬头望望高拱那咄咄逼人的目光,讷讷地说:"没想什么,无非是为皇上担忧而已……"

"我有一言说在前头,请二位三思。值此多事之秋,我等同受顾命,任重道远,理当精诚合作,同辅幼皇治理天下,断不可怀有二心!"高拱语气昂奋地对张居正和精神颓唐的高仪提出警告。

张居正不觉有几分激愤,心中暗道:"好不晓事!急着排异,所为何来呢?"他不会忘记,高拱现在权倾朝野,又极好斗,短短的几年里,他就先后赶走了 4 位大学士,那气概确乎非凡。

张居正知道高仪才干平庸,又是高拱引荐入阁的,刚才那警告,明显是

冲自己来的。他此时只有忍耐。他稳定一下情绪,转过头来,见高拱仍在盯着他看,遂以极诚恳的语调对高拱说:

"首辅尽可放心,一切仰首辅筹划。居正不才,愿与首辅通力协助,共渡艰危,此乃国家大幸矣!"

但高拱万万没有想到,与他做对的并不是张居正,而是大太监冯保。张居正也不曾料到,自己竟渔翁得利。这一切均发生在隆庆帝驾崩之后。

隆庆帝逝世后,10岁的太子即将成为新的皇上,冯保可谓扬眉吐气,他要好好治一治高拱。

原来,冯保本来在内宫仕途上一帆风顺,很快被嘉靖帝擢升为秉笔太监。后来,掌印太监出缺,冯保自信该由自己顶补这一最高职务,不料首辅大学士高拱偏偏在皇上面前举荐了平日他最瞧不起的陈洪,后又推荐了孟冲,冯保气得要命,他认定这是高拱故意给他难看,好在皇上短命,他因相伴太子,因此与皇后、李贵妃过从甚密,故而随着太子的登基,他也一下子从幕后走到了台前。

冯保开始发挥自己的聪明才智和能言善辩的口才,与高拱展开了一场暗中较量。他向皇后及贵妃推荐张居正,贬低高拱;又千方百计地为自己升为掌印太监铺平道路,讨得了皇后及李贵妃的欢心,她们对他真可以说是言听计从。

太子朱翊钧继承帝位后,改年号为万历。在冯保的左右下,张居正不断得到重用,而高拱明显地感到内宫对他不信任,于是他决定和冯保决一死战。

冯保顺利地当上了掌印太监,又兼东厂督主,可谓宫内宫外大权在握,因此他把高拱根本不放在眼里。张居正目睹冯高二人的争斗,预感到朝廷又要有一场暴风雨来临了。张居正心如火焚,坐立不安,满怀一腔愤怒之情,无处发泄,对内宫太监们一贯阴险狠毒之性,他是深恶痛绝的。可是外廷臣僚之间的尔虞我诈之性,他又何尝心安理得? 从他入朝起,便见到夏言的被杀,严嵩的坍台,徐阶的离去,高拱的复出⋯⋯他本想兴利除弊,扶正祛邪,有一番作为,以酬青云之志,却又遇到高拱刚愎自用,难容他人。隆庆帝刚刚驾崩,又要有一场你死我活的争斗展开了⋯⋯他知道自己无法左右这些,于是他决定不去参与,顺其自然,以静制动。

终于,高拱与冯保的争斗有了结果。这天一上朝,就见御前太监跨前一

步急急宣布:"两宫太后和皇上有特旨在此,文武群臣细听着!"

接着,由冯保展旨,高声诵读:

"告尔内阁五府六部诸臣! 大行皇帝宾天之先,召内阁三臣至御榻前,同我母子三人,亲授遗嘱曰:'东宫年少,赖尔辅导'。无乃大学士高拱,揽权擅政,威逼自专,通不许皇帝主管。我母子日夕惊惧,便令回籍闲住,不许停留……"

真如晴天霹雳,高拱又羞、又怒、又恨、又急,气得他三魂爆炸,七窍生烟,从脚下到头顶渗出阵阵冷汗,差点儿没昏过去。

张居正望着高拱远去的背影,一股凄凉之感顿时涨满全身,在听旨之初他或许还颇觉暗喜,可此时,他已说不清是喜是悲,抑或是忧? 他的思绪变成了一匹野马,在狂荡地无目标地胡乱驰骋。

高拱被罢了官,高仪不久也作古,剩下张居正一人独守文渊阁,一身挑起了首辅的重任。

十年寒窗,坎坷升迁。一生功名所求,现已达到了顶峰,真可谓一人之下,万人之上。可一旦权柄在手,张居正反倒有些惶惶然了。他清醒地知道自己所处的位置将会是祸福旦夕的险境,是死活相拼的战场。凡行事做人,当更加小心谨慎。

自然,张居正心中也充满着实现凤愿的喜悦和整治朝政的壮志,踌躇满志之情与优柔慎微之心兼而有之,倒使得张居正处理事情时相得益彰,既有深思熟虑的见地,又不乏义无反顾的勇气。

四、督导幼主

明神宗朱翊钧当皇帝时年仅 10 岁,因此皇帝的教育问题成为内阁首辅张居正的头等大事。

张居正深感教育好一个皇帝是一件利国利民的事情,于是他自己毅然肩负起教育小皇帝的责任。他每日除安排好功课外,还专门为万历帝讲解经史;将每日早朝改为每旬三、六、九日上朝,其余时间均安排给万历攻经读史;又请李太后移居乾清宫,让其与万历同住,以便朝夕照护,调理管束。

万历读书的地方叫文华殿,座落在紫禁城东部,为历代皇帝就读省事之处。

10岁的万历帝，尽管身已为人主，心则终属童稚。他爱玩、爱闹，天性活泼，兴趣广泛。可当了皇帝，一切由不得他了。严厉而令人敬畏的张居正先生不仅亲自为他讲解经史，而且还为他任命了五个讲经说史的老师，两个教书法的老师，为他编订了厚达一尺多高的讲义。每日上午，他要学经书、书法、历史。这其中，还要在冯保和其他宦官的协助下，把当天臣僚们上奏的本章一一亲览，在张居正"票拟"旁边用御笔作出批示。他有时觉得很有趣，尽写些"如拟"、"知道了"一类的字，如同练习书法……吃过饭后的时间他本可以自由支配却仍不敢懈怠半分，因为李太后和冯保叮嘱他要温习功课，第二天必须把所学的内容背诵出来。如果准备充分，背书流利，张居正先生就会颂扬天子圣明；如果背得结结巴巴或读出别字错字，张居正便会以严师的身份加以训斥，使他感到诚惶诚恐。

在这样严厉的督导下，万历的学业自然不断长进，然而他的天性也日渐受到压迫。登位不过六个月，他似乎已尝到了皇帝不好当的滋味。

转眼已是次年正月，春回大地，花信伊始。再过3天就是上元节了，万历记起父亲在世时，每逢上元，便会牵着他满宫转悠，那遍地的烟火、新奇的宫灯，把紫禁城照耀得如同白昼，令人叹为观止，流连忘返。如今正值自己登位正式起用万历年号的头一年，一元伊始，万象更新，自己何不也趁机热闹一番，轻松轻松？

想到这里，他不觉心旌神摇，手握朱笔，字斟句酌，拟出一道手谕，要宫中精心布置，广扎彩灯，庆贺新元，并要为李太后整修行宫，以表节日不忘思孝之意，如此等等。写完，他反复看了几遍，自觉非常满意，自登基以来他第一次发号施令，感到很兴奋，不觉手舞足蹈起来。他叫随侍太监将自己的手谕立即送交文渊阁。

不到半个时辰，只见张居正匆匆赶来。一见面，就问万历帝："刚才的手谕真是陛下之意吗？"

万历见张居正面色严肃，吃了一惊，不知自己办错了什么事，讷讷答道："是……是朕本意。先生以为有何不妥吗？"

"陛下有所不知。本朝自嘉靖、隆庆以来，国库日见亏空，每岁收入仅250万两，而支出却高达400万两，如此入不敷出，足见国体衰微，生机凋蔽，当全力开源节流，以图振兴朝政。陛下应力戒浮华虚荣，厉行廉洁俭省，以

作全国之表率。"

万历被张居正一番话说得无话可答，他意识到手谕必定是下不成了，心里很有些不舒服。可张居正是首辅大人，又是自己的老师，那道理讲得有根有据，天衣无缝，不舒服也得听，于是他忙说："就以先生所言，朕即刻收回成命。"

"若得如此，实乃社稷苍生之福。"张居正有些感动，他从内心暗暗叹道：真是个明事理，晓大义的幼皇啊！

转眼暑天渐过，已是鹅黄蟹肥了。

万历勤学苦读，手不释卷。除了一早一晚在乾清宫起居，大部分时间全消磨在文华殿中。

张居正作为老师，为了让皇帝学得快点，好点，就根据皇上的年龄特点，亲自编撰了一部《历代帝鉴图说》供皇上学习。这部书里写了历代皇帝的故事，分成好的和坏的，一共 117 件，每件事前边画一幅图画，图画后面有文字解说，就像是一部通俗的连环画，图文并茂，好读好记，小皇帝非常爱读，整天翻来翻去。

毕竟万历还是个孩子，他有时觉得太压抑了，就想偷偷地到别处去玩玩。一次，他正在四处乱转，一没留神，脑袋撞在殿中的一根大立柱上，撞得他怒从心起，提脚向那根柱子踢去，那柱子岿然不动，倒把脚撞得发麻。此时，上下一起疼，万历更加恼火，便四处寻找东西，巴不得猛摔一阵方解心头之恨。猛抬头，忽见母亲慈圣太后手书巨幅匾额，高悬头上，"学二帝三王治天下大理大法"十二个大字虎视眈眈地盯着他，万历不禁打一寒颤，意识到自己的身份，顿收了出去游玩的非分之想，又在那儿欣赏起柱子上的对联来。

　　四海升平，翠幄雍容探六籍；
　　万几清暇，瑶编披览惜三余。

　　纵横图史，发天经地纬之藏；
　　俯仰古今，朝日就月将之益。

这些对联均出自张居正之手，万历看来似懂非懂，他只晓那无非都是劝他好好读书，时时警醒，做个贤明君主，以给祖宗争光，青史垂名。至于如何贤明，怎样才算得贤明，他却昏昏然，大概就是要听张先生和母后的话吧。

想到这儿,万历赶紧回到房内去,继续学习起来。

一天,明神宗万历要练习写大字,张居正把明太祖的《太宝箴》拿给他说:"你就写这个吧!你不仅要写好,而且还要会背诵,会讲解。"

万历像个小学生,认真地写着、念着、背诵着,面对墙壁一句一句讲解着。张居正看了满意地点了点头。

张居正作为皇帝的大臣,是俯首贴耳极力维护幼主。可作为皇上的老师,他从来都是非常严厉的,该批评的该指正的从不手下留情,他一心只想着把皇上教育成一个好皇上。

在张居正的谆谆教导下,万历一天天长大,一天天成熟起来,他已明白了不少为人处事的道理和治理天下的策略。

为了检验万历帝学习的成绩,张居正给他讲了一个宋仁宗不爱珠宝玉器的故事。故事讲完了,他说:"自古以来,那些只看重珠宝的君主,却不可能干出大事来。"

万历帝马上接着说:"珠宝是没有用处的东西,贤臣良将才是真正的宝贝。"

张居正一听,露出几分喜色,连忙夸奖说:"陛下说得很对。凡是圣明的君主,重视五谷,而对珠玉看得很淡薄。因为五谷能养人,珠玉呢,饿了不能当饭吃,冷了不能当衣穿。"

"先生说得有理。"万历帝说,"宫里的人都喜欢珠玉,可每年的赏赐,我都很节省,不轻易拿珠玉赏人。"

"陛下这样圣明,真是大明朝的福气,也是黎民百姓的福气。"张居正高兴地称赞着,他想:皇上已经可以担当起治理国家的重任了,他总算没有辜负先帝的嘱托。

五、巩固边防

耳闻目睹了"庚戌之变"的张居正,对国家的安全和军队的素质极为担心,他从那时起就在谋划着对边防的整顿,发誓一定要使边关安定,人民和睦,尤其是汉族和少数民族的关系问题,更是张居正所关心的问题。

隆庆元年(1567年),张居正入内阁参政后,鞑靼首领俺答率军直逼山西

中部,北京危在旦夕,尽管后来敌兵在大肆掠夺之后引兵北退,但皇上和大臣均意识到非彻底整顿软弱无力的边防了。当时任内阁首辅的徐阶,有个任工科给事中的吴时来上疏推荐谭纶、戚继光驻兵于蓟州,加强北部边防。这一建议马上得到首辅徐阶的支持,但由于新任兵部尚书霍冀对情况并不熟悉,而张居正与吴时来、谭纶、戚继光又都是徐阶所重用的人。这样,在内阁中主持整顿蓟、辽,巩固边防的重任就落到了张居正身上。张居正从整顿边防入手,才正式开始了他酝酿已久的改革事业。

张居正大胆地任用了一批智勇双全的将领,对他们"委任责成","信而任之"。因此,"一时才臣,无不乐为之用,用必尽其才"。他所重用的谭纶、戚继光、李成梁、王崇右、方逢时等人,都大显身手,充分发挥了他们的才华和智慧。

当时,北边战守的重心在蓟州。御倭名将谭纶、戚继光主持蓟州防务后,张居正给予大力支持。谭纶提议造筑敌台,张居正立即答复:"昨议增筑敌台,实设险守要之长策,本兵即拟复行。"谭纶遂与戚继光"图上方略,筑敌台三千,起居庸至山海,控守要害"。

想当初,建立过赫赫战功的抗倭名将戚继光,奉调从浙江北上蓟州,总理蓟州、昌平和保定三镇的防务,担负起守卫京师大门的重任。他从内心里感激朝廷的信任,怀抱着战死疆场的烈烈壮志走马上任了。然而,等待他的却是一片令人揪心的景象:但见烽火台犹如土堆一般,军士中老弱病残,衣衫褴褛。兵器更是刀卷口、枪折尖、弓失箭。更头疼的是那些多如牛毛的文官们,既不懂带兵打仗,又不谙兵法韬略,却总爱对武将们指手划脚,乱出主意。这一切,使他不由连连长叹:"如此景象,焉能御敌?简直是儿戏!"

幸运的是,他上任后强烈要求改革蓟州军备的想法,得到了内阁大学士张居正的赏识和支持。他暗暗庆幸遇上了这么一位可亲可敬的知音。无论他有何计划,只要一封信写到张居正那儿,很快便有答复。还有什么比受人理解和支持更幸运的呢?戚继光在短短的几年里,整编防区,训练新军,一切均按他的计划有条不紊地进行着,使他的军事才能再次得到充分的发挥。戚继光以对倭作战的浙江兵士为骨干,根据蓟州的地理条件和同蒙古骑兵作战的特点,从实战出发,构筑工事,加强军事训练。

天高气爽,晴空万里。蜿蜒起伏的城墙上,雉堞高耸,旌旗飘扬,昔日又低又薄的、形同摆设的旧边墙已焕然一新;每隔百步新筑的敌楼,高出城墙丈余，如同一个个雄壮的哨兵，昂首挺立。戚继光豪情满怀仗剑挺胸地站在山顶，欣赏着自己的防御工事，眼前幻化出一幕幕战斗场面：

狼烟滚滚，刀枪猎猎。敌寇如潮水般汹涌而来，却在这固若金汤的防线面前一触即溃……

不久前，张居正又给戚继光送来亲笔信，告诉他朝廷将派人来检验他练兵的成果。信中特别叮嘱他须妥善安排，说这是幼皇登基后首次派官员出巡，既可向幼皇表忠，亦可令朝野不明之士开开眼界，总之是一次绝好的机会。戚继光十分明白张居正的良苦用心，他自然不能辜负这位新任首辅多年来对他的信任和支持。经过几天的冥思苦索，一个以组织一场军事演习的办法来展示他治军成果的计划终于形成了，他要让张居正放心，让皇上满意。

戚继光就这样常备不懈，励精图治，在他镇守蓟州16年间，这里一直相安无事，边界太平。在整顿边防的过程中，张居正与戚继光私人之间也结下了深厚的友谊。

在辽东方面，张居正任用出身贫寒，但有大将之才的李成梁镇守。从隆庆元年起，李成梁在辽东屡败蒙古土蛮入犯，其后被提为总兵镇守辽东。李成梁镇守辽东22年，先后十次连奏大捷，其武功之盛，是数百年来未曾有过的。

万历三年，辽东朵颜的长董狐狸屡次挑衅，朝廷大臣一片恐慌。这个仗是打还是不打？众说纷纭，莫衷一是。张居正经过再三权衡，果断地提出，此仗非打不可。他认为辽东的那些土蛮向来骄横，他们又想通贡，又不愿称臣，对他们绝不能手软，须以威当先，在威上才可谈恩。况今日辽东远非昔日可比，总兵李成梁骁勇善战，且有戚继光从侧翼钳制。若长董狐狸果真来犯，正可趁机予以重创，打下他的气焰，让他痛定思痛，乖乖就范。这对整个边防之巩固将获益匪浅。他立刻修书，分别致函李成梁、戚继光，要他们加紧侦察巡逻，掌握详情，准备迎敌。半月之后，长董狐狸纠合数万余骑包围了辽阳城，自以为大功告成，殊不知早落入李成梁和戚继光布下的天罗地网之中。一场激战下来，长董狐狸人马死伤过半，尸横遍野，鬼哭狼嚎，长董狐狸左冲右突，惨败而逃。

辽东大捷彻底地灭了敌人的威风，使他们再也不敢进犯了。这样以来，辽东一线太平无事，人民安居乐业，处处一派和平安宁的景象。

在宣化、大同方面，张居正任用王崇古、方逢时镇守。他们修边墙，开屯田，加紧练兵，防御力量大大加强。

在张居正的主持下，经过几年的努力，扭转了长期以来边防败坏的局面。战守力量日益增强，蒙古犯边，逐年减少。

在加强防御力量的同时，张居正积极寻求改善蒙汉关系的门路，他命令沿边将帅，要抓住一切有利时机，积极发展同蒙古的友好往来，有一线的和平希望，也不要轻易兵戈相见，一切为广大人民的生命财产及生活安宁着想。宣、大总督王崇古屡次派遣同蒙古有关系的人，深入蒙古内部，发表文告并宣布：番汉军民凡由蒙古投奔汉族地区者，一律以礼相待，接纳安置。这些在蒙古地区果然引起很大反响，投奔人口越来越多。隆庆四年（1570年），鞑靼土默特部落的汗王俺答、俺答的儿子黄允吉、孙子把汉那吉三代人共同争夺美貌漂亮的女子三娘子。后来，那三娘子被俺答一人独占，其孙子把汉那吉妒火中烧，一怒之下奔赴大同，叩关投降。宣、大总督王崇古和大同巡抚方逢时一面款待把汉那吉，一面上书朝廷，要求借此封贡通市。要不要接纳把汉那吉，在朝廷里出现了严重分歧。张居正主张接纳，认为接纳了把汉那吉是改善蒙汉关系，发展同俺答友好往来的绝好契机。而很多大臣则反对接纳把汉那吉，认为那样必将招来大祸。也有人主张干脆杀掉把汉那吉，以绝后患。在朝廷上下议论纷纷、莫衷一是的情况下，张居正力挽狂澜，一面火速派人嘱咐王崇古说，接纳把汉那吉一事，事关重大，一定要慎重行事，切勿简单处置，坐失良机。同时，张居正又将此事原委以及应采取的对策，报告了皇上，终于使隆庆帝下决心接纳把汉那吉。

接纳把汉那吉后，俺答果然亲率重兵前来索要，致使朝野震动，许多人都惶惶不可终日。不仅原先反对接纳把汉那吉的人认为这下可引来了祸患，就是一般人也都认为捅下了大乱子。这时，张居正一面要王崇古坚持初议，审定计谋，勿为众言左右；一面又给王崇古出主意、想办法，要他开展攻心战术。按照张居正的部署，王崇古立即派遣鲍崇德为使臣出使俺答军中，告诉俺答说他的孙子把汉那吉生活得很好，明朝待他甚厚。接着又说明，把汉那吉不是我们引诱来的，而是他本人仰慕中原文化自动投奔来的。我们对把汉那吉以礼相待，俺答反而兴师问罪，岂非恩将仇报！如若迫使双方开战，则把汉那吉的生死难以预测。俺答听了觉得言之成理，复派使臣至大同。王崇古让把汉那吉穿上红袍玉带与俺答使臣会晤。随后，王崇古又以明朝皇帝的名义表示,愿礼送把汉那吉返回蒙古,把汉那吉十分感动,遂与王崇古洒泪告别。俺答见到其孙把汉那吉在明军的护卫下安全归来后,欢喜若狂,立即决定退兵,并上表称谢,表示今后永不犯边。从此,明朝与俺答终于结束了长期以来的对峙状态和战争关系,揭开了和平友好的新篇章。

在蒙汉关系改善的基础上,张居正积极主张对俺答实行"封贡通市",即朝廷封俺答以一定的官爵,定期朝贡、互市,和睦相处。

把汉那吉返回蒙古后,俺答再次请求"封贡通市"。按照张居正的主张,宣、大总督王崇古正式向朝廷建议,对俺答宜实行"封贡通市",发展友好往来。兵部尚书郭乾以先皇圣训为依据,坚决反对,甚至有人攻击王崇古与俺答有密议,有人说王崇古害怕打仗,所以主张"封贡通市"。许多人认为,讲和示弱,封贡通市,后患无穷。张居正对这种观点,进行了具体的分析,指出现在是俺答乞求"封贡通市",这与汉代的和亲,宋代之议和是完全不同的。他在给王崇古的信中说:"封贡事乃制虏安边大机大略,时人以媚嫉之心,持庸众之议,计目前之害,忘久远之利,遂欲摇乱而阻坏之。国家以高爵厚禄畜养此辈,真犬马之不如也。"张居正为了支持"封贡通市",向穆宗隆庆皇帝详细陈述了"封贡通市"的好处,并用明成祖加封蒙古和宁、太平、贤义三王的史实为依据,请求隆庆帝援例实行。在张居正的努力下,终于决定封俺答为顺义王,三娘子也被封为忠顺夫人,规定每年贡马一次,并在大同、宣化等地选定十余处开设互市。俺答的夫人三娘子由于发自内心地仰慕中原文化,愿做治世巾帼,在此后的岁月里,尽意协助俺答共守边界安宁,制止那些尚武之徒的烈性。由此深得蒙汉两族人士的尊重。每逢她生日之际,宣、大总督和大同巡抚都邀她欢宴,以示祝贺。这样以来,双边关系日益密切和好,蒙汉人民如同一家,共享太平盛世。

"封贡通市"的实行,有力地促进了蒙汉两族社会经济的发展。蒙古的金银、马匹、牲畜、皮裘、木料等物,源源不断地流入内地;中原地区先进的生产技术、生产工具、种子等,亦在蒙古地区广泛传播开来,使大片荒野变为良田。开矿、冶炼以及各种手工业技术,都迅速发展起来。

张居正通过重用英勇善战的将帅,整顿边防,加强战守,改变了正统以来边防日益废弛的局面;通过重用足智多谋的边帅,改善蒙汉关系,改变了自明朝开国以来一直与蒙古所处的敌对关系和战争状态,发展了两族之间的友好往来,促进了我国多民族的统一国家的形成和发展。如果说,洪武和

永乐年间,是用以攻为守的策略保证了北部边防稳固的话,那么,自张居正改善蒙汉关系以后,则是以和睦修好保证了北部边界的安定。这是完全符合历史发展趋势和各族人民共同愿望的。张居正整顿边防,改善蒙汉关系的重大改革,是以其丰硕胜利的果实,载入史册的。

六、创考吏法

张居正出任内阁首辅后,针对朝中空议盛行、不务实事、人浮于事、政令不通的现状很是担忧。他曾和内阁次辅、大学士吕调阳对此作过多次讨论,慷慨激昂,痛陈时弊,激奋之情溢于言表。他下决心要彻底改革吏治,为他的一系列改革铺平道路。因为他现在纵有许多想法,都是无法施行的。自己的主张要靠外廷这些部、科、院的大小官员去办,可相识满天下,知心有几人? 如何才能把这群各自为政、一盘散沙似的"散兵游勇"捏合成一支令行禁止、进退自如的精锐之师呢? 他心里一直在默默地思考着。

谁知,一班大臣竟在一起高谈阔论,说是他们原以为张居正在朝,当行帝王之道,现在看其一番言行,不过是富国强兵,仅此而已,未免令人失望……

张居正听到后,心里很不是滋味。他对大臣们的不相知,委实感到愤懑。想自己当国后,也议了几回政,可才涉及富强二字,就有人斥为"霸术",非"王道之政",真令人啼笑皆非。孔子论政,开口便说"足食","足兵";周公立政,也何尝不欲国之富强? 难道为官当政明明吃着俸禄却不问五谷杂粮从哪里来,只须满口说得一番仁义道德,国家就繁荣昌盛了吗?

吕调阳很同情张居正,见他心情不好,便柔声相劝道:"首辅做事一向光明磊落,一心为公,些许小人之见,有何惧哉?"

张居正摇摇头说:"不然。我所顾虑的是此类人不是太少,而是太多。就因为朝廷官员力量不集中,自嘉靖、隆庆以来,多少才智,全用来补东耗西,左遮右挡,遂使事无所成,相互抵消。久而久之,真才实能之士不能得进,刁钻逢迎之人却稳如泰山。更有甚者,主钱谷者,不对出纳之数;司刑名者,未谙律例之文……以此如何侈谈治国安邦? 想人臣受国厚恩,坐享利禄,务要强根本,振纪纲,同心效国,怎能不思恩图报,尽在那里效臭腐老儒之余谈,兴无谓争斗之陋习呢?"

这样一针见血、痛快淋漓的政论,吕调阳还很少听到过,不由得肃然起敬,感到张居正确是个了不起的干才。吕调阳心中暗暗激起了一股热流,想与张居正协力做几件名垂青史的事情,他略一思索,向张居正建议道:"不如由首辅大人您创议,会商诸大臣,草拟法令,奏请御批后,诏告天下,凡不务实事,空发虚论的游谈之士,皆不得提迁,务使勤勉卓著的贤明人士为国尽才!"

张居正轻叹一口气。他心里明白,吕调阳是只见其然,未见其所以然。法令也好,章程也好,一切的一切,只是纸笔的浪费。纸从北京南纸店里出来,送进衙门,经百官之手办过之后,又出衙门,转悠一大圈,进另一衙门归档,从此便销声匿迹,不见天日。即使再拟一百个法令,又有何用? 他心里清楚得很,个中症结不在这里,而是他早在几年前在《陈六事疏》中就指出过的,必须综核名实。在其职,做了什么事,名实相符,就能赏罚得当⋯⋯张居正指了指公案上堆放着的厚厚一叠《大明会典》,劝慰地说道:

"足下有所不知,本朝法令、典章已经够用,毋庸多立。盖天下之事,不难于立法,而难于法之必行;不难于听言,而难于言之必效。若询事不考其终,兴事不加审查,上无综核之明,人有苟且之念,虽使尧舜为君,亦恐难有所建树!"

吕调阳听后恍然大悟,大有"与君一席话,胜读十年书"之感,连连点头称是,说:"首辅所言切中要害,使我茅塞顿开。法之不行,实为人不力也。不议人而议法,无异于隔靴搔痒,不着边际。不知首辅对此已有何良策没有?"

"这个嘛——"张居正沉吟片刻,笑笑说:"今晚正逢十五,明月当空,请足下往吏部杨大人处去一趟,相约到敝舍小聚,一同商议如何?"

"如此甚好。"吕调阳答应道。

晚上,皓月当空,一片清辉。吕调阳和吏部尚书杨博一同来到张居正寓所,三人品茗赏月,共商国是。

张居正取出一份文稿对他二人说:"今日请二位来,是想同商要事。此乃准备奏请对各衙门随时考试的拟稿,务请二位仔细品评,不吝赐教。"

吕调阳和杨博二人借着烛光,从头仔细看来,只见那奏疏文稿上写着:

臣等窃见近年来,奏事繁多,各衙门题覆,殆无虚日。然奏事虽勤,实效

甚微。言官议立一法，朝廷日"可"，置邮而传之四方，则言官之责完矣，不必去问其法果便否；部臣议除一弊，朝廷目"可"，置邮而传之四方，则部臣之责完矣，不必去问其弊果除否。某罪当提问，或碍于请托之私，概从延缓；某事当议处，或牵于可否之说，难于报闻。如此从政，指望有所作为，岂不难哉？臣居正于先帝时，曾上《陈六事疏》，对此早有专议。特请自会伊始，凡六部都察院，遇各章奏，俱先酌量远近，事情缓急，立定程期，置文簿存照，每月终注销，其有转行复勘，提问议处，催督查核等项。另造文册二本，一送科注销；一送内阁查考。每于上下半年缴本，类查簿内事件，有无违限未销。若各巡抚、巡按官，奏行事理，有拖延迟缓者，由该部纠之。各部、院注销文册，有容隐欺蔽者，由臣等纠之。六科缴本具奏，有容隐欺蔽者，由臣等纠之。如此，月有考，岁有稽，不惟使声必中实，事可责成……

二人看完，抬起头来。吕调阳早已按捺不住，拍手大叫道："一矢中的，妙不可言，观后如同喝了一杯陈年老酒，可谓通体醌畅！"

杨博也对张居正投去佩服的目光，"首辅此议想是由来已久吧？"

"先帝尚在就有想法了，日日所思，几回夜不成寐。"张居正见他二人非常满意，心里充满感激和兴奋之情。

是啊，张居正为了他的这个创成法可以说是费尽了心血。

早在隆庆六年十二月，张居正就奏请纂修世宗、穆宗两朝实录。他在奏疏中指出，世宗实录从隆庆元年起开馆纂修，历时 6 年未能完成，其原因就在于没有"专任而责成之故"。他提出："事必专任，乃可以图成；工必立程，而后能责效。"据此，他责成申时行、王锡爵专管《世宗实录》纂修，张溶专管《穆宗实录》，并要他们定出逐月进度，完成期限、岗位责任、检查办法、考核制度等。由于要求具体，职责分明，考核严格，奖勤罚惰，两部实录均按期完成。这是张居正考成法的最初运用。在纂修实录过程中，张居正深深感到立限考成是行之有效的方法，治理国家也是这样。

万历元年(1573 年)十一月，张居正上疏请行考试法，神宗批准了他的请求。

对官吏政绩进行考核，是明代早已流行的制度。按明制，京官每六年考察一次，叫做"京察"，地方官每三年考察一次，叫做"大计"。但是在吏治败坏，法令不行的条件下，这些制度或者流于形式，或者成为官员们争权夺利的工具。张居正目睹了官场中的丑剧和官吏们的不法行为，深刻认识到不仅要对各级官吏进行定期考察,而且对其所办的每一件事都要规定完成期限,进行考成。即所谓"立限考事"、"以事责人"。这是张居正考成法的一个显著特点。

张居正考成法的具体内容,正如他给皇上的奏疏中所讲的,最主要的有以下两条:第一,六部和都察院把所属官员应办的事情规定完成期限,并分别登记在三个账簿上,一本由部、院留作底册,一本送六科,一本呈内阁。第二,六部和都察院按照账簿登记,对所属官员承办的每件事情,逐月进行检查,完成一件,注销一件,如若没有按期完成,必须如实申报,否则以违罪论处;六科亦根据账簿登记,稽查六部的执行情况,每半年上报一次,并对违限事例进行议处;内阁同样亦根据账簿登记,对六科的稽查工作进行检查。这样,六部和都察院检查所属官员,六科稽查六部,内阁监督六科,层层检查,内阁总其成,内阁遂成为名副其实的政治中枢,这就是张居正的统治体系,也是张居正对明代吏制的一大改革。

明代的内阁,创建于永乐初年。洪武十三年(1355年),明太祖朱元璋废除丞相制度后,丞相之权遂分归六部。这样,六部都直接对皇帝负责。明成祖即位后,为适应处理繁多的朝政的需要,任用一批品级较低的文职官员,于午门外文渊阁值班,参与机务,始有内阁之称。这时的内阁仅仅是协助皇帝处理政务的秘书厅,权力极小。直到仁宗和宣宗时期(1425—1435年),内阁的权力才逐渐大起来。内阁的第一把手即首辅大学士,叫内阁首辅,相当于丞相。但由内阁和内阁首辅直接控制从中央到地方各级官吏的制度,则是张居正改革的成果。

六科是明初设置的政治机构。明代的国家政务分属吏、户、礼、兵、刑、工六部,各部均设尚书、左右侍郎。明初于六部之外,又设置了吏、户、礼、兵、刑、工六科,各科均设有都给事中、左右给事中、给事中等官。六科对六部有封驳、纠劾之权,是六部的监察机关。张居正用六科控制六部,这是明代的"祖宗成宪",但用内阁来控制六科,则是他的创举和变革。张居正的统治体系,正是在这个变革的基础上确立起来的,他之所以能够令行禁止,成为历史上著名的"权相",其组织保证即在于此。张居正当政期间所推行的各项改革,都是通过这个组织系统贯彻执行的。张居正加强中央集权的主张和措旋,实质上就是加强内阁的统治权力,使内阁成为发号施令的指挥中心。

对久已虚弱的朝政来说,考成法的颁布实施恰如一股春风,催发了那些枯枝朽叶,文武百官,九卿科道,均为之一振,不敢有丝毫大意,均小心翼翼,惟恐有半分差池。各部、院均认真仔细地执行考成法,对未按立限完成的违限事件,稽查的处罚极为严格。如万历三年(1575年)正月,查出各省抚按官名下未完成事件共计273件,抚按诸臣54人。凤阳巡抚王宗沐、巡按张更化,广东巡按张守约,浙江巡按肖廪,都以未完成事件数量太多而被停俸三月。万历四年(1576年),朝廷规定,地方官征赋不足九成者,一律处罚。同年十二月,据户科给事中奏报,地方官征赋不足九成受到降级处分的官员,山东有17名,河南2名;受革职处分的,山东2名,河南9名。运用考成法来整顿赋税,迅速改变了拖欠税粮的状况,做到了民不加赋而上用足。

由于考成法赏罚分明,随事考成,因而使官员们办事的效率大大提高了,整个明朝政府自上而下,如同一台流水线作业的机器,各项工作稳定而有序地进行着。

七、反腐倡廉

通过立限考成,使每个官员都有了明确的职守,这样管理起来自然方便多了。张居正以推行考成法为中心,决心使腐败到极点的吏治得以整顿,使腐败之风得以改变。

张居正依据立限考成的三本帐,严格控制着从中央到地方的各级官员。每逢考核地方官的"大计"之年,张居正便强调,要把那些秉公办事、实心为民的官员列为上考,把那些专靠花言巧语骗取信任的官员列为下考,对于那些吃粮不管事的冗官,尽行裁革。万历八年(1580年),张居正下令撤去了苏松地区擅自添设的管粮参政,并责成吏部检查各省添设官员人数,核实上报。万历九年(1581年),一次裁革冗员(闲散官员)169名。在他当政期间,裁革的冗员约占官吏总数的十分之三。与此同时,张居正又广泛搜罗人才,把那些拥护改革、政绩卓著的官员,提拔上来,委以重任,信而用之。万历四年(1576年)十月,万历帝审阅了关于山东昌邑知县孙凤鸣贪赃枉法的报告后,问张居正:孙凤鸣进士出身,为何这样放肆呢?张居正说:"孙凤鸣正是凭借他进士出身的资历,才敢这样放肆。以后我们用人,应当视其才干,不必问其资历。"皇帝赞同了他的意见。这样,张居正以圣旨作依据,彻底打破了论资排辈的传统偏见,不拘出身和资历,大胆起用人才。他主张用人时要"论其才,考其素",即对才能和品德进行全面考察。同时,他又注意到每个人的长处和短处,用其所长,避其所短,被他选中的文武官员都在改革中发挥了骨干作用。

对于因工作政绩而被赏罚的官员,无论是升迁或是被革职,他们都是心服口服的,因为有考成法在,立限考成,一目了然。可是对于朝廷上下滥用职权、以权谋私、行贿受贿等问题,却很难判断是非,尤其是难以公平处理。有些官员大量侵吞国家财产,欺压百姓,但因政绩突出,甚至还会被升迁。

面对此种现象,张居正觉得有必要针对具体问题,制订出行之有效的办法,彻底打击这股腐败风。

正在张居正着手制订新法规的时候,忽然接到了吕调阳送来的奏本。张居正一看,原来山东布政司,报告孔圣人后代"衍圣公"每借进京相觐之名,沿途骚扰各路驿站,苛派强索,百端生事,且夹带走私,交通沿线深以为苦,提请朝廷务必出一万全之策予以制止。

张居正看后,面色阴沉,坐立不安。这件事非常紧急,却又非常棘手,这也正是他近日在反复思考的问题。这件事的处理,有关国家体制,弄得不好就要伤筋动骨。此事看起来似是圣人之后德行不佳,实则牵扯驿递制度久成因循,给不法之徒以可乘之机,必从根本上治理才行。

吕调阳得知张居正的心思后,忙说:"我查过《太祖实录》,有关驿递的规定异常严密,非有军国大事没有使用的权利,即使公、侯、驸马、都督奉命出行,也只准随带从人一名。《实录》还记载吉安侯陆仲亨从陕西回京,擅行使用驿站车马,被太祖知道后,痛责他不念民间疾苦,胡作非为哩!"

"对! 此典故我也多次与圣上提到过!"张居正没料到吕调阳倒预先有过一番深思熟虑,不觉拍手叫好。"可是,毕竟已经时过境迁啦!"张居正又忧愁起来。

是啊,太祖时代毕竟早已过去了。当年,够资格使用驿站的标准只有6条,而现在呢,竟扩充到50条之多,且条条都有勘合(类似今天的护照、签证),京师勘合由兵部发出,其余由各地巡抚和巡按发出,发只管发,从无缴还期限,一张勘合,几成终身之用,更可转赠他人,以作人情。如此一来,驿递各线深受其害,领用勘合之人到得驿站,如同拿了尚方宝剑,百般索取,全

都无偿征用,尽入私囊……所有这些,张居正早就了然于心,只是未想出什么好办法来。

吕调阳见张居正愁眉紧锁,以为他顾虑太多,有些急不可耐,冲口说道:"这送上门的机会不利用,首辅更待何时?"

张居正不由得一怔,他望望吕调阳一副跃跃欲试的样子,不觉为他日渐进取的气概而暗暗吃惊,"足下之意莫非是要我拿衍圣公来开刀?"

"一不做,二不休,此举定能震慑四方!"吕调阳信心十足。张居正满意地点点头。

张居正低头认真思索了一会儿,眼睛一亮,拿定主意,便又问吕调阳:"照旧例,圣人后代该是九月进京朝觐见?"

"是的。"吕调阳点点头。

"好!我们务必赶在此之前,草拟一项驿递新规颁告天下,令各路驿站着即执行。"张居正下定决心,以驿递新规为契机,彻底整顿腐败现象。

"对对对,有考成法作后盾,驿递新规当可畅通无阻;赶在九月之前即刻颁下,又可令衍圣公之流自入瓮中。"吕调阳摇头晃脑品评一番,越品越有滋味,不禁畅怀大笑起来。

张居正经过深思熟虑,反复推敲,又参考了明太祖时的条规,终于制订出一部新的驿递新规来。

正值此时,吏部尚书杨博患病,他怕自己病难痊愈,一旦不测,不能叶落归根,又恐多扰张居正,索性写下辞呈,请求回老家山西蒲州调理。

张居正接到司礼监转来的这份辞呈,心中很是不安,急匆匆来到杨博家看望他。张居正想劝杨博留下来继续协助他改革,但看到杨博这副病态,又不忍心强劝他留下。张居正哽咽着说:"居正受命于多事之秋,才疏学浅,勉为其难。幸得杨兄多方关照,且身体力行,为居正分忧解难,每思于此,实难舍杨兄……唉,这也是居正缘份太浅呐!"

杨博费力地摆摆手:"首辅言重了。博一老朽,官场一生,空负圣恩。惟晚年知遇首辅,也算做了几件有益之事,博平生足矣!还望首辅百尺竿头,更进一步,锐意进取,以图中兴大业!"

张居正感激地连连点头:"杨兄所嘱,居正铭记在心。"

两人叹息了一会儿,杨博又问起驿递新规的事,张居正告诉他只待颁诏了。杨博听后,忘了自己是大病之人,执意要听听条款细目。张居正无奈,只好细细陈述一番。其内容大致是：

> 凡官员人等非奉公差，不许借行勘合；非系军务，不许擅用金鼓旗号，虽系公差人员，若轿扛夫马超出本数者，不问是何衙门，俱不许差派。

> 凡经过官员有勘合者，除本官额编门皂量行带用仆，不许分外又在里甲派取长行夫马。

> 凡经持勘合自京往外省者，由兵部给内勘合。其中仍须回京者，回京之日缴还勘合；无须回京者，即将该勘合缴所到省分抚、按衙门，年终一并缴回兵部。自外省入京者由抚、按衙门给外勘合，至京之后，一并缴部。凡内外各官丁忧、起复、给由、升转、改调、到任等项，俱不给勘合，不许驰驿……

当张居正陈述到"凡内外各官"这一条时，猛想起杨博即刻要致仕回故里，正应着不能给驿的禁令，不觉有些窘迫，便止住不往下说了。杨博情知有故，偏不住地催他，张居正只得吞吞吐吐继续念完。杨博仔细听完了，微微颔首称善说："很好。想驿弊一除，不惟使弄权之人收性，更可解百姓之苦也！"他顿了顿，长长吁了一口气，转而面带笑容，不无高兴地说："此一来，博有幸能成为第一个执行新规的人了。"

张居正忙说："不，不，杨兄可另作他论……"

杨博很坚决地摇了摇头说："首辅不必再劝，博早已作安排，三天前家人即已雇好牛车，只待请行了。"

"那如何使得？杨兄病体，怎经得牛车长行颠沛？再说，新规尚未颁下，杨兄完全可以暂循旧例呀！"

杨博仍旧摇摇头说："新规虽未颁布，可满朝谁不知首辅正整治驿递？不能正己，焉能正人？值此紧要关头，我不能让首辅为难，就让我效最后一次力吧！"

张居正非常感动，他紧紧地握住杨博的手，再也说不出什么来了，他胸中奔涌着一阵阵激情。多好的大臣啊！如朝中官员均如杨大人这般，何愁腐败不除，何愁国家不兴？

从杨府出来后，张居正更加坚定了他改革驿递的决心，他要立刻请求皇上下诏施行。

驿递新规颁发后，混乱不堪的驿站得到大大改观，许多人立刻收敛了自

己的行为,不敢再滥用职权,违法强索驿站财物了。但是有些官员却不以为然,依然我行我素,滥用驿站车马,万历五年(1577年)正月,张居正开始对违制使用驿站的官员进行严惩,处罚了不少违纪官员。据《明实录》和《国榷》记载,万历八年(1580年)五至十二月八个月中,违制使用驿站受处罚者达30人之多。其中革职者7人,降6级者11人,降3级者8人,降1级者3人,降职者1人。张居正的弟弟张居敬,由京回乡,保定巡抚主动发给勘合使用驿站,张居正得知后,除令其弟交回勘合外,又对保定巡抚进行了严厉批评。

这样,经过张居正整顿,改变了长期以来无法改变的滥发勘合、滥用驿站的混乱状态。既保证了军国要务的畅通,又节省了大量开支。

在整顿吏治过程中,张居正针对法纪废弛,君令无威的状况,把执法与尊君联系起来,以伸张法纪为中心进行整顿。辽王朱宪炜原是他的少年朋友,朱宪炜长大后在江陵一带横行不法,民愤极大,地方官无人敢过问。朝廷派人去调查,由于他百般阻挠,公开抗拒,致使调查人员不敢如实报告他的不法行为。张居正得知后,毅然亲自抓这个案子,他秉公执法,不徇私情,毫不心慈手软,将朱宪炜废为庶人,终于为江陵除了一霸。当时,权势极大的太监冯保的侄子冯邦宁,也凭借其叔父的权势,狐假虎威,横行不法,鱼肉乡里,醉打衙门官吏,严重触犯刑律。张居正一面派人向冯保说明情况,一面将冯邦宁杖打四十,革职待罪。由于他雷厉风行地伸张法纪,有力地抑制了各种违法犯罪活动,保证了朝廷的安定团结,官员的清正廉洁,人民群众也能安居乐业,过着和平安宁的生活。

八、改革税制

张居正的改革,是先由军事、政治着手,逐渐向经济方面推广。

明中叶以来,随着土地兼并的发展和吏治的腐败,豪强地主与衙门吏胥相勾结,大量隐瞒土地,逃避税粮,无名征求,多如牛毛,致使民力殚竭,不得安生。私家日富,公室日贫,到了非革弊整治的时候了。

大学士张四维和吕调阳纷纷向张居正提出建议,要求立即改革赋役,兴利除弊,并推荐了"一条鞭法"。

所谓一条鞭法,早在嘉靖年间就由部分有识之士在福建、江西等地开始实行了。最初由福建巡抚庞尚鹏提出。他主张把国赋、徭役及其他名目繁多的杂税、杂征、杂差统统合为一体，按照各家各户的具体境况重新核实编定，将有丁无粮的编为下户，有丁有粮的编为中户，粮多丁少和丁粮俱多的编为上户。在总数确定后，按照丁、粮比例，将所有赋役派到丁、粮里面，随同完纳。此即"一条鞭法"。但是，自那时起到现在50年来，朝中对此争论不休，各陈利弊，以致政令屡行屡止，从来未成统一之策。

对"一条鞭法"，张居正不是发明者。但他清楚地看到此法于小民有利，且能稳妥地确保国库收入。在他入阁之后，也曾几次支持过福建、江西一带的推行。但这一条鞭法是否就是改革赋役的最好办法呢？对此，他一则未考虑成熟，二则户部又无得力之人。他一向认为事在人为，再好的措施办法，没人去执行，亦是空话。就在前不久，他看到户部奏请万历下诏，要追征田赋积欠，每年带征三成。尽管他知道此法有些不妥，但想到一些殷实之户，确有爱拖欠赋税的顽习，拖久了也就不了了之，倒是穷家小户势单力薄，不敢违命。久拖久欠，不光国库收入不稳，且也是一笔糊涂帐。所以他不得不票拟"准奏"。此诏一下，各地巡按便纷纷有疏，都说百姓负担太重，朝廷催科太急……由此他更坚定了从根本上改变赋役制度的决心，也从中看出了户部不力，缺乏一个明智有办法的领导。于是他对张四维和吕调阳说："诸位提及条鞭之法使我颇受启发。变革赋役，居正只是痛感必要，心如火焚。至于具体做法，尚未成熟。不过，当务之急是尽快加强户部力量。"

三人如此议论一番，认为户部总管天下钱粮，干系重大，须选一持重精明且善理财的人来管理户部。议来议去，张居正觉得还是辽东巡抚张学颜比较合适。因为张学颜前不久曾上书，揭发辽东御史刘台贪污受贿，巧取豪夺，并以非法所得在家乡放贷买田，逃避赋税，鱼肉乡民。其文列论地方赋役诸多弊端，言简意赅，一针见血，是个难得的户部尚书的料。于是张居正开始写请予任命张学颜为户部尚书的奏疏。

上任后的户部尚书张学颜马不停蹄，深入各地调查研究，掌握了许多科派如毛、万民哀号的情况，回京后一一向张居正作了汇报。他感叹道："赋役之弊，确乎到了非变不可的地步了，学颜在辽东任上，虽也曾在力所能及的范围里抑豪强，查田地，清溢额，减科派，但也只是杯水车薪，无济根本。想宛平仅一县之地，每年杂差乱征数之不尽，天下一千一百多县，又当何论？"

张居正默默地看着张学颜英姿勃发的神态，心中暗暗高兴。他庆幸选

他做户部尚书实在是选对了。看他上任才十几天，便将户部情况了然于心，每日勤勉视事，且极善体察下情，必能成为自己得力的臂膀。于是他想再试试张学颜的能力如何，遂问道："目前赋役之变，当以何者为要？"

"这……"张学颜停了片刻，见张居正对自己充满信任，也不推辞，便直截了当地说："为今之计，只有诏令天下行一条鞭法！"

又是一个主张一条鞭法的。张居正暗暗喝彩，却又故意问道："条鞭之法，有极言其不便者，有极言其便者。毁誉不一，众说纷纭。但不知你是如何看法？"

张学颜慨然应答："我以为行条鞭法有四大好处。"

"哪四大好处？"

"其一，简化名目，把国赋、徭役及其他杂税杂征合为一条，下帖于民，备载一岁中应纳之数，除此再无其他科赋了；其二，公平合理，田多赋多，田少赋少，丁粮差重者派银亦重，差轻者派银亦轻，轻重均派于众，未尝独利独累于一人，使惯于欺隐规避者无所用其计，巧于营为者无所施其术；其三，扶正抑恶，将里甲办征改为官收官解，使官吏难于贿赂之门，里胥惧行索骗之计，世风一清；其四，以银代役，可使小民闭户而卧，无复追役之扰而尽力其田亩，于稼穑之计有百利无一害。"

"好！辩析明了，切中要害！"张居正竟忘情地拍案叫绝起来。那长髯被他口中气息吹扑得微微抖索。他顿了顿，望着张学颜，不禁感慨地说："政以人举矣！若得天下为官之人都似足下这般清醒，朝政何愁不能中兴？"

张学颜谦虚地笑了笑说："既然首辅看法一致，那我明日即修疏奏请，尽快施行一条鞭法。"

要推行一条鞭法，首先就得将天下田亩清丈清楚，这样才好合理分配。张居正及时提出先在全国范围内丈地亩、清浮粮，并请朝中大臣就此各献良策。户部尚书张学颜首先发表意见："清丈一事，实百年旷举。首辅有此创议，乃社稷之幸。只不知首辅于此事有多大决心，是一清到底呢？还是试试而行？"

"此话怎讲？"张居正感兴趣地问。

"清丈事，在小民实被其惠，而于官宦之家，则殊多未便。据我所知，别的不说，单北京、山东、河南三处地带的田地，十之七八尽入勋戚权贵之家。一旦清丈起来，意见不同，碍于情面，摇于众论，畏首顾尾，患得患失，则良法终不可行,于社稷无补,倒徒增事端,又如之奈何?"

张学颜的一番议论深邃明达,促使在场的人进一步考虑到问题的严重性。张居正听了大为高兴,他从心底赞叹张学颜精明,几句话就说出了要害。张居正当着众大臣之面,清楚地表明了他的态度:"既为大政,就得令行禁止,不得含糊。定出具体条件,一经颁告,管他权贵官豪,一并受此约束。无论如何,除钦赐公田外,但有余数,尽数报官,按条鞭之规,该纳粮纳粮,该当差当差,不在优免之列。惟此,才说得上精核,说得上一清到底。"

张居正责成户部尚书张学颜亲自主持清丈。凡庄田、民田、职田、荡地、牧地,通行丈量,限三年完成。所丈土地,除皇上赐田外,一律按地办纳粮差,不准优免。

户部随后颁布了统一的《清丈条例》,规定了各级官员的职责及其完成期限。嘉靖以来,不断有人提出的清丈天下田亩的倡议,在张居正的努力下终于付诸实施了,这是当时震撼朝野的一件大事。

由于清丈田亩触犯了官僚、贵族、豪强地主的利益,所以遭到了他们的抵制和反对,有些地方官对清丈田亩很不认真、很不得力,有的甚至公开袒护豪强,迟迟打不开清丈局面。张居正知难而进,坚定不移,他表示"只要对国家有利,不怕个人安危"。他运用考成法,严厉督查各级官员认真清丈,对阻挠清丈的宗室、豪强,严加惩治。他下令:"但有执违阻挠,不分宗室、宦官、军、民,据法奏来重处。"他告诫百官,"清丈之事,实为百年旷举",不应"草草了事",必须"详审精核","务为一了百当"。这样清丈田亩工作终于冲破重重阻力,在全国范围内推广开来。

万历九年(1581年)九月,山东清丈完毕,增地36万余顷,吏部对有功官员进行了嘉奖;同年十二月,江西清丈完毕,增地6万余顷,巡抚、巡按等官12人受到嘉奖;同时,松江知府闻邦宁、池州知府郭四维、安庆知府叶梦雄、徽州掌印同知李好问,都因清丈田亩不得力、不认真,受到停俸戴罪管事处分。此后,各省陆续清丈完毕,有关官员都根据在清丈中的功罪,分别给予嘉奖和降处。

这次清丈达到了预期的成功。仅据北京、山东、河南统计,清出隐占田亩就达50余万顷。至清丈完毕统计,全国田亩总数达到7013900余顷。由于扩大了摊派税粮的负担面,初步做到"粮不增加,而轻重适均"。

清丈田亩的告成为全面改革赋役制度创造了条件,户部尚书张学颜亲

自起草的一条鞭法终于到了可以全面推行的时候了。万历九年(1581 年)，张居正下令在全国推行一条鞭法。这个一条鞭法正如张学颜所说的，有许多好处，其主要特点是：

第一，赋役合并、化繁为简。其办法是通计各省、府、州、县田赋和徭役的总量以及土贡、方物等项征派，归之一总，统一征收。

第二，差役合并、役归于地。明代的差役征派有三种：按户征派的叫做里甲，按丁征派的叫做均徭，临时征派的叫做杂泛。从征派形式来说，又有役差(即直接服役)和银差(即输银代役)的区分。一条鞭法规定，所有的徭役(包括里甲、均徭、杂泛)全部折成银两缴纳，取消了扰民极大的役差征派；一条鞭法还规定，将银差摊入地亩，按亩征收。如有的"丁六粮四"(即将银差的十分之四推入地亩征收)，有的"丁四粮六"，有的"丁粮各半"等。

第三，田赋征银、官收官解。田赋征派，除漕粮交纳实物外，其余部分一概征银。规定必须缴纳实物的漕粮，亦由民收民解(即押送)，改为官收官解。明初实行粮长制，以纳万石田赋为一粮区，推其纳粮最多者为粮长，负责田赋的催征、经收和解运，称为民收民解。其后弊端丛生，遂改为官收官解。

一条鞭法的推行是与张居正创行考成法，整顿吏治、抑制豪强、清丈田亩密切配合的，没有这些条件，一条鞭法就难以推行。可以说一条鞭法的推行是张居正改革最主要的归宿。张居正推行一条鞭法的直接目的是为了整顿赋役、克服财政危机、稳定明朝的统治，但它所产生的积极作用和重大影响，却远远超越了张居正的主观愿望。

一条鞭法将一部分户丁银摊入地亩征收，减轻户丁征派，加重土地负担，是有利于社会经济发展的。在地主制经济高度发展的明代，土地绝大部分在地主手里，户丁绝大多数在农民一边。把户丁银转入土地摊派，也就由农民一边转移到了地主方面。当然，这种转移并没有改变剥削的实质。它只不过是由对劳动力的直接榨取转化为对地租的再分配罢了。国家加重对土地的征派，豪强地主千方百计地逃避这种征派，正是国家与地主之间瓜分地租再分配的斗争。但是，国家放松对于劳动力的直接控制，则为工商业的发展提供了方便条件。再加上一般工商业者并不占有土地或很少占有土地，从而也就摆脱了繁重的征派。一条鞭法推行以后，商业资本向土地投资的现象大大减少，即或有余资亦不置田产。一条鞭法关于赋役折银缴纳的规定,既是商品经济发展的反映,反过来又进一步促进了商品经济的发展,同时它还正式肯定了白银在赋役征收中的法定地位。所有这些,都是有助于资本主义萌芽和社会进步的。

一条鞭法从明中叶酝酿至万历年间通行全国,历时一个半世纪,几经周折,时行时停,最后定为国策,不能不归功于张居正顺应历史潮流、因势利导的努力。

九、门生发难

张居正自任内阁首辅后,一心为国家社稷着想,尽心尽力地辅佐教导幼主明神宗万历皇帝,力劝他亲贤臣,远小人,慎起居,戒游侠。又劝他罢节浮贵,量入为出,裁汰冗员,严核财赋。他积极进行改革,殚精毕智,勤劳于国家,且舍身取义,不为毁誉所左右;兴利除弊,严肃法纪,敢当重任。由于他的勤勉努力,使万历以来,主圣时清,吏治廉勤。纪纲振肃,风俗淳朴,烟火万里,露积相望,漠北骄虏,俯首称臣。

然而,也正因为如此,他难免得罪了不少人。他们对张居正的改革触及了自己的利益十分仇视,千方百计要与之作对。也有的人与张居正政见不和,甚至嫉妒其才能和权力。他们认为张居正以宰相自居,挟天子以令天下,事无巨细,均须听命于他,也太专权霸道了。种种不满和矛盾,不断地困扰着张居正,给他的改革带来了一定的阻力。

万历初年,礼部尚书陆树声就因看不惯张居正的一系列做法而辞职。

陆树声在朝中算是个清流首领,向来恃才傲物,天生一副侠肠,把功名看得很淡。张居正对他很尊重,曾以后进之礼前往参谒。可他却不冷不热,弄得张居正好不尴尬。他对张居正的所作所为颇有些看不惯,不免时时耿耿于怀。他指责张居正不行王道,只顾富国强兵。在他看来,当首辅的应行大政,倡王道,举孝贤,清世风,而张居正一会儿节省钱粮,一会儿派员巡边,一会儿要裁夺冗员,全是些鸡毛蒜皮的事儿。他对张居正的考成尤为不满。有一次,一名给事中提醒他说,有几件事他还未办,督他抓紧,不然将据考成法如实报呈阁部。他听后不觉恼羞成怒,大发了一顿脾气,竟拂袖而去,一连几天也不进礼部办事了。

戚继光与李成梁两军大败长董狐狸，获得辽东大捷后，举国欢庆，惟张居正却心绪不佳。想辽东御敌，本是他一手筹划，周密布置，又赖边关诸将同心协力，终将犯寇一鼓而歼，他为什么会不高兴呢？

原来，问题出在报捷上。

按照惯例，此次辽东大捷，应由辽东巡抚张学颜向朝廷奏报，不想半路杀出个程咬金，巡按御史刘台来了个捷足先登，把捷报抢先送入京师。从程序上说，这似乎只是个手续上的错误。然而，张居正看得很清楚，这实际上是一种越权行径！巡按不得过问地方军事，这在本朝正统年间就曾明文规定。再说，辽东御敌，刘台既未参与军务，又未指挥实战，何由你来报捷？巡按既可报捷，那么，负实际责任的巡抚岂不就可卸责？此对封疆大事，必又生出新弊端。

张居正在阁中向吕调阳和张四维说了自己的想法，他二人也觉得颇有道理，从综核名实的立场看来，不能就此放过。经过研究，张居正决定对刘台的处置可先礼后兵，先请旨动问，薄示警戒，看其态度再作他论。同时可上疏奏请降诏，重申巡按之职只能是振举纲维，察举奸弊，摘发幽微，绳纠贪残。而巡抚则要措处钱粮，调停赋役，整饰武备，抚安军民，两者不得混杂。

辽东巡按御史刘台自发出捷报后，就天天在盼着朝中降旨封赏。谁知，他盼来的圣旨不仅没有加官晋爵的份儿，反而对他严加劾问。把个刘台气得七窍生烟，一腔邪火统统化作对张居正的切齿仇恨。他茶饭不思，冥思苦想，精心写就一份奏疏，欲报此申饬之仇，一泄私恨。所以那奏疏开门见山，毫不掩饰：

"臣闻进言者皆望陛下以舜、尧，而不闻责辅臣以皋、夔。何者？陛下有纳谏之明，而辅臣无容言之量也。高皇帝鉴前代之失，不设丞相，治归部、院。文皇帝始置内阁，参预机务。其时官阶未峻，无专肆之萌。二百年来，即有擅作威福者，尚惴惴然避宰相之名而不敢居。乃大学士张居正，俨然以相自处，自高拱被逐，擅威福者三四年矣……"

张居正自入阁以来，还从未遇到过这样居心险恶的弹劾之章，直气得头皮发麻，四肢发抖，那怒火烈焰腾腾地在胸中燃烧起来。此时，他真如万箭穿心，悲愤交加。他想起本朝开国二百余年，还从来没有门生弹劾座主的事，偏偏自己在隆庆五年采取的进士刘台，竟会如此无情，这刺激的确太大了。几年来，当国的艰难，辅导幼皇的辛苦，刘台不一定清楚，可他既然疏请皇上抑损相权,自己今后如何办事?刘台呀刘台,你违制妄奏,法应降谪,可我请旨戒饬,并没动你一根毫毛,想不到你气度如此狭小,一言不和,便反目为仇……

张居正一气之下上书自请解职。小皇上得知后立刻召见张居正,细声劝解张居正:"不想有些畜物,狂发悖言,动摇社稷,令先生受惊了!"

就这一句话,张居正听后亲切万分,心中涌起阵阵暖流,那眼泪竟簌簌地掉了下来,万历见状,心甚不安,走下御座,亲手扶张居正站起来,说道:"先生请起,朕当逮问刘台,以免他人效尤!朕不可一日无先生,就请先生照常入阁视事吧!"

张居正只好收回辞呈,继续回阁,重理国事,而刘台则被削职为民,从此离开了官场。

刘台事件尽管平息了,但在张居正的心灵上,却从此蒙上了一层难以擦掉的阴影。

谁知不久,因为父亲的去世,又引起了一场门生发难的风波。

按旧例,父母去世后要在家守孝3年。可是关于张居正的守孝问题,皇上和朝中大臣却意见不一。万历帝降旨:"朕元辅受皇考付托,辅朕冲幼,安定社稷,朕深切依赖,岂可一日离朕?"皇上命令张居正不必回家乡守制。

正在张居正犹豫不决的时候,以吏部尚书张瀚为首的一批张居正的门生又对他刀剑相逼,逼他离阁回乡。

翰林院编修吴中行乃隆庆五年进士。那年,正是张居正主考,依例而言,张居正便是他的"座师"。这种"师谊"、"门谊",向来很为科甲出身的人所重视,可吴中行这人天生傲骨,又正是年少气盛。他趁张居正丧父之机,想轰轰烈烈地闹腾一番,给青史留下个不徇私情的光辉形象。他指责张居正平日里满嘴圣贤义理,却连父丧都不去守,圣贤之训何在?并说张居正哪里是为了国事,无非簸弄名辞,怙权贪位而已。他并写了份谏疏递了上去。

时隔一天,张居正的又一门生,翰林院检讨赵用贤又上疏,诬称张居正不奔丧是不明法纪,背徇私情……

紧跟着,刑部员外郎艾穆、主事沈思孝又联名上疏,指责张居正不修匹夫常节,不作纲常之表率,愧对天下后世……

天哪,怎么又是自己的门生?他想起当年大奸相严嵩满朝结怨,人人痛恨,却还没有一个他的门生或同乡去攻击他。如今,他竟连严嵩都不如

了吗？

张居正此时已激愤到了极点，他几步冲到桌边，提起了毛笔。他浑身上下热血奔涌，什么圣贤之训，什么人伦道德，统统见鬼去吧！我张居正为国、为民，胸怀坦荡，忠孝就是不能两全！非顾及那些虚名清议做什么？

他飞快地在纸上写下一疏：

"殊恩不可横干，君命不可屡抗。既以身任国家之重，不宜复顾其私。臣连日自思，且感且惧，欲再行陈乞，恐重获罪戾。遂不敢再申请，谨当恪遵前旨。候七七满日，不随朝，赴阁办事，随侍讲读。"

写毕，张居正连连长叹了几口气，好像要把数日来的闷气全都吐个干净。最后，他竟扬起一拳狠狠击在桌上，那枝毛笔从笔架上震落下来，滚到一叠梅花素笺上，立时，洁白的笺纸被染上了几大滴墨迹。

十、死后受屈

经受了几次门生发难的沉重打击和为父奔丧的长途跋涉，张居正忽然身患重病，卧床不起，经过多方医治不见好转。

张居正自知行将不起，遂连上两疏，恳求万历准允致仕归去，以求生还江陵故土，万历始终不准。

这天，万历帝亲自派遣的一大群太监，文渊阁中的大学士张四维、申时行以及在京的各部尚书们密匝匝聚集在张居正病榻前。

张四维探身床前，向奄奄一息的张居正轻轻地说："首辅，朝中同僚都来看你了，你可有话要说？"

张居正微微睁开眼，无神的眼睛缓缓扫过众人，又无力地闭上。嘴唇嗫嚅着，断断续续吐出几个字："有劳……诸位了……"

他嘴唇嗫嚅着，声音却微弱得听不清了。守候在床头的家人将耳朵贴近，仔细一听，方缓缓告知张四维道："家主是问清田丈亩之事进展如何？"

张四维不禁微微一愣，不料首辅病成这样，却仍念念不忘国事，一时竟不知如何回答。户部尚书张学颜趋步到床前，对着张居正一字一顿地说着："便告首辅：清丈基本完成，全国田亩总数为七百零一万三千九百余顷，比弘治十五年以来增加了三百多万亩，可见这次清丈异常成功。"

"好……好。"张居正枯黄的面颊掠过一层喜色。

张居正艰难地喘了几口气,眼睛陡地睁大,现出一种异样的光。他手指万历身边的长随太监奋力说道:"贱体积……劳致病,已成朽木,然……犬马依恋之心,无时无刻不在……皇上左右……"他眼睛里溢出一滴晶莹的泪珠。此时,他仿佛用尽了全部精力,头猛地一沉,手臂像断了线的风筝无力地垂了下来。

此时是万历十年(1582 年)六月二十日。张居正终于遗下他呕心沥血建树的改革业绩以及年近八旬的老母、30 余年的伴侣、6 个儿子、6 个孙子,静静地离开了人间,终年 58 岁。

张居正病重期间,明神宗万历皇帝曾十分伤心,送给他许多珍贵药品和补品,并对他说:"先生功大,朕无可为酬,只是看顾先生的子孙便了。"这样,张居正在九泉之下也用不着为自己的子孙担心了。张居正病逝后,神宗下诏罢朝数日,并赠他为上柱国,赐谥文忠,据谥法解,"文"是曾任翰林者常有的谥法,"忠"是特赐,"危身奉上日忠"。显然在赐谥时,神宗对于张居正功勋业绩的估价是相当高的。

然而,张居正尸骨未寒,时局却急骤逆转。没过几个月,明神宗就变了脸,加上那些在改革中被张居正得罪的人添盐加醋地告状,张居正立刻遭到自上而下的批判。

张居正过去的改革其所以能得以顺利进行,在很大程度上取决于神宗与他保持了一致的态度。这种局面由两种因素决定,一是自嘉靖以来与日俱增的政治危机的猛烈袭击下,统治阶级再也不能按照原来的样子继续统治下去了,所以反对改革的势力未能占据上风;二是由于神宗即位后,年仅 10 岁,他对身兼严师和首辅的张居正又敬又畏,处处听从其指点,因此对进行的改革并无疑议。在这种形势下,张居正代表的是地主阶级的整体利益,行使的是至高无上的皇帝的权利,所以才使其改革取得了迅速成功。

后来,情况却发生了很大变化,一方面改革已见成效,危机已经缓解,官僚和贵族们在贪婪的本性驱使下,强烈要求冲破改革时期所受的节制,并进而废弃改革;另一方面,神宗皇帝随着年龄的增长,对于"威柄震主"的张居正日益不满起来,嫌张居正把自己管得太严,使自己不能自由地行使权力。张居正活着的时候,他不敢怎么样,现在张居正死了,他就谁也不怕了。

张居正死后,司礼太监张诚、张鲸在神宗面前拼命攻击张居正的主要支

持者大太监冯保，随即冯保被逮捕，家产被查抄。冯保的失势，势必导致对张居正的不利，于是一场反冯运动同时也拉开了弹劾张居正的序幕。

正如曾被张居正逐出朝门的原兵部侍郎汪道昆所总结的："张公之祸是在所难免的。这个中缘由，乃因为张公欲有所作为，必揽大权在手。而这大权非是别人，乃当今天子之权！张公当权便是天子的失位，效忠国家意味着蔑视皇上！功高震主，权重遭忌，此即张公无法逃脱的必由之路。"

明神宗态度的变化，在反对改革的官僚和贵族中引起强烈反响。那些受过张居正批评的人，趁机告状，原来巴结张居正的人也都反过来说他的坏话了。明神宗听了朝中这些人的话，下令把被张居正改革过的旧东西都恢复起来。张居正创行的考成法被取消，官员不得任意使用驿站的驿递新规被废止，张居正重用的官员被罢黜，好多被裁处的官员，一个个又官复原职，重新被起用。

万历十一年(1583年)三月，明神宗诏夺张居正上柱国封号和文忠赐谥，并撤销其儿子张简修锦衣卫指挥的职务。不仅如此，当有人告发张居正专权，要谋反，他家里一定藏着许多财宝时，神宗皇帝也不仔细打听，就马上下令："张居正简直是作恶多端，快给我抄了他的家！"

万历十一年五月，张宅被抄。所有的金银财宝都被搜了出来。十余口人被活活饿死，长子敬修自杀，三子懋修投井未死，保存了一条性命。但神宗听了还不满意，干脆又下令说："张居正生前专权乱政，干了许多坏事，本当把他的尸首从棺材里拉出来斩首，念他在朝廷办事多年，就免了。不过，对他的亲属不能轻饶，都给我充军去！"在刑部尚书潘季驯的乞求下，神宗才勉强答应留空宅一所，田地10顷，以赡养张居正的八旬老母。

明神宗曾对张居正说过，要照顾好他的子孙的，可是在张居正死后不久，其家里人便死的死，判刑的判刑。一个为国家的富强建立了功绩的人，反倒成了罪人！这个结局，张居正生前万万没有料到的。就连张居正生前所重用之人，如张学颜、方逢时、梁梦龙等辈，也均遭遭还籍。

张居正的改革是顺应历史潮流的。他所建树的业绩并没有因为改革的废止全部付诸东流。例如，封贡通市，改善蒙汉关系，并没有因为张居正改革的废止而消失。恰恰相反，在张居正死后，蒙汉两族的友好往来依然存在，并不断向前发展。清代魏源在追述蒙汉关系的改善时说："高拱、张居正、王崇古，张弛驾驭，因势推移，不独明塞息五十年之烽燧，且为本朝开二百年之太平。"又如,改革赋役制度,推行一条鞭法,在张居正死后,仍一直向前发展。这种情况表明,明神宗虽然可以凭借至高无上的皇权废止张居正改革,查抄张居正的家产,但却改变不了"天下不得不条鞭之势"的历史潮流。

历史是无情的。张居正死后,他的改革被废止了,明神宗如小鸟出笼,无拘无束,他嗜酒、贪色、恋财,满足私欲,大肆发作。他横征暴敛,挥金如土。朝廷上下荒淫腐败,糜烂不堪,各种社会矛盾急剧发展起来,一发而不可收拾。再也无人能力挽狂澜了。

面对日益衰败的朝廷和处于水深火热之中的人民,许多有识之士又想起了张居正及他的改革业迹。明熹宗天启二年(1622年),熹宗帝下诏为张居正平反昭雪。崇祯三年(1630)礼部侍郎罗喻义又挺身而出为张居正讼冤。直到崇祯十三年(1640年),崇祯皇帝终于下诏恢复张居正长子张敬修官职,并授予张敬修的孙子同敞中书舍人。

尽管此后由于政治腐败,明王朝开始走上灭亡的道路,致使张居正的改革设想没能继续坚持下去。但是从天启、崇祯皇帝对张居正及其改革的肯定,可以说明张居正忠心耿耿辅佐小皇帝,为革除积弊,创建新政,呕心沥血,鞠躬尽瘁,他的功绩是不可磨灭的。"恩怨尽时方论定,封疆危日见才雄",后人在江陵张居正故宅题诗抒怀,堪称对张居正身后功过是非的真实写照。张居正不愧是明代最杰出的政治家、改革家。

(穆平潮)